알쏭달쏭
FTZ
이 한권으로 해결!

자유무역지역 이론과 실무

배운곤 · 배호연

도서출판 청람

■ 머리말 ■

1970년 초 개장되어 우리나라 수출 전진기지의 효시가 되었던 '마산수출자유지역'은 당시 개발도상국가로서 우수하고 풍부한 노동력을 가진 우리나라의 장점을 살려 외국자본을 유치한 일대 혁신적인 제도로서, 입주기업체가 한때 115개사에 이르고 1980년대 중반에는 수출 10억 달러 돌파와 고용인력 36,000명을 상회하는 등 국가경제 발전에 지대한 공헌을 하였다.

그러나 노동집약적 제조업 위주의 '수출자유지역'은 1980년대 후반 임금상승과 산업구조의 첨단화에 따라 점차 경쟁력을 잃어갔고, 그와 별도로 2002년도 국제화물의 자유로운 보관·이동·유통·판매 등을 통하여 물류의 중심지역으로 육성하는 것을 목표로 공·항만지역에 '관세자유지역' 제도가 새로 도입되었다.

양자는 그 후 2년여 양립하다 2004년 '자유무역지역' 제도로 통합되어 오늘에 이르고 있다. 자유무역을 지향하는 점에서는 같지만 그 제도의 성격이나 내용면에서 차이가 많았던 두 개의 법을 기계적으로 통합함에 따라 여러 가지 부조화가 발생하였으며, 단순히 보관·통관 등 보세창고기능만 수행해도 자유무역지역 입주기업체라는 이유로 지나친 특혜를 누리는 불합리를 노출하기도 한다.

부산 신항 개장 초기인 2008년에 부산세관 신항 통관부서 주무로 부임하면서 처음 자유무역지역과 인연을 맺은 필자는 2016년 말 공직을 명예퇴임할 때까지 부산항 수출입물류와 자유무역지역 관련 업무를 담당하였으며, 지금도 신항 배후물류단지에 입주한 한 복합물류회사의 통관취급법인 대표관세사로 재직하면서 자유무역지역과의 인연을 이어가고 있다.

현행 「자유무역지역의 지정 및 운영에 관한 법률」은 수출입통관과 보세화물관리에 대해 「관세법」에 대한 특례를 규정하면서도 필수적인 통관절차의 누락 등 상당부분 법적 흠결을 내포하고 있고, 같은 사항임에도 관세법과 처리규정이 달라 법집행에 혼란을 겪는 등 업계 직원은 물론 세관 직원들도 무척 생소하게 느끼고 전문가도 그리 많지 않은 실정이다.

필자는 관세청 재직시절인 지난 2010년 자유무역지역 업무가이드북으로 'HOW TO 자유무역지역'을 발간하여 관련 업계와 일선 세관에 무상 배포한 데 이어 2012년 같은 제목의 업데이트 책자를 만들어 무상으로 배포한 적이 있다. 그 후 부산진해자유무역지역 웅동물류단지의 입주가 본격화되고 울산·김제자유무역지역 운영이 개시되는 등 전국적으로 입주기업체가 늘어나고, 2016년에는 자유무역지역 관련법이 개정되는 등 주변환경도 많이 변화함에 따라 새로운 가이드북 발간이 필요하게 되었다.

이 책은 자유무역지역 관련법과 관세법 등 관계 법령을 망라하여 실무자가 쉽게 이해하도록 서술하였으며, 이전에 설명이 다소 부족했던 입주계약 및 부호등록절차를 보충하였다.

관련 업계의 실무자와 자유무역지역에 관심 있는 분은 물론 세관 직원들에게도 업무가이드북으로 도움이 될 것을 기대해 본다.

2018년 10월 저자 올림

■ 차례 ■

CHAPTER 1 자유무역지역 개요

CHAPTER 2 자유무역지역 지정 및 계약 · 등록절차

CHAPTER 6 자유무역지역 질의 및 답변

CHAPTER 1

자유무역지역 개요

1 자유무역제도의 유형

1.1 자유무역지역

자유무역지역(Free Trade Zone)이란 「관세법」, 「대외무역법」 등 관계 법률에 대한 특례와 지원을 통하여 자유로운 제조·물류·유통 및 무역활동 등을 보장하기 위한 지역으로서 「자유무역지역의 지정 및 운영에 관한 법률」(이하 「자유무역지역법」이라 한다) 제4조에 따라 지정된 지역을 말한다.

산업자본과 기술력, 그리고 부존자원이 부족한 개발도상국가는 선진국가의 도움 없이 스스로 경제도약을 달성하는 것은 한계가 있다. 따라서 이들 국가는 자국 내 화물의 입출항이 용이한 공·항만과 그 인접지역에 외국자본을 유치하여 수출산업 성장과 고용증대를 꾀하고, 기술이전을 통한 자국 산업의 육성을 위하여 다양한 이름의 자유무역지역제도를 도입하고 있다.

우리나라도 1970년 1월 외국인투자촉진과 고용증대, 수출증대 등을 목적으로 한 '수출자유지역'제도를 도입한 데 이어, 2002년 1월에는 공·항만 및 배후지에 국제물류업체와 수출업체 등에 관세부과 유예와 통관절차 간소화를 통해 자유로운 보관·유통·이동을 보장하는 '관세자유지역'제도를 추가로 도입하여 시행하다 2004년 6월 23일 '자유무역지역'제도로 통합하여 오늘에 이르고 있다.

수출자유지역이 조성된 1970년대에는 국내 양질의 근로자와 임금수준의 비교우위를 활용한 '산업단지형 자유무역지역'이 주류를 이루다 2000년대 들어 이런 장점이 사라짐에 따라 점차 퇴조한 반면, 선진 물류인프라 구축과 국경을 초월한 다국적기업의 진출, 국제 환적물동량 증가 등 글로벌 물류환경 변화에 대응한 '공·항만 물류단지형 자유무역지역'으로 전환되는 추세에 있다.

1.2 기타 자유무역제도

(1) 자유무역협정(FTA)

1) GATT의 한계와 FTA 발생

국가 간 관세와 무역장벽을 제거함으로써 자유로운 무역을 통해 각국의 부족한 자원을 보충하고 생산성을 향상시키자는 취지에서 1947년 제네바에서 23개국이 참여한 가운데 GATT(General Agreement on Tariff and Trade, 관세와 무역에 관한 일반협정)가 창설됨으로써 자유무역을 위한 시금석이 마련되었다.

이렇게 출발한 GATT는 제1조에서 '회원국 간의 최혜국대우를 기본원칙'으로 규정하면서 회원국 상호 간의 다각적 교섭으로 관세율을 인하하고 기존 특혜관세제도(영연방 특혜)는 인정하되 여타의 수출입 제한은 원칙적으로 폐지하고 수출입절차와 대금지불의 차별대우를 금하는 한편, 수출을 늘리기 위한 여하한 보조금의 지급도 금지한다는 것이 주요 내용으로서, 1995년 WTO 체제로 전환될 당시 회원국은 120개국에 달했으며 우리나라도 1967년에 가입하였다.

GATT 체제는 관세인하와 비관세장벽 완화에는 어느 정도 기여를 하였으나, 농산물 수입제한, 웨이버(Waiver, 자유화의무의 면제), 국제수지를 이유로 한 수량제한 허용 등 많은 예외규정과 과다한 보조금 지급, 1973년 별도로 발효시킨 다자간 섬유협정(MFA : Multi Fiber Arrangement)[1]과 협정내용을 위반한 회원국에 대한 재제와 구속력 부족 등으로 인해 국제 간 자유무역 질서를 정립시키는 데 한계가 있을 수밖에 없었다. 이를 극복하기 위하여 딜런라운드(5차), 케네디라운드(6차), 도쿄라운드(7차), 우루과이라운드(8차) 등으로 꾸준히 후속 협상을 이어 나가다 1994년 4월 마라케시선언[2]에 따라 1995년 1월 1일 출범한 WTO(World Trade

---

1) 섬유협정(정식명칭, Arrangement Regarding International Trade in Textiles) : 섬유의 국제 간 무역 확대와 자유화 지향 및 수출입시장에서의 교란요인 제거목적으로 GATT가 1973년 12월 설립한 다국간협정을 말한다. 섬유수입으로 시장이 교란될 경우 관계수출국과 협의하여 세이프 가드(긴급수입제한) 조치를 발동할 수 있다.

2) 마라케시선언 : WTO 설립과 직접적인 관련이 있는 협정으로 1994년 4월 15일 모로코 마라케시에

Organization, 세계무역기구) 체제로 대체되었다.

"모든 회원국에게 최혜국대우를 보장"해 주는 다자주의(multilateralism)를 기본 이념으로 출범한 WTO는 자체로 법인격을 갖추면서 모든 회원국을 구속할 수 있는 다자간의 규범을 가지고는 있지만 그 내용면에서 극히 이상적이었다. 회원국 간, 특히 선진국과 개도국 간 무역자유화에 대한 시각 차이로 포괄적인 무역자유화 협상안인 도하개발어젠다(DDA : Doha Development Agenda) 협상에 실패하는 등 의미 있는 결과를 보여주지 못함에 따라 전 세계는 다자무역체계에서 양자 간 또는 지역 간 협정으로 급속히 전환하게 되었는데, 이런 시대적 배경에서 태동한 것이 자유무역협정(FTA : Free Trade Agreement)이다.

"체약당사국 영토 간에 관세동맹 또는 자유무역지역을 형성하거나 관세동맹 또는 자유무역지역의 형성을 위하여 필요한 잠정협정을 체결하는 것을 방해하지 아니한다"는 GATT 제24조에 그 설립근거를 두고 있는 자유무역협정(FTA)은 체약당사국(양자) 또는 지역 내 체약국 간 관세, 비관세 무역장벽을 철폐 또는 완화함으로써 상호 무역을 증진하고 체약국 간 무역자유화를 실현하기 위한 지역경제통합이라 할 수 있다.

2) FTA 체결효과

FTA가 관세율 인하와 무역장벽 제거로 체약국 간 무역량 증가로 이어진다는 것은 각종 통계에서 충분히 알 수 있다. 그러나 이러한 교역량 증가가 산업계 전반에 반드시 긍정적 효과로 이어지는 것은 아니며, 특히 농·축산업 등 취약산업은 반대로 나쁜 영향을 받을 것임은 더 말할 필요가 없다. 그럼에도 각국의 FTA 협정 체결이 증가 추세에 있는 것은 체약국 간의 배타적인 특혜로 인해 비체약국이 감수해야 할 상대적 불이익이 너무나 크고, 관련 산업에 미치는 영향도 매우 부정적이기 때문이다.

서 열린 GATT 각료회의(공식명칭, 우루과이 무역협상위원회 각료회의)에서 채택한 선언이다. 이로써 UR 최종의정서 서명과 각료회의 부속결정사항 채택으로 GATT 체제가 WTO 체제로 전환되기 시작했음을 선포하였다.

FTA 협정으로 인해 피해를 보게 되는 취약산업을 제외하고 자유무역협정은 일반적으로 무역당사자별로 다음과 같은 이점이 있다.

먼저 수입자는 낮은 관세율로 인해 수입물품을 싼 가격에 확보하는 한편 원산지증명제도에 따른 수출당국의 원산지관리 강화로 수출물품의 품질을 보장받게 되며, 수출자는 차액 관세액만큼 가격경쟁력을 가지게 됨과 동시에 해외거래처의 장기 확보에 따라 수출업체는 물론 협력업체의 고용안정과 국민경제에도 긍정적으로 작용하게 된다.

국가적으로도 FTA 체결 확대는 관계 부처의 원산지관리와 FTA 조사 및 사후검증에 따른 행정력 증가요인에도 불구하고 협정상대국 간의 교역량 증가로 이어지고, 해당 수출산업은 물론 물류업종 등 기타 업계의 부가가치와 일자리창출로 이어져 국민경제가 발전하는 선순환을 기대할 수 있게 된다.

3) 우리나라 FTA 협정 발효 현황

우리나라는 2004년 4월 1일 남미의 칠레공화국과 최초로 FTA 협정을 체결・발효한 데 이어, 2007년 6월 한・아세안, 2011년 7월 한・EU, 2012년 3월 한・미, 2015년 12월 한・중에 이어 2016년 7월 한・콜롬비아 FTA 협정을 발효시킴에 따라 2018년 현재 15개 조약 52개국과 FTA 협정이 체결・발효되고 있으며, FTA 체결국과의 교역비중은 67.8%에 이르고 있다.

지금은 '한・중・일', '역내 포괄적 경제동반자협정(RCEP),'[3] '중미(6개국)' 등 22개국과 FTA 협정을 진행하고 있으며, 이 조약들이 다 체결되어 발효될 경우 우리나라의 FTA 체결국 간 교역비중은 75%를 상회하게 된다.

3) RCEP : 2010년 미국 주도로 협상이 개시된 '환태평양경제동반자협정(TPP)'에 대항하여 2011년 중국 주도로 시작된 아시아-태평양지역 국가의 경제통합을 지향하는 협정으로 ASEAN 10개국+한국, 중국, 일본, 호주, 뉴질랜드, 인도 16개국이 참여하고 있다.

우리나라 FTA 협정 발효내역

구분	체결국가(52)	협상 중(22)	여건조성(9)
체결국가	칠레, 싱가포르, EFTA(4), 아세안(10), 인도, EU(28), 페루, 미국, 터키, 호주, 캐나다, 중국, 뉴질랜드, 베트남, 콜롬비아	한·중·일, RCEP(16), 중미(6), 에콰도르	인도네시아, 멕시코, GCC, 일본
교역비중	67.8%	7.9%	9.3%

※ 싱가포르와 베트남은 한·아세안 체결국가에도 포함된다.

(2) 수출자유지역(FEZ)

수출자유지역(Free Export Zone)이란 특정지역에 세관의 원재료 수입통관절차 없이 상품(원재료)을 특정지역 내에 반입하고, 그 지역 내에서 자유롭게 가공·제조한 후 외국으로 수출하는 지역으로서, 반출지역을 제한하지 않는 자유무역지역과 달리 수출자유지역에서 제조·가공한 물품은 원칙적으로 국내로 수입할 수 없으며 전량 수출해야 한다는 수출가공단지로서의 역할에 중점을 둔 제도이다.

1960년대 우리나라는 노동력을 제외하고 부존자원과 산업자본이 절대적으로 부족했고, 수출물품도 광산물 등 1차 산품과 합판, 섬유, 신발 등 경공업품이 주류를 이루었다. 당시 우리의 강점이었던 노동집약적 산업은 독점적 원천기술이 없이 선발국들의 하청공장 수준이어서 경제개발에는 한계가 있을 수밖에 없으며 개발도상국가 간 경쟁도 불가피한 상황이었다. 이에 외국인투자촉진과 선진기술 도입으로 새로운 수출동력의 창출과 고용증대를 위하여 1970년 1월 1일 「수출자유지역설치법」을 제정하고 경상남도 마산시(지금의 창원시)와 전라북도 이리시(지금의 익산시)에 '수출자유지역'을 지정·개발하였다.

이 제도는 공업화 초기단계에서 부족한 제조업 투자재원을 유치하고 우수하고 저렴한 국내 노동력을 결합시켜 우리나라 수출증대 및 관련 산업의 경쟁력 강화에 크게 기여한 바 있으나, 노동임금 상승, 중화학공업 주도형으로의 경제구조 전환 등으로 점차 설치효과가 감소되다 2000년 7월 생산, 무역, 물류, 유통, 정보처리, 서비스업 등의 새로운 기능이 추가된 '자유무역지역'으로 확대·개편되었다.

연대별 주요 수출품목

연대	주요 수출품목	비고
1876년(개항) ~1945년(해방)	해산물(조기, 돔), 쇠가죽, 인삼, 쌀 등 1차 산품	
1946년~1950년대	중석, 흑연, 철광석 등 광산물	중석* : 1950년대 수출 1위 물품
1960년대~1970년대	합판, 가발, 섬유류, 신발류 등	• 1964년 수출 1억 달러 달성 • 1977년 수출 100억 달러 달성
1980년대~1990년대	반도체, 컴퓨터, 가전제품, 자동차, 전기전자, 기계류 등	• 1995년 수출 1,000억 달러 달성 • 1990년~중화학공업 주도
2000년대~현재	반도체, 자동차, 선박, 석유화학, LCD, 스마트폰, 해양플랜트 등	2011년 무역 1조 달러 달성

출처 : 관세청 블로그(행복한 관문)

* 중석 : 탄환재료

(3) 관세자유지역(CFZ)

국제물류가 외국으로부터 최초로 반입되는 공·항만지역에서 외국물품을 가공·조립·전시·판매함으로써 고부가가치를 창출하는 종합물류공간 조성을 목적으로 지정한 자유무역제도가 '관세자유지역(Customs Free Zone)'으로서 우리나라에서는 2002년 1월에 도입되어 2004년 6월 '자유무역지역'제도에 통합될 때까지 2년여 시행되었던 제도이다.

이 제도는 역내로 반입되는 물품에 대해 「관세법」과 무역관계 법령에 대한 특례를 적용하여 관세 등 조세부담을 유보시키는 한편, 물품수입 시 추천·확인 등 요건의 구비 의무를 면제하고 역내에서의 물품 이동 시 세관에 반출입신고를 생략하는 등 통관 및 물류절차를 간소화하고, 입주한 외국인투자기업에 대해서는 외국인투자촉진법령상의 입주기업과 동일한 혜택을 부여하였다. 관세자유지역이 국제물류의 자유로운 보관, 이동, 유통, 판매 등을 주요 기능으로 한다는 점에서 반입물품의 제조, 가공 및 수출을 주요 기능으로 하는 수출자유지역과 차이가 있다.

21세기 들어 세계시장의 단일화가 가속화되고 다국적기업의 등장으로 해외생산공장과 함께 거점(Strong Point, Hub) 물류센터 조성의 필요성이 제기됨에 따라 싱가포르, 홍콩 등 물류선진국들은 오래전부터 자국 내 공・항만 인근에 조세부담 없이 국제물류의 입출항이 자유로운 지역을 지정하고 기반시설 확충과 다양한 인센티브를 부여함으로써 외국화물을 유치하여 보관 및 환적에 따른 물류 부가가치를 창출하는 사업을 활발하게 추진해 왔다.

우리나라의 경우 1999년 12월에 「국제물류기지 육성을 위한 관세자유지역의 지정 및 운영에 관한 법률」이 제정・공포되었으며, 2002년 재정경제부, 기획예산처, 행정자치부, 산업자원부, 건설교통부, 해양수산부, 외교통상부 등 7개 부처 장관들이 참석한 가운데 '관세자유지역위원회(위원장 : 재정경제부장관)'를 개최하고, 당시 해양수산부와 부산시장이 요청한 부산항과 광양항의 '관세자유지역 지정 요청건'을 심의한 끝에 제도 도입을 결정하였으며, 이듬해 인천항이 '관세자유지역'으로 추가 지정되었다.

부산항의 경우 신선대컨테이너터미널 일대와 구 제일제당 부지와 감천항 한진터미널 부지 등 127만 8,000m^{2}가, 광양항은 1단계 컨테이너부두와 2단계 1차 컨테이너부두 등이 '관세자유지역'으로 지정된 바 있으며, 이는 부산항과 광양항의 종합물류기능 향상과 관세자유지역 내에서 등록사업으로 분류되는 하역, 운송, 전시, 판매, 가공 등 물류산업의 발전을 목표로 하였다.

(4) 경제자유구역(FEZ)

1) 의의

'경제자유구역(FEZ : Free Economic Zones)'은 외국인투자기업의 경영환경과 외국인의 생활여건을 개선하고, 각종 규제완화를 통한 기업의 경제활동 자율성과 투자유인을 최대한 보장함으로써 외국인투자를 유치하기 위해 조성한 특별경제구역을 의미한다. 이는 외국인투자기업의 경영환경과 외국인의 생활여건을 개선함으로써 외국인투자를 촉진하고 나아가 국가경쟁력의 강화와 지역 간의 균형발전을 도모함을 목적으로 한다.

즉 국가 간 개방과 경쟁이 날로 심화되는 상황 속에서 외국인투자와 거주에 적합하도록 국제수준에 부합되는 경영환경과 생활환경을 조성함으로써 일류 글로벌 기업의 동북아 거점지역 정착 지원과 함께 비즈니스·금융, 물류·유통은 물론 우리나라의 신성장 동력에 해당하는 의료·바이오산업, IT 및 융복합산업, 첨단부품소재 및 R&D 그리고 제조·관광·레저에 이르기까지 외국자본을 유치·육성시키는 것이 제도의 핵심이라 할 것이다.

2) 지정 현황

2002년 말 「경제자유구역의 지정 및 운영에 관한 특별법」(이하 「경제자유구역법」이라 한다)이 제정되었고, 이듬해 '인천경제자유구역'을 시작으로 2018년 현재 전국에 8개 '경제자유구역'이 지정되어 있다.

FEZ명칭	소재	면적(㎢)	지정일	중점 유치산업
인천	연수구, 중구, 서구	132.91	2003년 10월 15일	항공물류, 바이오, 지식서비스
부산·진해	강서구, 창원	52.89	2004년 3월 30일	복합물류, 첨단수송기계부품, 여가, 휴양
광양만권	순천, 광양, 하동	77.68	2004년 3월 24일	석유화학소재, 철강연관산업, 항만물류
황해	경기 평택	4.39	2007년 7월 22일	철강소재, 자동차전장부품, IT 관련 부품소재
대구·경북	경산, 영천, 포항	19.72	2008년 8월 31일	IT융복합, 첨단수송기계부품, 첨단메디컬
새만금·군산	군산, 부안	18.70	2008년 8월 28일	자동차기계부품, 신재생에너지, 해양레저, 관광
동해안권	강릉, 동해	8.95	2013년 7월 9일	금속, 신소재, 항만물류, 관광레저
충북	청주, 충주	9.08	2013년 4월 26일	바이오, NEW IT, 수송부품

출처 : 경제자유구역기획단 홈페이지

3) 「관세법」과의 관계

「경제자유구역법」에 따른 '경제자유구역에 대한 지원과 규제의 특례에 관한 규정'은 다른 법률에 따른 지원과 규제의 특례에 관한 규정에 우선하여 적용하고, 다른 법률에 경제자유구역법상 특례보다 완화되는 규정이 있으면 그 법률에서 정하는 바에 따르도록 함으로써 경제자유구역법이 타법에 대해 특별법의 지위를 보유하도록 하고 있다(경제자유구역법 제2조의 3).

그러나 자유무역지역의 설립근거가 되는 「자유무역지역법」의 경우 자유무역지역에서는 「관세법」에 앞서 「자유무역지역법」을 우선 적용한다는 파격적 수준의 예외조항이 있는 반면, 경제자유구역의 설립근거가 되는 「경제자유구역법」은 외국인투자기업체가 수입하는 자본재에 대해 5년간 관세를 면제하는 등 극히 일부의 특례만을 규정함으로써 사실상 「관세법」에 대한 특례를 인정하지 않고 있다.

이에 따라 경제자유구역 내에서 외국화물을 취급하거나 보세창고업을 개설하려할 경우, 해당 '건축물의 건축, 공작물의 설치'와 관련하여 관할 시·도지사의 허가를 받아야 하는 것과는 별개로 「관세법」에 규정된 여타의 특허조건을 갖추고 관할 세관장에게 '보세구역 설영특허'를 신청해야 한다.

뿐만 아니라 보세화물 입출항 및 적하목록관리, 화물반출입신고와 장치기간 등 보세화물의 관리, 보세운송 및 환적절차, 보세사의 의무고용 등 자율관리보세구역 관리, 종합보세구역 지정·운영 등 제반절차에 대해 「관세법」이 적용된다.

(5) 외국의 자유무역지역제도

1) 자유무역시험구(중국)

'자유무역시험구(pilot Free Trade Zone)'는 중국정부가 2013년 9월 29일 도입한 자유무역단지로서, 역내에서는 관세와 증치세(부가가치세)가 면제되고 수출입 통관절차가 간소화됨은 물론 외국인투자 자유화, 금융개방 및 행정편의를 제공받는 지역을 의미하는데, 이것은 우리나라에서 시행되는 자유무역지역제도와 경제자유구역제도가 혼합된 형태와 유사하다.

2013년 중국 최대의 상업도시인 상하이(上海)에 처음 조성된 후 2018년 현재 11개 지역에서 자유무역시험구를 운영하고 있으며, 중국 상무부는 각 무역구에 대해 지리적·자원적 이점, 전략목표에 특화된 차별적인 목표를 부여하여 일정기간 시행한 후 성과를 점검하고 개혁심화 및 대외개방을 확대할 것으로 전망된다.

중국 자유무역시험구 현황

연번	구역	중점 추진방향	출범시기
1	상하이(上海)	• 신규제도와 혁신의 시험구로 대외개방의 선두주자 역할 • 위안화 국제화를 위한 실험의 장으로 활용 • 국제서비스업과 금융서비스 발전을 추진 • 신규설립기업 52,000개, 최근 5년간 실제이용 외자는 889.3억 달러 기록	2013년 9월 (1기)
2	광둥(廣東)	• 홍콩·마카오와의 금융·서비스업 협동적 발전 모델 모색 • 통관검사 전 프로세스의 스마트화, 광동·홍콩·마카오 유람선 무검역 자유통행 등 6개 분야 무역편리화 적용 • 투자, 무역, 금융 등 분야의 385개 항목 시범 운영	2015년 4월 (2기)
3	푸젠(福建)	• 전자상거래 중심으로 대외개방 확대 • 대외개방 확대와 빠른 통관을 위한 외국제도의 도입 • 일대일로 프로젝트와 연결 및 양안(대만) 경협 확대	
4	톈진(天津)	• 수도권 일체화사업인 징진지 프로젝트와 협력 발전 • 중점 발전산업은 금융과 리스산업 • 중국 북방지역의 국제허브 항구, 첨단제조업 기지	
5	쓰촨(四川)	• 내륙과 연해·국경·연안지역 간 연계발전을 추진 (국제개방의 통로와 플랫폼으로서의 역할 강화에 역점) • 내륙개방형 경제고지 조성 • 제품통관 시 원스톱서비스, 일체화 통관서비스 등 간소화	2017년 4월 (3기)
6	저장(浙江)	• 선박과 유류제품 무역의 중심지로 발전 (저장지역은 특히 석유제품산업이 빠르게 성장) • 대종상품 무역자유화 추진 • 국제 전자상거래 종합시범지구 건설을 추진	
7	랴오닝(遙領)	• 장비제조업 집중 및 관련 공공서비스 확대 • 선양을 중심으로 133개 개혁항목들이 추진 • 동북 노후공업기지 경쟁력 제고	

8	허난(河南)	• 국제물류 중심으로 발전 지향 (2017년 자유무역구 신규등록업체수 23,623개사) • 중국 중부지역의 국제 교통물류허브
9	충칭(重慶)	• 일대일로 허브와 우수인력 유치 중심 목표 (2017년 자유무역구 신규등록업체수 11,695개사) • 일대일로와 창장경제벨트 전략을 연계시켜 중점 발전
10	후베이(湖北)	• 중부지역의 복합운송네트워크 구축 중심 • 장강 중류에 위치하여 얻는 교통수운의 이점을 활용 • 전략적 신흥산업 및 하이테크기지 건설
11	산시(陜西)	• 농업 일대일로의 출발지, 현대농업의 혁신발전을 추진 (양링지역 농업 분야 신규등록기업수 202개사) • 일대일로 관련국과의 협력을 확대

출처 : KOTRA 상하이 무역관

2) 싱가포르 자유무역지역제도

1969년 중계무역 활성화를 목적으로 자유무역지역법(Free Trade Zone Act ; 관세법의 특별법 형태)을 제정하여 자유무역지역을 설치하였다.

① 자유무역지역 현황

구분	지역명	관리기관	면적(천m^2)	시설내용
항만	케펠(Keppel FTZ)	싱가포르항만공사(PSA)	2,550	3개의 컨테이너 전용터미널(Brani, Tanjong Pagar, Keppel)과 배후단지(Keppel Distripark)로 구성
	파시르 판장(Pasir Panjang FTZ)		840	컨테이너 전용터미널
	셈바왕(Sembawang Wharves FTZ)		566	재래 다목적부두(벌크 및 일반화물)
	주롱(Jurong FTZ)	Jurong Port Pte Ltd	615	재래 다목적부두(건설화물)
공항	창이(Changi FTZ)	Changi Airport Group(CAG)	240	6개 항공터미널(ALPS 및 Cargo Terminal)

② 자유무역지역에서 허용되는 작업범위

- 보관, 사소한 작업(예 재포장, 재표시) 및 제조(세관의 별도 승인 필요)
- 다만, 주류 및 담배는 통과선하증권·공수증권으로 반입된 경우 보관에 제한이 없으나, 현지 수하인의 경우에는 관례적으로 30일간의 임시보관을 허용할 뿐 원칙적으로 자유무역지역에 보관할 수 없다.

③ 세관절차

- 자유무역지역을 출입하는 화물은 검문소에서 이민검사소(ICA) 공무원들에 의해 통관과 서류 검토를 거쳐야 한다.
- 자유무역지역을 출입하는 화물은 화물통관허가서(Cargo Clearance Permit)가 필요(컨테이너화물은 제외)하다.

④ 관세의 부과

- 면세 : 물품이 환적이나 재수출조건으로 자유무역지역에서 제조된 경우 또는 세관이 인가한 구역에 보관하기 위하여 이동한 화물의 경우
- 과세 : 자유무역지역 내에서 사용·소비된 물품 및 현지에서 소비하기 위하여 자유무역지역에서 관세영역으로 이동한 물건의 경우

⑤ 자유무역지역 출입 및 화물반출입 현장 확인

창이공항 자유무역지역

창이공항FTZ 출입증을 발급받기 위해 대기

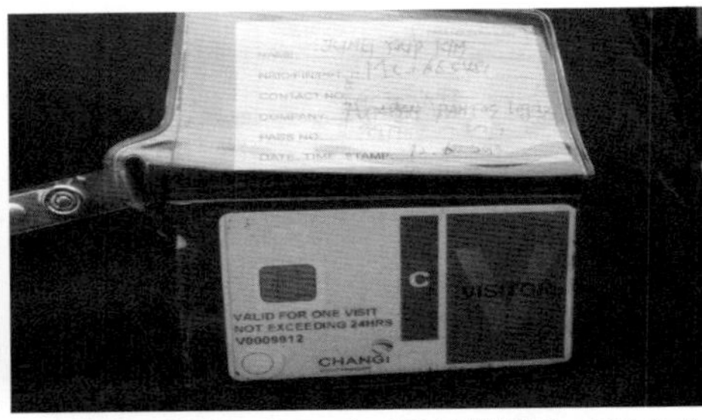

FTZ 임시출입증 발급 및 폐용(신청서와 출입카드)

창이공항FTZ 화물차량 반출통로 구분
• 세관검사대상(RED) · 비대상(GREEN)

창이공항 차량출구방향에 위치한 ICA

케펠항 · 파시르 판장 자유무역지역

케펠항FTZ에서 출입인원 통제
• 출입자를 확인한 후 터미널에 진입시킴

케펠항FTZ에서 일반차량 출차통제
• 운전자가 출입카드를 자동화기기에 인식

케펠항FTZ 컨테이너차량 출입구
• 입구(왼쪽 건물)/출구(오른쪽 건물)

파시르 판장FTZ 내 ICA
• 4번 GTAE 옆에 위치, 컨테이너검색센터 있음

⑥ 자유무역지역에 대한 과세 개요도

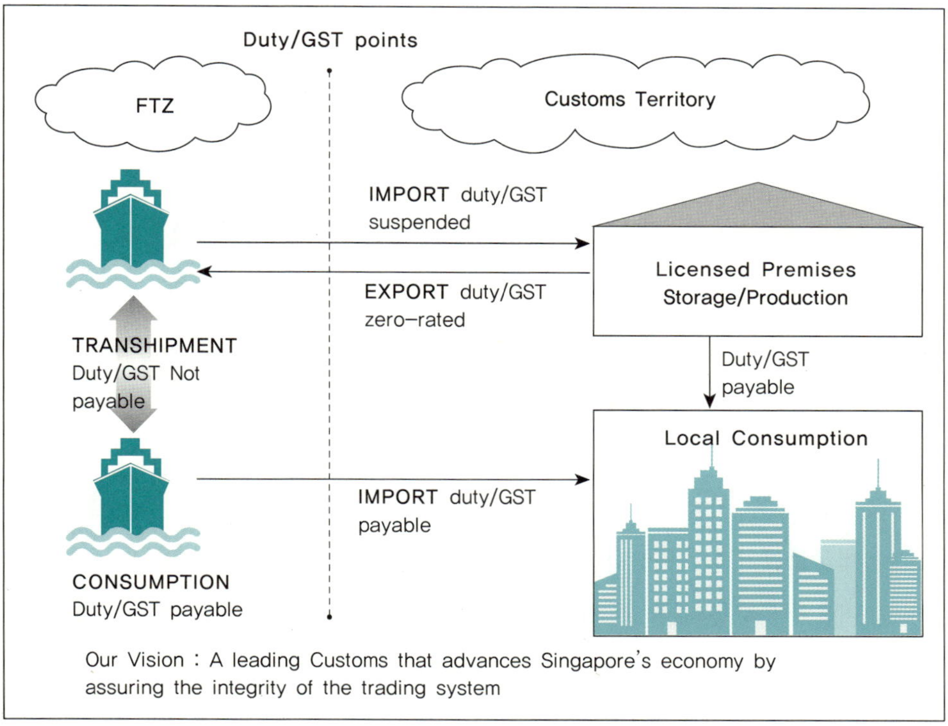

※ GST(Goods & Services Tax) : 부가가치세 성격으로 수입물품에 부과되는 7% 내국세

3) 네덜란드(로테르담항)

① 관세제도

- 네덜란드는 1968년 7월 이후 EU 회원국에 대해 관세를 철폐하고, 역외국으로부터의 수입에 대하여는 EU 공통관세를 부과한다. 현재 EU는 매년 관세율표를 제정하여 공포하고 있다.
- 품목분류체계는 HS 분류체계를 기초로 1988년 8월 1일부터 EU 통합분류(CN) 방식을 채택하였다. 관세부과기준은 CIF가격에 의한 종가세이나 일부 종량세도 적용하고 있다.

② 보세구역의 종류

- 네덜란드는 보세화물을 보관하는 장소로 임시보관구역(RTO), 보세창고(B, C, D, E형), 자유창고(free warehouse), 자유지역(free zone)이 있다.
- 화물에 대한 조치 : 화물이 보세창고(warehouse)와 자유지역(free zone)에 보관된 상태에서 ㉠ 양호한 상태로 화물보관, ㉡ 화물의 외관과 상업적 질 개선, ㉢ 유통준비 및 재판매가 가능*하다.

* 포장재수선, 건조, 냉동, 방부처리, 상표부착, 포장변경 및 재포장, 혼합, 구분분류 등

가. 임시보관구역(RTO)

임시보관구역은 EU 관세영역으로 반입된 화물에 대해 세관 승인하에 일시적으로 사용 또는 처리할 화물을 보관한다.

㉠ 화물보관기간 : 해상화물은 최장 45일, 항공화물은 최장 20일이다.

㉡ 이용자 : 사용 제한 없으나 국제적으로 운항하는 선박과 항공기에 화물을 적재하고 하역하는 업체가 주로 이용한다.

㉢ 설치장소 : 화물반출입을 감독하기 위해 세관에 근접한 곳에만 설치한다.

㉣ 감독 : 임시보관구역에 있는 동안 화물은 항상 세관의 감독을 받는다. 세관직원이 화물의 반출입 시 입회하며 작업 종료 시 문을 잠근다.

나. 보세창고(customs warehouse)

세관 통제하에 장기 보관목적의 창고이며(보관기간 제한 없음) 세관 통제는 부분적으로 보세사*의 감사로 대체될 수 있는 창고를 말한다.

* 보세사제도를 두고 있으며 보세사는 세관으로부터 면허를 취득

㉠ 공용 보세창고(type B) : 공용의 보세창고로서 창고관리자는 세관의 통제하에 화물을 보관하길 원하는 사람들에게 창고를 이용토록 한다(우리나라의 세관검사장과 비슷).

- 화물보관기간 : 화물보관기간에는 제한이 없다.
- 이용자 : 원래는 사업상 목적의 '통관창고'이며, 이는 화물의 통관이 방해

를 받거나 해당 화물에 추가적인 세관절차가 남아있는 경우, 혹은 화물의 사용(구매자에게 인도)을 위한 목적으로 이용된다.

- 위치 : 세관감독이 필요하므로 세관 인근에만 설치한다.
- 감독 : 화물반출입 시 세관직원이 입회하여 감독하며, 창고에서 어떠한 작업도 없으면 문을 잠근다. 세관은 재고품에 대해 서류를 보관한다.

㉡ 사설 보세창고(type C) : 사설 보세창고로서 우리나라의 영업용 보세창고와 비슷하며 창고운영자는 세관에 보증금을 지불해야 한다.

- 화물보관기간 : 화물보관기간에는 제한이 없다.
- 이용자 : 창고운영자만 화물을 보관할 수 있으나 화물이 창고운영자의 소유일 필요는 없다.
- 위치 : 세관감독이 필요하므로 세관 인근에 설치되어야 하나, 재고관리를 전제로 설치장소는 유동적이다.
- 감독 및 재고관리 : 세관의 감독은 행정적 운영관리와 실질적 화물관리이다. 재고관리의 신뢰도가 낮을 경우 실질적 화물관리에 치중하며, 운영자는 재고품계정에 반드시 화물의 입·출고를 기록해야 한다.

㉢ 사설 보세창고(type D & E)

유형	내용
D형	화물이 반입될 때 반입화물의 형태(관세율과 원산지에 따라)가 결정되어야 함. 화물이 D형 보세창고에서 반출되어 자유롭게 유통될 때 과세요건이 확정되며, 이 경우 '수입을 위한 현지 통관절차'가 필수적임.
E형	타 보세창고와 달리 승인된 구역을 필요로 하지 않음. 창고운영자가 세관의 통제하에 화물을 보관하는 모든 구역이 E형 보세창고의 일부분임. 따라서 여러 장소가 동일한 하나의 창고가 될 수 있음.

- 화물보관기간 : 화물보관기간에는 제한이 없다.
- 이용자 : 창고운영자만 화물을 보관할 수 있으나 화물이 창고운영자의 소유일 필요는 없다. 운영자는 세관에 보증금을 지불한다.
- 위치 : 화물에 대한 통제는 보조적인 성격을 가지므로 네덜란드에서 어디든지 설치될 수 있다.

- 감독 및 재고관리 : 세관은 행정적 운영관리와 실질적 화물관리로 감독하며 후자에 중점을 둔다. 창고운영자는 재고품계정에 물건의 입·출고를 반드시 기록해야 하며, C형 보세창고보다 재고품계정에 있어서 감시·통제가 더욱 엄격하다.

다. 자유창고(free warehouse)

자유창고는 세관관리가 지키는 건물이나 구역을 말한다.

㉠ 이 건물과 대지 내에서는 누구나 화물을 보관할 수 있으며, 이곳에 보관되는 화물들은 EU 관세영역 밖에 있는 것과 같이 취급한다. 물론 보증금을 낼 필요도 없다.

㉡ 보관기간 : 화물보관기간에는 제한이 없으며, 화물반출입 시 세관서류를 제시한다.

㉢ 이용자 : C형, D형, E형 보세창고에 요구되는 재고품계정 필요조건을 만족시키지 못하는 경우 자유창고를 이용할 수 있다. 재고관리는 필수적이지만 보세창고보다는 완화된다.

㉣ 위치 : 세관이 지정한 장소에만 설치될 수 있으며, 일반적으로 세관 근처에 지정된다.

㉤ 감독 : 화물반출입 시 세관이 입회하고 통제한다. 자유창고 건물이나 구역에서 이루어지는 모든 행위는 세관의 입회하에 이루어지므로 세관의 전반적인 화물감독이 필요하다. 업무시간 이외에는 세관이 자유창고의 문을 잠근다.

라. 자유지역(free zone)

자유지역은 자유창고와 같이 특정건물 또는 구역이 아닌 지리학적 지역을 지칭하는데, 제1통제형(control type 1)과 제2통제형(control type 2)이 있다.

유형	내용
㉠ 제1통제형 (control type 1)	자유창고(free warehouse)와 유사함. 이 형태의 통제는 세관업무에 있어 매우 노동집약적이며, 네덜란드 내에는 존재하지 않음.
㉡ 제2통제형 (control type 2)	• 보세창고(customs warehouse)와 유사함. • 보관기간 : 화물보관기간에 제한이 없음. • 이용자 : 관리자나 운영자는 재고품계정을 유지해야 하며 누구든지 화물을 보관할 수 있음. 화물을 보관 시 보증금 납부가 필요함. • 위치 : 네덜란드 내 스키폴공항에 있음. • 감독 : 화물반출입 시 자유지역의 관리자나 운영자의 재고품계정에 근거하여 통제가 이루어짐.

델타터미널 컨테이너야드

델타터미널의 무인 야드트랙터

4) 독일(함부르크항)

① 지리적 특징

- 함부르크항은 북해와 연결된 엘베강(Elbe River, 최대수심 16.3m)을 따라 115km 내륙에 위치하여 조수간만의 차가 적고 파도와 같은 장애물이 적다. 그러나 내륙 깊은 곳에 위치한 함부르크항에 입항하기 위해서는 엘베강을 통과하기 위한 Pilot(도선)의 안내를 받아야 한다.
- 장점 : 함부르크항은 스칸디나비아반도, 발틱연안국 및 러시아와의 국제교류에 지정학적으로 유리하며, 경쟁항구인 네덜란드 로테르담, 벨기에 앤트워프항보다 거리가 가깝다.

- 한계점 : 지리적으로 함부르크항은 강하구에 건설되어 확장 또는 시설 개선에 치명적인 약점을 가지고 있으며, 폭풍의 영향이 적은 반면 범람의 위험에 노출(부두 안벽에는 홍수에 대비한 콘크리트벽이 시설)되어 있다. 또한 항로수심이 13m 정도로 얕아 큰 배가 입항할 수 없을 뿐만 아니라, 환경운동으로 증심도 쉽지 않은데다 선박 대형화 추세에 따라 인근 항구에 비해 경쟁력이 날로 약화되는 추세에 있다.

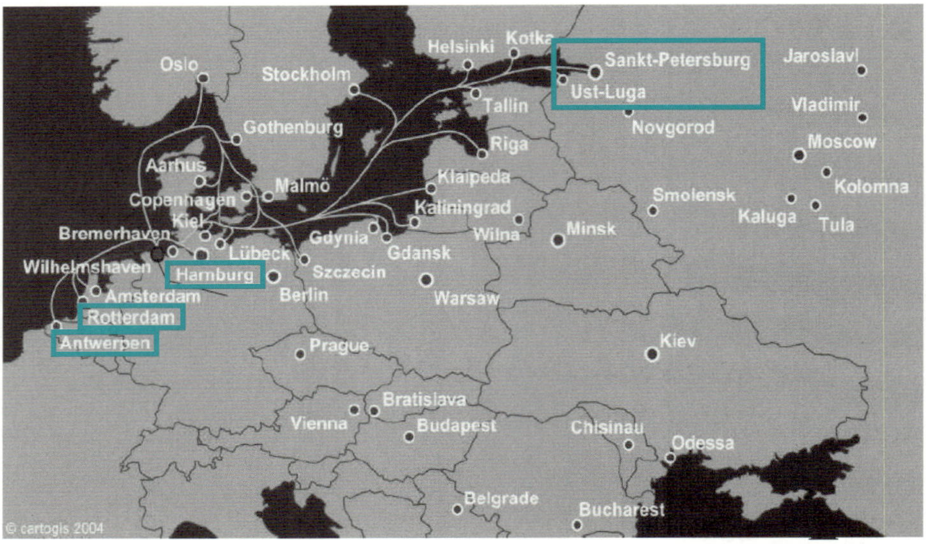

② 주요 현황

- 컨테이너화물 처리실적은 유럽 2위 수준(2012년 기준)이다.

구분	로테르담(네덜란드)	함부르크(독일)	앤트워프(벨기에)
물동량(천TEU)	11,876	9,014	8,664
세계 순위	10위	14위	15위

- 항만기능 : 컨테이너, 액체화물, 곡물, 목재, 냉동화물, 자동차 등 거의 모든 화물을 취급할 수 있는 다목적기능을 가지고 있다.
- 연계운송수단 : 철도(35%), 차량(35%), 연안 바지선(30%)을 적절하게 활용하

며, 특히 동유럽, 북유럽으로 정기 피더선(연안 바지선) 운항이 활발하다(주 155회 내외).

③ EUROGATE 함부르크항 터미널

- 함부르크항 4개 터미널(유로게이트사-CTH, HHLA사-CTB, CTZ, CTT) 중 1개로 자유무역지역이었으나 2013년 1월 1일 해제되어 현재는 일반터미널기능을 하고 있다.

EUROGATE 함부르크항 터미널

- 터미널규모 및 장비 현황
  - 컨테이너 선석 및 터미널 면적 : 20개, 1,400천㎡
  - 컨테이너 처리량(2012년) : 화물컨테이너 29천TEU 및 공컨테이너 15,500 TEU
  - 보유장비 현황 : 컨테이너 크레인 23개, 부두 내 컨테이너 운송차량(straddle carrier) 160대 외
- 독일정부로부터 AEO 공인인증 취득(2011년)

④ 구 자유지역(free port)의 변화된 세관절차

- 125년간 지속된 함부르크항 자유지역은 2013년 1월 1일부터 해제되어 EUROGATE 등 함부르크항 내 모든 지역은 EU 관세법의 적용을 받게 된다.
- 과거에는 자유지역에서 관세영역으로 반출하는 차량(화물)은 모두 자유지역 게이트에서 자동적으로 정차한 뒤 세관의 검사(확인)를 받아야 했으나, 자유지역 해제에 따라 세관승인(통관, 운송신고) 여부를 미리 확인하고 반출*하면 된다.

* 자유지역 운영 시 세관직원이 게이트에서 화물을 모두 확인하였으나, 자유지역 해제로 게이트 확인업무가 없어져 차량정체가 많이 해소됨.

- 세관이 검사를 명하면 화주는 지체 없이 터미널과 연락하여 필요한 사항을 준비하고, 수하인에게 운송하기 전 항만 내 세관검사장으로 운송하여야 한다.
- 항만터미널 내 세관임시장치장(The temporary custody of the customs)의 보관기한은 최장 20일(육상운송 시) 또는 45일(해상운송 시)이며, 그 이후로는 보세창고(customs warehouse)로 운송해야 한다.

2 자유무역지역 현황

2.1 자유무역지역 지정 현황

(1) 산업단지형 자유무역지역

구분	마산	군산	대불	동해	율촌	울산	김제
지정일	1970년 1월 1일	2000년 10월 6일	2002년 11월 21일	2005년 12월 12일	2005년 12월 12일	2008년 12월 8일	2008년 12월 8일
운영 개시일	1970년 1월 1일	2005년 10월 25일	2009년 12월 31일	2011년 1월 6일	2012 3월 16일	2014년 7월 13일	2016년 4월 18일
지정면적 (천m^2)	954	1,254	1,158	248	344	838	992

※ 익산FTZ(구, 이리FTZ) : 2010년 12월 31일 지정해제
※ 관리권자 : 산업통상자원부장관(수임기관 : 자유무역지역관리원)

(2) 공항 · 항만형 자유무역지역

구분	부산항				광양항	인천항	인천 공항	포항항	평택 · 당진항
	용당	감천	남항	부산 · 진해					
지정일	2002년 1월 1일	2002년 1월 1일	2007년 3월 5일	2004년 12월 31일	2002년 1월 1일	2003년 1월 1일	2005년 4월 6일	2008년 12월 8일	2008년 12월 8일
운영 개시일	2002년 1월 1일	2002년 1월 1일	2012년 10월 8일	2009년 6월 1일 외	2002년 1월 1일 외	2003년 1월 1일 외	2006년 1월 20일 외	2009년 7월 31일	2011년 4월 1일
지정면적 (천m^2)	1,235	134	28	7,967	8,879	2,014	3,085	710	1,429

※ 관리권자
- 공항 및 배후지 : 국토교통부장관(수임기관 : 공항공사)
- 항만 및 배후지 : 해양수산부장관(수임기관 : 항만공사)

2.2 입주기업체 현황

(2018년 2월 기준)

구분	지정지역	소재지	입주기업체수	관리권자
산업단지형 FTZ	마산	경남 창원시 마산회원구 무역로	90	산업통상자원부 장관
	군산	군장산업단지 (전북 군산시 자유로)	18	
	대불	대불산업단지 (전남 영암군 삼호읍)	12	
	동해	북평산업단지 내 (강원 동해시 공단1로)	4	
	율촌	율촌산업단지 (전남 순천시 해룡면)	9	
	김제	김제산업단지 (전북 김제시 백산면)	4	
	울산	울산신산업단지 (울산 울주군 청량면)	3	
공항 및 배후지 FTZ	인천공항	인천국제공항지역	117	국토교통부장관
항만 및 배후지 FTZ	부산항(용당)	부산항 용당지역	6	해양수산부장관
	〃 (감천)	부산항 감천지역	3	
	〃(부산·진해)	부산항 신항지역	76	
	〃 (남항)	부산항 남항지역	33	
	인천항	인천항지역	24	
	평택·당진항	평택·당진항지역	16	
	광양항	광양항지역	41	
	포항항	영일만 신항	6	
계	16개소		462	

※ '입주기업체 관리부호' 부여기준

출처 : 관세청

3 자유무역지역과 다른 제도와의 비교

3.1 특허보세구역과 자유무역지역

구분	특허보세구역	자유무역지역
관리권자	관세청장	• 산업단지 : 지식경제부장관 • 공항만 및 배후지 : 국토해양부장관 • 물류터미널 및 물류단지 : 〃 ※ 화물 등 실질적 관리권자 : 관세청장
예정지역	절차 없음	3년 내(3년 연장가) 지정가능
화물 장치기간	• 보세화물 : 6월(6월 내 연장가능) • 비축물품, 국제물류 촉진물품(LME, BWT) : 비축기간 • 물류신속화보세구역 : 2월(2월 내 연장가능)	• 원칙 : 장치기간 없음 • 관세청장 지정 자유무역지역 : 3월 • 화주불분명, 부도·파산, 소재불명, 수취거절 등의 경우 : 6월 경과되면 세관장에게 체화처리 요청가능
수입신고 수리물품 반출의무	물류신속화보세구역에 반입되어 수입신고수리된 물품 : 15일 내 반출의무(위반 시 과태료 부과)	• 원칙 : 수리 후 반출의무(15일) 없음 • 물류신속화보세구역으로 지정된 FTZ : 15일 내 반출의무(위반 시 과태료 부과)
체화처리	관세법절차에 따라 체화처리	• 원칙 : 체화 미발생 • 예외 : 관세청장 지정 자유무역지역 및 화주불명 등 특이사유 발생 시 체화발생
보세사 채용의무	운영인이 보세사이거나 보세사를 1명 이상 관리자로 채용해야 함.	채용의무 없음.
보수작업 범위	보존, 포장개선, 라벨링, 단순절단, 선별, 분류, 용기변경, 단순조립 및 이와 유사한 작업(현상유지 수준)	보존, 선별, 분류, 용기변경, 포장, 상표부착, 단순조립, 검품, 수선 단, 원산지허위표시, 지식재산권 침해행위 제외함.
보수작업 절차	• 작업 전 : 보수작업승인신청 • 작업 후 : 보수작업완료보고	• 보수작업승인 및 완료보고 절차를 생략하며, 입주기업체 자율로 작업 • 원산지표시 시정작업 등 일부 작업의 경우 승인 및 완료보고의무 부여
내국물품 반입신고	• 장치 전 세관장에게 반입신고의무 • 1년 이상 장치불허(원칙)	내국물품 반입신고의무 없으며, 필요시 반입신고가능

내국물품 반출신고	수입신고 수리물품은 반출신고하나 순수 내국물품은 UNIPASS상 반출신고의무 없음.	내국물품확인서・세금계산서 등 반입사실 입증서류를 직접 제출하거나 반출목록신고서를 전자문서로 제출
출입자(차량) 통행증 부착의무	보세구역 출입자(차량)는 통행증부착의무는 없으나, 출입 시 세관공무원의 지휘를 받아야 함.	자유무역지역 출입자(차량)는 관리권자가 발급하는 출입증을 소지하거나 통행증을 부착하여야 함.
'관세 등' (용어 정의)	관세, 임시수입부가세, 개별소비세, 주세, 교통세, 농어촌특별세, 교육세(관세환급특례법 제2조)	관세, 부가가치세, 임시수입부가세, 주세, 개별소비세, 교통・에너지・환경세, 농어촌특별세, 교육세

3.2 경제자유구역과 자유무역지역

구분	경제자유구역	자유무역지역
근거법	경제자유구역의 지정 및 운영에 관한 법률	자유무역의 지정 및 운영에 관한 법률
우대내용	• 외국인투자기업의 경영환경 • 외국인의 생활여건 개선	자유로운 제조・물류・유통 및 무역활동 보장
지정목적	• 외국인투자촉진 • 국가경쟁력의 강화 • 지역 간 균형발전 도모	• 외국인투자유치 • 무역의 진흥 • 국제물류의 원활화 → 국민경제 발전에 기여
관리권자	시・도 경제자유구역청	• 산업단지 : 지식경제부 • 공항 및 배후지 : 국토교통부 • 항만 및 배후지 : 해양수산부
지정요건	• 충분한 국내외기업의 입주수요 확보 • 외국인 정주(定住)환경 확보 • 필요충분한 부지와 교통, 전력, 수도, 통신 등 기반시설의 확보 • 경제성이 있을 것 • 실현가능한 자금조달 계획 • 전문인력 확보와 지속발전 가능성 등	• 다음 각 목의 어느 하나에 해당하는 지역일 것 가. 산업단지 나. 공항 및 배후지 다. 물류터미널 및 물류단지 라. 항만 및 배후지 • 도로 등 사회간접자본시설의 확보 • 통제시설의 완비

입주자격 입주업종	• 비즈니스 · 금융업 • 의료 · 바이오 • 물류 · 유통산업 • IT · 융복합 • 첨단산업, R&D • 제조업 • 관광 · 문화사업, 교육 등	• 수출 주목적의 제조업종 • 수출비중 충족하는 지식서비스산업 • 수출입거래 주목적의 도매업종 • 일반제조업종 및 서비스산업 해당 업종으로서 외국인투자업체 • 물품하역, 운송, 보관 등 물류업종 • 지원업종, 공공기관, 국가기관
관세 등	• 제한적 관세면제(5년, 수입자본재) • 부가가치세 납부	• 무관세 • 부가가치세 영세율 적용
국 · 공유 지 등 임대	• 기본요율 : 재산가액×10/1000 • 임대기간 : 최대 50년	• 기본요율 : 저렴한 고시요율 • 임대기간 : 최대 50년
기타	• 고령자, 장애인 등 고용의무배제 • 무급휴일, 무급생리휴가 부여 • 월차유급휴가 배제 • 외국인전용 병원 개설 등 외국인 생활 여건 개선	고령자, 장애인 등 고용의무 배제

CHAPTER 2

자유무역지역 지정 및 계약 · 등록 절차

1. 자유무역지역의 지정
2. 입주기업체 선정 및 입주계약
3. 국(공)유재산 임대(매각) 및 건축
4. 업체관리부호 등록절차

1 자유무역지역의 지정

1.1 자유무역지역 지정절차 도해

(1) 자유무역지역 지정절차

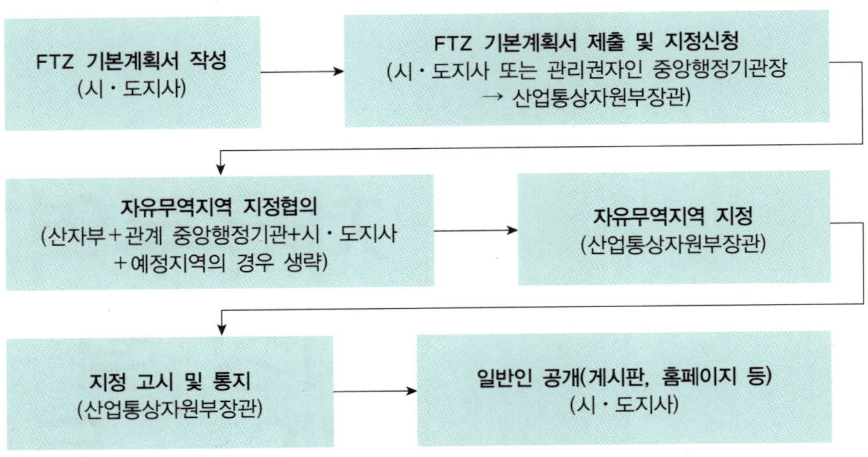

(2) 통제시설 운영시기 공고절차

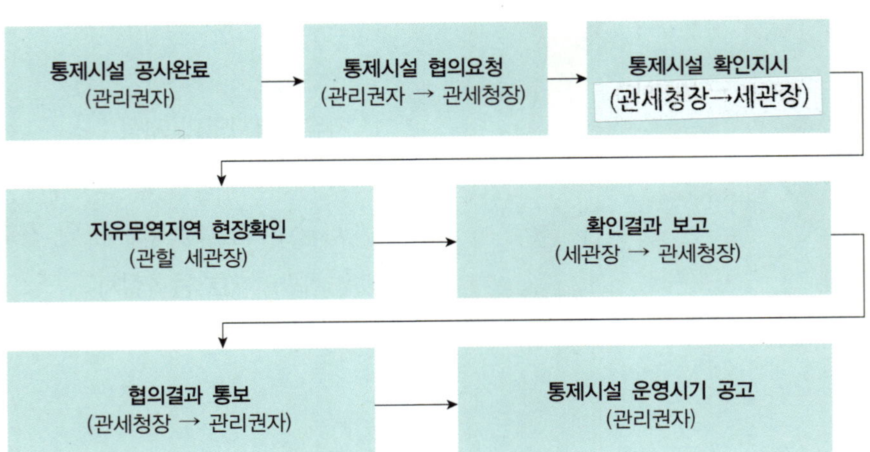

1.2 자유무역지역 지정절차

(1) 자유무역지역 지정 요청자

자유무역지역 지정을 요청할 수 있는 자는 중앙행정기관의 장이나 해당 지역을 관할하는 시·도지사이다. 이때의 중앙행정기관장은 해당 자유무역지역을 관리하는 관리권자로서 산업통상자원부장관(산업단지형 자유무역지역), 국토교통부장관(공항 및 배후지, 물류터미널 및 물류단지), 해양수산부장관(항만 및 배후지)이며, 시·도지사는 특별시장·광역시장·특별자치시장, 도지사 또는 특별자치도지사를 의미한다.

(2) 자유무역지역 지정 요청

자유무역지역의 성격에 따라 해당 지역의 관리권자인 중앙행정기관의 장이나 시·도지사는 대통령령으로 정하는 바에 따라 관계 중앙행정기관의 장 및 관계 시·도지사와의 협의를 거쳐 산업통상자원부장관에게 자유무역지역의 지정을 요청할 수 있다.

이 경우 시·도지사는 자유무역지역 관리권자에게 그 시·도지사를 대신하여 기획재정부장관 등 8개 관계 중앙행정기관의 장 및 시·도지사와 협의하여 줄 것을 요청할 수 있으며, 요청을 받은 자유무역지역 관리권자는 특별한 사유가 없으면 그 요청에 따라야 한다.

> **관계 중앙행정기관의 장(8개)**
> 기획재정부장관, 외교부장관, 행정자치부장관, 농림축산식품부장관, 환경부장관, 국토교통부장관, 해양수산부장관, 관세청장

자유무역지역의 지정을 요청하려는 중앙행정기관의 장 또는 시·도지사는 '자유

무역지역 기본계획서'를 작성하여 협의회에 제출하여야 하며, 협의 후 협의결과를 기본계획서와 함께 산업통상자원부장관에게 제출하여야 한다.

(3) 자유무역지역 기본계획서

전술한 바와 같이 자유무역지역의 지정을 요청하려는 자는 다음 내용이 포함된 '자유무역지역 기본계획'과 관계 중앙행정기관의 장 및 관계 시・도지사와의 협의 결과를 산업통상자원부장관에게 제출하여야 한다. 다만, 이미 개발이 완료되었거나 개발이 진행 중인 지역에 대하여 지정을 요청하는 경우에는 「자유무역지역의 운영에 관한 지침」[1]에서 정하는 사항을 생략할 수 있다.

자유무역지역 기본계획에 포함되어야 할 사항은 다음과 같다.

① 자유무역지역의 명칭・위치・경계 및 면적과 위치도

② 개발사업의 시행자와 개발기간 및 방법

③ 자유무역지역의 운영 목표 및 방향, 입주대상 업종, 입주 우선순위, 입주업체 선정기준, 입주업체의 유치계획 및 배치계획(도면을 포함한다) 등이 포함된 입주관리계획

④ 토지이용계획, 주요 지원시설 배치계획(도면을 포함한다) 및 도로・항만・용수공급시설 등의 기반시설계획

⑤ 지정에 따른 추정 소요비용 및 재원조달계획

⑥ 외국인투자・무역・국제물류・지역개발 및 고용증진의 전망 등 자유무역지역의 지정에 따른 경제적 효과의 분석

⑦ 해당 지역에 있는 시설의 현황과 화물처리능력

⑧ 수용하거나 사용할 토지, 건축물, 그 밖의 물건 및 권리가 있는 경우에는 그 세목(細目)

⑨ 해당 지역에 있는 기존 입주업체의 현황과 기존 입주업체에 대한 대책

---

1) 「자유무역지역의 지정 및 운영에 관한 법률」 제28조의2 제1항에 따라 산업통상자원부장관이 정한 지침을 말한다.

⑩ 「환경영향평가법」에 따른 환경영향평가 또는 관련 검토자료

⑪ 출입구, 울타리 등 통제시설의 설치계획

⑫ 해당 자유무역지역 관리권자로부터 관리권을 위임·위탁받는 자가 둘 이상일 경우 위임·위탁받은 자의 관할범위와 통제시설의 설치 등에 관한 비용부담방법

(4) 자유무역지역 지정 및 고시

자유무역지역 지정요청을 받은 산업통상자원부장관은 지정이 요청된 지역의 실정과 지정의 필요성 및 지정요건을 검토한 후 '관계 중앙행정기관의 장'과 협의하여 자유무역지역을 지정한다. 다만, 자유무역지역 예정지역으로 지정된 지역의 전부 또는 일부를 자유무역지역으로 지정하려는 경우에는 관계 중앙행정기관의 장과 협의를 거치지 아니할 수 있다.

산업통상자원부장관은 자유무역지역을 지정하였을 때에는 그 지역의 위치·경계·면적과 해당 자유무역지역의 명칭, 위치도 및 토지이용계획 등을 고시하고, 그 내용을 지체 없이 관계 중앙행정기관의 장 및 시·도지사에게 통지하여야 하며, 통지를 받은 시·도지사는 그 내용을 14일 이상 일반인이 열람할 수 있게 하여야 한다.

1.3 자유무역지역 지정요건

자유무역지역으로 지정받기 위해서는 다음에 게기하는 지역에 한해 화물처리능력 등 대통령령이 정하는 기준, 도로 등 사회간접자본시설의 충분한 확보, 물품의 반입·반출을 효율적으로 관리하기 위하여 필요한 시설(통제시설) 등을 모두 갖추어야 하는데, 이는 외국인투자유치, 무역진흥, 국제물류 원활화, 지역개발을 통한 국민경제 발전을 목적으로 하는 자유무역지역의 설립 취지에 부합하기 위한 필수

적 요건이라 할 수 있을 것이다.

지역요건, 화물처리능력요건, 통제시설요건을 구체적으로 살펴보면 다음과 같다.

(1) 지역요건

자유무역지역을 지정할 수 있는 지역은 다음과 같다. 자유무역지역 설립목적이 외국화물을 반입하여 제조·물류·유통 등 부가가치 작업과정을 거쳐 국외반출(수출)함으로써 국민경제에 이바지하는 것이므로 물류비 부담이 큰 내륙지보다 공·항만 또는 그 배후지에 건설되는 경우가 많다.

1) **산업단지**(산업입지 및 개발에 관한 법률 제2조 제8호)

산업단지는 다음과 같이 네 가지 종류가 있다.

① 국가산업단지 : 국가기간산업, 첨단과학기술산업 등을 육성하거나 개발·촉진이 필요한 낙후지역이나 둘 이상의 특별시·광역시·특별자치시 또는 도에 걸쳐 있는 지역을 산업단지로 개발하기 위하여 지정된 산업단지

② 일반산업단지 : 산업의 적정한 지방 분산을 촉진하고 지역경제의 활성화를 위하여 지정된 산업단지

③ 도시첨단산업단지 : 지식산업·문화산업·정보통신산업, 그 밖의 첨단산업의 육성과 개발·촉진을 위하여 지정된 산업단지

④ 농공단지(農工團地) : 대통령령으로 정하는 농어촌지역에 농어민의 소득 증대를 위한 산업을 유치·육성하기 위하여 지정된 산업단지

2) **공항 및 배후지**(공항시설법 제2조 제3호)

공항시설은 공항구역에 있는 시설과 공항구역 밖에 있는 시설 중 대통령령으로 정하는 시설로서 국토교통부장관이 지정한 다음 각 목의 시설을 말한다(공항시설법 제2조 제7호).

① 항공기의 이륙·착륙 및 항행을 위한 시설과 그 부대시설 및 지원시설

② 항공 여객 및 화물의 운송을 위한 시설과 그 부대시설 및 지원시설

3) 물류터미널 및 물류단지(물류시설의 개발 및 운영에 관한 법률 제2조 제2, 6호)

물류(物流)란 재화가 공급자로부터 조달 · 생산되어 수요자에게 전달되거나 소비자로부터 회수되어 폐기될 때까지 이루어지는 운송 · 보관 · 하역(荷役) 등과 이에 부가되어 가치를 창출하는 가공 · 조립 · 분류 · 수리 · 포장 · 상표부착 · 판매 · 정보통신 등을 의미하는데(물류정책기본법 제2조 제1항 제1호), 이처럼 자사물류 또는 제2자, 제3자 물류의 공급망을 관리하는 내륙 집중지가 물류터미널 및 물류단지로서 그 구체적인 정의는 다음과 같다.

① 물류터미널 : 화물의 집화(集貨) · 하역(荷役) 및 이와 관련된 분류 · 포장 · 보관 · 가공 · 조립 또는 통관 등에 필요한 기능을 갖춘 시설물을 말한다. 다만, 가공 · 조립시설은 대통령령으로 정하는 규모 이하의 것이어야 한다.

② 물류단지 : 물류단지시설과 지원시설을 집단적으로 설치 · 육성하기 위하여 「물류시설의 개발 및 운영에 관한 법률」 제22조 또는 제22조의2에 따라 지정 · 개발하는 일단(一團)의 토지 및 시설로서 도시첨단물류단지와 일반물류단지를 말한다.

가. 도시첨단물류단지 : 도시 내 물류를 지원하고 물류 · 유통산업 및 물류 · 유통과 관련된 산업의 육성과 개발을 촉진하려는 목적으로 도시첨단물류단지시설과 지원시설을 집단적으로 설치하기 위하여 「국토의 계획 및 이용에 관한 법률」에 따른 도시지역에 제22조의2에 따라 지정 · 개발하는 일단의 토지 및 시설

나. 일반물류단지 : 물류단지 중 도시첨단물류단지를 제외한 것

4) 항만 및 배후지(항만법 제2조 제1호)

① "항만"이란 선박의 출입, 사람의 승선 · 하선, 화물의 하역 · 보관 및 처리, 해양친수활동 등을 위한 시설과 화물의 조립 · 가공 · 포장 · 제조 등 부가가치 창출을 위한 시설이 갖추어진 곳을 말한다(항만법 제2조 제1호).

② "항만배후단지"란 항만구역에 지원시설 및 항만친수시설을 집단적으로 설치하고 이들 시설의 기능 제고를 위하여 일반업무시설・판매시설・주거시설 등 대통령령으로 정하는 시설을 설치함으로써 항만의 부가가치와 항만 관련 산업의 활성화를 도모하며, 항만을 이용하는 사람의 편익을 꾀하기 위하여 제42조에 따라 지정・개발하는 일단(一團)의 토지로서 다음 각 목의 것을 말한다.

가. 1종 항만배후단지 : 무역항의 항만구역에 지원시설과 항만친수시설을 집단적으로 설치・육성함으로써 항만의 부가가치와 항만 관련 산업의 활성화를 도모하기 위한 항만배후단지

나. 2종 항만배후단지 : 항만구역(1종 항만배후단지로 지정한 항만구역을 제외한다)에 일반업무시설・판매시설・주거시설 등 대통령령으로 정하는 시설을 설치함으로써 항만 및 1종 항만배후단지의 기능을 제고하고 항만을 이용하는 사람의 편익을 꾀하기 위한 항만배후단지(항만법 제2조 제7호)

(2) 사회간접자본시설 확충요건

사회간접자본시설이란 산업의 발전에 있어 필수적인 요소로, 예컨대 도로・철도・항만・공항・에너지공급・상하수도・통신망・폐기물처리시설 등을 의미하며, 영어로 Infrastructure 앞글자만 따서 인프라(Infra)라고도 한다. 자유무역지역이 효과적으로 제 기능을 발휘하려면 이러한 사회간접자본시설이 충분히 확보되어 있거나 확보될 수 있어야 한다.

(3) 화물처리능력요건

외국자본 유치 및 국제화물을 취급하는 자유무역지역이 원활한 기능을 유지하기 위해서는 일정 규모 이상의 화물처리능력을 보유하고 있어야 한다. 또한 자유무역지역을 건설하려면 막대한 예산이 투입되는 만큼 그에 상응하는 경제성과 장래성이 확보되어야 하는데 그 구체적인 내용은 다음과 같다.

화물처리능력

1. 산업단지 : 공항 또는 항만에 인접하여 화물의 국외로의 반출 · 반입이 용이한 지역
2. 공항 : 다음 각 목의 요건을 갖추고 있을 것
   가. 연간 30만 톤 이상의 화물을 처리할 수 있고, 정기국제항로가 개설되어 있을 것
   나. 물류터미널 등 항공화물의 보관 · 전시 · 분류 등에 사용할 수 있는 지역 및 그 배후지의 면적이 30만m^2 이상이고, 배후지는 당해 공항과 접하여 있거나 전용도로 등으로 연결되어 있어서 공항과의 물품이동이 자유로운 지역으로서 화물의 보관 · 포장 · 혼합 · 수선 · 가공 등 공항의 물류기능을 보완할 수 있을 것
3. 항만 : 다음 각 목의 요건을 갖추고 있을 것
   가. 연간 1천만 톤 이상의 화물을 처리할 수 있고, 정기 국제 컨테이너선박 항로가 개설되어 있을 것
   나. 3만 톤급 이상의 컨테이너선박용 전용부두가 있을 것
   다. 「항만법 시행령」 별표 1의 규정에 의한 육상구역의 면적 및 그 배후지의 면적이 50만m^2 이상이고, 배후지는 당해 항만과 접하여 있거나 전용도로 등으로 연결되어 있어서 항만과의 물품이동이 자유로운 지역으로서 화물의 보관 · 포장 · 혼합 · 수선 · 가공 등 항만의 물류기능을 보완할 수 있을 것
4. 물류단지 및 물류터미널 : 다음 각 목의 요건을 갖추고 있을 것
   가. 연간 1천만 톤 이상의 화물을 처리할 수 있는 시설 · 설비를 갖추고 있을 것
   나. 반입물량의 100분의 50 이상이 외국으로부터 반입되고, 외국으로부터 반입된 물량의 100분의 20 이상이 국외로 반출되거나 반출될 것으로 예상될 것
   다. 물류단지 또는 물류터미널의 면적이 50만m^2 이상일 것

(4) 통제시설 설치요건

물품의 반입 · 반출을 효율적으로 관리하기 위하여 필요한 시설로서 대통령령이 정하는 시설(이하 '통제시설'이라 한다)이 설치되어 있거나 통제시설의 설치계획이 확정되어 있어야 한다.

관리권자는 다음 기준에 따라 해당 자유무역지역에 통제시설을 설치한 후 관세

청장과 협의를 거쳐 그 운영시기를 공고하여야 한다.

통제시설에 대한 운영시기가 공고되지 않을 경우 「자유무역지역법」 제3조에 따라 자유무역지역법의 특별법 지위가 배제(관세법 적용)되며, 화물관리 주체인 관세청장으로부터 외국화물 반출입에 필수적인 '업체관리부호'(특허보세창고의 '장치장부호'에 해당)가 부여되지 않는다.

통제시설의 협의과정에서 관세청장은 관할 세관장에게 현장 확인을 시키고 효과적인 화물관리 차원에서 미비한 점은 없는지 점검하게 되며, 통제시설 운영시기 공고 이후에도 관리권자는 통제시설을 적정한 상태로 유지·관리하여야 할 의무를 지게 된다. 또 관세청장은 통제시설의 보수 또는 확충이 필요하다고 인정할 경우 관리권자에게 시설의 보수 또는 확충을 요청할 수 있으며, 관리권자는 특별한 사유가 없으면 그 요청에 따라야 한다. 또 관리권자는 자유무역지역을 출입하는 사람 및 자동차에 대한 기록을 산업통상자원부령으로 정하는 방법으로 관리하여야 하며, 세관장이 출입기록을 요청하는 경우 특별한 사유가 없으면 이에 따라야 한다.

통제시설기준

1. 담장·출입문·경비초소 그 밖에 외국물품의 불법유출 및 도난의 방지를 위하여 필요한 시설로서 관세청장이 정하여 고시하는 면적·위치 등에 관한 기준을 충족하는 시설
2. 반입물품 및 반출물품을 검사하기 위한 검사장으로서 관세청장이 정하여 고시하는 면적·위치 등에 관한 기준을 충족하는 시설(자유무역지역법 시행령 제4조 ②항)

※ 관세청장이 정하는 기준(자유무역지역 반출입물품의 관리에 관한 고시 제4조)

① 「자유무역지역의 지정 및 운영에 관한 법률 시행령」 제4조 제2항에서 "관세청장이 정하여 고시하는 면적, 위치 등에 관한 기준"이란 다음 각 호의 어느 하나에 해당하는 시설을 말한다.

1. 외곽울타리 및 외국물품의 불법유출·도난방지를 위한 과학감시장비
2. 감시종합상황실과 화물차량통제소
3. 다음 각 목의 요건을 충족하는 세관검사장

가. 물품의 장치장소, 출입문 등을 고려하여 당해 자유무역지역 내 최적의 동선을 확보할 수 있는 장소에 설치하되, 차량의 출입 및 회차 등이 자유롭도록 충분한 면적을 확보하여야 한다.

나. 검사장은 컨테이너트레일러를 부착한 차량이 3대 이상 동시에 접속하여 검사할 수 있는 규모인 400m^2 이상의 검사대, 검사물품 보관창고 등 검사를 용이하게 할 수 있는 시설을 갖추어야 한다.

다. 컨테이너화물을 취급하는 자유무역지역의 경우 컨테이너 검색기 설치에 필요한 최소면적인 10,000m^{2}를 별도로 확보하여야 한다.

4. 세관공무원이 24시간 상주근무에 필요한 사무실 및 편의시설

② 관세청장은 당해 자유무역지역의 지정규모, 반출입물량, 지리적 특성 등 기타의 여건을 고려하여 세관의 감시단속 및 물품검사에 지장이 없다고 인정되는 때에는 제1항의 시설 및 기준을 증감하여 적용할 수 있다.

1.4 자유무역지역 변경

(1) 자유무역지역 변경 요청

자유무역지역의 지정을 요청한 중앙행정기관의 장 또는 시 · 도지사는 자유무역지역의 운영을 위하여 필요한 경우에는 산업통상자원부장관에게 그 자유무역지역의 위치 · 경계 또는 면적의 변경을 요청할 수 있다.

또한 산업통상자원부장관은 자유무역지역의 지정사유가 없어졌다고 인정하거나 관계 중앙행정기관의 장 또는 시 · 도지사로부터 지정해제 요청을 받은 경우에는 자유무역지역의 지정을 해제할 수 있다.

자유무역지역의 변경 또는 지정해제의 경우에도 지정 때와 마찬가지로 '관계 중앙행정기관의 장' 및 '관계 시 · 도지사'의 협의를 거쳐 산업통상자원부장관이 지정하고 고시한다. 다만, 면적의 일부 변경 등 경미한 사항의 변경에 관하여는 그러하지 아니한다.

(2) 경미한 변경

다음과 같이 경미한 변경은 '관계 중앙행정기관의 장' 및 '관계 시·도지사'의 협의 없이 산업통상자원부장관이 지정·고시한다.

① 자유무역지역 면적의 10분의 1 미만을 축소·확장하거나 자유무역지역의 위치·경계를 변경하는 경우

② 진입도로·축대 또는 다리의 변경설치나 자연재해로 토지가 멸실되어 자유무역지역이 축소·확장되거나 경계가 변경되는 경우

1.5 자유무역지역 예정지역

(1) 예정지역 지정 및 해제

산업통상자원부장관은 중앙행정기관의 장 또는 시·도지사의 요청에 따라 앞에서 설명한 자유무역지역 후보지가 될 '산업단지, 공항 및 배후지, 물류터미널 및 물류단지, 항만 및 배후지(그 예정지를 포함한다)'를 자유무역지역 예정지역으로 지정할 수 있다. 이때에도 자유무역지역 지정과 같이 '관계 중앙행정기관의 장(8개)' 및 '관계 시·도지사'의 협의를 거쳐 산업통상자원부장관이 지정·고시한다.

예정지역의 지정기간은 3년 이내로 한다. 다만, 산업통상자원부장관은 해당 예정지역에 대한 개발계획의 변경 등으로 지정기간의 연장이 불가피하다고 인정하는 경우에는 3년의 범위에서 지정기간을 연장할 수 있다. 또 산업통상자원부장관은 예정지역의 지정기간이 만료되기 전에 자유무역지역으로 지정할 것인지 여부를 결정하여야 하며, 자유무역지역으로 지정하지 아니하기로 결정한 경우에는 그 예정지역의 지정을 즉시 해제하여야 한다.

(2) 예정지역 변경

예정지역의 지정을 요청한 중앙행정기관의 장 또는 시·도지사는 필요한 경우 산업통상자원부장관에게 그 예정지역의 위치·경계 또는 면적의 변경을 요청할 수 있다.

예정지역을 변경(지정해제 포함)할 경우에도 지정 때와 마찬가지로 '관계 중앙행정기관의 장' 및 '관계 시·도지사'의 협의를 거쳐 산업통상자원부장관이 변경·고시하며, 다음과 같이 경미한 변경은 '관계 중앙행정기관의 장' 및 '관계 시·도지사'의 협의 없이 산업통상자원부장관이 지정·고시한다.

① 자유무역지역 면적의 10분의 1 미만을 축소·확장하거나 자유무역지역의 위치·경계를 변경하는 경우

② 진입도로·축대 또는 다리의 변경설치나 자연재해로 토지가 멸실되어 자유무역지역이 축소·확장되거나 경계가 변경되는 경우

1.6 자유무역지역 관리권자

(1) 지역별 관리권자

자유무역지역 관리권자란 해당 지역의 운영을 총괄하는 자를 지칭하며 입주기업체와의 입주계약 체결 시 계약당사자가 된다. 관리권자는 자유무역지역 유형별로 다음과 같이 세분된다. 그러나 이들 자유무역지역으로 반입되는 화물에 대한 관리

구분	관리권자	비고
① 산업단지	산업통상자원부장관	화물관리 → 관세청 소관
② 공항 및 배후지	국토교통부장관	
③ 물류터미널 및 물류단지	국토교통부장관	
④ 항만 및 배후지	해양수산부장관	

는 전적으로 관세청장과 세관장 소관이 된다.

(2) 수행업무

구체적으로 자유무역지역 관리권자가 수행하는 업무는 다음과 같다.

① 입주기업체 및 지원업체의 사업활동 지원

② 공공시설의 유지 및 관리

③ 각종 지원시설의 설치 및 운영

④ 그 밖의 자유무역지역의 관리 또는 운영에 관한 업무

(3) 자유무역지역 구분관리

관리권자는 관리업무를 효율적으로 운영하기 위하여 자유무역지역을 그 기능 및 특성에 따라 생산시설지구, 지식서비스시설지구, 물류시설지구, 지원시설지구, 공공시설지구, 교육·훈련시설지구로 구분할 수 있으며, 지구를 구분하였을 때에는 이를 인터넷 홈페이지에 게시하는 등 효과적인 방법으로 공고하여야 한다.

(4) 권한의 위임

1) 개요

중앙행정기관의 장은 대통령령으로 정하는 바에 따라 그 권한의 일부를 자유무역지역 관리권자에게 위탁할 수 있다.

산업통상자원부장관 또는 주무부장관은 입주기업체가 도입하는 외자에 관하여 「외국인투자촉진법」에 따른 권한의 일부를 대통령령으로 정하는 바에 따라 관리권자에게 위탁할 수 있다.

관리권자는 이 법에 따른 권한 중 그 일부를 대통령령으로 정하는 바에 따라 그 소속 기관의 장, 시·도지사, 시장·군수 또는 구청장(자치구의 구청장을 말한다)

에게 위임하거나 관세청장 또는 그 소속 기관의 장이나 그 밖에 대통령령으로 정하는 법인에 위탁할 수 있다.

여기서 '대통령령으로 정하는 법인'이란 다음 각 호의 법인을 말한다.

① 한국공항공사

② 인천국제공항공사

③ 항만공사

2) 권한 위임(위탁)의 내용

① 기획재정부장관은 자유무역지역에서의 「조세특례제한법」 제121조의2 및 제121조의4에 따른 외국인투자에 대한 조세감면 신청 및 조세감면 변경신청의 접수와 감면, 감면내용 변경, 감면대상 해당 여부의 결정 · 확인 · 통지에 관한 권한을 관리권자에게 위탁한다.

관리권자는 위에 따라 위탁받은 권한에 속하는 사무를 처리하였을 때에는 그 결과를 기획재정부장관에게 통보하여야 한다.

② 산업통상자원부장관은 '산업단지'의 자유무역지역에 대한 관리권자의 권한 중 제1~21호의 권한을 '자유무역지역 관리원장'에게 위임한다.

③ 국토교통부장관은 '공항 및 배후지'의 자유무역지역에 대한 관리권자의 권한 중 제2, 7~12, 20~21호의 권한을 '서울지방항공청장'에게 위임한다.

④ 국토교통부장관은 '공항 및 배후지'의 자유무역지역에 대한 관리권자의 권한 중 제1, 3, 5, 6, 13~14, 14-2, 15~16, 18~19호의 권한을 '한국공항공사' 또는 '인천국제공항공사'에 위탁한다.

⑤ 해양수산부장관은 '항만 및 배후지'의 국유 및 사유재산에 대한 관리권자의 권한 중 제1~3, 5~14, 14-2, 15~16, 18~21호의 권한을 '지방해양수산청장'에게 위임한다. 다만, 「항만공사법」 제6조에 따라 항만공사에 출자된 재산, 같은 법 제27조에 따라 해당 항만공사에 무상대부 및 무상사용수익 허가된 재산, 해당 항만공사가 직접 취득한 재산 및 「항만법」 제16조에 따라 지방자치단체에 항만시설관리권이 설정된 재산에 대한 제3, 5~6, 13~14, 14-2,

15, 18, 19호의 권한은 제외한다.

⑥ 해양수산부장관은 '항만 및 배후지'의 국유 및 사유재산(「항만공사법」 제6조에 따라 항만공사에 출자된 재산, 같은 법 제27조에 따라 해당 항만공사에 무상대부 및 무상사용수익 허가된 재산, 해당 항만공사가 직접 취득한 재산만을 의미한다)에 대한 관리권자의 권한 중 제1, 3, 5~6, 14, 14-2, 15, 18~19호의 권한을 '항만공사'에 위탁한다.

⑦ 해양수산부장관은 '항만 및 배후지'의 시·도의 공유재산에 대한 관리권자의 권한 중 제1~3, 5~6, 11~14, 14-2, 15~16, 18~21호의 권한을 시·도지사에게 위임한다.

⑧ 해양수산부장관은 '항만 및 배후지'의 시·군·구의 공유재산에 대한 관리권자의 권한 중 위 ⑦에 게기된 권한을 시장·군수 또는 구청장에게 위임한다.

⑨ 해양수산부장관은 '항만 및 배후지'의 국유재산 중 「항만법」 제16조에 따라 지방자치단체에 항만시설관리권이 설정된 재산에 대한 관리권자의 권한 중 제1, 3, 5~6, 14, 14-2, 15, 18~19호의 권한을 해당 재산의 관리권을 설정받은 지방자치단체의 장에게 위임한다.

자유무역지역에 대한 관리권자의 권한(업무)내역

구분	자유무역지역법 조항	업무내용
1	제8조②항	자유무역지역(지구)의 관리업무
2	제9조	자유무역지역(지구)의 구분
3	제11조	입주계약 및 계약의 변경
4	제14조②항	공장등록증명서의 발급
5	제15조	입주계약의 해지
6	제16조	입주계약 등의 통보
7	제17조	국유의 토지 또는 공장 등의 임대·매각 및 임대기간의 설정·갱신
8	제19조	토지 또는 공장 등 매입대금의 납부연기 및 분할납부
9	제20조	임대료 감면
10	제21조	임대료 납부의 독촉, 임대계약의 해지 및 체납처분

11	제23조	건축 허가 및 신고의 수리(受理) 등
12	제25조	토지 또는 공장 등의 양수, 양수인 선정, 양도・임대 또는 사용 신고의 수리
13	제26조①항 3호	토지 또는 공장 등의 양수
14	제27조①~③항	통제시설의 설치 및 유지・관리 등
14-2	제27조④항	자유무역지역을 출입하는 사람 및 자동차의 기록관리
15	제28조	공동시설 유지비의 징수, 독촉 및 체납처분
16	제28조의2 ②항	입주관리 요령의 공고 및 변경 공고
17	제32조①, ③항	수입 또는 수출이 제한된 물품의 반입 및 반출승인
18	제39조⑤항	입주기업체의 물품반입・반출 실적에 대한 자료 제공 요청
19	제54조①항	청문의 실시
20	시행령 제40조 ①항 및 ②항	외국인투자에 대한 조세감면 신청 및 조세감면 변경신청의 접수와 감면, 감면내용 변경, 감면대상 해당 여부의 결정・확인・통지에 관한 권한(①항), 기획재정부장관에 대한 사무처리결과 통보(②항)
21	제70조①항 제70조②항 1호 제70조③항 1호	과태료의 부과 및 징수

1.7 자유무역지역 입주자격

(1) 일반기준

자유무역지역 입주자격기준은 희망하는 업종에 따라 달리 적용되는데, 그 구체적인 내용은 다음과 같다. 다만, 관리권자는 제조업 또는 지식서비스산업에 해당하는 업종의 사업을 하려는 자가 아래 1)~3)의 요건을 갖추지 아니한 경우에도 국제물류의 원활화, 지역개발 및 수출촉진 등을 위하여 필요하다고 인정하여 산업통상자원부령으로 정하는 경우에는 산업통상자원부장관과 협의를 거쳐 자유무역지역에 입주하게 할 수 있다.

1) 수출제조업

① 수출을 주목적으로 하는 제조업종의 사업을 하려는 자로서 입주계약 신청일(입주기업체의 경우에는 영업일 현재를 말한다)부터 과거 3년의 기간 중 총매출액 대비 수출액이 100분의 50(「중소기업기본법」 제2조에 따른 중소기업의 경우에는 100분의 30, 「중견기업 성장촉진 및 경쟁력 강화에 관한 특별법」 제2조 제1호에 따른 중견기업의 경우에는 100분의 40) 이상인 기간이 연속하여 1년 이상인 자

② 수출을 주목적으로 하려는 국내복귀기업(「해외진출기업의 국내복귀 지원에 관한 법률」 제7조에 따라 지원대상 국내복귀기업으로 선정된 기업을 말한다)으로서 입주계약 신청일부터 과거 3년의 기간 중 총매출액 대비 대한민국으로의 수출액을 제외한 매출액이 100분의 50(「중소기업기본법」 제2조에 따른 중소기업의 경우에는 100분의 30, 「중견기업 성장촉진 및 경쟁력 강화에 관한 특별법」 제2조 제1호에 따른 중견기업의 경우에는 100분의 40) 이상인 기간이 연속하여 1년 이상인 자(2018년 10월 18일부터 시행)

2) 일반제조업 또는 지식서비스산업 업종으로서 외국인투자기업

일반제조업종 또는 지식서비스산업에 해당하는 업종(다음 4~6호 해당 업종 제외)의 사업을 하려는 외국인투자기업으로서 외국인투자비중 및 수출비중[2] 등이 다음 각 호의 사항을 모두 충족하는 자. 다만, 국내 산업구조의 고도화와 국제경쟁력 강화를 위하여 대통령령으로 정하는 업종(「조세특례제한법」 제121조의2 제1항 제1호에 따른 신성장동력산업에 속하는 사업으로서 외국인투자금액이 미화 100만 달러 이상인 경우)에 해당하는 외국인투자기업에 대하여는 수출비중을 적용하지 아니한다(2018년 10월 18일부터 시행).

① 「외국인투자촉진법 시행령」 제2조 제2항 본문에 따른 외국인투자의 기준을

2) 외국인투자기업 수출비중(2018년 10월 18일부터 시행) : 산업단지형 자유무역지역의 경우 외국인투자기업 중 상당수가 수출실적이 없이 내수시장만을 대상으로 운영되는 등 수출성과가 저조함에 따라 외국인투자기업도 '수출비중' 조건을 신설하였다.

충족하는 자. 다만, 입주계약을 체결한 후 신주발행 등으로 국내자본이 증가하여 「외국인투자촉진법 시행령」 제2조 제2항 제1호의 요건(외국인이 의결권 있는 주식총수나 출자총액의 100분의 10 이상을 소유해야 한다는 조건)을 충족하지 아니하게 되는 경우에도 외국인투자의 기준을 충족하는 것으로 본다.

② 입주계약 신청일(입주기업체의 경우에는 영업일 현재를 말한다)부터 과거 3년의 기간 중 총매출액 대비 수출액이 100분의 30(지식서비스산업의 경우에는 100분의 5) 이상인 기간이 연속하여 1년 이상인 자. 다만, 입주계약 신청일 기준으로 과거 매출실적이 없는 신설 외국인투자기업의 경우에는 본문의 요건을 적용하지 아니할 수 있으며, 이 경우 신설 외국인투자기업은 「자유무역지역법」 제14조 제2항에 따른 공장설립 등의 완료신고일(지식서비스산업의 경우에는 입주계약일 또는 「자유무역지역법」 제14조 제4항에 따른 사업개시의 신고일로 한다)부터 3년 이내에 본문의 요건을 충족하여야 한다.

외국인 투자비중 – 외국인투자촉진법 시행령 제2조 제2항

외국인투자는 투자금액이 1억 원 이상으로서 다음 각 호의 어느 하나에 해당하는 것을 말한다. 다만, 법 제21조 제1항 및 제2항에 따라 외국인투자기업으로 등록한 후 주식이나 지분(이하 "주식 등"이라 한다)의 일부 양도나 감자(減資) 등으로 본문의 요건을 충족하지 아니하게 되는 경우에도 이를 외국인투자로 본다.

1. 외국인이 대한민국법인(설립 중인 법인을 포함한다. 이하 같다) 또는 대한민국국민이 경영하는 기업이 발행한 의결권 있는 주식총수나 출자총액의 100분의 10 이상을 소유하는 것
2. 외국인이 대한민국법인 또는 대한민국국민이 경영하는 기업의 주식 등을 소유하면서 그 법인이나 기업에 임원(이사, 대표이사, 업무집행을 하는 무한책임사원, 감사나 이에 준하는 자로서 경영상 중요의사결정에 참여할 수 있는 권한을 가진 자를 말한다. 이하 같다)을 파견하거나 선임하는 것

3) 지식서비스산업 업종의 국내기업

지식서비스산업에 해당하는 업종(다음의 4~6호 해당 업종 제외)의 사업을 하려는 자로서 입주계약 신청일(입주기업체의 경우에는 영업일 현재를 말한다)부터 과거 3년의 기간 중 총 매출액 대비 수출액이 100분의 5 이상인 기간이 연속하여 1년 이상인 자(2018년 10월 18일부터 시행)

4) 수출입거래 목적의 도매업종

수출입거래를 주목적으로 하는 도매업종의 사업을 영위하려는 자로서 입주계약 신청일(입주기업체의 경우에는 영업일 현재를 말한다)부터 과거 3년의 기간 중 총 매출액 대비 수출입거래의 비중이 100분의 50 이상(「중소기업기본법」 제2조에 따른 중소기업의 경우에는 100분의 30, 「중견기업 성장촉진 및 경쟁력 강화에 관한 특별법」 제2조 제1호에 따른 중견기업의 경우에는 100분의 40)인 기간이 연속하여 1년 이상인 자(2018년 10월 18일부터 시행)

5) 물류업종 등

물품의 하역·운송·보관·전시 그 밖에 다음의 사업을 영위하고자 하는 자

① 국제운송주선·국제선박거래, 포장·보수·가공 또는 조립하는 사업 등 복합물류 관련 사업

② 선박 또는 항공기(선박 또는 항공기의 운영에 필요한 장비를 포함한다)의 수리·정비 및 조립업 등 국제물류 관련 사업

③ 연료, 식수, 선식(船食) 및 기내식(機內食) 등 선박·항공기용품의 공급업

④ 물류시설 관련 개발업 및 임대업

6) 지원사업

입주기업체의 사업을 지원하는 업종으로서 대통령령이 정하는 업종의 사업을 하려는 자

지원업종

1. 금융업
2. 보험업
3. 통관업
4. 세무업
5. 회계업
6. 「해운법」 제33조에 따른 해운중개업·해운대리점업·선박대여업 및 선박관리업
7. 「항만운송사업법 시행령」 제2조 제1호 가목 내지 다목의 규정에 의한 행위를 하는 항만용역업
8. 교육·훈련업
9. 유류판매업
10. 폐기물의 수집·운반 및 처리업
11. 정보처리업
12. 음식점업
13. 식품판매업
14. 숙박업
15. 목욕장업
16. 세탁업
17. 이용업 및 미용업
18. 그 밖에 입주기업체의 사업을 지원하는 업종으로서 산업통상자원부장관이 필요하다고 인정하여 고시하는 업종
   1) 체인화 편의점
   2) 의약품 및 의료용품 소매업
   3) 문구용품 소매업
   4) 자동판매기 운영업
   5) 기타 산업용 기계 및 장비 임대업
   6) 인력공급업
   7) 경비 및 경호 서비스업
   8) 보안시스템 서비스업
   9) 소독, 구충 및 방제 서비스업
   10) 기타 스포츠시설 운영업(종합스포츠시설, 체력단련시설, 수영장, 볼링장, 당구장, 골프연습장, 그 외 기타 스포츠시설 운영업)
   11) 컴퓨터게임방 운영업
   12) 컴퓨터시설관리업
   13) 수리업
   14) 산업용 기계 및 장비 도매업
   15) 기계공구 소매업
   16) 전자·전기 부품 판매업
   17) 의료, 정밀 및 과학기기 도매업
   18) 그 외 기타 기계장비 도매업
   19) 경 인쇄업
   20) 일반 및 국외여행사업
   21) 건물설비 설치 공사업
   22) 전기 및 통신 공사업
   23) 실내건축 및 건축 마무리 공사업
   24) 기타 수상 운송지원 서비스업
   25) 화물 포장, 검수 및 형량 서비스업
   26) 법무 관련 서비스업
   27) 경영컨설팅업
   28) 건축설계 및 관련 서비스업
   29) 포장 및 충전업
   30) 기계 및 장비 수리업

31) 광고업
32) 전시 및 행사 대행업
33) 자연과학 및 공학연구개발업
34) 의원
35) 기타 보건업
36) 보육시설 운영업
37) 기타 발전업

(자유무역지역법 시행령 제7조⑤항 및 자유무역지역의 운영에 관한 지침 제8조)

7) 대통령령이 정하는 공공기관

공공기관 – 시행령 제7조⑥항

1. 지방자치단체 및 지방자치단체가 전액 출자·출연한 법인
2. 「국민연금법」에 따른 국민연금공단
3. 「국민건강보험법」에 의한 국민건강보험공단
4. 「수출보험법」에 의한 한국수출보험공사
5. 「한국공항공사법」에 의한 한국공항공사(이하 "한국공항공사"라 한다)
6. 「인천국제공항공사법」에 의한 인천국제공항공사(이하 "인천국제공항공사"라 한다)
7. 「한국컨테이너부두공단법」에 따른 한국컨테이너부두공단(이하 "한국컨테이너부두공단"이라 한다)
8. 「항만공사법」 제4조의 규정에 의한 항만공사(이하 "항만공사"라 한다)
9. 「한국철도공사법」에 의한 한국철도공사

8) 국가기관

(2) 입주 우선순위기준

1) 외국인투자기준(1순위)

외국인투자기업에게 우선적으로 입주계약을 하는 경우 그 우선순위기준은 다음 표(「자유무역지역의 운영에 관한 지침」 별표 1)에 의하며, 외국인투자금액과 그 비율이 경합하는 경우 외국인투자금액을 우선한다. 자유무역지역의 가장 큰 설립목

표인 외국인투자 유치를 유도하기 위하여 이 같은 기준을 적용한다.

우선적 입주계약대상 기준표(외국인투자기준)

총투자금액	총투자액 대비 외국인투자액비중
3천만 달러 이상	20% 이상
2천만 달러 이상	25% 이상
1천만 달러 이상	30% 이상
5백만 달러 이상	35% 이상
1백만 달러 이상	50% 이상
1백만 달러 미만	60% 이상

※ 경합 시 투자금액 우선적용

2) 수출기준(2순위)

수출기준에 따라 우선적으로 입주계약을 하는 경우 그 우선순위기준은 다음 표(「자유무역지역의 운영에 관한 지침」 별표 2)에 의하되, 수출액과 그 비율이 경합하는 경우 수출액을 우선한다.

우선적 입주계약대상 기준표(수출기준)

연간 총수출액	연간 총매출액 대비 수출액비중
5천만 달러 이상	51% 이상
3천만 달러 이상	55% 이상
2천만 달러 이상	60% 이상
1천만 달러 이상	65% 이상
5백만 달러 이상	75% 이상
5백만 달러 미만	90% 이상

※ 경합 시 수출액 우선적용

3) 상기 1, 2순위 경합 시

관리권자가 외국인투자금액과 수출금액 등을 고려하여 입주우선순위를 결정한다.

(3) 업종제한

자유무역지역 입주기업체는 외국인투자 활성화 취지에서 원칙적으로 업종제한을 두지 않는다. 그러나 농업 등 국내 취약산업이나 국민보건 저해물품 등을 취급하는 업종을 허용할 경우 여러 가지 문제점이 발생하게 된다.

예를 들어, 2018년도 콩나물을 제조하는 자유무역지역 입주기업체 A사가 중국에서 콩나물 제조용 대두(HSK 1201.10-9000, 미추천 관세율 : 종가 487% 종량 956원/Kg)를 반입(반입신고)하여 콩나물(HSK 0709.99-9000 관세율 27%)을 제조한 후 관세영역에 반출(수입신고)한다고 하자. 이 경우 콩나물 원료인 대두가 자유무역지역에 반입될 때는 과세보류(0%)로, 자유무역지역에서 제조한 콩나물이 국내반출(수입)될 때에는 콩나물 세율(27%)로 과세통관하게 된다. 한편, 국내 제조업체 B사는 중국에서 대두를 수입(487%)하여 관세영역에서 콩나물을 제조하여 시중에 판매한다고 하자. 두 회사를 비교할 경우 다 같이 국내로 수입하는 콩나물을 제조하는 것은 동일하지만 단지 자유무역지역 입주 여부에 따라 현저한 조세불균형에 직면함은 물론, 콩나물 원료인 대두의 수입증가에 따른 피해가 고스란히 농민들에게 돌아갈 가능성이 크다.

더군다나 농·임·축산물 원재료는 그 품질이 천차만별이라 완제품 제조에 따른 소요량이 일정하지가 않아 화물관리 차원에서 관리가 어렵고 밀수입 위험성이 대단히 높다(예 소요량을 허위로 신고하고 차이 나는 부분을 밀반입).

현행 「자유무역지역의 운영에 관한 지침」(산업통상자원부 고시)에서도 이러한 사정을 반영하여 입주제한 업종을 규정(동 지침 제10조)하고, 관리권자는 「자유무역지역법」 제10조의 규정에 따라 자유무역지역에 입주할 수 있는 업종에 해당하더라도 다음 각 호의 어느 하나에 해당되는 경우에는 입주를 제한할 수 있으며, 관리권자가 입주제한 업종을 운영하려는 자와 입주계약을 체결하려 할 경우에는 물품의 반입·반출을 관리하는 해당 자유무역지역 관할 세관장과 먼저 협의를 거치도록 하였다.

① 「관세법」 제73조 및 「세계무역기구협정 등에 의한 양허관세규정」 별표 1의

나의 규정에 따라 국내외 가격차에 상당한 율로 양허한 농·임·축산물을 원재료로 하는 물품을 제조·가공하는 업종

② 국민보건 또는 환경보전에 지장을 초래하거나 풍속을 해하는 물품을 제조·가공하는 업종으로 관리권자가 인정하는 업종

이처럼 세율불균형과 부정수입 우려가 높은 업종의 경우 관리권자는 자유무역지역 입주를 제한할 수가 있으며, 이들 업종에 대해 입주계약을 하려면 자유무역지역 화물관리를 맡고 있는 관할 세관장과 사전에 협의를 거치도록 함으로써 특별한 경우가 아닌 한 입주계약이 어렵다고 할 것이다.

세계무역기구협정 등에 의한 양허관세규정

제2조(세계무역기구협정 일반양허관세) 「1994년도 관세 및 무역에 관한 일반협정에 대한 마라케쉬 의정서」에 따라 세계무역기구((WTO) 회원국(2017년 말 현재 164개국)에 대하여 적용할 일반양허관세는 별표 1의 가, 별표 1의 나 및 별표 1의 다에 따른다.

※ 「관세법」 제73조에 정한 국제협력관세는 대외무역증진을 위해 특정국가 또는 국제기구와 관세에 관한 협상에 따라 외국과의 조약 또는 국제기구협정에 의거하여 결정된 관세율(대통령령으로 발동)로서, 그 중 '별표 1의 나'는 국내 취약산업인 농·임·축산물에 대해 시장접근물량을 규정한 뒤, 시장접근물량 이내는 낮은 세율(W1)을, 초과물량에 대해서는 높은 세율(W2)을 적용함으로써 국내산업을 보호하는 기능을 한다.

일반적으로 국제협력관세는 조정·할당·계절·잠정·기본관세율보다 낮을 때에만 우선 적용되나, 「관세법」 제50조에 따라 '국제기구와의 관세율에 관한 협상에서 국내외의 가격차에 상당하는 율로 양허하거나 국내시장 개방과 함께 기본세율보다 높은 세율로 양허한 농림축산물 중 대통령령으로 정하는 물품'에 대하여는 기본세율과 잠정세율보다 높아도 우선적으로 적용되는데, 현재, 젖소·육우·돼지·닭 등 가축류, 쇠고기·닭고기·분유 등 축산물, 천연꿀, 양파·마늘·고추 등 채소류, 밤·잣·오렌지·대추 등 과일류, 녹차, 보리·쌀·옥수수·밀·귀리 등 곡물류, 전분·대두·참깨·인삼·담배·누에고치 등의 물품이 지정되어 있다.

참고로 관세영역에 소재한 보세공장의 경우에도 다음 업종은 설영특허를 제한하고 있다(「관세법 시행규칙」 제69조 참조).

① 「관세법」 제73조(국제협력관세)의 규정에 의하여 국내외 가격차에 상당하는 율로 양허한 농·임·축산물을 원재료로 하는 물품을 제조·가공하는 업종*

② 국민보건 또는 환경보전에 지장을 초래하거나 풍속을 해하는 물품을 제조·가공하는 업종으로 세관장이 인정하는 업종(「관세법 시행규칙」 제69조)

* 보세공장 업종제한에 관하여 「보세공장 운영에 관한 고시」 제8조 제2항 제3호에 "손모율이 불안정한 농·수·축산물을 원재료로 하여 제조·가공하려는 경우는 보세작업의 종류 및 특수성을 감안하여 보세공장 설치·운영특허를 제한할 수 있다"고 규정함으로써 상위법인 「관세법 시행규칙」과 관련 고시내용이 다소 불일치되는 부분이 있다.

(4) 예외 입주

자유무역지역 관리권자는 다음 각 호의 어느 하나에 해당하는 자를 자유무역지역에 입주하게 할 수 있다. 다만, 해당 자유무역지역에서 국가 또는 지방자치단체가 소유하는 토지 또는 공장의 경우에는 그 토지(공장)의 총연면적의 100분의 30 이내에서 입주하게 할 수 있다.

① 수출을 주목적으로 하는 제조업종의 사업을 하려는 자, 지식서비스산업에 해당하는 업종의 사업을 하려는 자 및 지식서비스산업에 해당하는 업종의 사업을 하려는 자로서 수출비중, 외국인투자비중이 자유무역지역 입주자격(「자유무역지역법」 제10조 및 시행령 제7조)기준을 충족한 입주기업체로서 「하도급거래 공정화에 관한 법률」 제2조 제2항(원사업자) 각 호의 어느 하나에 해당하는 자로부터 제조 등의 위탁을 받은 중소기업자(「중소기업기본법」 제2조 제1항 또는 제3항에 따른 자를 말하며, 「중소기업협동조합법」에 따른 중소기업협동조합을 포함한다)

하도급거래 공정화에 관한 법률

제2조(정의) ② 이 법에서 “원사업자”란 다음 각 호의 어느 하나에 해당하는 자를 말한다.

1. 중소기업자(「중소기업기본법」 제2조 제1항 또는 제3항에 따른 자를 말하며, 「중소기업협동조합법」에 따른 중소기업협동조합을 포함한다. 이하 같다)가 아닌 사업자로서 중소기업자에게 제조 등의 위탁을 한 자
2. 중소기업자 중 직전 사업연도의 연간매출액[관계 법률에 따라 시공능력평가액을 적용받는 거래의 경우에는 하도급계약 체결 당시 공시된 시공능력평가액의 합계액(가장 최근에 공시된 것을 말한다)을 말하고, 연간매출액이나 시공능력평가액이 없는 경우에는 자산총액을 말한다. 이하 이 호에서 같다]이 제조 등의 위탁을 받은 다른 중소기업자의 연간매출액보다 많은 중소기업자로서 그 다른 중소기업자에게 제조 등의 위탁을 한 자. 다만, 대통령령으로 정하는 연간매출액에 해당하는 중소기업자는 제외한다.

② 위 1호의 입주기업체와 기술제휴계약을 체결한 자

2 입주기업체 선정 및 입주계약

2.1 입주기업체 선정 및 계약절차 도해

(1) 입주기업체 선정 절차도

구분	내용
입주업체 공고 및 사업설명회	**사업설명회 개최** • 신청자격, 평가방법, 선정기준 등
사업신청 서류접수	**사업신청서류** • 선정 참여신청서, 서약서, 사업계획서, 신청자격, 가점 등 증빙서류
사업계획서 평가	**평가위원회 구성** • 학계, 업계, 정부 및 물류, 회계 등 전문가로 구성 **평가방법** • 사업능력, 사업 및 운영계획, 투자 및 자금조달계획, 건설계획 등
입주기업 선정	**우선협상대상자 선정** • 평가 후 대상자 선정
사업시행 실시협약 체결	**협약체결** • 사업계획의 일부 협상을 통해 조정가능 • 우선협상대상자 선정이 취소된 경우, 차순위 고득점자를 선정 • 협약체결 이후 입주계약이 취소된 경우 협약 해제

(2) 입주계약 절차도

주요 항목	세부내용	비고
1) 입주계약 신청	**신청서 및 첨부서류 확인** • 자유무역지역 입주계약신청서(별지 제1호 서식 참고) • 사업계획서 • 외국인투자기업 증명서 • 해당 업종에 관한 인/허가/면허/등록을 증명하는 서류 등	실시협약서 (관리권자)
2) 결격사유 조회	**임원 및 법인의 결격사유 조회** • 신원조회, 관세법 위반 여부, 범죄경력 조회 • 관세 및 내국세 체납 여부 조회	임원 인적사항 및 등록기준지
3) 입주자격 검토	**입주자격 및 입주업종의 적정성 검토** • 외국인투자기업 또는 수출을 목적으로 하는 제조기업 (매출액 50% 이상) • 수출입거래를 주목적으로 하는 도매업을 영위하는 기업(거래량 50% 이상) • 물품의 하역, 운송, 보관, 전시, 가공, 조립, 포장 등의 사업을 영위하는 기업 등	
4) 입주계약	**계약조건 및 준수사항을 부여하여 입주계약** • 입주계약서 교부(입주업체) * 입주계약 해지 : 입주계약조건 및 준수사항 미이행, 입주계약체결사업 이외의 사업수행, 폐업하거나 정당한 사유 없이 3개월 동안 휴업한 경우	
5) 입주계약 통보	**입주계약(해지)사항 관련 기관에 통보** (관리권자 → 세관장)	

2.2 입주계약의 개요

(1) 입주계약 일반원칙

자유무역지역에 입주하여 사업을 하려는 자는 관리권자와 그 입주에 관한 계약(입주계약)을 체결하여야 한다. 입주계약을 변경하고자 하는 경우에도 또한 같다. 예전에는 자유무역지역에 입주를 희망하는 자는 관리권자로부터 먼저 입주허가를 받고, 입주허가 후 다시 관리권자와 매매 또는 임대차계약을 체결하는 2단계로 이루어지던 입주절차를 2016년 1월 27일 「자유무역지역법」 개정 시 입주계약체결로 간소화하고, 종전 입주허가일로부터 6월 내 건축허가 등의 기간의무는 당사자 간의 계약에 따라 결정하는 방식으로 변경되었다.

이 경우 관리권자는 입주목적 또는 입주자격 달성을 위하여 필요한 조건을 붙일 수 있다. 다만 그 조건은 공공의 이익을 증진하기 위하여 필요한 최소한도에 그쳐야 하며, 부당한 의무를 부과하여서는 아니 된다.

(2) 우선적 입주계약

관리권자는 다음 각 호의 어느 하나에 해당하는 자와 우선적으로 입주계약을 체결할 수 있다.

① 외국인투자기업

② 국내산업의 국제경쟁력 강화에 긴요한 고도의 기술을 수반하는 사업을 하려는 자(「조세특례제한법」 제121조의2 제1항 제1호)

③ 수출을 주목적으로 하는 사업을 영위하고자 하는 자

조세특례제한법

제121조의2((외국인투자에 대한 법인세 등의 감면) ① 다음 각 호의 어느 하나에 해당하는 사업을 하기 위한 외국인투자(「외국인투자촉진법」 제2조 제1항 제4호에 따른 외국인투자를 말한다. 이하 이 장에서 같다)로서 대통령령으로 정하는 기준에 해당하는 외국인투자에 대해서는 제2항, 제4항, 제5항 및 제12항에 따라 법인세, 소득세, 취득세 및 재산세(「지방세법」 제111조에 따라 부과된 세액을 말한다. 이하 같다)를 각각 감면한다.

1. 국내산업구조의 고도화와 국제경쟁력 강화에 긴요한 신성장동력산업에 속하는 사업으로서 대통령령으로 정하는 기술을 수반하는 사업

(3) 결격사유

다음 각 호의 1에 해당하는 자는 입주계약을 체결할 수 없다.

① 금치산자 또는 한정치산자

② 파산선고를 받고 복권되지 아니한 자

③ 이 법 또는 「관세법」을 위반하여 징역형의 실형을 선고받고 그 집행이 종료(집행이 종료된 것으로 보는 경우 포함)되거나 집행이 면제된 날부터 2년이 지나지 아니한 자

④ 이 법 또는 「관세법」을 위반하여 징역형의 집행유예의 선고를 받고 그 유예기간 중에 있는 자

⑤ 「자유무역지역법」(제56~57조, 제59~61조), 「관세법」(제269~271조, 제274조)의 규정에 의하여 벌금형 또는 통고처분을 받은 자로서 그 벌금형 또는 통고처분을 이행한 후 2년이 지나지 아니한 자. 다만, 양벌규정에 의하여 처벌된 법인·본인 또는 개인을 제외한다.

⑥ 관세 또는 내국세를 체납한 자

⑦ 위 ①~⑥에 해당하는 자를 임원(당해 법인의 자유무역지역의 운영업무를 직접 담당하거나 이를 감독하는 사람으로 한정)으로 하는 법인

⑧ 「자유무역지역법」규정(제15조 제1~2항)의 규정에 의하여 입주계약이 해지된 후 2년이 지나지 아니한 자

2.3 입주계약의 체결

(1) 입주계약신청

입주계약 또는 변경계약을 체결하려는 자는 별지 제1호 서식의 입주(변경)계약 신청서에 입주자격(「자유무역지역법」 제10조 제1항 각 호)을 증명하는 서류 및 다음 각 호의 서류를 첨부하여 해당 지역을 관할하는 관리권자에게 제출하여야 하며, 관리권자는 입주계약 또는 변경계약의 신청을 받으면 7일 이내에 그 입주계약 또는 변경계약 여부를 결정하여 신청인에게 통지하여야 한다.

① 사업계획서

② 「외국인투자촉진법」 제2조 제1항 제6호에 해당함을 증명하는 서류(외국인투자기업만 첨부)

③ 해당 사업에 관한 인가·허가·면허·등록 등을 받았음을 증명하는 서류(수출입거래를 주목적으로 하는 도매업종, 물품의 하역·운송·보관·전시업종, 입주기업체의 사업을 지원하는 업종 등에 한함)

④ 개인정보 수집 및 활용동의서

⑤ 관련 법령에 따라 입주자격 및 결격사유 확인 등에 필요한 서류

(2) 입주계약 변경의 범위

입주기업체가 관리권자에게 입주계약의 변경을 신청할 수 있는 범위는 업종(「통계법」 제22조 제1항에 따라 통계청장이 고시하는 한국산업표준산업분류상의 세세분류 단위를 기준으로 한다)과 면적을 변경하려는 경우에 한한다.

■ 자유무역지역의 지정 및 운영에 관한 법률 시행규칙 [별지 제1호 서식]

자유무역지역 [ ] 입 주 계 약 / [ ] 입주변경계약 신청(확인)서

접수번호	접수일자	발급일	처리기간 7일

신청인	회사명	(전화번호 :)	
	대표자 성명		생년월일 (법인등록번호)
	주소(법인의 경우 주사무소의 소재지)		이메일주소(담당자명/email)
사업내용	사업명		
	투자규모(자본금)	원 (US$ 상당)	외국인투자비율 및 투자금액
	업종(한국표준산업분류상세세분류)		주생산품

변경계약사항

「자유무역지역의 지정 및 운영에 관한 법률」 제11조, 같은 법 시행령 제8조 및 같은 법 시행규칙 제3조에 따라 위와 같이 입주계약 또는 변경계약을 신청합니다.

년 월 일

신청인 (서명 또는 인)

관리권자 귀하

첨부서류	1. 사업계획서 2. 「외국인투자촉진법」 제2조 제1항 제6호에 해당함을 증명하는 서류(외국인투자기업만 첨부합니다) 3. 해당 사업에 관한 인가·허가·면허·등록 등을 받았음을 증명하는 서류(「자유무역지역의 지정 및 운영에 관한 법률」 제10조 제1항 제4호부터 제6호까지의 규정에 해당하는 사업을 하려는 경우에만 첨부합니다) 4. 개인정보 수집 및 활용 동의서 5. 관련 법령에 따라 입주자격 및 결격사유 확인 등에 필요한 서류	수수료 없음

「자유무역지역의 지정 및 운영에 관한 법률」 제11조에 따라 위와 같이 자유무역지역의 입주계약 또는 변경계약을 확인합니다.

년 월 일

관리권자 (인)

처리절차

신청서 작성	→	접수	→	검토	→	기안·결재	→	발급
신청인		처리기관 (관리권자)		처리기관 (관리권자)		처리기관 (관리권자)		

210mm×297mm[일반용지 60g/m²(재활용품)]

2.4 입주기업체의 의무

(1) 공장설립 등의 완료신고

자유무역지역에 입주하려는 자가 「자유무역지역법」에 따라 입주계약을 체결한 경우에는 「산업집적활성화 및 공장설립에 관한 법률」 제13조에 따른 공장의 신설·증설 또는 업종변경('공장설립 등'이라 한다)의 승인 및 같은 법 제20조에 따른 공장의 신설·증설·이전 또는 업종변경의 승인을 받은 것으로 본다.

자유무역지역 관리권자는 입주기업체에 대하여 「산업집적활성화 및 공장설립에 관한 법률」상 '관리기관' 및 '시장·군수 또는 구청장'을 대신하여 공장설립 등의 완료신고, 공장의 등록, 공장등록의 증명, 공장의 등록취소 및 과태료 등의 업무를 집행한다.

제조업 외의 업종에 대한 기준건축면적률의 적용에 관하여는 「산업집적활성화 및 공장설립에 관한 법률」 제12조를 준용한다. 이 경우 '산업시설구역(제33조 제6항)'은 '자유무역지역'으로 본다.

(2) 사업개시신고

「자유무역지역법」 제11조에 따라 입주계약을 체결한 자가 제조업종 외의 사업을 하기 위하여 입주계약을 체결한 바에 따라 시설을 설치한 경우에는 위에 설명한 기준요건면적률에 적합하도록 요건을 갖추어 관리권자에게 미리 사업개시의 신고를 하여야 한다. 변경계약을 받은 자의 경우에도 또한 같다.

사업개시의 신고를 하려는 자는 시설을 설치한 날로부터 2개월 내에 별지 제2호 서식의 '사업개시신고서'에 사업계획서에 따른 시설의 구입 증명서류 등 사업개시를 증명할 수 있는 서류를 첨부하여 관리권자에게 제출하여야 한다.

사업개시 신고를 받은 담당 공무원은 「전자정부법」 제36조 제1항에 따른 행정정보의 공동이용을 통하여 사업자등록증을 확인하여야 한다. 다만, 신고인이 담당 공

■ 자유무역지역의 지정 및 운영에 관한 법률 시행규칙 [별지 제2호 서식]

사업개시 신고서(확인서)

접수번호	접수일자 발급일	처리기간 3일

회사명		사업자등록번호 : (전화번호 :)
대표자 성명		생년월일 (법인등록번호)
대표자 주소 (법인 소재지)		종업원 수
입주(변경)계약일		
업종 (분류번호)		인가 · 허가등록 (등록번호)
사업개시(예정)일		건축 준공일
규모	용지 면적(m^2)	건축 연면적(m^2)

「자유무역지역의 지정 및 운영에 관한 법률」 제14조 제4항, 같은 법 시행령 제8조의2 제1항 및 같은 법 시행규칙 제4조의2에 따라 위와 같이 사업개시를 신고합니다.

년 월 일

신고인 (서명 또는 인)

관리권자 귀하

신고인 제출서류	사업계획서에 따른 시설의 구입 증명서류 등 사업의 개시를 증명할 수 있는 서류 1부	수수료 없음
담당 공무원 확인사항	사업자등록증	

행정정보 공동이용 동의서

본인은 이 건 업무처리와 관련하여 「전자정부법」 제36조 제1항에 따른 행정정보의 공동이용을 통하여 담당 공무원이 위의 담당 공무원 확인사항을 확인하는 것에 동의합니다.
*동의하지 아니하는 경우에는 신청인이 사업자등록증 사본 1부를 직접 제출해야 합니다.

신고인 (서명 또는 인)

「자유무역지역의 지정 및 운영에 관한 법률」 제14조 제4항, 같은 법 시행령 제8조의2 제2항에 따라 위와 같이 사업개시의 신고를 확인합니다.

년 월 일

관리권자 인

처리절차

신고서 작성	→	접수	→	현장확인	→	관리대장 등록	→	확인서 작성	→	확인서 발급
신고인		처리기관 (관리권자)		처리기관 (관리권자)		처리기관 (관리권자)		처리기관 (관리권자)		

210mm×297mm[일반용지 70g/m^2(재활용품)]

무원의 확인에 동의하지 아니하는 경우에는 그 사본을 첨부하도록 하여야 한다.

관리권자는 사업개시 신고서를 받은 경우 시설이 사업계획서와 맞으면 관리대장에 이를 적고 사업개시 신고서를 받은 날부터 3일 이내에 해당 신고인에게 확인서를 발급하여야 한다.

2.5 입주계약의 해지

(1) 계약 해지의 유형

1) 강제적 해지

관리권자는 입주기업체 또는 지원업체(입주기업체 등)가 부정한 방법으로 입주계약을 체결한 경우에는 입주계약을 해지하여야 한다.

2) 임의적 해지

관리권자는 입주기업체 등이 다음 각 호의 어느 하나에 해당하는 경우에는 입주계약을 해지할 수 있다. 다만, 제1호 및 제3호의 경우 관리권자가 시정을 명한 후 1년 이내에 입주기업체 등이 이를 이행하는 때에는 그러하지 아니하다. 예전에는 자유무역지역 안의 토지나 공장·건축물 등에 대하여 3개월 내에 매매계약, 임대차계약 체결의무 또는 6개월 내에 시설설치 또는 건축허가의무를 주고 이를 지키지 않거나 정당한 사유 없이 휴업한 경우에도 계약 해지(개정 전 법에서는 '입주허가 취소'라고 함)할 수 있도록 하였으나, 일부 자유무역지역에서의 분양부진 등 현실적인 문제와 규제 완화 차원에서 2016년 1월 27일 「자유무역지역법」 개정 시 이를 완화하였다.

① 입주기업체 등이 입주자격(법 제10조)을 상실한 때

② 입주계약을 받은 사업외의 사업을 한 경우(법 제11조①)

③ 입주허가에 부여된 조건을 이행하지 아니한 경우(법 제11조③)

④ 결격사유에 해당하게 된 경우(법 제12조). 다만, 법인의 임원이 결격사유에 해당되어 3개월 이내에 교체하여 임명하는 경우는 제외한다.

⑤ 폐업한 경우

(2) 계약 해지자 사업중단 및 계약의제

입주계약이 해지된 자(이하 '입주계약 해지자'라 한다)는 그 해지 당시의 수출 또는 수입계약에 대한 이행업무 및 잔여처리업무를 제외하고는 그 사업을 즉시 중지하여야 한다. 잔무처리업무란 남은 물품의 재고조사 및 처분을 의미한다. 따라서 입주계약 해지자가 제조·가공한 제품, 반가공품은 물론「자유무역지역법」제29조에 따라 반입된 외국물품, 자유무역지역 안으로 반입신고를 한 관세환급 및 부가가치세 영세율 적용대상물품은 물론 반입된 내국물품까지 해당 지역 관할 세관장이 정하는 기간 내에 관세영역으로 반출하거나 다른 입주기업체에 양도하여야 한다. 이때 세관장은 관세영역에서 자유무역지역 안으로 공급한 물품의 종류 및 수량 등을 고려하여 6개월의 범위에서 반출기간을 정한다(입주계약 의제).

(3) 계약 해지자 공장 등 처분절차

입주계약이 해지(공장설립 등의 완료신고 전에 입주계약이 해지된 경우 포함)되면 계약 해지자는 자유무역지역 안에 소유하는 토지나 공장·건축물 또는 그 밖의 시설(이하 '공장 등'이라 한다)을 소정의 절차에 따라 그 입주계약이 해지된 날부터 6개월 이내에 토지 또는 공장 등을 입주자격이 있는 자에게 처분하여야 한다. 다만, 토지 또는 공장 등에 대하여 경매나 그 밖에 법률에 따른 절차가 진행 중인 경우에는 그 절차의 진행기간을 산입(算入)하지 아니한다.

입주계약 해지자가 토지 또는 공장 등을 처분할 시에는 시행규칙 별지 제3호 서식의 '처분(양도)신청서'에 처분의 대상이 되는 물품의 명세서를 첨부하여 관리권자에게 제출하여야 한다.

입주계약 해지자로부터 처분신청을 받은 담당 공무원은 「전자정부법」 제36조 제1항에 따른 행정정보의 공동이용을 통하여 토지등기부 등본 또는 건물등기부 등본을 확인하여야 한다.

만약 입주계약 해지자가 6개월 내에 토지 또는 공장 등을 처분하지 못한 경우에는 처분신청서(「자유무역지역법 시행규칙」 별지 제3호 서식)에 처분의 대상이 되는 물품의 명세서를 첨부하여 관리권자에게 제출하여야 하며, 처분신청서를 받은 관리권자는 인터넷 홈페이지에 게시하는 등 효과적인 방법으로 그 매각에 관한 사항을 공고하여 양수인을 선정하여야 한다.

양도인은 관리권자로부터 양수인을 추천받으면 지체 없이 양도에 관한 협상을 시작하여 그 추천을 받은 날부터 6개월 이내에 매매계약을 체결하여야 한다.

이상의 방법으로 토지 또는 공장 등을 양도받은 자는 그 양도받은 날부터 3개월 이내에 관리권자와 입주계약 또는 변경계약을 체결하여야 한다.

■ 자유무역지역의 지정 및 운영에 관한 법률 시행규칙 [별지 제3호 서식]

[ ] 토 지 [ ] 처분 / [ ] 공장 등 [ ] 양도 신청서

접수번호	접수일자	발급일	처리기간 7일

신청인	회사명	(전화번호 :)			
	대표자 성명		생년월일 (법인등록번호)		
	주소(법인의 경우 주사무소 소재지)				
사업내용	공장 소재지				
	용지 면적(m^2)		건축 면적(m^2)		건설 공정 %
	기준공장면적률 달성비율(제조업 공장설립 완료 전에 처분하는 경우에만 해당합니다) %				
	처분(양도)가격 (백만 원)		대지가격		건물 감정평가액
	대금 지급조건				

처분(양도) 사유

「자유무역지역의 지정 및 운영에 관한 법률」 제15조 제5항(제25조 제1항) 및 같은 법 시행규칙 제7조(제11조)에 따라 위와 같이 처분(양도)을 신청합니다.

년 월 일

신청인 (서명 또는 인)

관리권자 귀하

신청인 제출서류	처분 또는 양도의 대상이 되는 물품의 명세서 1부	수수료 없음
담당 공무원 확인사항	토지등기부 등본 또는 건물등기부 등본	

「자유무역지역의 지정 및 운영에 관한 법률」 제11조에 따라 위와 같이 자유무역지역의 입주계약 또는 변경계약을 확인합니다.

년 월 일

관리권자 (인)

처리절차

신청서 작성	→	접수	→	검토	→	기안 · 결재	→	발급
신청인		처리기관 (관리권자)		처리기관 (관리권자)		처리기관 (관리권자)		

210mm×297mm[일반용지 60g/m^2(재활용품)]

3 국(공)유재산 임대(매각) 및 건축

3.1 국유토지 또는 공장 등의 임대 및 매각

(1) 임대 및 매각원칙

관리권자는 자유무역지역 및 예정지역에 있는 국가가 소유하는 토지 또는 공장 등(이하 '자유무역지역 국유재산'이라 한다)에 대하여 그 중앙관서의 장으로부터 관리전환을 받거나 기획재정부장관의 관리·처분에 관한 지정을 받아 입주기업체 등에 임대하거나 매각할 수 있다.

이 경우 관리권자는 소정의 절차에 따라 입주계약을 체결한 자에게 우선적으로 매각하거나 임대하여야 하며, 필요하면 계약의 이행을 보증하기 위하여 필요한 조건을 붙일 수 있다.

(2) 가격결정방법

자유무역지역 국유재산을 임대 또는 매각 시에 적용하는 가격은 「국유재산법」 제32조 제1항, 제44조 및 제47조에도 불구하고 관리권자가 기획재정부장관과 협의하여 정한 후 공고하는 바에 따르며, 필요하면 그 가격을 외화(外貨)로 표시할 수 있다.

이때 적용되는 임대료 또는 매각가격에 관하여 기획재정부장관과 협의하는 경우에는 다음 각 호의 서류를 첨부하여야 하며, 제1호 또는 제2호의 자료를 갖출 수 없는 경우에는 공인된 감정기관이 발행한 감정평가서로 대체할 수 있다.

① 해당 토지 또는 공장 등에 투입된 재원의 명세서

② 가격산출조서

③ 매각하거나 임대하려는 공장 등의 도면

한편, 관리권자로부터 자유무역지역 국유재산에 대해 매각가격에 따른 협의를 하는 경우 기획재정부장관은 「전자정부법」 제36조 제1항에 따른 행정정보의 공동이용을 통하여 매각하거나 임대하려는 토지의 지적도(地籍圖)를 확인하여야 한다. 다만, 조성 중인 부지로서 토지의 지적도를 확인하기 곤란한 경우에는 관리권자로 하여금 부지개발계획의 도면을 제출하게 할 수 있다.

(3) 임대기간

관리권자가 입주기업체에 대하여 자유무역지역 국유재산을 임대하는 경우 그 임대기간은 「국유재산법」 제35조 제1항 및 제46조 제1항에도 불구하고 50년 이내로 할 수 있다. 다만, 관리권자가 필요하다고 인정하는 경우에는 50년의 범위에서 그 기간을 갱신할 수 있다.

또 지원업체에 대하여 자유무역지역 국유재산을 임대할 경우 그 임대기간을 5년 이내로 할 수 있는 「국유재산법」 제35조 제1항 및 제46조 제1항에도 불구하고 10년 이내로 할 수 있으며, 관리권자가 필요하다고 인정하는 경우에는 10년의 범위에서 그 기간을 갱신할 수 있다.

부산진해자유무역지역 입주기업체의 경우 국유재산의 임대기간은 30년이며, 기간 경과 후 20년간 연장이 가능하다.

국유재산법

제35조(사용허가기간) ① 행정재산의 사용허가기간은 5년 이내로 한다. 다만, 제34조 제1항 제1호의 경우에는 사용료의 총액이 기부를 받은 재산의 가액에 이르는 기간 이내로 한다.

② 제1항의 허가기간이 끝난 재산에 대하여 대통령령으로 정하는 경우를 제외하고는 5년을 초과하지 아니하는 범위에서 종전의 사용허가를 갱신할 수 있다. 다만, 수의의 방법으로 사용허가를 할 수 있는 경우가 아니면 1회만 갱신할 수 있다.

제46조(대부기간) ① 일반재산의 대부기간은 다음 각 호의 기간 이내로 한다. 다만, 제18조 제1항 단서에 따라 영구시설물을 축조하는 경우에는 10년 이내로 한다.
1. 조림을 목적으로 하는 토지와 그 정착물 : 10년
2. 제1호 외의 토지와 그 정착물 : 5년
3. 그 밖의 재산 : 1년
② 제1항의 대부기간이 끝난 재산에 대하여 대통령령으로 정하는 경우를 제외하고는 그 대부기간을 초과하지 아니하는 범위에서 종전의 대부계약을 갱신할 수 있다. 다만, 수의계약의 방법으로 대부할 수 있는 경우가 아니면 1회만 갱신할 수 있다.

(4) 매입대금의 납부연기 및 분할납부

관리권자는 자유무역지역 국유재산을 매각할 때에 매입자가 매입대금을 한꺼번에 내는 것이 곤란하다고 인정하는 경우에는 「국유재산법」 제50조에도 불구하고 다음 기준에 따라 납부기한을 연장하거나 분할납부하게 할 수 있다.

1) 매입대금 납부연기

매입자가 「국유재산법 시행령」(제54조 제2항) 및 산업통상자원부령(「자유무역지역법 시행규칙」 제8조)에 정하는 다음의 사유에 해당되어 매입자가 매입대금을 기한까지 내기 곤란한 경우에는 6개월의 범위에서 해당 토지 또는 공장 등의 매입대금 납부기한을 연장할 수 있다. 납부기한을 연장할 경우 그 이자는 해당 토지 또는 공장 등의 매각가격에서 이미 낸 금액을 뺀 나머지 금액에 그 매각일부터 매입대금 납부일까지의 기간의 생산자물가 상승률을 곱하여 계산한 금액으로 하되, 이자율은 연 6퍼센트를 초과할 수 없다.

① 천재지변이나 「재난 및 안전관리기본법」 제3조 제1호에 따른 재난으로 매수인에게 책임을 물을 수 없는 사고가 발생한 경우
② 국가의 필요에 따라 국가가 매각재산을 일정기간 계속하여 점유・사용할 목

적으로 재산인도일과 매각대금의 납부기간을 계약 시에 따로 정하는 경우

③ 거래상대방의 부도 또는 파산으로 인하여 매입대금을 내기가 현저히 곤란한 경우

④ 입주기업체가 국유의 토지 또는 공장 등을 매입한 대금이 그 연간 총매출액의 2분의 1이 넘는 경우

2) 매입대금 분할납부

국유재산의 매각대금이 10억 원을 초과하는 경우에는 5년의 범위에서 그 매입대금을 균등분할하여 내게 할 수 있다. 분할납부할 때의 이자는 해당 토지 또는 공장 등의 매각가격에서 이미 낸 금액을 뺀 나머지 금액에 매각일 또는 직전 분할납부일 다음 날부터 해당 분할납부일까지의 기간의 생산자물가 상승률을 곱하여 계산한 금액으로 하되, 이자율은 연 6퍼센트를 초과할 수 없다.

자유무역지역 국유재산 매입대금의 납부기한을 연기하거나 매입대금을 분할하여 내려는 자는 매입대금 납부연기(분할납부)신청서를 납부기일의 7일 전까지 관리권자에게 제출하여야 한다.

3.2 공유토지 또는 공장 등의 임대 및 매각

(1) 임대 및 매각원칙

지방자치단체의 장은 자유무역지역 및 예정지역에 있는 지방자치단체가 소유하는 토지 또는 공장 등을 관리권자와 협의를 거쳐 입주기업체 등에 임대하거나 매각할 수 있다.

(2) 가격결정방법

지방자치단체의 장이 임대하거나 매각하는 토지 또는 공장 등의 임대료 또는 매각가격은 「공유재산 및 물품관리법」 제22조부터 제24조까지, 제30조 및 제32조부터 제34조까지의 규정에도 불구하고 조례로 정하는 바에 따른다. 이 경우 필요하면 그 가격을 외화로 표시할 수 있다.

(3) 임대기간

지방자치단체의 장이 입주기업체에 대하여 지방자치단체가 소유하는 토지 또는 공장 등을 임대하는 경우 그 임대기간을 5년 이내로 할 수 있는 「공유재산 및 물품관리법」 제21조 및 제31조에도 불구하고 50년 이내로 할 수 있다. 다만, 지방자치단체의 장이 필요하다고 인정하는 경우에는 50년의 범위에서 그 기간을 갱신할 수 있다.

지방자치단체의 장이 지원업체에 대하여 지방자치단체가 소유하는 토지 또는 공장 등을 임대하는 경우 그 임대기간은 「공유재산 및 물품관리법」 제21조 및 제31조에도 불구하고 10년 이내로 할 수 있으며, 지방자치단체의 장이 필요하다고 인정하는 경우에는 10년의 범위에서 그 기간을 갱신할 수 있다.

(4) 매입대금의 납부연기 및 분할납부

지방자치단체의 장은 자유무역지역에 있는 지방자치단체가 소유하는 토지 또는 공장 등을 매각할 때에 매입자가 매입대금을 한꺼번에 내는 것이 곤란하다고 인정하는 경우에는 「공유재산 및 물품관리법」 제37조에도 불구하고 조례로 정하는 바에 따라 납부기한을 연장하거나 분할납부하게 할 수 있다.

3.3 임대료의 감면 및 체납처리

(1) 임대료의 감면

외국인투자의 유치와 무역의 진흥 및 국제물류를 촉진시켜 국민경제 발전에 이바지하는 것을 목적으로 만든 자유무역지역에 입주한 입주기업체에게는 각종 세제 혜택과 간소한 절차 적용 등 많은 지원을 해주고 있다.

그런데 실제로 이곳에 입주한 많은 기업은 형식적인 수준으로 외국인투자를 유치하는 것은 물론, 국제물류를 유치하여 부가가치를 창출하기는커녕 단순히 물품 보관과 입출고작업만 수행함으로써 이른바 관세영역의 특허보세창고 기능에 그치는가 하면, 심지어 수출입거래가 전혀 없는 내수기업을 입주시키는 등 변칙적으로 운영되는 것이 현실이다.

이런 기업에게까지 세제 등 특혜가 주어지는 것은 외부(관세영역)기업에 비해 지나친 특혜가 아닐 수 없다. 따라서 입주기업체 중 국제화물 유치 등 자유무역지역 설립취지에 맞게 영업활동을 한 업체에게는 더 많은 혜택이 주어져야 하고, 그렇지 못한 경우에는 특혜를 줄이는 것이 당연하다.

현재 대부분의 자유무역지역에서 관리권자는 입주기업체 선정 시 제출한 국제화물 유치실적을 달성하지 못한 경우에는 임대료를 인상하는 등 특혜를 줄이고 있으며, 설립취지에 맞게 영업활동을 한 업체에 대하여는 임대료 할인 등 더 많은 혜택을 부여하고 있다.

임대료 감면 등에 대해서는 「자유무역지역법」 제20조에서 규정하고 있는데, 관리권자 또는 지방자치단체의 장은 자유무역지역에 입주한 외국인투자기업을 「외국인투자촉진법」상 외국인투자지역에 입주한 외국인투자기업으로 보아 같은 법 제13조 제7항 또는 제9항에 따라 임대료를 감면할 수 있다. 또 「조세특례제한법」 제121조의2 제1항 제1호에 따른 국내산업의 국제경쟁력 강화에 긴요한 고도의 기술을 수반하는 사업을 하는 외국인투자기업에 대하여는 일반적인 임대료 감면 외에 추가로 임대료를 감면할 수 있다.

임대료를 감면받으려는 외국인투자기업은 임대료감면신청서에 토지 또는 공장 등에 대한 임대차계약서 사본을 첨부하여 관리권자에게 제출하여야 한다.

(2) 임대료의 체납처리절차

관리권자는 자유무역지역 내 국·공유토지 또는 공장 등을 임차한 입주기업체 등이 임대료를 기한까지 내지 아니하면 대통령령이 정하는 기간(90일) 내의 기한을 정하여 독촉을 하고, 독촉한 기한까지 임대료를 내지 아니하면 그 임대계약을 해지하거나 국세 체납처분의 예에 따라 임대료를 징수할 수 있다.

구체적으로 토지 또는 공장 등의 임대료나 공동시설의 유지비를 체납한 경우 관리권자는 그 납부기한이 지난날부터 15일 이내에 1차 독촉장을 발부하되, 이때의 납부기한은 발부일로부터 15일 이내이다.

1차 독촉의 납부기한이 지나도 체납액을 내지 아니하는 자에게는 1개월 이내의 납부기한을 정하여 2차 독촉장을 발부하여야 하며, 2차 독촉장을 발부할 때에는 체납자의 재산을 압류할 수 있다는 뜻을 함께 적어 통보하여야 한다.

3.4 영구시설물, 공장 등의 건축

(1) 영구시설물 등의 축조

「자유무역지역법」(제17조 제1항)에 따라 국가가 소유하는 토지를 임차한 자로서 다음 각 호의 어느 하나에 해당하는 조건으로 토지를 임차한 자는 국가 외의 자는 원칙적으로 영구시설물을 축조할 수 없는 「국유재산법」(제18조)규정에도 불구하고 그 토지 위에 공장이나 그 밖의 영구시설물(이하 '영구시설물 등'이라 한다)을 축조할 수 있다.

① 임대기간이 끝나는 때에 영구시설물 등을 국가에 기부하는 조건으로 토지를

임차한 자

② 임대기간이 끝나는 때에 원상으로 회복하여 반환하는 조건으로 토지를 임차한 자

또한 「자유무역지역법」(제18조 제1항)에 따라 지방자치단체가 소유하는 토지를 임차한 자로서 위 각 호의 어느 하나에 해당하는 조건으로 토지를 임차한 자는 해당 지방자치단체장 외에는 영구시설물을 축조할 수 없도록 한 「공유재산 및 물품관리법」(제13조)에도 불구하고 그 토지 위에 영구시설물 등을 축조할 수 있다.

(2) 공장 등의 건축

전술한 바와 같이 예전에는 자유무역지역에 입주허가를 받은 입주기업체는 허가일로부터 6개월 내에 건축허가를 신청해야 할 의무가 있었으나, 당사자 간 대등관계인 입주계약제도로 바뀐 후 건축허가 신청기간의무는 당사자 간의 계약에 따라 건축하는 것으로 변경되었다.

입주기업체가 공장 등의 건축물을 건축하거나 대수선하고자 하는 자는 「건축법」 제11조에 따라 특별자치시장·특별자치도지사 또는 시장·군수·구청장의 허가(바닥면적 85m^2 이내의 증축·개축 또는 재축의 경우는 건축신고)를 받아야 한다.

건축허가를 받은 경우 허가일로부터 2년(「산업집적활성화 및 공장설립에 관한 법률」 제13조에 따라 공장의 신설·증설 또는 업종변경의 승인을 받은 공장은 3년) 이내에 공사에 착수하여야 하며, 정당한 사유가 있는 경우 1년의 범위에서 공사의 착수기간을 연장할 수 있다.

(3) 공장 등의 건축 등에 관한 특례

「자유무역지역법」에 따라 공장 등을 건축하는 자는 입주기업체가 사용할 공장 등을 건축하는 계약을 체결한 경우에 그 계약의 이행에 필요한 범위에서 그 공장

등을 입주기업체에 인도할 때까지는 입주기업체로 본다. 예컨대 예정지역에서 「자유무역지역법」에 따라 관리권자와 입주계약을 체결한 입주기업체가 사용할 공장 등의 건설에 투입하기 위하여 건설업자가 수입하는 외국시설재, 건설자재 등은 「자유무역지역법」 제46조에 따라 관세 등이 면제된다.

또 공장 등과 기계·기구 등의 설비를 임대 또는 분양하는 자는 이를 입주기업체에 임대 또는 분양하는 경우에 그 임대 또는 분양이 완료될 때까지는 입주기업체로 본다.

그리고 자유무역지역에서 공장 등을 건축하는 경우에 「건축법」을 적용할 때에는 '특별시장·광역시장·특별자치시장·도지사·특별자치도지사' 또는 '시장·군수·구청장(자치구의 구청장을 의미)'(이하 '지방자치단체장'이라 한다)을 각각 '관리권자'로 본다.

따라서 공장 등을 건축하는 경우에는 지방자치단체장의 관리를 받고 건축법상 의무를 준수해야 하며, 관리권자가 지방자치단체장의 권한에 속하는 사무를 처리하였을 때에는 지체 없이 관할 지방자치단체장에게 그 내용을 통보하여야 한다.

한편, 관리권자는 다음 각 호에 해당하는 경우, 거래당사자가 거래계약의 60일 이내에 부동산의 소재지를 관할하는 지방자치단체장에게 신고해야 하는 「부동산 거래신고 등에 관한 법률」 제3조 제1항 및 제8조 제3항의 규정에도 불구하고 외국인투자기업을 대신하여 그 신고를 대행할 수 있다.

① 외국인투자기업이 자유무역지역 안의 토지를 취득하는 계약을 체결한 경우
② 자유무역지역 안의 토지를 가지고 있는 대한민국 국민이나 대한민국의 법령에 따라 설립된 법인 또는 단체가 외국인투자기업으로 변경된 때 그 외국인투자기업이 해당 토지를 계속 보유하려는 경우

(4) 토지 또는 공장 등의 처분제한

입주기업체 등은 「자유무역지역법」에 따른 공장설립 등의 완료신고 전 또는 사업개시의 신고 전에 「자유무역지역법」에 따라 취득한 토지(분할된 토지 포함) 또는

공장 등을 처분하려는 경우에는 이를 관리권자에게 양도하여야 한다(시행규칙 별지 제3호 서식 '토지·공장 등 처분·양도신청서' 참조).

관리권자가 입주기업체가 양도한 토지 또는 공장 등을 양수하기 곤란하다고 인정하는 경우에는 앞에서 설명한 토지 또는 공장 등의 입주계약 해지 시 양수인 재선정방식에 따라 입주기업체 등으로 하여금 관리권자가 선정한 다른 입주기업체 등이나 입주자격이 있는 제3자에게 이를 양도하게 할 수 있다(시행규칙 별지 제6호 양도신청서 참조).

입주기업체 등이 「자유무역지역법」에 따른 공장설립 등의 완료신고 후 또는 사업개시의 신고 후에 「자유무역지역법」에 따라 취득한 토지 또는 공장 등을 양도 또는 임대(전대(轉貸)를 포함한다. 이하 같다)하거나 이를 타인으로 하여금 사용하게 하는 경우 그 계약당사자는 입주기업체 등이나 입주자격이 있는 제3자로 한정한다.

이때 국가 또는 지방자치단체가 소유하는 토지 위에 건축한 공장 등을 양도 또는 임대하거나 이를 타인으로 하여금 사용하게 할 때에는 관리권자에게 그 사실을 신고하여야 한다.

토지의 양도가격은 그가 취득한 가격에 대통령령으로 정하는 이자 및 비용을 합산한 금액으로 하고, 공장 등의 양도가격은 「감정평가 및 감정평가사에 관한 법률」에 따른 감정평가업자의 시가감정액을 고려하여 결정할 수 있다. 다만, 입주기업체 등이 요청한 경우 토지의 양도가격은 그가 취득한 가격에 대통령령으로 정하는 이자 및 비용을 합산한 금액 이하로 할 수 있다.

토지의 양도가격에 포함하는 이자 및 비용(자유무역지역법 시행령 제16조의2)

법 제25조 제5항 본문 및 단서에서 "대통령령으로 정하는 이자 및 비용"이란 다음 각 호의 이자 및 비용을 말한다.

1. 양도할 자유무역지역 토지의 취득가격에 그 취득일부터 양도일까지의 기간의 생산자물가 총지수를 곱하여 계산한 금액
2. 양도할 자유무역지역 토지의 취득에 따른 취득세, 그 밖의 제세공과금. 다만, 자유무역지역의 토지를 취득한 자에게 책임이 있는 사유로 추징된 세금은 제외한다.
3. 양도할 자유무역지역 토지의 유지·보존 또는 개량을 위하여 지출한 비용

입주기업체 등이 소유하고 있는 토지를 분할하려는 경우에는 미리 관리권자와 협의하여 1,650m^2 이상으로 분할하여야 하되, 업종별 특성을 고려하여 분할면적을 150m^2 이상으로 하여 입주관리요령으로 달리 정할 수 있다.

▪ 자유무역지역의 지정 및 운영에 관한 법률 시행규칙 [별지 제6호 서식]

양도(임대 · 사용)신고서

접수번호	접수일자	발급일	처리기간 3일

양도 · 임대 하게 하거나 사용하게 하려는 자	회사명 (전화번호 :)		
	대표자 성명	생년월일 (법인등록번호)	
	주소(법인의 경우 주사무소 소재지)		
양수 · 임차 하거나 사용하려는 자	회사명 (전화번호 :)		
	대표자 성명	생년월일 (법인등록번호)	
	주소(법인의 경우 주사무소 소재지)		
계약내용	계약 종류	[ ] 양도 [ ] 임대 [ ] 사용	
	계약목적물		
	계약사유		
	계약금액		
	계약의 조건 (기간 등)		

그 밖의 특기사항

「자유무역지역의 지정 및 운영에 관한 법률」 제25조 제4항 및 같은 법 시행규칙 제12조에 따라 위와 같이 공장 등의 양도(임대 · 사용)를 신고합니다.

년 월 일

신청인 (서명 또는 인)

관리권자 귀하

신고인 제출서류	양도 · 임대 또는 사용계약서 사본 1부	수수료 없음
담당 공무원 확인사항	양도 · 임대 또는 사용대상 건물의 등기부등본	

처리절차

신청서 작성	→	접수	→	검토	→	기안 · 결재	→	발급
신청인		처리기관 (관리권자)		처리기관 (관리권자)		처리기관 (관리권자)		

210mm×297mm[일반용지 60g/m^2(재활용품)]

(5) 지원업체에 대한 공장 등의 재임대 제한

종전 「자유무역지역법」에서는 입주기업체가 외국물품 등을 사용하여 공장 등을 건축한 경우 설치일부터 3년 이내에 그 공장 등을 입주기업체 외의 자에게 임대 또는 양도할 수 없도록 하고 예외적으로 세관장의 허가를 받은 경우에만 공장 등의 일부를 지원업체에 임대할 수 있도록 하던 것을 2016년 「자유무역지역법」 개정 시 '공장 등 임대·양도 제한'규정을 없애 설치기간에 관계없이 자유롭게 재임대가 가능하도록 완화하였다.

다만, 「관세법」(제89~91조, 제93조, 제95조)에 따라 관세감면받은 물품은 수입신고수리일부터 3년의 범위에서 관세청장이 정하는 기간에는 그 감면받은 용도 외에 다른 용도로 사용할 수 없도록 한 것과 형평을 맞추기 위하여, 입주기업체가 외국물품 등을 사용하여 건축한 공장 등을 '공장 등의 완료신고 또는 사업개시일'부터 3년 이내에 지원업체에 임대·양도한 경우에는 입주기업체로부터 면제되었거나 환급된 관세 등을 즉시 징수하도록 하고 있다.

「자유무역지역법」에서 '외국물품 등'이라 함은 외국물품과 관세 등의 면제를 받고 반입신고를 한 기계·기구·설비 등 내국물품 및 「수출용 원재료에 대한 관세 등 환급에 관한 특례법」(이하 「환급특례법」이라 한다)에 따라 관세영역에서 자유무역지역으로 반입한 수출용 원재료를 의미한다.

한편, 세관장은 입주기업체가 외국물품 등을 사용하여 건축한 공장 등을 '공장 등의 완료신고 또는 사업개시일'부터 3년 이내에 지원업체에 임대를 허가하는 경우에는 전체 연면적의 100분의 40 이내에서 허가할 수 있다. 세관장에게 임대허가를 받으려는 자는 「자유무역지역 반출입물품의 관리에 관한 고시」(이하 「자유무역지역고시」라 한다) 별지 제2호 서식의 '임대허가신청서'를 세관장에게 제출하여야 하며, '임대허가신청서'를 접수한 세관장은 다음 각 호의 사항을 확인한 후 허가할 수 있다.

① 임대하려는 공장 등의 사용승인일 및 임대면적

② 임대받으려는 자가 자유무역지역에 입주한 지원업체인지 등 임대요건의 적정

여부

③ 임대받으려는 자가 외국물품 등의 안전관리에 지장을 초래할 우려가 있는 지 여부

또 세관장은 제출된 임대허가 신청사항을 확인한 후 그 요건의 보완이 필요하거나 허가가 곤란하다고 인정한 때에는 그 뜻을 신청자에게 통지하여야 하며, 공장 등 임대를 허가한 경우에는 관세 등 추징절차는 생략된다.

■ 자유무역지역고시 별지 제2호 서식

<table>
<tr><td colspan="2">신청번호</td><td colspan="4" rowspan="2">임대허가(신청)서</td></tr>
<tr><td colspan="2"></td></tr>
<tr><td rowspan="4">신청인</td><td>① 업체명</td><td></td><td>② 전화번호</td><td colspan="2"></td></tr>
<tr><td>③ 주소</td><td colspan="4"></td></tr>
<tr><td>④ 대표자 성명</td><td colspan="4"></td></tr>
<tr><td>⑤ 사업자등록번호
(생년월일)</td><td></td><td>⑥ 업체관리부호</td><td colspan="2"></td></tr>
<tr><td rowspan="5">임차인</td><td>⑦ 업체명</td><td colspan="4"></td></tr>
<tr><td>⑧ 주소</td><td colspan="4"></td></tr>
<tr><td>⑨ 대표자성명</td><td></td><td>⑩ 업종</td><td colspan="2"></td></tr>
<tr><td>⑪ 사업자등록번호
(생년월일)</td><td colspan="4"></td></tr>
<tr><td colspan="5"></td></tr>
<tr><td rowspan="5">임대건물</td><td>⑫ 소재지</td><td colspan="4"></td></tr>
<tr><td>⑬ 전체면적</td><td>m²</td><td>⑭ 대할면적</td><td colspan="2">m²</td></tr>
<tr><td>⑮ 임대면적비율</td><td></td><td>⑯ 사용승인일</td><td colspan="2"></td></tr>
<tr><td>⑰ 임대사유</td><td></td><td>⑱ 임차사유</td><td colspan="2"></td></tr>
<tr><td>⑲ 임대기간</td><td colspan="4"></td></tr>
<tr><td colspan="3">「자유무역지역의 지정 및 운영에 관한 법률」 제25조 제7항 단서 및 「자유무역지역의 반출입물품의 관리에 관한 고시」 제6조에 따라 위와 같이 건물(공장)의 임대허가를 신청합니다.

20 년 월 일

신청자 (서명 또는 인)

○ ○ 세관장 귀하</td><td colspan="3">「자유무역지역의 지정 및 운영에 관한 법률」 제25조 제7항 단서 및 「자유무역지역의 반출입물품의 관리에 관한 고시」 제6조에 따라 위와 같이 건물(공장)의 임대를 허가함

20 년 월 일

○ ○ 세 관 장 직인</td></tr>
<tr><td colspan="5" rowspan="2">첨부서류 :</td><td>수수료</td></tr>
<tr><td>없음</td></tr>
</table>

(6) 경매 등에 의하여 취득한 토지 또는 공장 등의 사용 등

자유무역지역 안의 토지 또는 공장 등을 경매나 그 밖에 법률에 따라 취득한 자는 다음 각 호에서 정하는 바에 따라 이를 처분 또는 사용하여야 한다.

① 대통령령으로 정하는 바에 따라 「자유무역지역법」 제11조에 따른 입주계약을 체결할 것. 다만, 입주기업체를 인수 또는 합병한 자가 입주자격을 갖추고 당초 계약한 업종의 사업을 하는 경우에는 입주계약을 체결한 것으로 본다.

② 제1호에 따라 입주계약을 체결(입주계약을 체결한 것으로 보는 경우를 포함한다)하지 못한 경우에는 대통령령으로 정하는 바에 따라 다른 입주기업체나 입주자격이 있는 제3자에게 양도할 것

③ 제2호에 따라 양도가 이루어지지 아니하는 경우에는 관리권자에게 양도할 것

위 제3호에 따라 관리권자에게 양도하는 경우의 양도가격에 관하여는 앞에서 설명한 토지 및 공장 등의 양도가격규정(토지 : 취득가격+대통령령으로 정하는 이자 및 비용, 공장 등 : 감정평가사의 시가감정액)을 준용한다.

또한 위 제1호에 따라 입주계약(변경계약을 포함한다. 이하 이 항에서 같다)을 체결하려는 자는 토지 또는 공장 등을 취득한 날부터 3개월 이내에 계약체결을 신청하여야 하며, 제2호에 따라 관리권자가 토지 또는 공장 등을 양도받을 자를 선정하는 경우에 관하여는 입주계약이 해지된 토지 및 공장 등의 처분규정(시행령 제9조)을 준용한다.

(7) 자유무역지역 운영지침 및 기타 관리

산업통상자원부장관은 자유무역지역의 운영 등에 관하여 필요한 사항을 정함을 목적으로 「자유무역지역 운영지침」을 수립하거나 변경하는 경우 이를 관보에 고시하여야 한다.

운영지침에는 다음 각 호의 사항이 포함되어야 한다.

① 자유무역지역 기본계획에서 생략할 수 있는 사항(법 제2조 제1항)
② 자유무역지역 및 자유무역지역 예정지역(법 제7조)에 대한 국비지원 기준 등에 관한 사항
③ 입주기업체의 사업을 지원하는 업종의 범위(법 제7조 제6항 제18호)
④ 우선순위기준에 관한 사항(제8조 제4항)
⑤ 그 밖에 자유무역지역의 운영에 필요한 사항

산업통상자원부장관은 자유무역지역 운영지침을 수립하거나 변경하려는 경우에는 관계 중앙행정기관의 장 및 시・도지사와 협의하여야 한다. 관리권자는 자유무역지역을 효율적으로 관리하기 위하여 필요한 경우에는 자유무역지역별로 사업활동 지원, 공공시설 유지관리, 각종 지원시설의 설치・운영 등(법 제8조 제2항)에 따른 업무가 포함된 '입주관리요령'을 공고할 수 있다. 이를 변경하는 경우에도 또한 같다.

공고하려는 '입주관리요령'이 지방자치단체가 소유하는 토지 또는 공장 등과 관계되는 경우 해당 지방자치단체의 장과 협의하여야 한다.

한편, 관리권자는 자유무역지역 안의 공동시설 중 산업통상자원부령으로 정하는 시설의 관리・운영에 필요한 비용(유지비)을 입주기업체 등으로부터 받을 수 있다. 유지비의 부담에 관한 기준・방법과 그 밖의 필요한 사항은 대통령령으로 정한다. 또 관리권자는 영상정보처리기기를 이용하여 자유무역지역을 출입하는 사람 및 자동차에 대한 기록을 90일 동안 관리하여야 한다.

4 업체관리부호 등록절차

4.1 관리부호 등록절차 도해

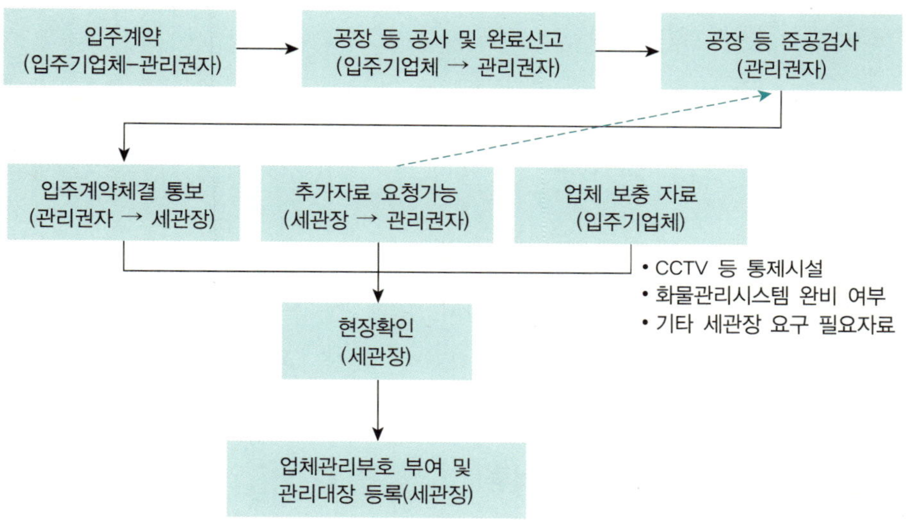

4.2 관리부호 등록절차

(1) 업체관리부호의 의의

자유무역지역 입주기업체에 대한 '업체관리부호 등록'이란 「관세법」상 '보세구역 설영특허'에 해당되는 절차이다.

외국에서 화물이 입항할 경우 첫 단계로 운항선사 또는 운항항공사는 세관장에게 사전에 입항적하목록을 제출함과 동시에 하선장소(장치장부호)를 지정하여 하선신고를 하게 된다. 이때 자유무역지역 입주기업체가 부두터미널 운영회사인 경우 업체관리부호가 등록되어 있지 않을 경우 외국화물을 반입할 수 없게 된다.

뿐만 아니라 화물을 하선장소에서 부두밖 소재 자유무역지역 입주기업체로 보세운송신고할 경우에도 목적지 장치장부호가 있어야 하며, 화물반입 후에도 장치장부호가 있어야만 세관에 화물반입신고가 가능하게 된다.

따라서 입주기업체에 대한 '업체관리부호 등록'은 만기기간이 따로 정해져 있지 않은 것만 제외하면 특허보세구역 설영특허와 같다. 엄밀히 말해 업체관리부호 등록만료기간은 관리권자와 계약한 당해 시설의 사용기간 또는 임대기간과 같으며 별도의 갱신절차가 없다.

(2) 입주계약 등의 통보

관리권자는 자유무역지역에 입주계약(변경계약 포함)을 하거나 입주계약을 해지한 경우에는 세관장에게 통보하여야 한다. 이때 관리권자는 입주(변경)계약 또는 입주계약 해지사실을 확인할 수 있는 서류의 사본을 첨부하여야 한다.

(3) 관리부호 등록(변경)신청서류

자유무역지역은 외국물품을 과세보류상태로 자유롭게 반입하여 임가공 등 부가가치작업을 거쳐 국외반출 또는 국내수입하는 지역이므로 엄격하면서도 원활한 화물관리가 핵심적인 사항이다.

또 고철, 냉장·냉동물품 등 특수한 저장시설을 필요로 하는 물품을 취급하는 경우 관련 시설을 갖추어야 하고, 인화 또는 폭발 위험성이 있는 물품은 해당 법에서 요구하는 시설기준을 갖추어야 한다. 뿐만 아니라 관세채권 확보와 화물의 불법유출을 차단하기 위하여 화물보안시설과 함께 원활하고 정확한 화물반출입 및 재고관리시스템 등을 점검해야 할 필요가 있다.

따라서 관리권자로부터 입주계약내용을 통보받은 세관장은 물품관리를 위하여 필요하다고 인정되는 때에는 관리권자가 입주기업체로부터 제출받은 다음 서류의 범위 내에서 추가로 제출하도록 관리권자에게 요청할 수 있다.

① 사업계획서

② 입주자격(「자유무역지역법」 제10조 제1항 각 호)을 증명하는 서류

③ 사업장의 경계를 표시한 위치도와 시설물 배치도

④ 그 밖에 물품관리에 필요하다고 인정하여 세관장이 정하는 서류

그러나 입주기업체가 관리권자에게 입주계약을 신청하기 위하여 제출하는 자료와 세관장이 원활한 화물관리를 위하여 반드시 확인해야 할 자료에는 차이가 있으며(예컨대, 화물관리시스템 완비 여부), 이럴 경우 입주기업체에 추가 자료를 요청해야 되는 등 관리부호 등록업무가 원활하게 이루어질 수 없게 된다.

따라서 실무에서는 보다 능률적으로 '업체관리부호 등록업무'를 수행하기 위하여 입주기업체에 대해 보세구역 특허에 준하는 다음 자료(주로 사본)를 직접 제출하도록 하여 원활하게 부호등록업무를 처리하고 있다.

입주기업체가 세관장에게 신청하는 '관리부호등록신청서'는 정해진 양식이 없으므로 다음 서류를 첨부하여 공문 형식으로 신청하면 되며, 입주계약 후에 건물증축 등으로 계약내용이 변경된 경우에도 관련 증빙서류를 첨부하여 '관리부호등록사항 변경신청서'를 공문 형식으로 신청하면 된다.

〈민원인 제출서류〉

① 사업계획서

② 입주계약서(사)

③ 해당 자유무역지역의 운영과 관계있는 임원의 인적사항(성명, 주민등록번호, 주소, 등록기준지)

④ 전기검사필증(사)

⑤ 소방시설검사필증(사)

⑥ 건축물준공검사필증 사본(신축 시)

⑦ 위험물시설물검사필증 및 위험물산업기사자격증 사본(위험물창고)

⑧ 기타 가스, 폭발물 등 위험물 취급 관련 증빙서류 사본(해당 시설이 있을 경우)

⑨ 물류창고 위치도, 평면도(시설물 배치도)(사)

⑩ 기타 세관장이 필요로 하는 서류(전산설비 완비 여부 등)

〈담당 공무원 확인사항(민원인 제출생략)〉

① 법인등기부등본

② 토지, 건물의 부동산등기부등본(기존 시설 이용 시)

③ 국세납세증명서

(4) 세관장관리사항

세관장은 관리권자로부터 입주계약사항을 통보받은 경우 동 사항을 '입주기업체관리대장'에 기록하고, 물품관리를 위하여 필요하다고 인정되는 경우 아래 기준에 따라 업체관리부호('장치장소부호'를 겸한다)를 부여하여 세관 수출입화물시스템에 등록하여야 한다. 이 경우 세관장은 해당 업체에 대한 법인등기부등본, 납세사실 등을 행정정보 공동이용절차에 따라 조회하여야 한다.

또한 관리권자로부터 입주계약 변경을 통보받은 경우 통보받은 사항을 별지 제1호 서식의 '입주기업체관리대장'에 기록・유지하고, 변경사항을 세관 수출입화물시스템에 등록하여야 한다.

한편, 세관장은 관리권자로부터 입주계약 해지를 통보받은 경우 지체 없이 재고조사를 실시하고, 6개월 이내의 기간(계약 의제기간)을 정하여 외국물품 등을 자유무역지역 밖으로 반출하거나 다른 입주기업체에 양도하도록 통보하여야 한다. 이 경우 세관장이 정하는 기간에 대하여는 해당 업체와 그 물품에 대하여 입주가 계속되는 것으로 본다.

〈관리부호(장치장소부호) 부여요령〉

- 자릿수 : 총 8자리

예 부산항 신선대터미널의 경우

0	3	0	7	7	0	1	1
첫 번째 자리	두 번째 자리	세 번째 자리	네 번째 자리	다섯 번째 자리	여섯 번째 자리	일곱 번째 자리	여덟 번째 자리

장치장소부호체계

- 첫 번째~세 번째 자리 : 세관 고유번호 예 부산 030
- 네 번째~다섯 번째 자리 : 자유무역지역 업종별 고유번호
  - 제조업 : 41
  - 도매·수출입업 : 75
  - 하역·운송업 : 76
  - 보관업 : 77
  - 복합물류업, 도매·수출입업* : 78

    * 수량단위 화물관리가 가능하다고 세관장이 인정하는 입주기업체에 한함
  - 기타(전시·수리·공급업 등) : 79
  - 전자상거래 국제물류센터 : 80
- 여섯 번째~여덟 번째 자리 : 세관별·업종별 일련부호
  - 부여방법 : 전산시스템 순차적 자동부여

■ 자유무역지역고시 별지 제1호 서식

<table>
<tr><th colspan="5">입주기업체관리대장</th></tr>
<tr><td rowspan="3">입주기업체</td><td>① 업체명</td><td></td><td>② 사업자등록번호
(대표자 생년월일)</td><td></td></tr>
<tr><td>③ 주소</td><td colspan="3"></td></tr>
<tr><td>④ 성명</td><td></td><td>⑤ 전화번호</td><td></td></tr>
<tr><td colspan="2">⑥ 입주지역명칭</td><td></td><td>⑦ 업체관리부호</td><td></td></tr>
<tr><td rowspan="7">입주내역</td><td>⑧ 소재지·위치</td><td colspan="3"></td></tr>
<tr><td>⑨ 입주사업의 종류</td><td></td><td>⑩ 자본금</td><td></td></tr>
<tr><td>⑪ 건물 등 시설구조·수·면적</td><td></td><td>⑫ 임대 여부</td><td></td></tr>
<tr><td>⑬ 주요 설비 및 능력</td><td colspan="3"></td></tr>
<tr><td>⑭ 주요 원재료 및 생산품</td><td colspan="3"></td></tr>
<tr><td>⑮ 입주계약기간</td><td></td><td>⑯ 입주일자</td><td></td></tr>
<tr><td>⑰ 외국인투자비율</td><td></td><td>⑱ 외국인투자금액</td><td></td></tr>
<tr><td colspan="5">변경사항(휴업, 반입정지, 과태료처분, 입주계약 해지, 폐업 등)</td></tr>
</table>

연월일	내용	확인인

CHAPTER 3

자유무역 지역법 적용범위

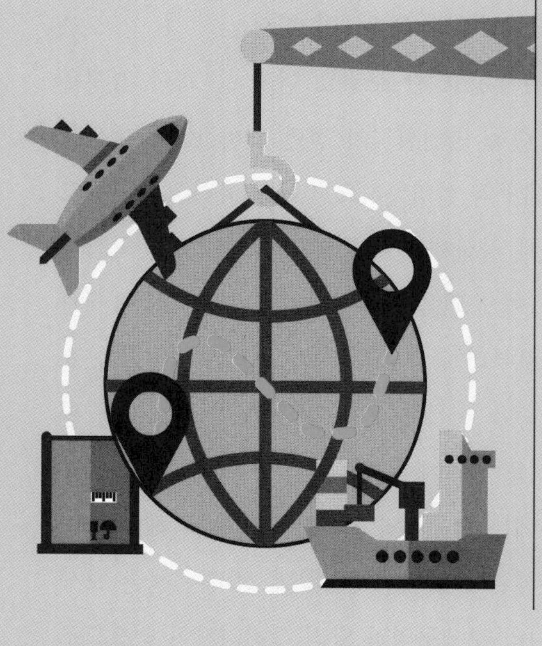

1. 「관세법」과의 관계
2. 기타 다른 법률과의 관계

1 「관세법」과의 관계

1.1 기본원칙

화물의 공간적 제약을 해결하는 운송수단과 화물의 운송 및 관리, 보세구역의 설립과 관리, 수출입통관절차 등은 기본적으로 「관세법」체계에서 운영된다. 그러나 「자유무역지역법」은 제3조 제1항에 "자유무역지역에서는 이 법에 규정된 사항을 제외하고는 「관세법」을 적용하지 아니한다"고 규정함으로써 「관세법」에 대한 특별법의 지위를 확실하게 부여받고 있다.

예를 들어, 귀하가 경상남도 양산시에서 보세창고를 만들어 영업을 할 생각을 했다고 하자. 그러면 먼저 관할 세관인 양산세관장에게 '특허보세구역 설치·운영 특허신청서'를 제출하고 설영특허를 받아야 된다. 보세구역 신규특허는 본부세관장(직할세관장 포함)이 위원장이 되고 공무원과 한국관세물류협회, 학계·연구단체 등 전문가로 구성된 '특허심사위원회'의 심의부터 통과해야 한다.

현재 관세청에서는 화물부족에 따른 보세창고 간 보관료 덤핑 등 과당 경쟁을 예방하기 위하여 해당 지역의 전체 외국화물 반입실적이 전년 대비 105% 이상을 유지할 때 신규특허를 허용하는 '특허보세구역 설영특허요건'을 적용하고 있다. 그렇다면 귀하는 설영특허를 신청하기 전에 양산세관 관할지역의 전년도 외국화물 반입실적부터 따져 봐야 할 것이다. 설령 이 조건을 충족하더라도 설영특허는 세관장의 기속재량행위에 해당되어 세관장으로부터 감시단속 측면에서 추가 시설을 요구받을 수 있으며, 신청인이 보세사자격증을 취득했거나 1명 이상의 보세사를 관리자로 채용해야 하는 등 여러 부가조건을 충족해야 된다.

그러나 자유무역지역 입주계약의 경우에는 보세구역 신규특허와 달리 해당 지역의 물동량기준이 적용되지 않으며, 본부세관의 특허심사위원회 심의는 물론 보세사 채용조건도 필요 없게 된다. 뿐만 아니라 보세구역과 달리 특허기간이 없으므로 기간 만료에 따른 갱신절차도 필요 없게 된다.

1.2 통제시설 미설치 자유무역지역

통제시설은 물품의 반입·반출을 효율적으로 관리하기 위하여 필요한 시설로서 담장, 출입문, 경비초소 또는 그 밖에 외국물품의 불법유출 및 도난을 방지하기 위해 필요한 시설로서 관세청장이 정하여 고시하는 면적, 위치 등에 관한 기준을 충족하는 시설과 반입 및 반출물품을 검사하기 위한 검사장(檢査場)으로서 관세청장이 정하여 고시하는 면적, 위치 등에 관한 기준을 충족하는 시설을 의미한다.

자유무역지역은 외국물품을 반입하여 과세보류상태로 제조·가공 후 국외반출 또는 국내수입하는 지역이므로 고도의 화물관리를 필요로 한다. 따라서 규정된 통제시설을 제대로 갖추지 못할 경우 본연의 기능을 발휘하기가 힘들 뿐 아니라, 화물의 불법반출 우려 등 원활한 관리가 어렵게 되므로 상대적으로 느슨한 「자유무역지역법」을 적용하지 아니하고 보다 강화된 「관세법」을 적용받게 된다.

여기서 말하는 '통제시설 설치' 시점은 관리권자가 해당 자유무역지역에 통제시설 공사를 완료한 날이 아니라 공사완료 후 관세청장과의 협의를 거쳐 그 운영시기를 공고한 날, 즉 '통제시설 운영시기 공고일'이 기준이 된다. 물론 협의과정에서 관세청장은 관할 세관장에게 보세화물의 원활한 관리를 위한 제반 시설이 확보되었는지 현장 확인을 하도록 하는 것은 전술한 바와 같다.

다만, 통제시설 운영 공고가 개시되기 전이라도 해당 자유무역지역에서 입주기업체(입주기업체의 공장 등을 건축하는 건설회사 포함)가 건물 및 공장을 건축하기 위하여 외국에서 반입하는 다음의 건설자재와 기계 등 시설재(施設材)에 대해서는 관세 등을 면제함으로써 조세부담 없이 공장 등의 신축을 지원하고 있다.

① 건물 또는 공장의 건축에 직접 사용되는 건설자재

② 건물 또는 공장의 설치·운영에 직접 사용되는 기계, 기자재, 시설품, 기구 및 장비

한 가지 주의할 점은 공장 등을 건설하는 입주기업체(건설업체)가 외국에서 반입한 시설재 등은 관세 등이 면제되나, 국내에서 공급받은 건축자재 또는 시설재는

'내국물품 반입증명'과 관련된 법조항이 없으므로 관세 등이 면제(환급)되지 않는다는 점이다. 즉, 통제시설이 완비된 자유무역지역의 입주기업체에 공급되는 건설자재와 시설재는 외국에서 수입하건 국내에서 공급받건 상관없이 관세 등이 면제(환급)되나, 예정지역의 입주기업체(예 건설 중인 부두터미널)는 외국에서 직접 수입하는 것만 관세 등이 면제된다는 것을 유의해야 한다. 사실 이 부분은 국산원재료 사용 확대에 반한다는 측면에서 개선이 필요한 부분이다.

1.3 관세영역 물품반출

「자유무역지역법」에서 직접적으로 「관세법」을 준용(적용)하도록 규정한 것을 제외하고 「관세법」을 배제하는 것이 원칙이나, 자유무역지역 안의 외국물품 등을 관세영역으로 반출하는 경우에는 반대로 「자유무역지역법」에서 정한 경우를 제외하고는 「관세법」을 적용한다(「자유무역지역법」 제43조).

즉, 물품의 관세영역반출 시는 기존규정과는 정반대로 「자유무역지역법」에 규정된 것은 「관세법」에 우선하여 적용하고 규정되지 아니한 사항은 예외적으로 「관세법」을 적용하는 것이다.

「자유무역지역법」에는 역외작업, 물품 일시반출입 등 자유무역지역 고유의 업무절차를 규정한 것 외에도 보세운송, 물품폐기 등 일반적인 보세화물관리절차도 규정되어 있다. 다만, 그 경우에도 구체적인 시행규정이 없는 경우가 많으므로 결국은 보충적으로 「관세법」을 적용할 수밖에 없다.

「자유무역지역법」(이하 '법'이라 한다)에서 직접적으로 「관세법」을 준용 또는 적용한다고 명시한 규정은 다음의 11개 조항이다.

① 법 제29조 제3항 : 자유무역지역에 입주기업체 외의 자가 물품을 반입하는 경우 등 과세통관이 필요한 물품에 대해 「관세법」 제241조에 따른 수입신고규정 준용

② 법 제30조 : 국외반출물품에 대해서는 「관세법」 제226조(허가·승인 등의 증명 및 확인), 제241조 제2항(수출·입) 및 반송신고), 제242조(수출, 수입, 반송 등의 신고인), 제245조(신고 시의 제출서류), 제246조 제1항 및 제2항(물품

의 검사), 제247조 제1항 단서(검사장소), 제249조(신고사항의 보완), 제250조 제1항 본문, 제2항 및 제3항(신고의 취하 및 각하), 제251조(수출신고수리물품의 적재) 등 수출신고, 신고인, 서류보완, 신고취하 등 수출통관규정 준용

③ 법 제34조 제4항 : 역외작업신고수리에 관해서는 「관세법」 제187조 제4항 및 제6항의 보세공장 외 보세작업규정 준용

④ 법 제36조 제2항 : 보세운송에 관하여는 「관세법」 제213조 제2항부터 제5항까지 및 제214조부터 제220조까지의 보세운송 관련 규정 준용

⑤ 법 제37조 제1항 및 제3항 : 공항 또는 항만으로서 관세청장이 지정하는 지역(물류신속화 자유무역지역)에 반입되어 수입신고되거나 장치된 물품의 반출, 장치기간, 매각 등에 관하여는 관세법 제157조의2(수입신고수리물품의 반출), 제177조의 제1항 제1호(보세창고 화물장치기간), 제208조부터 제212조까지의 규정(매각절차)을 적용한다. 또 화주 불분명, 부도 등 사고발생으로 세관장에게 매각 요청된 화물에 대한 매각도 「관세법」 제208조부터 제212조까지의 매각규정을 준용

⑥ 법 제41조의2 제3항 : 지식재산권 침해물품 단속 및 처분에 관해서는 「관세법」 제235조 제2항부터 제7항까지의 규정을 준용

⑦ 법 제42조 제4항 : 자유무역지역에서 반출입 및 수출입되는 물품에 대한 세관장의 검사, 확인에 관해서는 「관세법」 제246조 제2항 및 제3항을 준용

⑧ 법 제46조 제2항 : 예정지역에 반입된 '관세 등이 면제된 물품'의 사후관리 등에 대해서는 「관세법」 제102조 및 제103조를 준용

⑨ 법 제57조 제2항 : 수입신고 및 관세 등의 납부를 하지 아니하고 외국물품을 자유무역지역에서 관세영역으로 반출(밀수입) 등의 경우에는 「관세법」 제269조와 제270조 및 '특정범죄 가중처벌 등에 관한 법률' 제6조에 따라 처벌

⑩ 법 제68조 제2항 : 이 법에 규정한 벌칙에 위반하는 행위를 한 자는 「관세법」 제278조를 준용(벌금경합에 관한 제한가중규정 배제, 즉 벌금을 합산)

⑪ 법 제69조 : 「자유무역지역법」 벌칙 위반자에 대한 조사·처분은 「관세법」 제12장(제283조~제319조)을 준용

1.4 법적 미비사항의 「관세법」 적용

(1) 자유무역지역 물품반입 전, 반출 후 절차

자유무역지역이 공항터미널이나 항만터미널인 경우 외국화물이 해당 지역에 '반입 전 단계'와 '국외 반출신고 후 단계'에 대한 물품처리절차는 반드시 필요한 내용임에도 현행 「자유무역지역법」에는 이와 관련된 규정이 없다.

구체적으로 운송수단이 입항하는 장소인 개항의 지정과 외국무역선(기)의 입항절차, 물품의 하역절차[입항적하목록 제출, 하선(기)신고, 하선(기)결과보고, 일시양륙절차 등)], 선(기)용품의 하역절차 등 입항 관련 규정은 물론 외국무역선(기)과 외국화물의 출항절차(적재신고 및 출항적하목록 제출)와 차량에 의한 국제화물 운송절차(관세통로, 국경출입차량의 도착절차, 국경출입차량의 출발절차, 물품의 하역, 도로차량의 국경출입 등) 등도 「자유무역지역법」에는 규정되어 있지 않다.

삼면이 바다인 우리나라는 국제화물이 차량으로 운송되는 경우는 거의 없으므로 이와 관련된 규정이 통일 전까지는 필요 없다 하더라도, 현재 많은 지역에서 공항 또는 부두터미널을 자유무역지역으로 지정하고 건설되는 점을 감안하면 물품반입 전과 반출 후 단계에 대한 법적 미비사항은 속히 시정되어야 할 부분이다.

현재는 하위법인 「자유무역지역고시」 제3조에서 "자유무역지역에 반입하기 이전의 외국무역선(기)의 입출항관리와 외국물품의 관리(적하목록의 제출, 하선하기신고 및 결과보고 등)는 「관세법」을 적용한다"고 규정하여 이러한 법적 미비사항을 보완하고 있다.

같은 취지에서 자유무역지역 반입물품이 관세영역이 아닌 국외로 반출할 경우의 물품처리절차(적재신고, 출항적하목록 제출 등)도 「자유무역지역법」에는 누락되어 있지만 생략할 수 없으므로 부득이 「관세법」 관련 절차가 적용된다고 할 것이다.

(2) 가격신고 등 수입통관 관련 절차

자유무역지역 입주업체가 반입한 외국물품을 원상태로 관세영역으로 반출할 때, 즉 수입할 경우에는 "수입신고를 하고 관세 등을 내야 한다"고 간단하게 규정하고 있다(「자유무역지역법」 제29조 제4항 제2호).

그러나 같은 물품이라도 국제 간 무역거래조건이 각기 다르고 계약당사자와 계약형태도 천차만별인데다 운송형태도 상이한데, 그런 물품에 대해 관세 등 제세를 부과하는 것이 말처럼 그렇게 간단한 문제가 아니다.

'조세법률주의'에 따라 국가가 수입물품에 대해 조세채권을 발생시키려면 ① 과세물건, ② 과세표준, ③ 관세율, ④ 납세의무자 등 4대 과세요건이 충족되어야만 한다. 그러나 현행 「자유무역지역법」은 이러한 요건 중 어느 하나도 제대로 확정시키지 못하고 있으며, 그 중에서도 가장 복잡하고 중요한 과세표준, 즉 과세가격 확정절차를 전혀 규정하고 있지 않다.

다시 말해 관세 등 세액산출의 기준이 되는 가격신고와 과세가격결정(관세평가라고도 함), 관세의 부과와 징수, 체납정리 등의 조세부과와 관련된 최소한의 절차는 물론, 견품반출, 수입신고 전 물품확인 등 수입통관 관련 부수조항과 납세자의 권리와 불복절차, 관세조사 등 수입통관 이후에 일어나는 문제에 대해서는 직접적으로 「관세법」을 준용한다는 규정이 없이, 단순하게 「자유무역지역법」 제43조에 "자유무역지역 안의 외국물품 등을 관세영역으로 반출하는 경우에는 이 법에 정한 경우를 제외하고 「관세법」에 준용한다"고 일반적으로 규정하고 있을 뿐이다.

따라서 이들 법적 미비사항에 대하여는 부득이 수출입통관을 규정하는 「관세법」을 적용할 수밖에 없는데, 다만 하위법인 「자유무역지역고시」 제10조 제1항에서 "「자유무역지역법」 제29조 제4항에 따른 물품을 자유무역지역에서 관세영역으로 반출하려는 자는 「관세법」 제241조에 따른 수입신고를 하고, 「관세법」 제248조 또는 제252조에 따른 신고의 수리 또는 신고수리 전 반출승인을 받아야 한다"라고 규정하고, 같은 조 제3항에서 "수입신고서의 처리에 관하여는 「수입통관 사무처리에 관한 고시」를 준용한다"고 규정하고 있다.

2 기타 다른 법률과의 관계

'자유무역지역'이란 "「관세법」, 「대외무역법」등 관계 법률에 대한 특례와 지원을 통하여 자유로운 제조·물류·유통 및 무역활동 등을 보장하기 위한 지역"이므로 「자유무역지역법」은 전술한 「관세법」 외에 기타 다른 법률에 대해서도 많은 특례를 부여받고 있는데 그 내용을 보면 다음과 같다.

먼저 자유무역지역에 외국자본의 진입장벽을 낮추고 투자를 촉진시키기 위하여 입주기업체 중 외국인투자기업에 대하여는 다음 ①~③의 법률 적용을 배제시킴으로써 인건비 부담을 최소화시키고 있다.

① 「고용상 연령차별금지 및 고령자고용촉진에 관한 법률」(제12조)

주요 내용

300명 이상의 근로자를 사용하는 사업주는 업종별 기준고용률 이상(2~6%)의 고령자를 고용하도록 노력하여야 한다는 규정

가. 제조업 : 그 사업장의 상시근로자수의 100분의 2

나. 운수업, 부동산 및 임대업 : 그 사업장의 상시근로자수의 100분의 6

다. 그 외 산업 : 그 사업장의 상시근로자수의 100분의 3

② 「국가유공자 등 예우 및 지원에 관한 법률」(제31조)

「보훈보상대상자 지원에 관한 법률」(제35조)

「5·18민주유공자예우에 관한 법률」(제22조)

「특수임무유공자 예우 및 단체설립에 관한 법률」(제21조)

주요 내용

국가유공자 등에게 채용시험 시 5% 또는 10% 범위에서 가점(단, 채용시험 선발예정 인원의 30%를 초과할 수 없다)하도록 한 규정 등

③ 「장애인고용촉진 및 직업재활법」(제28조)

주요 내용

상시 50명 이상의 근로자를 고용하는 사업주는 그 근로자 총수의 100분의 5의 범위에서 의무적으로 장애인을 고용하여야 하는 등 채용우대규정

또 자유무역지역의 지정 및 운영에 관하여 「경제자유구역법」에 「자유무역지역법」과 다른 규정이 있는 경우에는 「자유무역지역법」을 우선하여 적용한다.

'경제자유구역'이란 외국인투자기업의 경영환경과 외국인의 생활여건을 개선하기 위하여 조성된 지역으로서, 「경제자유구역법」 제2조의3에 "이 법에 따른 경제자유구역에 대한 지원과 규제의 특례에 관한 규정은 다른 법률에 따른 지원과 규제의 특례에 관한 규정에 우선하여 적용한다. 다만, 다른 법률에 이 법에 따른 규제에 관한 특례보다 완화되는 규정이 있으면 그 법률에서 정하는 바에 따른다"고 규정하고 있다.

양 지(구)역은 그 설립목적이 외국인투자의 유치 및 촉진을 목표로 하는 점에서는 동일하나 투자유인방법에서 상이한데, 자유무역지역에서는 「자유무역지역법」이 우선적으로 적용된다는 점을 천명한 규정이다.

한편, 「자유무역지역법」은 우리나라의 "대외무역을 진흥하고 공정한 거래질서를 확립하여 국제수지의 균형과 통상의 확대를 도모함으로써 국민경제 발전"을 목적으로 하는 「대외무역법」과의 관계에서도 특례법적 지위를 확실하게 부여받고 있다.

「대외무역법」에서는 「헌법」에 따라 체결·공포된 조약과 일반적으로 승인된 국제법규에 따른 의무를 이행하고 생물자원의 보호, 교역상대국과의 경제협력 증진, 국방상 원활한 물자 수급과 과학기술의 발전, 그 밖에 통상·산업 정책상 필요에 따라 특정 물품에 대해 여러 가지 제한과 의무를 부과하고 있다.

「대외무역법」 제11조 '수출입의 제한'과 제12조 '통합공고'가 그 대표적인 예인데, 자유무역지역으로의 물품반입과 국외반출의 경우에는 일반 수출입물품과 달리

극히 일부 물품에 대해서만 승인(추천)의무를 부과할 뿐이다. 뿐만 아니라 사용소비를 목적으로 자유무역지역에 반입되는 물품에 대하여는「대외무역법」제33조의 규정에 따른 원산지표시의무도 원칙적으로 생략된다.

주의할 점은 이 경우의 원산지표시는 '무표시' 또는 '부적정표시(예, 글자크기가 규정 이하로 작게 표시)'를 의미하는 것이며, '허위표시' 또는 '오인표시'는 해당되지 아니한다. 만약 자유무역지역에서 물류작업 후 국외반출할 물품이 '한국산(Made In Korea)'으로 표시되었거나, 한국산으로 오인하기 쉽도록 표시된 채로 반입되었다면 원산지 허위표시 또는 오인표시로 고발조치하여야 할 것이다

CHAPTER 4

자유무역지역 화물관리절차

1. 외국물품 반입절차
2. 외국물품 반출절차
3. 내국물품 반출입절차
4. 반입물품 사용소비신고
5. 임가공물품 국외반출신고
6. 외국물품 등의 일시반출
7. 역외작업신고
8. 자유무역지역 보세운송
9. 동일 FTZ 내 입주기업체 간 물품이동 (이고운송시스템)
10. 화물장치기간 및 매각절차
11. 반입물품 재고관리 및 재고조사
12. 물품의 폐기, 멸실 · 분실
13. 관세 등 면제 · 환급
14. 내국원재료 사용승인 및 과세표준 공제
15. 잉여물품의 관리
16. 벌칙

1 외국물품 반입절차

1.1 외국물품 반입절차 개요

(1) 화물반입절차도

1) 해상화물

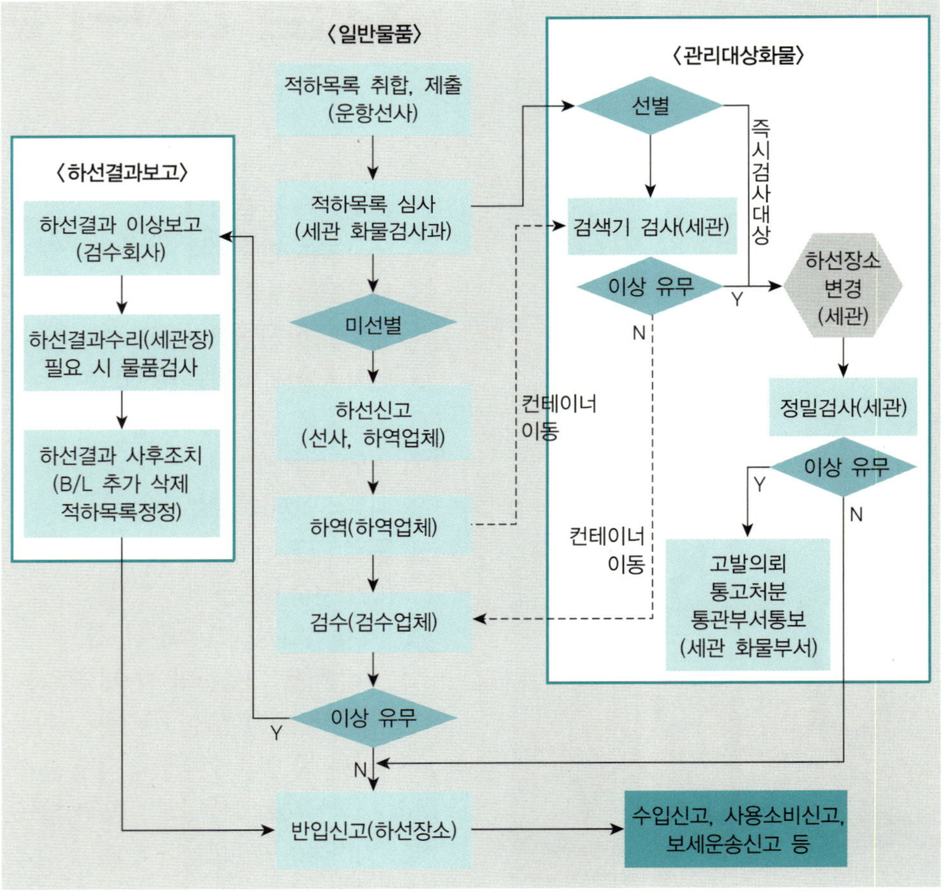

※ 하선결과 이상이 있는 화물만 '하선결과보고'하면 된다.

2) 자유무역지역 반입화물

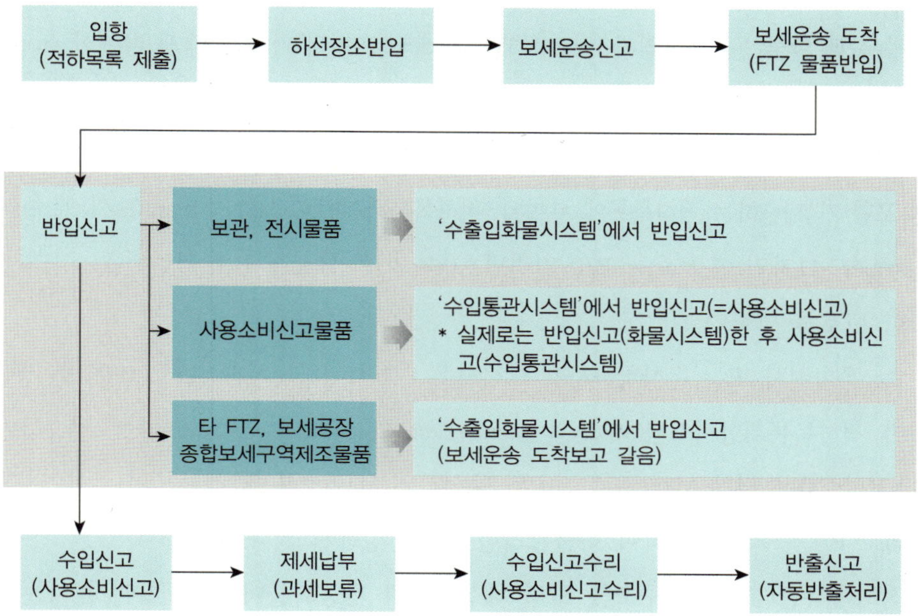

(2) 보세화물 입항절차

자유무역지역으로 지정된 공항 또는 부두터미널로 보세화물이 입항할 경우에는 자유무역지역 반입 전이므로 「자유무역지역법」에는 별도의 규정이 없으나 「자유무역지역고시」 제3조에 따라 외국무역선(기)의 입출항관리와 외국물품의 관리(적하목록의 제출, 하선하기신고 및 결과보고 등)는 「관세법」을 적용한다.

여기서는 공항 또는 부두터미널 자유무역지역 입주기업체의 편의를 위하여 우선 '보세화물 입출항절차'에 대하여 간단히 설명하고자 한다.

1) 적하목록과 화물관리번호의 이해

'적하목록'이란 운송수단에 적재된 화물의 목록으로서 「보세화물 입출항 하선하기 및 적재에 관한 고시」(이하 「보세화물 하선하기고시」라 한다) 별표 1(적하목록 작성요령)에 따라 작성된 목록을 말하며, 구체적으로 선사 또는 항공사가 발행한 선하증권(B/L) 또는 항공화물운송장(AWB)의 내역인 Master B/L을 기재한 '화물적하목록'과 화물운송주선업자(Freight Forwarder, 포워더)가 화주에게 발행한 House B/L의 내역을 기재한 '혼재화물적하목록'을 의미한다.

'화물관리번호'란 외국무역선(기)을 운항하는 선박회사(대리점 포함) 및 항공사(대리점 포함)가 제출하는 적하목록에 부여된 '적하목록관리번호'(MRN : Manifest Reference Number, 11자리)에 Master B/L 일련번호(4자리)와 House B/L 일련번호(4자리)를 합한 번호를 말한다.

즉, 운항선사 또는 운항항공사가 모선별로 1개의 적하목록관리번호(MRN)를 생성하여 적하목록취합시스템(MFCS : Meni-Fest Consolidation System)에 전송하면, MFCS시스템은 당해 MRN으로 전송된 용선사의 Master B/L과 화물운송주선업자의 House B/L을 자동취합하여 화물관리번호를 생성하게 된다.

적하목록관리번호의 구조를 보면 해상화물과 항공화물이 약간 차이가 나는데, 그것은 관세청에 신고하는 선사부호(영문자 4자리)와 항공사부호(영문자 2자리)의 자릿수 차이로 인한 것이며, 대신 일련번호에서 해상화물의 경우 영문・숫자 4자리를, 항공화물의 경우 영문・숫자 6자리를 기재하도록 하여 전체 자릿수는 같도록 되어 있다. 따라서 선사 또는 항공사가 발행한 Master B/L만 존재하는 화물의 관리번호는 15자리, 화물운송주선업자가 발행한 House B/L이 있는 화물의 관리번호는 19자리가 된다.

해상화물관리번호

<table>
<tr><td>1</td><td>7</td><td>H</td><td>D</td><td>M</td><td>U</td><td>A</td><td>1</td><td>2</td><td>3</td><td>i</td><td>-</td><td>0</td><td>1</td><td>2</td><td>3</td><td>-</td><td>0</td><td>0</td><td>0</td><td>1</td></tr>
<tr><td colspan="2">연도</td><td colspan="4">선사부호</td><td colspan="4">일련번호
(숫자영문 4자리)</td><td>체크
디지트</td><td rowspan="2">–</td><td colspan="4" rowspan="2">Master B/L
일련번호
(MSN)</td><td rowspan="2">–</td><td colspan="4" rowspan="2">House B/L
일련번호
(HSN)</td></tr>
<tr><td colspan="11">적하목록관리번호(11자리)</td></tr>
</table>

항공화물관리번호

<table>
<tr><td>1</td><td>7</td><td>K</td><td>E</td><td>0</td><td>0</td><td>0</td><td>1</td><td>0</td><td>1</td><td>3</td><td>-</td><td>1</td><td>2</td><td>3</td><td>4</td><td>-</td><td>0</td><td>0</td><td>0</td><td>2</td></tr>
<tr><td colspan="2">연도</td><td colspan="2">항공사
부호</td><td colspan="6">일련번호
(숫자영문 6자리)</td><td>체크
디지트</td><td rowspan="2">–</td><td colspan="4" rowspan="2">Master AWB
일련번호
(MSN)</td><td rowspan="2">–</td><td colspan="4" rowspan="2">House AWB
일련번호
(HSN)</td></tr>
<tr><td colspan="11">적하목록관리번호(11자리)</td></tr>
</table>

참고로 화물관리번호체계는 세계에서 유일하게 우리나라만이 채택하고 있는 선진화된 제도로서, 현재 각 선사나 항공사 또는 화물운송주선업자가 발행하는 B/L(AWB)번호가 표준화되지 않고 운송회사마다 다른 형식으로 발행되고 있어 보다 체계적인 화물관리를 위하여 도입한 것이다.

이렇게 제출된 적하목록은 입항 후에도 물품의 하역, 창고반출입, 보세운송, 수입통관 등 물류의 전 과정에서 핵심적인 화물정보 기능을 수행하고 있다.

2) 입항적하목록 제출

적하목록 제출시기는 아래 표와 같이 해상화물과 항공화물이 서로 다른데, 사전에 제출해야 하고 이를 위반하면 통고처분 또는 과태료처분을 받게 된다.

입항적하목록 제출시기

<table>
<tr><th colspan="2" rowspan="2">구분</th><th colspan="2">제출시기</th><th rowspan="2">비고</th></tr>
<tr><th>원칙</th><th>실제 적용기준</th></tr>
<tr><td rowspan="4">해상화물</td><td>일반화물</td><td>적재 24시간 전</td><td>입항 24시간 전</td><td>경과규정 참조</td></tr>
<tr><td>근거리지역</td><td>출항 전</td><td>입항 전</td><td>〃</td></tr>
<tr><td>벌크화물</td><td>입항 4시간 전</td><td>좌동</td><td></td></tr>
<tr><td>추가제출</td><td>하선 전</td><td>〃</td><td></td></tr>
<tr><td rowspan="4">항공화물</td><td>일반화물</td><td>입항 4시간 전</td><td>〃</td><td></td></tr>
<tr><td>근거리지역</td><td>출항 전</td><td>〃</td><td></td></tr>
<tr><td>특송화물</td><td>입항 1시간 전</td><td>〃</td><td></td></tr>
<tr><td>추가제출</td><td>하기 전</td><td>〃</td><td></td></tr>
</table>

※ 해상화물 근거리지역 : 중국, 일본, 대만, 홍콩, 러시아 극동지역

공동배선의 경우 선복을 용선한 선박회사(용선선사)가 전자문서로 작성하여 제공한 적하목록 자료를 운항선사가 취합(앞에서 설명한 'MFCS'에서 자동 취합)하여 세관장에게 제출하며, 혼재화물의 경우에는 화물운송주선업자가 전자문서로 작성하여 제공한 혼재화물적하목록을 운항선사가 최종적으로 취합(마감)하여 세관장에게 제출하게 된다.

적하목록을 제출받은 화물관리 세관공무원은 적하목록 자료의 취합 완료 여부와 기재사항의 누락 여부, 세관의 특별감시가 필요한 우범화물 해당 여부 등을 심사하게 되며, 관세청장이 별도로 시달한 기준에 따라 감시단속상 검사가 필요하다고 인정하는 화물을 검사대상 화물로 선별하여 컨테이너검색기검사, 즉 시검사(필요 시 정밀검사) 등을 실시하게 된다.

3) 하선(기)신고 및 하선(기)결과보고

운항선사(공동배선의 경우 용선선사를 포함한다) 또는 선사의 위임을 받은 하역업체가 선박으로 운송된 화물을 하선하려는 때에는 MASTER B/L 단위의 적하목록을 기준으로 하역장소와 하선장소를 기재한 하선신고서를 전자문서로 세관장에게 제출하여야 하며, 항공사가 화물을 하기하려는 때에는 하역장소와 하기장소를 기재한 하기신고서를 세관장에게 전자문서로 제출하여야 한다. 이때 하선(기)신고서가 작성기준에 맞게 작성되었다면 전산시스템에서 자동수리하게 되며 하선(기)신고를 누락(지연)할 경우 세관으로부터 과태료처분을 받게 된다.

여기서 '하역'이란 화물을 본선(기)에서 내리는 양륙작업과 화물을 본선(기)에 올려 싣는 적재작업을 통칭하는 의미이며, '하역장소'란 운수기관에서 실제로 화물을 하역하는 장소로서 하선(기)장소와 반드시 일치하는 것은 아니다.

일반적으로 하역장소는 주로 부두와 비행장 내 보세구역 또는 자유무역지역 입주기업체가 될 것이나, 항만의 경우에는 보세구역이 아닌 부두를 포함하기도 한다(예 부산 감천항 비보세구역부두, 감만동 유니온스틸부두 등). 예전에는 하역장소란 개념이 「보세화물 하선하기고시」에 규정되지 않고 단순하게 '하선(기)신고서' 서식에만 표시되어 있던 것을 2016년 3월 14일 관련 고시 개정 시 용어의 정의에 포함시켜 개념 정리를 명확하게 하였다.

선사(항공사)가 물품을 하선(기)할 수 있는 장소를 하선(기)장소라 하는데, 선사는 컨테이너화물, 냉동컨테이너화물, 산물(bulk) 등 기타 화물, 액체(분말) 등 특수저장시설이 필요한 화물로 구분하여 관련 화물을 취급할 수 있는 시설을 갖춘 보세구역(보세구역외 장치허가 받은 장소 포함)으로 하선장소를 한정하여 신고하여야 하며, 항공사는 항공기가 입항한 공항 내 보세구역으로 하기장소를 한정하여 신고하여야 한다. 하역장소에서 하역한 화물을 하선(기)장소로 운송할 경우에는 별도의 보세운송신고 절차가 필요 없으나 세관에 등록된 보세운송차량으로 운송하여야 한다.

하선(기)결과 하역한 물품이 적하목록과 상이할 때에는 하선의 경우 하선작업완료 후 익일까지, 하기의 경우 하기작업 즉시 전자문서로 작성된 '하선(기)결과보고서'를 세관장에게 제출하여야 한다. 하선(기)물품에 대한 검수는 일반적으로 선사와 계약된 검수(검정)업자가 수행하는데, 이 경우에는 검수(검정)업자가 선사를 대신하여 전자문서로 작성된 하선결과보고서를 세관장에게 제출하여야 하며, 세관근무시간 이외의 하선(기)작업으로 당일보고가 곤란한 때에는 익일 근무시간의 오전 중으로 이를 보고하여야 한다.

세관장이 '하선(기)결과보고서'를 접수한 때에는 필요한 경우 화물관리 세관공무원에게 상이내역 및 그 사유를 조사한 후 직권으로 적하목록 정정을 하거나 이해관계인에게 적하목록 정정신청을 하는 등 필요한 조치를 취하여야 한다. 또한 선사 또는 항공사가 '하선(기)결과보고서'를 제출한 때에는 작하목록 작성책임자(용선선사, 화물운송주선업자)에게 동 내용을 즉시 통보하여 적하목록 정정에 필요한 조치를 취하도록 하여야 한다.

(3) 보세화물 반입원칙

「자유무역지역법」에는 하선(기)신고와 관련된 규정은 없으나, 「보세화물 하선하기고시」에 따라 자유무역지역으로 지정된 부두터미널과 하선(기)장소 기능이 있는 배후물류단지 입주기업체를 하선(기)장소로 하여 하선(기)신고가 가능하다.

외국에서 입항하여 하역장소에 하역한 화물은 다음 기간 내에 하선(기)장소에 반입을 완료하고 화물관리시스템에 반입신고하여야 한다. 또 해상화물을 부득이한 사유로 지정기한 내 하선장소에 반입이 어려울 때에는 반입지연사유, 반입예정일자 등을 기재한 '하선장소 반입기간연장(신청)서'를 세관장에게 제출하여 승인을 받아야 한다.

① 컨테이너화물 : 3일

② 원목, 곡물, 원유 등 산물 : 10일

③ 항공화물 : 1일(입항 후 24시간)

물품반입(반입신고)은 하선(기)절차가 완료된 후부터 가능하며, 하선(기)결과 이상이 없을 경우의 하선(기)결과는 반입신고로 갈음한다.

반입신고는 House B/L 단위로 전자문서로 신고하여야 하며, 창고 내에 물품이 입고되는 과정에서 실물이 적하목록상의 내역과 상이함을 발견하였을 때에는 반입사고화물로 분류하여 신고하여야 한다. 다만, 다음 각 호의 어느 하나에 해당하는 물품은 Master B/L 단위로 반입신고를 할 수 있다.

① Master B/L 단위의 FCL화물

② LCL화물로서 당해 하선장소 내의 CFS 내에서 컨테이너 적출 및 반입작업하지 아니하는 물품

보세운송에 의하여 자유무역지역으로 반입되는 외국화물의 보세운송 도착보고는 반입신고로 갈음한다.

반입된 물품이 반입예정정보와 품명·수량이 상이하거나 안보위해물품의 반입, 포장파손, 누출, 오염 등 물품이 이상이 있는 경우에는 즉시 세관장에게 보고하여야 한다. 화물의 이상보고를 받은 세관장은 사고발생 경위 등을 확인(필요 시 현장확인)하여 조사의뢰하거나 적하목록 정정조치를 취하여야 한다.

세관장은 수용능력을 초과로 물품반입이 곤란하다고 인정한 때에는 다른 보세구

역으로 반출하도록 명령할 수 있으며, 위험물을 장치할 수 없는 자유무역지역(입주기업체)으로 위험물을 반입한 경우에는 위험물을 장치할 수 있는 장소로 즉시 반출명령하여야 한다. 이 경우 반출은 입주기업체가 자기책임하에 시행한다.

(4) 수출입승인에 대한 특례

1) 반입 또는 국외반출물품

「대외무역법」 제11조에 따라 수입 또는 수출이 제한된 물품(같은 법 제46조에 따라 조정명령을 받은 물품은 제외한다)을 자유무역지역 안으로 반입하거나 자유무역지역으로부터 외국으로 반출하려는 자는 산업통상자원부장관(공항 및 배후지, 물류터미널 및 물류단지, 항만 및 배후지지역의 경우는 세관장)의 승인을 받아야 한다. 이 경우 산업통상자원부장관 또는 세관장의 승인은 「대외무역법」에 따른 승인으로 본다.

수출입승인을 받으려는 자는 '수출입승인신청서'(「자유무역법 시행규칙」 별지 7호 서식)를 산업통상자원부장관 또는 세관장에게 제출하여야 하며, 산업통상자원부장관 또는 세관장이 수입 또는 수출이 제한된 물품의 반입 또는 반출을 승인하는 경우에는 「대외무역법」에 따른 수출입승인기관과 미리 협의하여야 한다.

수출입승인의 유효기간은 1년으로 하며, 산업통상자원부장관 또는 세관장은 국내의 물가안정, 수요·공급 조정, 물품 등의 인도조건, 그 밖에 거래 특성에 따라 필요하다고 인정하는 경우에는 유효기간을 달리 정할 수 있다.

대외무역법

제11조(수출입의 제한 등) ① 산업통상자원부장관은 다음 각 호의 어느 하나에 해당하는 이행 등을 위하여 필요하다고 인정하여 지정·고시하는 물품 등의 수출 또는 수입을 제한하거나 금지할 수 있다.

1. 헌법에 따라 체결·공포된 조약과 일반적으로 승인된 국제법규에 따른 의무의 이행

2. 생물자원의 보호
3. 교역상대국과의 경제협력 증진
4. 국방상 원활한 물자 수급
5. 과학기술의 발전
6. 그 밖에 통상·산업정책에 필요한 사항으로서 대통령령으로 정하는 사항
   (대통령령에서 정하는 사항 : 항공 관련 품목의 안전관리에 관한 사항)

대외무역법 제11조 해당 물품은 '수출입공고'(산업통상자원부고시)로 정해 놓았는데, 현재 고래고기, 개의 생모피, 자연석 등이 수출금지물품으로 지정되어 수출이 금지되며, 골재의 원재료가 되는 천연모래, 자갈, 쇄석 등이 수출제한품목으로, 항공기 부분품이 수입제한품목으로 지정되어 이들 물품을 수출입하려면 산업통상자원부장관 또는 세관장의 수출입승인(한국골재협회 및 한국항공우주산업진흥협회와 사전 협의 후 발급)을 받아 수출할 수 있다.

또 「대외무역법」 제12조에 따라 통합하여 공고되는 수출·수입요령에 해당되는 품목의 물품은 관계 행정기관이 정하여 고시하는 수출·수입요령에도 불구하고 해당 요건 이행을 생략하고 자유무역지역 안으로 반입하거나 자유무역지역으로부터 외국으로 반출할 수 있다. 다만, 마약, 총기, 부패한 식품 등 해당 통합공고에서 따로 정하는 수입제한 품목에 해당하는 물품은 그러하지 아니하다.

따라서 마약류(마약, 향정신성의약품, 대마, 마약원료물질)와 부패한 식품류를 반입할 경우에는 식품의약품안전처장의 승인을 받아야 하며, 총기류(무기류, 총포탄 등)를 반입할 경우에는 지방경찰청장(군용의 것은 방위사업청장)의 허가를 받아야 한다.

2) 관세영역 반출물품

「대외무역법」 제11조에 따른 '수출입승인물품'을 자유무역지역에서 관세영역으로 반출하려면 산업통상자원부장관 또는 세관장의 승인을 받아야 한다. 이 경우 산업통상자원부장관 및 세관장의 승인은 「대외무역법」에 따른 승인으로 보며, 신청

■ 자유무역지역의 지정 및 운영에 관한 법률 시행규칙 [별지 제7호 서식]

수출입승인 신청서

접수번호	접수일자	발급일	처리기간 3일

<table>
<tr><td rowspan="3">신청인</td><td colspan="2">회사명
(전화번호 :)</td></tr>
<tr><td>대표자 성명</td><td>생년월일
(법인등록번호)</td></tr>
<tr><td colspan="2">주소(법인의 경우 주사무소 소재지)</td></tr>
<tr><td rowspan="4">신청내용</td><td>HS번호</td><td>품명</td></tr>
<tr><td>규격</td><td>단위 및 수량</td></tr>
<tr><td>단가</td><td>금액</td></tr>
<tr><td>원산지</td><td>대금결제방식</td></tr>
<tr><td rowspan="2">수출입자</td><td>회사명</td><td>대표자 성명</td></tr>
<tr><td colspan="2">주소(법인의 경우 주사무소 소재지)</td></tr>
<tr><td>승인내용</td><td>승인번호</td><td>유효기간</td></tr>
</table>

「자유무역지역의 지정 및 운영에 관한 법률」 제32조, 같은 법 시행령 제21조·제22조 및 같은 법 시행규칙 제14조에 따라 수출입승인을 위와 같이 신청합니다.

년 월 일

신청인 (서명 또는 인)

산업통상자원부장관 또는 세관장 귀하

「자유무역지역의 지정 및 운영에 관한 법률」 제32조에 따라 위와 같이 승인합니다.

년 월 일

산업통상자원부 장관 또는 세관장 직인

처리절차				
신청서 작성 →	접수 →	검토 →	기안 · 결재 →	발급
신청인	처리기관 (산업통상자원부장관 또는 세관장)	처리기관 (산업통상자원부장관 또는 세관장)	처리기관 (산업통상자원부장관 또는 세관장)	

210mm×297mm[일반용지 60g/m²(재활용품)]

방법은 반입의 경우와 같다.

한편, 「대외무역법」 제12조에 따라 통합하여 공고되는 수출·수입요령에 해당되는 물품을 관세영역으로 반출할 때에는 '통합공고'에서 정한 수출·수입요령에 따른다.

(5) 물품의 반입·반출 금지 등

1) 절대적 반출입 금지물품

다음 물품은 어떠한 경우에도 자유무역지역 안으로 반입하거나 자유무역지역 밖으로 반출할 수 없다. 이것은 「관세법」 제234조에 규정된 것으로 이런 물품이 반입될 경우 사회질서나 미풍양속을 해치는 등 국익에 반하게 되므로 '절대적 반출입 금지물품'이라고 하며 국가가 존속하는 한 반입·반출이 허용되지 않는다. 그러나 실제 통관현장에서는 음란서적과 기구, 조각 등 미풍양속을 해치는 물품의 범위에 대하여 수입자와 종종 마찰을 빚는 부분이기도 하다.

① 헌법질서를 문란하게 하거나 공공의 안녕질서 또는 풍속을 해치는 서적·간행물·도화·영화·음반·비디오물·조각물 기타 이에 준하는 물품

② 정부의 기밀을 누설하거나 첩보활동에 사용되는 물품

③ 화폐·채권 기타 유가증권의 위조품·변조품 또는 모조품

2) 반입·반출 제한물품

세관장은 국민보건 또는 환경보전에 지장을 초래하는 물품이나 그 밖에 대통령령이 정하는 다음 물품에 대하여는 자유무역지역 안으로의 반입과 자유무역지역 밖으로의 반출을 제한할 수 있다. 따라서 이 물품은 관련 특별법상의 조건(허가, 추천 등)을 이행하면 반·출입할 수도 있다.

① 사업장폐기물 등 폐기물

② 총기 등 불법무기류

③ 마약류

④ 「상표법」에 따른 상표권 또는 「저작권법」에 따르는 저작권을 침해하는 물품

※ 참고 : 이 호의 물품은 「자유무역지역법 시행령」에 따라 반입・반출 제한물품으로 되어 있으나, 그 후 상위법인 「자유무역지역법」에서 지식재산권 침해물품이 반입・반출 금지물품으로 개정(상향조치)됨에 따라 시행령 개정이 필요한 부분이다.

⑤ 제1호부터 제4호까지의 규정에 따른 물품과 유사한 물품으로서 관세청장이 정하여 고시하는 물품

※ 현재 정한 물품 없다.

3) 지식재산권 침해물품 반입・반출금지

다음 각 호의 어느 하나에 해당하는 지식재산권을 침해하는 물품은 자유무역지역 안으로 반입하거나 자유무역지역 밖으로 반출할 수 없다.

① 「상표법」에 따라 설정등록된 상표권

② 「저작권법」에 따른 저작권과 저작인접권

③ 「식물신품종 보호법」에 따라 설정등록된 품종보호권

④ 「농산물품질관리법」 또는 「수산물품질관리법」에 따라 등록되거나 조약・협정 등에 따라 보호대상으로 지정된 지리적 표시권 또는 지리적 표시

⑤ 「특허법」에 따라 설정등록된 특허권

⑥ 「디자인보호법」에 따라 설정등록된 디자인권

관세청장 및 세관장은 자유무역지역에서 상기 각 호에 따른 지식재산권을 침해하는 물품을 단속하기 위하여 필요한 조치를 할 수 있다. 이러한 지식재산권 침해물품 단속조치에 관하여는 「관세법」의 지식재산권 보호규정(「관세법」 제235조 제2항부터 제7항까지)을 준용한다.

이 경우 '수출입'은 '반입・반출'로, '통관 보류'는 '반입・반출 보류'로, '환적, 복합환적'은 '제29조 제1항 제1호 가목에 따른 이적'으로, '수출입신고'는 '반입신고, 수입신고, 수출신고 및 국외반출신고'로, '환적 또는 복합환적신고된 물품'은 '제29조 제1항 제1호 가목에 해당하는 물품으로서 같은 호 각 목 외의 부분 단서의 관세

청장이 정하는 자료를 제출한 물품'으로, '보세구역'은 '자유무역지역'으로 본다.

관세법

제235조(지식재산권 보호) ① 다음 각 호의 어느 하나에 해당하는 지식재산권을 침해하는 물품은 수출하거나 수입할 수 없다.

1. 「상표법」에 따라 설정등록된 상표권
2. 「저작권법」에 따른 저작권과 저작인접권(이하 "저작권 등"이라 한다)
3. 「식물신품종 보호법」에 따라 설정등록된 품종보호권
4. 「농산물품질관리법」 또는 「수산물품질관리법」에 따라 등록되거나 조약·협정 등에 따라 보호대상으로 지정된 지리적 표시권 또는 지리적 표시(이하 "지리적 표시권 등"이라 한다)
5. 「특허법」에 따라 설정등록된 특허권
6. 「디자인보호법」에 따라 설정등록된 디자인권

② 관세청장은 제1항 각 호에 따른 지식재산권을 침해하는 물품을 효율적으로 단속하기 위하여 필요한 경우에는 해당 지식재산권을 관계 법령에 따라 등록 또는 설정등록한 자 등으로 하여금 해당 지식재산권에 관한 사항을 신고하게 할 수 있다.

③ 세관장은 다음 각 호의 어느 하나에 해당하는 물품이 제2항에 따라 신고된 지식재산권을 침해하였다고 인정될 때에는 그 지식재산권을 신고한 자에게 해당 물품의 수출입, 환적, 복합환적, 보세구역반입, 보세운송 또는 제141조 제1호에 따른 일시양륙의 신고(이하 이 조에서 "수출입신고 등"이라 한다) 사실을 통보하여야 한다. 이 경우 통보를 받은 자는 세관장에게 담보를 제공하고 해당 물품의 통관 보류나 유치를 요청할 수 있다.

1. 수출입신고된 물품
2. 환적 또는 복합환적 신고된 물품
3. 보세구역에 반입신고된 물품
4. 보세운송신고된 물품
5. 제141조 제1호에 따라 일시양륙이 신고된 물품

④ 제1항 각 호에 따른 지식재산권을 보호받으려는 자는 세관장에게 담보를 제공하고 해당 물품의 통관 보류나 유치를 요청할 수 있다.

⑤ 제3항 또는 제4항에 따른 요청을 받은 세관장은 특별한 사유가 없으면 해당 물품의 통관을 보류하거나 유치하여야 한다. 다만, 수출입신고 등을 한 자가 담보를 제공하고 통관 또는 유치 해제를 요청하는 경우에는 다음 각 호의 물품을 제외하고는 해당 물품의 통관을 허용하거나 유치를 해제할 수 있다.

1. 위조하거나 유사한 상표를 부착하여 제1항 제1호에 따른 상표권을 침해하는 물품
2. 불법복제된 물품으로서 저작권 등을 침해하는 물품
3. 같거나 유사한 품종명칭을 사용하여 제1항 제3호에 따른 품종보호권을 침해하는 물품
4. 위조하거나 유사한 지리적 표시를 사용하여 지리적 표시권 등을 침해하는 물품
5. 특허로 설정등록된 발명을 사용하여 제1항 제5호에 따른 특허권을 침해하는 물품
6. 같거나 유사한 디자인을 사용하여 제1항 제6호에 따른 디자인권을 침해하는 물품

⑥ 제2항부터 제5항까지의 규정에 따른 지식재산권에 관한 신고, 담보 제공, 통관의 보류·허용 및 유치·유치해제 등에 필요한 사항은 대통령령으로 정한다.

⑦ 세관장은 제3항 각 호에 따른 물품이 제1항 각 호의 어느 하나에 해당하는 지식재산권을 침해하였음이 명백한 경우에는 대통령령으로 정하는 바에 따라 직권으로 해당 물품의 통관을 보류하거나 해당 물품을 유치할 수 있다. 이 경우 세관장은 해당 물품의 수출입신고 등을 한 자에게 그 사실을 즉시 통보하여야 한다.

관세청 UNIPASS 최초 이용방법

① 공인인증서를 발급받는다.

② 관세청 인터넷 통관포털(unipass.customs.go.kr)에 접속하여 인터넷 통관서비스 이용을 신청한다.

③ PC에서 설치된 공인인증서정보를 사용자정보에 등록한다.

공인인증서 발행기관

인증기관	URL	전화번호	비고
금융결제원	www.kftc.or.kr	1577-5500	
한국무역정보통신	www.tradesign.net	1566-2119	KTNET
한국전자인증	www.crosscert.com	1566-0566	
한국증권전산	www.signkorea.com	1577-7337	KOSCOM

1.2 유형별 반입신고

(1) 보관 또는 전시물품 반입

앞에서 설명한 바와 같이 하역장소에서 하역한 외국화물은 하선(기)절차가 완료된 후 해당 자유무역지역에 반입하여야 하며, 보관 또는 전시 등의 목적으로 일시적으로 반입(장치)하고자 하는 경우 수출입화물시스템에서 정한 전자문서로 세관장에게 반입신고하여야 한다.

보관 및 전시물품의 반입신고 주체는 원칙적으로 '수출입거래를 주목적으로 하는 도매업종'과 물류업종 중 '일시 장치・보관・전시・보수' 등의 기능을 수행하는 입주기업체로 한정되며, '제조・가공・수리・조립・건설' 등의 기능을 수행하는 입주기업체는 제외된다. 또 반입신고(사용소비신고한 경우를 포함한다)한 물품을 당초 반입목적과 다르게 반입 또는 사용소비하려는 자(동 물품을 해당 자유무역지역 안에서 양수한 자를 포함한다)는 반입목적에 맞도록 정정한 반입신고를 다시 하여야 한다. 이 경우 사용소비신고한 물품을 일시 장치할 목적으로 변경하려는 때에는 사용소비신고를 취하하여야 한다.

이것은 뒤에서 설명하겠지만, 자유무역지역 사용소비신고란 관세영역에서의 수입신고와 유사한 절차이나 「자유무역지역법」상 반입신고와 사용소비신고를 동일한 절차로 보기 때문에 논리상 제조・가공 용도로 반입된 물품이 일반수입 용도로 변경할 경우 신고취하 및 재반입신고하도록 하는 것이다.

그러나 실무에서는 반입신고와 사용소비신고를 편의상 독립된 절차로 처리하고 있으므로 반입신고 후 사용소비신고를 거치지 않은 물품인 경우 간단하게 '적하목록 정정'절차로 처리하기도 한다(예 수입화물(화물속성 I) → 환적화물(화물속성 T)로의 정정).

반입신고는 House B/L 단위로 하여야 하며, 하선장소로 지정된 입주기업체에 컨테이너상태로 반입하는 경우에는 Master B/L 단위로 신고가 가능하다. 또한 컨테이너보관창고(CY)에서 반출입되는 컨테이너화물은 컨테이너 단위로 반입신고하여야 한다. 보세운송에 의하여 자유무역지역으로 반입되는 외국화물의 보세운송 도착보고는 반입신고로 갈음하며, 보세운송기간에 하여야 한다.

자유무역지역에 반입된 물품이 반입예정정보와 품명·수량이 상이하거나 안보위해물품의 반입, 포장파손, 누출, 오염 등으로 이상이 있는 경우 세관장에게 '반입이상보고'를 해야 한다. 「자유무역지역법」에는 이 절차에 대한 세부규정이 없으므로 「보세화물관리에 관한 고시」를 준용하여 반입 즉시 '반입물품 이상보고서'(동 고시 별지 제1호 서식)에 다음 각 호의 서류를 첨부하여 전자문서로 세관장에게 제출하여야 하며, 전자문서로 제출할 수 없는 경우에는 서류로 제출할 수 있다.

① 사유서

② B/L 사본 등 세관장이 반입물품 이상 여부 확인을 위해 필요한 서류

입주기업으로부터 화물이상보고를 받은 세관장은 사고발생 경위를 확인하여 자체조사 후 통고처분 등 필요한 조치를 하거나 적하목록 정정이 필요한 경우에는 적하목록 정정조치를 하여야 하고, 「세관공무원의 범칙조사에 관한 훈령」에 의거 범칙조사 필요성이 있을 경우 즉시 조사전담부서로 고발의뢰하여야 한다.

위험물 장치허가를 받지 아니한 입주기업체는 화물반입 시 위험물 포함 여부를 확인하고 위험물을 발견하였을 때에는 즉시 세관장에게 보고한 후 위험물장치가 가능한 입주기업체 또는 보세창고로 이고해야 한다.

자유무역지역에 반입된 다음의 외국물품은 반입신고를 생략한다.

① 국외에서 반입된 물품으로서 이를 적재한 선박 등 운송수단에서 다른 운송수

단으로 이적하는 화물(환적화물)로서 입항적하목록을 제출하는 경우

② 수출신고수리물품으로서 수출신고필증을 제출하는 경우

그러나 실제로는 환적화물의 경우 입주기업체는 입항적하목록 제출 여부와 무관하게 미국의 9·11 테러사태 발생 이후 국제적인 화물(물류)보안 강화의 일환으로 도입된 「환적화물 처리절차에 관한 특례고시」 제5조(반출입신고)에 따라 세관장에게 전산으로 반입신고를 하여야 하며, 하역한 환적화물을 당해 부두가 아닌 타 부두로 이고하여 적재할 경우에도 동 고시 제7조에 따라 '보세운송신고'를 하여야 한다. 이 경우 부산 신항 부두터미널처럼 자유무역지역이면서 '보세운송 특례보세구역'으로 지정된 입주기업체 간 환적화물 운송 시에는 보세운송신고를 생략하고 반출입신고로 갈음할 수 있으며, 복수의 운송수단을 이용하는 '일관운송 환적화물'의 경우에는 적하목록에 보세운송인과 목적지를 기재하여 제출하는 것으로 반출입신고 및 보세운송신고(승인)를 갈음할 수 있다.

환적화물 처리절차에 관한 특례고시

제5조(반출입신고) ① 보세구역 운영인은 환적화물을 반출입할 때 반입예정정보 또는 반출승인정보와 물품의 상이 여부를 확인한 후 반입 즉시 또는 반출 전에 세관장에게 반출입신고를 하여야 한다.

② 보세구역 운영인이 제1항에 따른 반출입신고를 하려는 때에는 House B/L 단위의 전자문서로 하여야 한다. 다만, 다음 각 호의 어느 하나에 해당하는 경우에는 그 구분에 따른다.

1. 컨테이너보세창고에서 운송용기(컨테이너) 단위로 반출입되는 환적화물 : 운송용기(컨테이너) 단위
2. 공항 내 화물터미널에서 Master B/L 단위로 반출입되는 환적화물 : Master B/L 단위

■ 보세화물관리고시 별지 제1호 서식

<table>
<tr><td colspan="4">반입물품 이상보고서
번호 :</td><td>처리기간
7일</td></tr>
<tr><td>보세구역명</td><td colspan="2"></td><td>보세구역부호</td><td></td></tr>
<tr><td>입항일</td><td colspan="2"></td><td>선박명(편명)</td><td></td></tr>
<tr><td>화물관리번호</td><td colspan="2"></td><td>B/L번호</td><td></td></tr>
<tr><td>보세운송신고번호</td><td colspan="2"></td><td>반입일시</td><td></td></tr>
<tr><td>수입화주</td><td colspan="4">상호 : 연락처 :</td></tr>
<tr><td colspan="5">반입이상내역</td></tr>
<tr><td>항목</td><td colspan="2">신고내역</td><td>실제 반입내역</td><td>비고</td></tr>
<tr><td></td><td colspan="2"></td><td></td><td></td></tr>
<tr><td></td><td colspan="2"></td><td></td><td></td></tr>
<tr><td></td><td colspan="2"></td><td></td><td></td></tr>
<tr><td></td><td colspan="2"></td><td></td><td></td></tr>
<tr><td></td><td colspan="2"></td><td></td><td></td></tr>
<tr><td colspan="5">보세구역 반입물품에 대한 이상이 발생하였기에 「보세화물관리에 관한 고시」 제5조 제2항에 따라 보고합니다.

20 년 월 일

(서명 또는 인)

○ ○ 세 관 장 귀하</td></tr>
<tr><td colspan="4">첨부서류 :
1. 사유서
2. B/L 사본 등 근거서류</td><td>수수료
없음</td></tr>
</table>

210mm×297mm(일반용지 60g/m²(재활용품))

(2) 자유무역지역에서 사용 · 소비하는 물품의 반입

외국물품을 사용 또는 소비할 목적으로 반입하고자 하는 자는 UNIPASS '화물관리시스템'에서 정한 전자문서로 반입신고(제조업종 생략가능)를 하고, 사용 또는 소비하기 전에 수입신고서식에 따라 '사용소비신고'를 하여야 한다. 다만, 수입신고대상물품은 사용소비신고대상에서 제외된다.

사용소비신고가 수리되면 과세보류상태에서 화물관리가 종결되며, 동시에 입주기업체의 자체 재고관리시스템에 의하여 부품별로 재고관리절차가 진행되며, 입주기업체 외의 자가 반입하는 물품과 입주기업체가 반입하는 물품 중 기계 · 기구 · 설비 · 장비 · 원재료 · 윤활유 · 사무용 컴퓨터 · 건축자재 등이 아닌 일반물품의 경우 수입신고를 하고 관세 등을 납부하여야 한다.

사용소비신고절차에 관하여는 뒤에서 다시 설명하기로 한다.

(3) 전자상거래물품의 반입

자유무역지역의 일자리 및 부가가치 창출을 지원하기 위하여 2018년 11월 14일 「자유무역지역고시」 개정 시 '전자상거래 국제물류센터' 제도가 도입되면서 관련 물품의 반출입신고절차가 신설되었다.

해외직구란 용어로 잘 알려진 '국제 전자상거래'는 인터넷상에 사이버몰(cyber mall)이란 가상점포, 즉 소셜 플랫폼을 매개로 각종 상품을 매매하는 판매시스템으로서, 모바일폰의 보편화에 따라 이 형태의 거래비중은 날로 증가되는 추세에 있다(2016년 기준 2,700만 건에 육박). 전자상거래대상이 되는 물품은 일반적으로 소량다품종으로서 일반보세화물 재고관리절차를 적용할 경우 B/L 분할작업에 많은 시간과 비용이 소요되는 등 불편함이 이만저만한 것이 아니다.

전자상거래 국제물류센터를 운영하는 자가 외국물품을 반입하여 사용하는 경우에는 위 (2)에 따른 반입신고서류 외에 「자유무역지역고시」 별지 제3의1호 서식의 '품목단위 반입신고서'를 세관장에게 전자문서로 제출하여야 한다.

■ 자유무역지역고시 별지 제3호의1 서식

<table>
<tr><td colspan="6">품목단위 반출입 신고서</td><td colspan="2">처리기간
즉시</td></tr>
<tr><td colspan="3">(1) 신고번호 :</td><td colspan="3">(2) 신고일자 :</td><td colspan="2">(3) 신고세관 :</td></tr>
<tr><td colspan="3">(4) 신고업체명 :
(7) 사업자등록번호 :</td><td colspan="3">(5) 대표자 :
(8) 주소 :</td><td colspan="2">(6) 업체관리부호 :
(보세구역부호)
(9) 전화번호 :</td></tr>
<tr><td colspan="3">(10) 반출입 구분</td><td colspan="3">(11) 반출입근거 종류</td><td colspan="2">(12) 반출입근거번호</td></tr>
<tr><td colspan="3">(13) 취하/정정사유</td><td colspan="5">(14) 정정구분</td></tr>
<tr><td>(15)
란번호</td><td>(16)
상품코드</td><td>(17)
상품명</td><td>(18)
HS부호</td><td>(19)
수량</td><td>(20)
수량
(단위)</td><td>(21)
중량</td><td>(22)
단가</td></tr>
<tr><td></td><td></td><td></td><td></td><td></td><td></td><td></td><td></td></tr>
<tr><td></td><td></td><td></td><td></td><td></td><td></td><td></td><td></td></tr>
<tr><td></td><td></td><td></td><td></td><td></td><td></td><td></td><td></td></tr>
<tr><td></td><td></td><td></td><td></td><td></td><td></td><td></td><td></td></tr>
<tr><td></td><td></td><td></td><td></td><td></td><td></td><td></td><td></td></tr>
<tr><td colspan="4">(23) 사용소비신고번호</td><td colspan="4">(24) 반출수량</td></tr>
<tr><td colspan="8">「자유무역지역의 지정 및 운영에 관한 법률」 제29조 및 「자유무역지역의 반출입물품의 관리에 관한 고시」 제7조 및 제11조에 따라 위와 같이 자유무역지역 반입(반출)물품을 신고합니다.

20 년 월 일

위 신고자 (서명 또는 인)

○ ○ 세 관 장 귀하</td></tr>
</table>

(4) 선(기)용품 또는 수리용품의 반입

외국무역선(기)에 사용하는 선(기)용품 및 기타 수리용 물품(이하 '용품'이라 한다)을 일시적으로 자유무역지역에 반입하고자 하는 자는 「선(기)용품 및 선(기)내 판매용품의 하역 등에 관한 고시」(이하 '선(기)용품고시'라 한다)에서 규정한 하선(기)절차를 준용하여야 한다. 이 경우 허가는 신고로 보며, 반입신고를 생략한다.

그러나 실제로는 자유무역지역에 선(기)용품이 반입되면 화물관리시스템에 반입신고 후 선용품관리시스템에 반입등록을 함으로써 선(기)용품의 재고관리가 선용품관리시스템으로 자동 이관(화물관리시스템상 재고종결)된다.

구체적으로 공급자 또는 판매자가 용품으로 공급(판매)하고자 하는 외국물품을 자유무역지역에 반입한 때에는 관할지 세관장에게 동 「선(기)용품고시」 별지 제1호 서식에 의한 반입등록서를 전자문서로 제출하여야 한다. 다만, 선(기)용품관리시스템에 의하여 하선(기)하였거나 보세운송하여 도착된 물품은 하선(기)신고 및 보세운송 도착보고를 반입등록한 것으로 갈음한다.

공급자 또는 판매자가 용품을 전자문서에 의하여 반입등록, 적재 등의 허가신청 및 보세운송신고를 하고자 하는 때에는 선(기)용품관리시스템에 정해놓은 품목번호를 사용하여야 한다.

또 공급자 또는 판매자는 품목번호가 지정되지 않은 용품을 반입하여 반복적으로 적재 등을 하고자 하는 때에는 관할 세관장에게 품목번호 지정을 요청하여야 하며, 세관장은 품목번호를 지정하여 요청한 자에게 통보하고 선(기)용품관리시스템에 등록하여야 한다.

(5) 다른 자유무역지역, 보세공장 또는 종합보세구역으로 제조·가공된 물품의 반입

다른 자유무역지역이나 보세공장 등에서 제조·가공된 물품을 보세운송절차를 이용하여 자유무역지역으로 반입할 경우에는 전자문서로 세관장에게 반입신고하며, 이 경우 보세운송물품의 도착보고는 반입신고로 갈음한다.

전산시스템 오류 등 부득이한 경우 우선 서류(「자유무역지역고시」 별지 제3호 서식)에 의한 반입신고가 가능하며, 전산 복구 시 다시 전산으로 반입신고하여야 한다.

■ 자유무역지역고시 별지 제3호 서식

<table>
<tr><td colspan="2">신고번호</td><td colspan="5" rowspan="2">자유무역지역 외국물품 반입신고서</td><td colspan="2">처리기일</td></tr>
<tr><td colspan="2"></td><td colspan="2">즉시</td></tr>
<tr><td rowspan="3">신고인</td><td>① 업체명</td><td colspan="3"></td><td colspan="2">② 사업자등록번호</td><td colspan="2"></td></tr>
<tr><td>③ 주소</td><td colspan="3"></td><td colspan="2">④ 업체관리부호</td><td colspan="2"></td></tr>
<tr><td>⑤ 성명</td><td colspan="3"></td><td colspan="2">⑥ 전화번호</td><td colspan="2"></td></tr>
<tr><td colspan="2">⑦ 반입일시</td><td colspan="3"></td><td colspan="2">⑧ 반입장소부호</td><td colspan="2"></td></tr>
<tr><td colspan="2">⑨ 반입사유</td><td colspan="7"></td></tr>
<tr><td colspan="9">반입물품내역</td></tr>
<tr><td rowspan="2">⑩ 일련번호</td><td rowspan="2">⑪ 품명 · 규격</td><td colspan="2">⑫ 포장명세</td><td rowspan="2">⑬ 중량</td><td rowspan="2">⑭ 단가</td><td rowspan="2">⑮ 금액</td><td rowspan="2" colspan="2">⑯ 비고</td></tr>
<tr><td>개수</td><td>단위</td></tr>
<tr><td></td><td></td><td></td><td></td><td></td><td></td><td></td><td colspan="2"></td></tr>
<tr><td colspan="9">「자유무역지역의 지정 및 운영에 관한 법률」 제29조 및 「자유무역지역의 반출입물품의 관리에 관한 고시」 제7조에 따라 위와 같이 자유무역지역 반입물품을 신고합니다.

20 년 월 일

위 신고자 (서명 또는 인)

○ ○ 세 관 장 귀하</td></tr>
</table>

2 외국물품 반출절차

2.1 자유무역지역 화물반출 유형

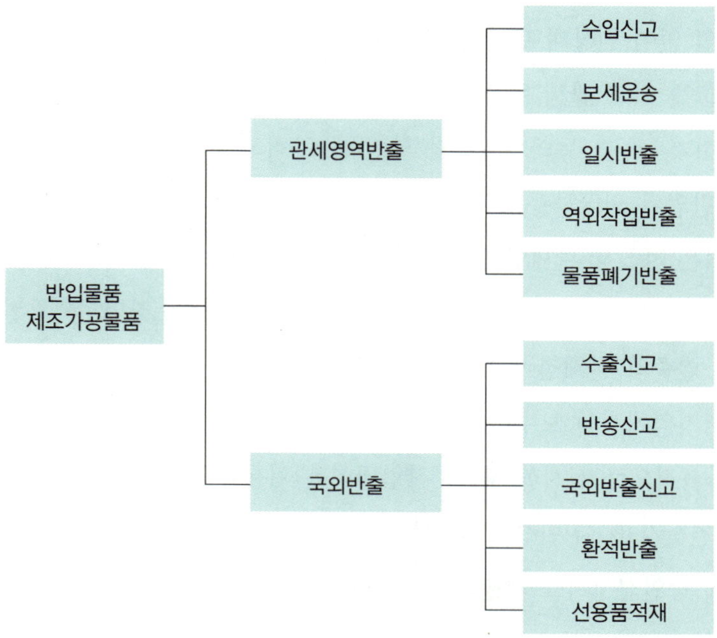

자유무역지역 물품반출은 형태별로 반입 원상태로 반출하는 경우와 제조 또는 임가공 등의 추가작업을 거쳐 반출하는 경우로 구분되며, 목적지별로 국내반출(관세영역반출)과 국외반출로 나누어진다.

2.2 유형별 반출절차

(1) 일시보관 후 수입신고

자유무역지역 안의 외국물품 등을 보관, 전시 등 일시장치한 후에 제조·가공 등의 추가작업 없이 원상태로 관세영역으로 반출할 경우에는 일반수입물품과 동일하게 수입신고를 하고 관세 등을 납부하여야 하며, 「관세법」 제226조의 규정에 따른 수입요건(허가·승인 등의 증명 및 확인)을 구비하여야 한다.

이처럼 반입된 외국물품을 단순하게 보관 등 일시장치의 기능만을 수행하는 자유무역지역은 사실상 관세영역의 특허보세창고와 다를 바 없지만, 자유무역지역에 반입하였다는 이유만으로 화물장치기간 배제, 자율적 보수작업 등 차별적 특혜를 받는 것은 일종의 문제점이기도 하다.

자유무역지역에서의 보수작업은 보세창고와 달리 세관장의 사전승인을 받을 필요 없이 자율적으로 실시한 후 그 작업내역을 기록유지하면 된다. 다만, 수입신고과정에서 원산지표시위반으로 보완통보된 물품에 대한 원산지보수작업은 사전에 세관장에게 승인신청서를 제출하여야 하며, 보수작업 후에도 완료보고서를 제출하고 세관 화물담당 직원의 확인을 받아야 한다.

세관장은 수입신고를 한 물품의 과세가격 적정 여부를 확인하기 위하여 제조·가공 등에 사용된 외국물품 등의 송품장, 소요량계산서 등 관련 자료를 제출하게 할 수 있으며, 수입신고서의 처리에 관하여는 「수입통관 사무처리에 관한 고시」를 준용한다.

여기서 수입신고의 대상이 되는 '외국물품 등'이란 다음 물품을 의미한다.

1) 외국물품

「관세법」 제2조 제4호에 따른 외국물품을 말한다.

2) 자유무역지역 안으로 반입신고를 한 다음의 물품

① 입주기업체가 자유무역지역에서 사용 또는 소비하려는 내국물품 중 관세 등의 면제(환급) 또는 부가가치세 영세율(「자유무역지역법」 제45조 제1~2항)의 적용을 받으려는 물품으로서 다음 각 목의 어느 하나에 해당하는 물품

가. 기계, 기구, 설비 및 장비와 그 부분품

나. 원재료, 윤활유, 사무용 컴퓨터 및 건축자재

다. 그 밖에 사업목적을 달성하는 데에 필요하다고 인정하여 관세청장이 정하는 물품

② 비거주자 등(부가가치세법 제52조 제1항 제1호)이 국외반출을 목적으로 자유무역지역에 보관하려는 내국물품 중 부가가치세 영세율(제45조 제2항)의 적용을 받으려는 물품으로서 다음 각 목의 요건을 모두 갖춘 물품

가. 국내 사업자와 직접 계약에 따라 공급받을 것

나. 대금은 외국환은행을 통하여 원화로 지급할 것

다. 비거주자 등이 지정하는 입주기업체에게 인도할 것

3) '환급대상수출물품 반입확인서' 발급물품

「환급특례법」에 따라 관세영역에서 자유무역지역으로 공급한 물품이다. 이 경우 부과되는 제세는 해당 원재료의 관세환급액이 되며, 당해 원재료가 관세환급에 사용되기 전이면 관세부과 대신 해당 반입확인서의 발급을 취소하게 된다.

(2) 제조 · 가공 후 수입신고

자유무역지역 안에서 외국물품 등의 전부 또는 일부를 사용하여 사용소비신고 후 제조·가공·조립·보수 등 생산활동을 하고, 그 결과물을 관세영역으로 반출할 경우에도 수입신고를 하고 관세 등을 납부하여야 한다. 이 경우에도 일시보관 후 반출하는 물품과 같이 「자유무역지역법」을 우선 적용하고 보충적으로 관세법

관련 규정을 준용한다.

생산과정에서 일부 국산 원자재가 투입되었다면 완성품의 과세가격 계산 시 해당 부분을 차감하여야 하며, 생산한 물품이 수출입공고 또는 통합공고에 해당될 경우 당해 요건을 구비한 후 수입신고하여야 한다. 반입물품에 대한 사용소비신고절차는 뒤에서 다시 설명하기로 한다.

(3) 일시보관 후 보세운송 반출

1) 보세운송의 개요

자유무역지역에서 보세운송할 수 있는 지역은 「관세법」 제213조에 규정된 아래 장소로서 해당 물품을 장치할 수 있는 지역이라야 한다. 자유무역지역에 장치화물에 대한 보세운송 역시 「자유무역지역법」을 우선 적용하고 보충적으로 「관세법」을 준용한다. 자유무역지역에서 제조·가공한 물품에 대한 보세운송은 몇 가지 특례조항을 두고 있는데 이 장에서는 일반보세운송절차를 설명하고 제조·가공물품 보세운송절차는 뒤에서 설명하기로 한다.

보세운송할 수 있는 지역

1. 개항　　2. 보세구역
3. 제156조의 규정에 의하여 허가된 장소(보세구역외 장치)
4. 세관관서　　5. 통관역　　6. 통관장
7. 통관우체국　　8. 자유무역지역

※ 보세운송신고는 도착지 보세구역의 장치장부호가 있어야 신고가 가능하며, 보세구역외 장치장 코드는 '세관부호(3자리) +99999'이다.

※ 부두터미널에서 하선 전 보세운송 수리물품을 하선 즉시 차상반출하는 경우에는 하선장소에 'IT보세구역코드'를 입력하면 자동으로 반출정리된다.

세관장에게 신청하는 보세운송은 객체인 보세화물 자체의 위험성과 감시단속의 중요성에 따라 '보세운송신고'와 '보세운송 승인신청'으로 구분할 수 있는데, 내용적으로는 전산심사와 서류심사의 차이로 보면 된다.

보세운송신고 또는 승인신청은 다음 각 호의 어느 하나에 해당하는 자의 명의로 하여야 한다. 세관장은 관세채권 확보를 위하여 신용담보 또는 포괄담보 제공업체로서 담보한도액 범위 내의 화주 또는 간이보세운송업자가 아닌 자가 보세운송신청하는 경우에는 관세 및 제세에 상당하는 담보를 제공하게 하여야 한다.

① 화주. 다만, 전매된 경우에는 그 취득자, 환적화물의 경우에는 그 화물에 대한 권리를 가진 자

② 「관세법」 제222조에 따라 등록한 보세운송업자

③ 관세사 등

보세운송신고 또는 승인신청은 보세운송하려는 화물이 장치되어 있거나 입항예정인 보세구역을 관할하는 세관(발송지세관) 또는 보세운송물품의 도착지 보세구역을 관할하는 세관(도착지세관)의 장에게 한다.

모든 보세화물은 원칙적으로 보세운송을 하여야 한다. 그러나 예외적으로 다음 각 호의 어느 하나에 해당하는 물품은 보세운송절차를 요하지 아니한다.

① 「우편법」에 따라 체신관서의 관리하에 운송되는 물품

② 「검역법」 등에 따라 검역관서가 인수하여 검역소 구내계류장 또는 검역시행장소로 운송하는 검역대상물품

③ 국가기관에 의하여 운송되는 압수물품

2) 보세운송신고

다음 수입물품을 보세운송하고자 하는 자는 관세청장이 정한 바에 의하여 세관장에게 보세운송의 신고를 하여야 한다.

① 보세운송 승인신청대상(관세법 시행령 제226조 제3항)에 해당되지 않는 물품

② 특정물품 간이보세운송업자가 「관리대상화물관리에 관한 고시」에 따른 검사대상화물을 하선(기)장소에서 최초 보세운송하고자 하는 물품

③ 항공사가 개항 간 입항적하목록 단위로 일괄하여 항공기로 보세운송하고자

하는 물품

④ 간이보세운송업자가 아래(보세운송 승인신청대상물품 제1~5호, 제7호, 제11호) 물품을 운송하는 경우로서 세관장이 별도의 서류제출이 필요 없다고 인정되는 물품

가. 재보세운송물품

나. 「검역법」·「식물방역법」·「가축전염병예방법」 등에 따라 검역을 요하는 물품

다. 「위험물안전관리법」·「유해화학물질관리법」에 의한 위험물

라. 비금속설

마. 화물이 국내에 도착된 후 최초로 보세구역에 반입된 날로부터 30일이 경과한 물품

바. 보세구역외 장치허가(법 제156조)받은 장소로 운송하는 물품

사. 적하목록상 동일한 화주의 선하증권 단위의 물품을 분할하여 보세운송하는 경우 그 물품

⑤ 「관세 등에 대한 담보제공과 정산제도 운영에 관한 고시」에 따른 신용담보업체 또는 포괄담보제공업체인 화주가 자기명의로 보세운송신고하는 물품

보세운송신고는 해당 보세화물에 대해 입항적하목록 제출 후 화물관리번호가 부여된 이후에 할 수 있으며, 전자문서로 작성한 보세운송신고서를 세관화물정보시스템에 전송하여야 한다. 다만, 항공사가 국내 개항 간에 항공기로 보세운송하려는 경우의 보세운송신고서는 발송지세관에 전자문서로 출항적하목록을 제출하는 것으로 갈음할 수 있다. 이 경우 출항적하목록은 보세운송물품을 적재한 항공기의 출항 전에 제출하여야 한다.

보세운송신고는 입항선박 또는 항공기별 House B/L 단위로 신고하여야 하나, 다음 각 호의 어느 하나에 해당하는 경우에는 그러하지 아니하다.

① 보세운송하려는 물품이 동일한 보세구역으로부터 동일한 도착지로 운송되는 경우에는 1건으로 일괄하여 신고할 수 있다. 다만, 관세청장이 정하는 기준에

따른 법규준수도가 높은 보세운송업자는 동일한 관할 세관 내 여러 도착지 보세구역으로 운송하는 경우에도 1건으로 일괄하여 신고할 수 있다.

② 다음 각 목의 어느 하나에 해당하는 경우에는 Master B/L 단위로 신고할 수 있다.

가. 단일화주의 FCL화물

나. LCL화물 중 컨테이너에서 적출하지 아니한 상태로 보세운송하는 경우

③ 해상화물 중 하선장소에서 다음 입항지의 운송구역 내 1개 이상의 영업용 보세구역으로 보세운송하는 경우에는 모선 단위 1건으로 일괄하여 신고할 수 있다.

입항지	운송구역
부산항	부산세관, 북부산세관, 양산세관 관할구역
인천항	인천세관, 안산세관 관할구역(인천광역시 지역에 한함)
마산항	마산세관, 창원세관 관할구역

한편, 수출물품은 원칙적으로 보세운송신고가 생략되나, 예외적으로 「반송절차에 관한 고시」에 따른 반송물품, 보세전시장에서 전시 후 반송되는 물품, 보세판매장에서 판매 후 반송되는 물품, 여행자 휴대품 중 반송되는 물품, 보세공장 및 자유무역지역에서 제조·가공하여 수출하는 물품, 수출조건으로 판매된 몰수품 또는 국고귀속된 물품 등은 보세운송을 하여야 한다.

또 외국무역선을 이용하여 수출신고수리물품을 동일 개항 내 운송하려는 경우(예 부산 신항 → 북항 신선대터미널로의 운송) 보세운송이 가능한데, 그 구체적인 절차는 다음과 같다(2018년 8월 20일부터 적용).

① 보세운송신고 및 도착보고 주체 : 수출화주 또는 위임을 받은 관세사

② 담보제공 : 면제(생략)

③ 신고방법

가. 신고시스템 : 내국운송시스템

나. 출발지 및 도착지 : 모두 동일 개항 내 부두일 것

다. 장치장부호 : 출발지 및 도착지가 모두 보세구역인 경우 '보세구역부호', 보세구역이 아닐 경우에는 '세관부호 3자리+99999'로 입력

※ 편의상 내국운송시스템을 이용할 뿐, 수출신고수리물품은 보세구역 장치대상은 아님

라. 기타 참고사항 : 신고인은 수출신고수리필증, 운송구간 등을 기재한 사유서를 별도 파일로 첨부하여 전송

그리고 환적물품도 보세운송절차를 이행하여야 하는데, 「환적화물 처리절차에 관한 특례고시」의 규정에 따라 '특례보세구역'으로 지정된 경우 이들 특례보세구역 간 환적물품의 이동은 보세운송절차를 생략하고 화물반출입신고서로 갈음한다.

3) 보세운송 승인신청

수입화물 중 무단유출이 우려되거나 검역대상물품, 위험물품 등 보세운송에 주의를 요하는 다음 물품에 대한 보세운송은 신청서와 관련 서류를 제출받아 세관장이 심사하여 보세운송을 승인하고 있다.

① 보세운송된 물품 중 다른 보세구역 등으로 재보세운송하고자 하는 물품

② 「검역법」·「식물방역법」·「가축전염병예방법」 등에 따라 검역을 요하는 물품

③ 「위험물안전관리법」에 따른 위험물

③의2) 「유해화학물질관리법」에 따른 유해화학물질

④ 비금속설

⑤ 화물이 국내에 도착된 후 최초로 보세구역에 반입된 날부터 30일이 경과한 물품

⑥ 통관이 보류되거나 수입신고수리가 불가능한 물품

⑦ 「관세법」 제156조의 규정에 의한 '보세구역외 장치허가'를 받은 장소로 운송하는 물품

⑧ 귀석·반귀석·귀금속·한약재·의약품·향료 등과 같이 부피가 작고 고가인 물품

⑨ 화주 또는 화물에 대한 권리를 가진 자가 직접 보세운송하는 물품
⑩ 「관세법」 제236조의 규정에 의하여 통관지가 제한되는 물품(한약재 등)
⑪ 적하목록상 동일한 화주의 선하증권 단위의 물품을 분할하여 보세운송하는 경우 그 물품
⑫ 불법 수출입의 방지 등을 위하여 세관장이 지정한 물품
⑬ 법 및 법에 의한 세관장의 명령을 위반하여 관세범으로 조사를 받고 있거나 기소되어 확정판결을 기다리고 있는 보세운송업자 등이 운송하는 물품

다만, 위 물품 중 관세청장이 보세운송 승인대상으로 하지 아니하여도 화물관리 및 불법 수출입의 방지에 지장이 없다고 판단하여 정하는 물품에 대하여는 신고만으로 보세운송할 수 있다.

※ 관세청장이 정한 물품 : 간이보세운송업자가 보세운송 승인신청한 것 중 ①~⑤호, ⑦호, ⑪호 물품

보세운송 승인기준(보세운송고시 제31조)

1. 보세운송된 물품 중 다른 보세구역 등으로 재보세운송하고자 하는 물품은 보세공장, 보세전시장, 보세건설장, 보세판매장 등 특수보세구역에 반입하여야 할 경우 등 세관장이 부득이하다고 인정하는 경우에 한한다.
2. 「검역법」·「식물방역법」·「가축전염병예방법」 등에 따라 검역을 요하는 물품은 소정의 조치를 필하였거나 보세구역(보세구역외 장치허가를 받은 장소를 포함한다)으로 지정받은 검역시행장으로 운송하는 경우에 한한다.
3. 「위험물안전관리법」에 따른 위험물, 「유해화학물질관리법」에 따른 유해화학물질은 도착지가 관련 법령에 따라 해당 물품을 취급할 수 있는 경우에 한한다.
4. 비금속설은 다음 각 목의 어느 하나에 해당하는 경우에 한한다.
   가. 도착지가 비금속설만을 전용으로 장치하는 영업용 보세장치장으로서 간이보세운송업자가 승인신청하는 경우
   나. 도착지가 실화주의 자가용 보세창고로서 다음 각 세호의 요건을 모두 갖춘 경우
      (1) 비금속설을 처리할 수 있는 용광로 또는 압연시설을 갖추고 있는 경우

(2) 간이보세운송업자가 보세운송 승인신청을 하는 경우

다. 도착지가 비금속설을 장치할 수 있도록 보세구역외 장치허가를 받은 장소로서 간이보세운송업자가 승인신청하는 경우

라. 컨테이너로 운송하는 경우로서 보세화물관리상 문제가 없다고 세관장이 인정하는 경우

5. 화물이 국내에 도착된 후 최초로 보세구역에 반입된 날부터 30일이 경과한 물품은 다음 각 목의 어느 하나에 해당하는 경우에 한한다.

가. 「관세법」 제236조에 따라 통관지가 제한되는 물품으로서 통관지 세관 관할구역 내 보세구역으로 운송하는 물품

나. 보세공장, 보세건설장, 보세전시장 등 특수보세구역으로 반입하여야 할 필요가 있는 물품

다. 기타 세관장이 보세운송이 부득이하다고 인정하는 물품

6. 통관이 보류되거나 수입신고수리가 불가한 물품은 반송을 위하여 선적지 하선장소로 보세운송하는 경우에 한한다.

7. 「관세법」 제236조에 따라 통관지가 제한되는 물품은 「수입통관 사무처리에 관한 고시」에 따른 통관지 세관으로 보세운송하는 경우에 한한다.

8. 귀석 · 반귀석 · 귀금속 · 한약재 · 의약품 · 향료 등과 같이 부피가 작고 고가인 물품은 다음 각 목의 어느 하나에 해당하는 경우에 한한다.

가. 수출물품 제조용 원재료

나. 세관장이 지정한 장치장으로 운송하는 물품

9. 불법 수출입의 방지 등을 위하여 세관장이 「관리대상화물관리에 관한 고시」에 따라 검사대상화물로 선별한 물품 중 검사하지 아니한 물품은 운송목적지가 세관장이 지정한 보세구역인 경우에 한한다.

※ 위 각 호의 승인기준에 타당하지 아니한 물품과 「관세법」 제234조에 따른 수출 · 입 금지품에 대하여는 보세운송 승인을 불허한다.

통관지 제한물품(「관세법」 제236조 관련)

특정물품	특정세관
1. 한약재(원료에 한함)	서울, 부산, 용당, 인천, 인천공항, 김해세관과 한약재 보관에 적합한 보세구역으로 지정받은 저온·냉장창고가 있는 세관
2. 귀석과 반귀석 (HS 7103호 내지 7104호의 물품. 다만, 원석은 제외)	서울, 인천공항, 김해, 인천, 익산, 인천공항우편, 부산국제우편세관장
3. 고철	수입물품의 입항지 세관, 관할지 세관장이 인정하는 고철창고가 있는 내륙지 세관 다만, 제75조에 따라 고철화작업의 특례를 적용받는 실수요자 관할세관에서도 통관가능
4. 해체용 선박	관할지 세관장이 인정하는 선박해체작업 시설을 갖춘 입항지 세관
5. 수산물(0302, 0303, 0305, 단 0305는 염수장한 것에 한함)	수입물품의 입항지 세관, 보세구역으로 지정받은 냉장·냉동창고가 있는 내륙지세관 다만, 수출용 원자재는 관할지 세관장이 인정하는 냉장·냉동시설이 있는 수산물 제조·가공업체 관할 세관에서도 통관가능
6. 수입쇠고기 및 관련 제품	관할구역 내 축산물검역시행장 및 보세구역으로 지정받은 냉장·냉동창고가 있는 세관
7. 활어(HS 0301호, 관상용 및 양식용은 제외)	관할구역 내 활어장치장이 있는 세관
8. 쌀(HS 1006.20호,1006.30호 해당 물품)	부산, 인천, 평택, 군산, 목포, 동해, 울산, 광양, 마산세관
9. 중고승용차	서울, 인천공항, 인천, 용당, 마산, 부산, 평택

※ 상기 품목에 대한 보세운송 시 '통관지 세관' 제한 여부를 반드시 고려해야 하며, 자칫 잘못하면 재보세운송에 따른 추가물류비가 발생될 수 있다.

4) 보세운송물품 심사 및 검사

보세운송신고서를 접수한 세관공무원은 적하목록상의 화물관리번호, B/L번호, 품명, 개수 등과 신고내용이 일치하는지 여부, 보세운송 신고인의 적격 여부, 보세운송신고물품이 적하목록상에 이상이 있는 물품인지 여부, 보세운송하려는 물품이 보세운송 승인대상물품에 해당하는지 여부, 보세운송기간이 합당한지 여부, 보세운송 도착지가 「보세화물관리에 관한 고시」 제4조에 따른 화물분류기준에 적합한 장소인지 여부 등을 심사하여야 하며, 보세운송 승인신청 건의 경우 위 승인기준에 합당한지를 심사하여야 한다.

세관장은 감시·단속을 위하여 필요하다고 인정되는 때에는 관세청장이 정하는 바에 의하여 보세운송을 하고자 하는 물품을 검사할 수 있다. 검사의 종류는 다음과 같다.

① 검색기검사

② 세관봉인부착(전자봉인을 의미하며 뒤에 설명)

③ 개장검사

세관장은 보세운송 검사대상물품과 검사방법을 지정한 경우, 그 내역을 즉시 해당 보세운송 신고인 및 보세구역 운영인(자유무역지역의 입주기업체 및 보세구역 외 장치허가를 받은 자를 포함한다. 이하 같다) 또는 화물관리인에게 통보하여야 하며, 통보를 받은 보세운송 신고인 등은 세관공무원의 검사와 관련하여 검사장소와 장비의 확보, 작업인부 배치 등 편의를 제공하여야 한다.

또 세관장은 물품검사 시 신고인 또는 화주의 입회가 필요하거나, 신고인 또는 화주로부터 입회요청을 받은 때에는 검사에 입회하게 할 수 있으며, 개장검사를 실시한 경우 그 결과를 세관화물정보시스템에 등록하여야 한다. 이상화물이 발견되었을 때에는 인지한 부서에서 즉시 자체조사와 통고처분 고발의뢰 등 적절한 조치를 취하여야 하며, 이상이 없는 것으로 나타난 경우에는 신속한 보세운송을 위하여 필요한 조치를 하여야 한다.

5) 보세운송기간 및 도착절차

보세운송물품은 신고수리(승인)일로부터 정해진 기간 내에 목적지에 도착하여야 하며, 세관장은 선박 또는 항공기 입항 전에 보세운송신고를 하는 때에는 입항예정일 및 하선(기)장소 반입기간을 감안하여 5일 이내의 기간을 추가할 수 있다.

유형별로 보세운송기간을 정리하면 다음 표와 같다.

구분	보세운송기간(일)	연장가능기간(일)	비고
해상화물	10	5	환적화물 포함
항공화물	5	5	〃
반송물품	7	적정기간	세관장이 적정 연장기간 판단
자유무역지역 임가공물품	7	7	임가공물품을 다른 지역으로 보세운송하는 경우
자유무역지역 국외반출물품	30	3개월	수출(국외반출)신고서 서식을 이용하여 보세운송신고

보세운송인이 보세운송목적지나 경유지 변경 또는 보세운송기간을 연장하고자 하는 경우에는 세관장에게 「보세운송에 관한 고시」 별지 제18호 서식인 '보세운송신고(승인신청)항목 변경승인(신청)서'를 전산으로 제출하여 승인을 받아야 한다.

보세운송인이 물품을 도착지에 도착시킨 때에는 지체 없이 보세운송신고필증(승인서) 2부(신청인용, 반입신고용)를 보세구역 운영인 또는 화물관리인에게 제시하고 물품을 인계하여야 하며, 보세운송 도착확인은 도착지 보세구역의 화물반입신고로 갈음한다. 다만, 보세운송된 물품이 검사대상(전자봉인 부착물품 포함)인 경우에는 보세운송인이 세관장에게 별도로 도착보고를 하여야 한다.

6) 전자봉인(e-Seal)제도

① 의의

'전자봉인(e-Seal)'이란 GPS 및 무선이동통신 모듈 등을 갖추고, 인공위성으로부터 위경도 좌표를 측위하여 이동전화통신망을 통해 사전에 설정된 시간 주기대로 위치와 봉인상태를 전송하는 세관봉인제도로서, 종전 1회성의 봉인장치에 IT기술을 접목함으로써 화물의 실시간 경로추적에 따른 안전확보 및 기기의 반복사용이 가능한 신개념의 봉인제도를 의미한다.

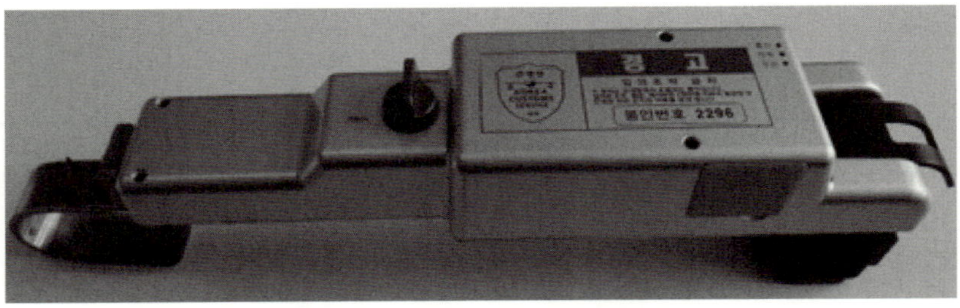

② 전자봉인 부착대상

전자봉인은 다음 물품 중 관세청장 및 세관장이 선별기준에 의하여 전자봉인 부착대상으로 선별한 컨테이너화물에 대하여 부착한다. 세관장은 보세화물의 우범도, 봉인부착 여건, 봉인수량 등을 고려하여 관세청장과 협의 후 부착대상을 조정할 수 있다.

가. 관리대상화물(검색기검사 후 개장검사대상물품 포함)

나. 보세운송화물

다. Sea & Air 환적화물(복합운송방법에 의한 환적화물 중 선박으로 입항한 화물을 공항으로 운송하여 반출하는 물품을 의미)

③ 전자봉인의 연계(매칭) 및 부착(해제)의무자

구분	컨테이너연계 및 봉인 부착의무자
관리대상화물	검수업체
Sea & Air 환적화물	〃
일반보세운송물품	• 연계 : 세관장 또는 위탁관리인 • 부착 : 위탁관리인 또는 보세구역 운영인(보세사) (부산, 인천, 평택, 광양세관 : 위탁관리인)

구분	전자봉인 해제(등록)의무자
관리대상화물	세관장 또는 보세구역 운영인
Sea & Air 환적화물 또는 보세운송물품	보세구역 운영인

※ 현재 위탁관리인은 한국관세무역개발원이 지정되어 있다.

④ 전자봉인 부착 및 해제절차

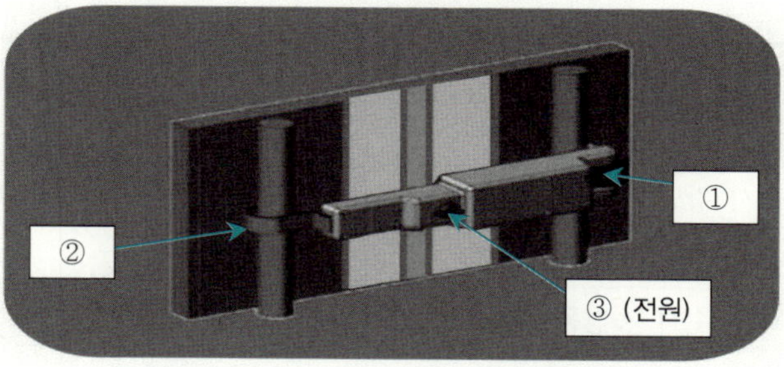

가. 부착절차

(UNIPASS) 보세운송 전자봉인내역 등록 → ① → ② → ③ (전원 ON)

나. 해제절차

(UNIPASS) 보세운송 전자봉인내역 해제 → ③ (전원 OFF) → ② → ①

※ 해제는 부착의 역순, 이동 중 전원스위치 조작을 금지한다.
실무에서 전자봉인이 부착된 보세운송물품이 도착하면 먼저 UNIPASS에 접속하여 e-Seal 해제등록을 한 후 봉인대를 제거해야 하는데, **해제등록하기 전에 봉인대를 제거함에 따라 세관(화물부서)에 무단훼손 알람이 뜨는 경우가 많아 주의를 요하며, e-Seal 부착물품은 반입신고와 별도로 반드시 보세운송 도착보고를 하여야 한다.**

⑤ 전자봉인 관련 처벌조항

상황		위반조항	조치·처벌
가. 컨테이너 무단개장	내장화물 불법반출, 바꿔치기	제241조	조사의뢰
	세관봉인(e-Seal) 무단해제·훼손	제265조	통고처분 (1천만 원 이하)
나. 운송경로 이탈	하역장소·통로 위반	제140조 제3항	과태료 (2백만 원 이하)
	보세운송 통로 위반(통로 지정 시)	제216조 제1항	과태료 (2백만 원 이하)

⑥ 위탁관리인(한국관세무역개발원) 지역사무소 연락처

대표사무소 : 인천 (032)761-2180, 24시간 연결가능

사무소	주소	전화번호	팩스번호
인천	인천시 중구 항동7가 1-18	032)761-2180	032)888-2817
서울	서울시 강남구 논현동 71	02)542-2862	02)544-7972
군산	전북 군산시 장미동 49-38	063)446-2841	063)446-2841
여수	전남 여수시 웅천동 1646	061)662-0902	061)662-0902
김포	서울시 강서구 공항동 150	02)2666-8557	02)2662-1086
인천공항	인천시 중구 운서동 2172-1	032)740-4996	032)740-4774
평택	경기도 평택시 포승면 만호리 570	031)683-8134	031)683-8135
부산	부산시 남구 용당동 136-2 부산시 강서구 성북동 1501	051)611-0541(용당) 051)971-0541(신항)	051)626-1359(용당) 051)971-0541(신항)
울산	울산시 남구 야음동 684-3	052)276-7190	052)265-4020

⑦ 전자봉인 해제등록화면(보세구역 운영인)

가. UNIPASS 접속>전자신고>신고서 작성>화물>보세운송봉인내역신고서

나. 화물관리번호 또는 컨테이너내역을 선택하고 '해제등록'을 클릭하여 해제등록화면이 팝업되면 해제구분을 선택, 특이사항이 있으면 그 내용을 기재하고 '등록'을 클릭

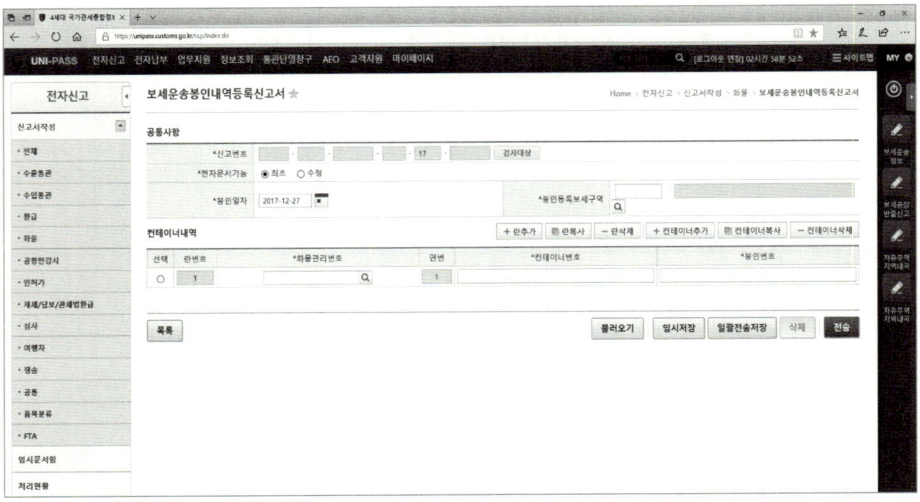

(4) 자유무역지역 물품의 일시반출, 역외작업반출, 폐기반출

이것은 자유무역지역 반입물품의 예외적인 반출의 경우로서, 뒤에서 다시 설명하기로 한다.

(5) 내국물품의 국외반출(수출신고)

외국물품 등이 아닌 물품(관세면제, 환급 및 부가가치세 영세율 적용대상이 아닌 순수한 내국물품)을 자유무역지역에서 국외로 반출하고자 하는 경우에는 수출신고를 하여야 한다(「자유무역지역법」 제30조 제3항).

구체적으로 이 경우 「관세법」 제241조의 규정에 따라 세관장에게 수출신고하여야 하며, 수출신고서의 처리 및 선(기)적절차 등에 관하여는 「수출통관 사무처리에 관한 고시」를 준용한다.

여기서 「외국물품 등」이란 다음 표의 물품을 말한다.

'외국물품 등'의 의미(자유무역지역 반출입물품의 관리에 관한 고시 제2조 제5호)

1. 외국물품(「관세법」 제2조 제4호)
   ① 외국으로부터 우리나라에 도착된 물품[외국의 선박 등이 공해(외국의 영해가 아닌 경제수역을 포함)에서 채집하거나 포획한 수산물 등을 포함한다]으로서 제241조 제1항의 규정에 의한 수입의 신고(수입신고)가 수리되기 전의 것
   ② 제241조 제1항의 규정에 의한 수출의 신고(수출신고)가 수리된 물품
2. 입주기업체가 자유무역지역에서 사용 또는 소비하려는 내국물품 중 「자유무역지역법」 제45조 제1항 및 제2항(관세 등의 면제·환급 또는 부가가치세 영세율)의 적용을 받으려는 다음 각 목의 어느 하나에 해당하는 물품(「자유무역지역법」 제29조 제1항 제2호)
   ① 기계, 기구, 설비 및 장비와 그 부분품
   ② 원재료, 윤활유, 사무용 컴퓨터 및 건축자재
   ③ 그 밖에 사업목적의 달성에 필요하다고 인정하여 관세청장이 정하는 물품

3. 「수출용 원재료에 대한 관세 등 환급에 관한 특례법」 제4조 제3호에 따라 관세영역에서 자유무역지역 안으로 공급한 물품, 즉 관세환급대상 내국원재료

수출신고가 수리된 물품은 절대적 외국물품이나 수출지원 차원에서 보세운송이 생략됨은 물론(「관세법」 제213조) 보세구역에 반출입할 경우 화물관리시스템상 반출입신고도 생략된다.

즉, 보세구역 운영인은 수출하려는 물품이 반입된 경우에는 그 내역을 확인할 수 있는 서류(수출신고필증, 송품장, B/L 등)를 받아 자체 화물반출입대장(전산설비를 이용한 기록관리 포함)에 그 내역을 기록·관리하는 것으로 반출입신고를 갈음한다. 또 전산으로 수출신고수리내역을 확인한 경우에는 수출신고필증을 받지 아니할 수 있다.

여기서 주의할 점은 반송물품 또는 환적물품을 일반수출물품으로 착오하여 부두터미널에서 반입신고를 누락하는 사례가 빈번하게 발생한다는 점이다. 이를 위반하면 200만 원 이하의 과태료가 부과되니 주의를 요한다.

수출물품의 보세구역반입의무가 면제되나, 예외적으로 도난차량의 불법수출이 기승을 부린 데 따른 대책의 일환으로 2017년 4월부터 컨테이너에 적입되어 수출되는 중고자동차는 보세구역에 반입한 후 수출신고하도록 하고 있다.

보세구역 등 반입 후 수출신고(수출통관 사무처리에 관한 고시 제7조의3)

1. 밀수출 등 불법행위가 발생할 우려가 높거나 감시단속상 필요하다고 인정하여 대통령령으로 정하는 물품은 관세청장이 정하는 장소에 반입 후 수출의 신고를 하게 할 수 있다(「관세법」 제243조 제4항)에서 “관세청장이 정하는 장소”란 수출물품을 적재하는 공항만지역으로서 다음 각 호의 어느 하나를 말한다(이하 “보세구역 등”이라 한다).
   ① 법 제183조에 따른 보세창고
   ② 법 제197조에 따른 종합보세구역
   ③ 법 제166조에 따른 지정보세구역

④ 「자유무역지역의 지정 및 운영에 관한 법률」 제2조 제2호에 따른 자유무역지역 입주기업체 중 세관장으로부터 장치장소부호를 부여받은 곳

2. 「관세법」 제243조의 제4항에서 '대통령령으로 정하는 물품'이란 다음 각 호의 어느 하나에 해당하는 물품으로서 관세청장이 정하여 고시하는 물품을 말한다(「관세법 시행령」 제248조의2 제1항).
   ① 도난우려가 높은 물품 등 국민의 재산권 보호를 위하여 수출관리가 필요한 물품
   ② 고세율 원재료를 제조·가공하여 수출하는 물품 등 부정환급 우려가 높은 물품

   「관세법 시행령」 제248조의2 제1항에 따라 보세구역 등에 반입 후 수출신고하여야 하는 물품은 [별표 11]과 같다.

   [고시 별표 11]

연번	종 류	품목명	대상
1	중고자동차	87류 중 '중고차'	컨테이너에 적입하여 수출하는 중고자동차

3. 영 제248조의2 제3항에 따른 보세구역 등 반입 후 수출신고대상물품에 대한 반입절차 및 신고방법은 [별표] 수출신고서 작성요령에 따른다.
4. 제2항에 따른 물품을 수출신고하려는 자는 수출신고서에 보세구역 등의 반입정보(컨테이너번호, 장치장소, 반입번호 등)를 정확히 기재하여야 한다.
5. 보세구역 등 반입대상물품이 검사로 지정된 경우 수출검사 담당직원은 다른 물품에 우선하여 신속하게 검사하여야 한다.

반송물품을 보세구역에 반입하려는 보세구역 운영인은 세관장에게 반입신고를 하여야 한다. 이 경우 반입신고는 보세운송 도착보고로 갈음할 수 있다.

수출물품은 수출신고수리일로부터 30일 이내에 운송수단에 적재하도록 하고 있으며, 이 기간 동안 적재하지 못할 때에는 수출신고수리일로부터 1년의 범위 내에서 적재기간 연장이 가능하다. 적재기간 연장신청은 1개월 단위로 신청해도 되고 여러 번 신청해도 무방하나 총연장기간이 수출신고수리일로부터 1년이 경과할 수 없으며 1년이 초과되면 수출신고의 수리를 취소할 수 있다.

적재기간 내에 적재하지 못한 경우에는 과태료를 부과하며, 외국무역선(기)에 수출물품을 적재한 후 정해진 시간 내에 출항적하목록을 제출하면 UNIPASS에서 수출이행으로 자동 정리되게 된다.

수출신고수리물품(수출신고예정물품 포함)이 반출되면 관세청 화물관리시스템상 반출신고는 생략되는 대신 수출물품을 취급한 해당 보세구역에서 화물반출대장(전산설비를 이용한 기록관리 포함)에 기록·관리하는 것으로 갈음한다.

수출물품을 선박이나 항공기에 적재하고자 하는 경우에는 적하목록 제출의무자(선사 및 항공사, 대리점을 포함)는 적재신고를 하여야 한다.

적재신고는 물품이 선적지 공항만 내(부두밖 보세구역, 즉 ODCY 포함) 장치된 후 물품목록(출항적하목록)을 출항지 세관장에게 전자문서로 제출하여야 하며, 제출시기는 다음과 같다.

출항적하목록 제출시기

구분	원칙	실제 적용기준	비고
해상화물	• 원칙 : 적재 24시간 전 • 근거리지역 : 적재 전 (단, 출항 30분 전 최종 마감) • 선상수출신고 : 출항 익일 24시 • 벌크, 환적, 공 '컨' : 출항 전	• 원칙 : 적재 24시간 전 • 근거리지역 : 적재 전 (단, 출항 30분 전 최종 마감) • 선상수출신고 : 출항 익일 24시 • 벌크, 공 '컨' : 출항 전 • 환적 : 출항 익일 24시간	환적물품 : 추후 시행
항공화물	• 원칙 : 적재 전 (단, 출항 30분 전 최종 마감)	• 원칙 : 적재 전 (단, 출항 30분 전 최종 마감)	

※ 근거리 : 중국, 일본, 대만, 홍콩, 러시아 극동지역을 의미한다. 다만, 해상수출 적하목록 제출 시 적용되는 근거리지역은 4개 지역 외에도 필리핀, 베트남, 캄보디아, 태국, 인도네시아, 말레이시아, 싱가포르를 포함한다.

위 제출기간에도 불구하고 선박 또는 항공기의 안전운행, 적재계획 변경 등으로 물품을 예정대로 적재하지 못하거나 항만의 컨테이너터미널(부두 포함) 또는 공항의 화물터미널에서 B/L상의 중량·수량을 확정하는 경우에는 선박 또는 항공기의 출항 익일 세관 근무시간까지 1회에 한하여 물품목록의 일부를 삭제하거나 물품목록의 해당 항목을 정정할 수 있다.

공동배선의 경우에 운항선사 또는 항공사는 용선선사 또는 항공사가 전자문서로 작성하여 제공한 물품목록 자료를 취합하여 세관장에게 제출하여야 하며, 혼재화물의 경우에 운항선사 또는 항공사는 화물운송주선업자가 전자문서로 작성하여 제공한 혼재화물물품목록을 최종적으로 취합하여 세관장에게 제출하여야 한다. 또 환적화물에 대한 출항적하목록 제출시기는 환적화물에 대한 입출항절차 간소화로 우리나라의 환적화물 유치를 지원하는 측면에서 종전 규정(출항 익일 24시까지 제출)을 적용하고 있다.

적하목록 제출의무자 또는 작성책임자가 출항적하목록의 기재내용의 일부를 정정하고자 하는 때에는 적하목록 정정신청서를 출항지 세관장에게 전자문서로 제출하여야 한다. 다만, 세관장은 필요한 경우 그 정정사유를 증명할 수 있는 자료를 문서로 요구할 수 있다.

출항적하목록 정정신청은 당해 수출물품을 적재한 선박 또는 항공기가 출항한 날로부터 60일 이내에 하여야 하며, 적하목록상 물품과 실제 수출물품의 상이내역(정정사항)이 용적이나 중량(포장화물인 경우, 산물 제외)의 경우에는 정정신청을 생략하고 세관공무원이 직권으로 정정할 수 있다.

(6) 외국물품의 원상태 국외반출(반송신고)

외국물품을 자유무역지역에 반입하여 단순반송, 중계무역 및 통관보류되어 국외반출하고자 하는 경우에는 반송신고하여야 하며, 반송신고는 「관세법」과 「반송절차에 관한 고시」를 준용한다(수출관리부호 78, 79).

즉, 「관세법」 제241조에 따라 반송신고를 하려는 자는 다음 각 호의 서류를 첨부한 반송신고서(「수출통관 사무처리에 관한 고시」 별지 제1호 수출신고서 서식을 사용하되, 서식명은 반송신고서로 변경·사용한다)를 세관장에게 제출하여야 한다.

① 해당 물품의 선하증권(항공화물인 경우에는 항공화물상환증) 사본

② 수출송품장 및 포장명세서(필요한 경우에만 해당된다)

③ 대외무역법령 등 관련 법령에 따른 승인·추천·인증 등이 필요한 경우 관련 서류

반송신고서를 전송할 때에는 서류제출대상(수출신고부호 M)임을 표시하고 첨부서류는 스캔 등의 방법으로 전자 이미지화하여 제출할 수 있다. 반송신고는 해당 물품을 외국으로 반출하고자 하는 선박 또는 항공기 적재단위[선하증권(B/L) 또는 항공화물상환증(AWB)]별로 하여야 한다.

수출물품과 달리 반송물품을 보세구역으로 반입, 반출할 경우 반드시 화물반출입신고를 하여야 하며 이고할 경우에도 보세운송절차를 이행해야 하는데, 이는 반송물품이 통관보류, 단순반송 등 통관절차상 문제가 있는 경우가 많아 보다 엄격한 관리를 하는 것이다.

반송물품에 대한 보세운송신고는 보세운송업자의 명의로 하여야 한다. 반송물품의 보세운송은 이 고시에서 정하는 것을 제외하고는 「보세운송에 관한 고시」 제3장의 수입보세운송규정을 준용한다.

반송물품의 보세운송기간은 7일로 지정한다. 다만, 세관장은 부득이한 사유로 보세운송 신고인으로부터 '보세운송기간 연장승인신청'이 있는 경우에는 물품의 성질, 중량, 운송수단, 운송거리 등을 고려하여 보세운송기간의 연장을 승인할 수 있다.

반송화물 중 활어, 냉장 또는 냉동화물 등 특수한 경우에는 보세운송업자 중에서 이들 물품을 운송할 운송수단(수조차, 냉동차 등)을 소유한 업체가 없어 부득이하게 이런 경우는 사전에 세관장의 승인을 얻어 보세운송업체가 아닌 일반업체의 운송수단으로 보세운송할 수 있도록 하였다.

실무에서는 화주 또는 화물운송주선업자가 당해 물품이 반송물품이란 사실을 보세구역에 통보해 주지 않아 반출입신고 및 보세운송절차를 이행하지 않아 통고처분(보세운송절차 누락) 및 과태료(반출입신고 누락)가 부과되는 등 뜻하지 않는 피해를 당하기도 하는데 주의를 요한다.

반송신고가 수리된 물품은 수리일로부터 30일 이내에 운송수단에 적재하여야 하

며, 수출물품과 달리 적재기간은 연장되지 않으며, 적재기간 내 적재하지 않은 경우 세관장은 「관세법」 제263조의 규정에 따라 기간을 정하여 국외반출 또는 신고취하하도록 명령하여야 한다.

반송물품을 자유무역지역에서 반출하고자 하는 경우에는 「관세법」 제157조에 따른 반출신고를 하여야 하며, 적재를 위하여 반출하는 경우에는 반출자가 권한 있는 자인 지 확인한 후 반출하여야 한다.

반송물품을 선박이나 항공기에 적재하고자 하는 경우에도 수출물품과 같이 적하목록 제출의무자(선박회사 등)가 적재신고를 하여야 하며, 반송물품의 출항적하목록 제출기한과 오류사항 정정신청기한은 수출물품과 동일하다.

세관장은 반송물품에 대하여 검사, 심사 및 적재 확인결과 다음 각 호의 어느 하나에 해당될 때에는 「관세법」등 위반혐의에 대하여 조사하여야 한다.

① 수입금지물품이나 수입이 제한되는 물품을 수입하려다 수입이 불가능하여 반송되는 경우로서 수입하려고 하는 의사에 고의성이 있는 경우
② 반송신고에 있어 품명, 규격, 수량, 가격 등 주요 사항을 정당한 사유 없이 허위로 신고한 경우
③ 신고물품 이외의 물품을 반송하려고 하는 경우
④ 선박(항공기) 사정 등 정당한 사유 없이 적재되지 아니한 사실이 있는 경우
⑤ 그 밖에 세관장이 범칙혐의가 있다고 인정하는 경우

위 조사는 위반사항을 인지한 부서에서 수행하며, 조사결과 「관세법」 위반 등의 확증을 얻은 때에는 통고처분 등 필요한 처분을 하여야 하며, 위반사항이 중대할 경우에는 즉시 조사전담부서로 고발(송치)의뢰를 하여야 한다. 또 세관장은 물품의 수출입 및 반송과 관련하여 「관세법」 등 위반혐의로 통고처분 또는 고발의뢰한 경우 및 무혐의 등으로 조사가 해제된 경우에는 즉시 그 사실(수출・수입자, B/L번호, 품명, 수량, 규격, 가격 등을 기재함)을 당해 물품의 장치장소를 관할하는 세관장(반송신고수리 업무 담당과장)에게 통보하여야 한다.

(7) 외국물품의 환적반출

1) 환적의 정의

'환적'이라 함은 동일한 세관관할구역 안에서 입항하는 운송수단에서 출항하는 운송수단으로 물품을 옮겨 싣는 것을 의미하며, 자유무역지역에 반입되어 외국으로 반출되는 물품 중 수출·수입 또는 반송통관절차를 거치지 아니하는 환적물품에 대하여는 「환적화물 처리절차에 관한 특례고시」(이하 「환적특례고시」라 칭한다)의 규정을 준용한다.

2) 하선신고 및 반출입신고

환적화물의 일시양륙신고는 「보세화물 입출항 하선 하기 및 적재에 관한 고시」에 따른 하선(기)신고로 갈음한다. 이때 환적화물을 하역하여 장치할 수 있는 장소는 다음 각 호와 같으며, 반입자는 반입장소 및 반입사유 등을 세관장에게 신고하여야 한다.

① 「보세화물 입출항 하선 하기 및 적재에 관한 고시」에 따라 세관장이 하선(기)장소로 지정한 보세구역
② 통관역이나 통관장에서 차량에 하역하려는 자(「관세법」 제151조 제1항)는 해당 통관장 또는 통관역을 관할하는 세관장이 하역장소로 지정한 보세구역
③ 보세화물의 형상, 반입자의 신용도 등을 감안하여 세관장이 필요하다고 인정하는 경우에는 하선(기) 보세구역이 아닌 보세구역(「관세법」 제156조에 따라 보세구역외 장치허가를 받은 장소를 포함한다)

보세구역 운영인은 환적화물을 반출입할 때 반입예정정보 또는 반출승인정보와 물품의 상이 여부를 확인한 후 반입 즉시 또는 반출 전에 세관장에게 반출입신고를 하여야 한다. 이 경우 반출입신고는 House B/L 단위의 전자문서로 하여야 한다. 다만, 다음 각 호의 어느 하나에 해당하는 경우에는 그 구분에 따른다.

① 컨테이너보세창고에서 운송용기(컨테이너) 단위로 반출입되는 환적화물 : 운송용기(컨테이너) 단위
② 공항 내 화물터미널에서 Master B/L 단위로 반출입되는 환적화물 : Master B/L 단위

보세구역 운영인은 장치기간이 경과한 환적화물에 대해 「보세화물 장치기간 및 체화관리에 관한 고시」에서 정한 규정에 따라 통고하여야 한다.

자유무역지역의 경우 부두터미널과 같이 화물장치기간이 정해진 지역과 항만배후단지와 같이 정해지지 않은 지역으로 구분되는데, 화물장치기간이 3개월로 정해진 부두터미널 자유무역지역의 경우 장치기간 만료 1개월 전에 입주기업체 명의로 반출통고를 하여야 한다.

3) 환적신고

물품을 환적하려는 자가 다음 각 호의 어느 하나에 해당하는 경우에는 환적신고서(「환적특례고시」 별지 제1호 서식)를 선적예정지(제1호에 해당하는 경우에는 컨테이너 적출입작업 예정지를 말한다) 관할 세관장에게 전자문서로 제출하여야 한다. 이 경우 세관장은 화물관리 세관공무원으로 하여금 해당 물품에 대한 작업상태를 확인하게 할 수 있다.

① 컨테이너 적출입작업(환적화물에 수출물품 또는 다른 환적화물을 추가로 적입하는 것을 포함한다)을 하여 환적하는 경우 : 적출입작업 전까지
② 환적증명서를 발급받으려는 물품을 환적하는 경우 : 적재 전까지

환적화물의 컨테이너 적출입작업은 해당 CY의 CFS 또는 공항 내 보세구역에서 하여야 한다. 다만, 다음 각 호의 어느 하나에 해당하는 경우에는 그러하지 아니하다.

① 냉동화물 등 특수화물을 하선과 동시에 선측에서 컨테이너에 적입하는 작업
② 컨테이너에 내장된 냉동화물 등 특수화물을 선측에서 적출하여 동시에 선적

하는 것이 불가피한 경우

③ 위험물 등 특수화물로서 특수시설을 갖춘 장소에서만 적출입작업이 가능한 경우

④ 경유지 보세구역(경인ICD 및 김포공항 화물터미널의 경우에만 해당한다)에서 환적화물 컨테이너(항공기용 탑재용기를 포함한다)에 적출입작업을 하는 경우

⑤ 그 밖에 부두 내 CFS가 없는 경우 등 부득이한 사유로 CFS에서 작업이 곤란하다고 세관장이 인정하는 경우

※ 상기 ①~④에 규정한 이외의 장소(환적화물 취급장소) 지정에 대하여는 「환적화물 취급장치장소에 관한 부산세관 내규」를 제정하여 적용하고 있다.

「LCL환적화물 취급 장치장소에 관한 내규」 발췌(관리번호 3-01-1350, 2012.5.10.)

제1조(목적) 이 내규는 관세법 제140조 내지 제141조 규정에 의한 환적화물에 대한 세부사항을 규정한 「환적화물 처리절차에 관한 특례고시」(이하 "환적특례고시"라 한다)에서 세관장에게 위임한 업무를 처리함에 있어 부산세관의 특성에 따라 업무수행상 준수하여야 할 세부사항을 정함으로써 효율적인 환적화물관리와 더불어 환적화물의 물류신속을 도모함을 목적으로 한다.

제2조(용어의 정의) 이 내규에서 정하는 용어의 정의는 다음과 같다.

① "환적"이라 함은 부산항에서 입항하는 운송수단에서 부산항에서 출항하는 운송수단으로 물품을 옮겨 싣는 것을 말한다.

② "환적화물"이라 함은 환적될 물품으로서 적하목록상 수하인이 외국에 소재하는 자로 되어 있는 화물을 말한다.

③ "LCL환적화물"이라 함은 동일 컨테이너에 수입화물과 혼재되어 있는 환적화물을 말한다.

④ "환적화물취급장소"라 함은 환적특례고시 제6조 제2항 제3호에 따라 세관장이 보세화물의 형상, 반입자의 신용도 등을 감안하여 필요하다고 인정하는 경우 LCL환적화물의 적출입작업이 가능하도록 지정한 보세구역을 말한다.

⑤ "화물운송주선업자"라 함은 관세법 제222조 및 화물운송주선업자등록 및 관리에 관한 고시에 따라 세관화물정보시스템에 부호등록된 화물운송주선업자로

서 LCL환적화물의 Master B/L 수하인으로 지정되어 있는 자를 말한다.

⑥ "보세운송업자"라 함은 관세법 제222조 및 보세운송에 관한 고시 제2-1-1조의 규정에 따라 등록된 자로서 LCL환적화물을 환적화물취급장소로 보세운송하고, 환적화물취급장소에서 적출된 환적화물을 다시 컨테이너적입을 위하여 하선장소로 보세운송하는 자를 말한다.

⑦ "보세구역 운영인"이라 함은 환적화물취급장소 운영인으로서 LCL환적화물의 컨테이너적출작업을 수행하는 자를 말한다.

제3조(환적화물취급장소 승인신청) ① LCL환적화물을 환적화물취급장소에 장치하여 환적처리할 수 있는 자는 다음 서류를 첨부하여 LCL환적화물 취급장소 승인신청서(별지 제1호 서식)를 부산세관장에게 제출하여 승인을 받은 화물운송주선업자에 한한다.

1. 화물운송 및 보관(조작)계약서(화물운송주선업자와 보세운송업자 및 보세구역 운영인과의 계약서)
2. 사업자등록증
3. 서약서(별지 제2~4호 서식)

② LCL환적화물 취급장소 승인신청을 받은 세관장은 화물운송주선업자의 관세법위반 여부를 조회하여 다음 각 호의 어느 하나에 해당하는 자에 대하여는 승인을 불허한다.

1. 법 제175조에 해당하는 경우
2. 법 제175조 7호에 해당하지 않는 통고처분을 받은 자로서, 그 통고처분을 이행한 지 1년이 경과하지 아니한 경우(다만, 과실에 의한 통고처분의 경우에는 해당하지 아니함.)

③ LCL환적화물 취급장소 승인의 유효기간은 3년이며 갱신할 수 있다. 다만, 관계 당사자인 화물운송주선업자·보세운송업자·보세구역 운영인이 관련 법 규정에 따른 특허(등록)요건을 상실(취소)한 경우에는 LCL환적화물 취급장소 승인도 자동적으로 상실된다.

제4조(보세운송업자 및 보세구역 운영인) LCL환적화물을 보세운송하고 보관·작업할 수 있는 자는 화물운송주선업자가 LCL환적화물 취급장소 승인신청서에 기재된 자(화물보관 및 조작 계약자)에 한하되, 화물운송주선업자당 보세운송업자 및

보세구역 운영인은 각 5개 업체를 초과할 수 없다.

제5조(대상물품) 이 내규의 적용을 받는 물품은 부산세관장의 LCL환적화물취급장소 승인을 받은 화물운송주선업자가 유치한 LCL환적화물로서 부산세관 · 용당세관 · 양산세관 및 사상세관의 관할구역 내로 보세운송 · 장치 및 취급되는 것에 한한다.

제6조(보세운송신고) ① 보세운송업자가 LCL환적화물을 취급장소로 보세운송신고할 경우에는 LCL환적화물이 적재된 컨테이너화물 전부를 일괄하여 보세운송신고하여야 한다.

② LCL환적화물을 환적화물 취급장소로 보세운송신고를 받은 세관장은 해당 화물의 화물운송주선업자 · 보세운송업자 · 도착보세구역 운영인 등이 세관장으로부터 LCL환적화물 취급장소 승인받은 업체 및 보세구역 운영인인지의 여부를 우선 확인하여 승인하고, 세관장의 사전승인을 받은 업체 등이 아닌 경우 보세운송신고를 수리하지 아니한다.

③ 보세운송신고한 LCL환적화물의 화물운송주선업자 · 보세운송업자 · 도착보세구역 운영인이 세관장으로부터 사전승인받은 업체인 경우에도 보세운송신고한 물품의 성질 · 형상 등을 검토하여 유출의 우려가 있다고 판단되는 경우에는 보세운송신고를 수리하지 아니한다.

제7조(보세운송) 보세운송업자가 LCL환적화물을 보세운송할 경우에는 출발지 보세구역 운영인에게 보세운송신고필증을 제시하고 출발일시 및 봉인이상유무를 기록받고 서명을 받은 후 출발지 보세구역으로부터 도착지 보세구역으로 최단거리로 운송하여야 하며, 도착지 보세구역 운영인으로부터도 도착일시 및 봉인이상유무를 기록받고 서명을 받아야 한다.

제8조(환적화물 취급장소에서의 화물관리) ① 환적화물 취급장소 보세구역 운영인은 LCL환적화물 보세운송 도착 시 제반 화물관리규정에 의거하여 도착확인 · 반입보고 · 컨테이너작업보고 등을 수행한다.

② LCL환적화물이 컨테이너 선적을 위한 작업장소로 보세운송되는 경우, 출발지 보세구역 운영인은 물품에 대한 포장외관 형태와 출발일시를 보세운송신고필증

에 기록 서명하여야 한다.

③ 환적화물 적출입작업을 하고자 하는 보세구역 운영인이 LCL환적화물 취급장소승인을 받은 화물운송주선인과 동일인일 경우, 해당 보세구역 운영인은 환적특례고시 제8조에 의한 '컨테이너적출입작업신고서'를 취급장소 관할 세관장에게 반드시 제출하여야 한다.

제9조(화물운송주선업자의 화물관리 총괄) ① LCL환적화물의 취급장소 보세운송·컨테이너작업·보관·선적지보세운송·재적입작업 및 반출·처리실적보고 등 제반 진행사항에 대한 화물관리 총괄은 화물운송주선업자가 수행한다.

② 제1항의 진행사항 중 관련 규정위반이나 세관장의 명령 불이행 등 세관감시단속상 문제가 발생하거나 발생할 우려가 있다고 세관장이 판단하는 경우, 세관장은 LCL환적화물 취급장소 승인을 취소하거나 승인사항 중 보세운송업자와 보세구역 운영인의 전부 또는 일부를 제외할 수 있다.

■ 환적특례고시 별지 제1호 서식

환적신고서	처리기간
	1일

1. 신고인 신고자부호 ☐ 상호 ________ 주소 ________ 성명 ________	2. 신고번호	3. 신고일자
	4. 신고유형 (A. 적출입작업/ B. 환적증명)	5. 장치장소

A. 적출입작업인 경우

9. 적출내역	입항일	입항선(기)명	컨테이너 번호	화물관리 번호	B/L 번호	품명	수량/ 중량	선적지

10. 적입내역	환적 (예정)일	환적(예정) 선(기)명	컨테이너 번호	화물관리 번호	B/L 번호	품명	수량/ 중량	목적지

B. 비가공증명인 경우

화물관리 번호	컨테이너번호 (산물은 B/L번호)	품명	포장명세		중량 (Kg)	환적 (예정) 일	환적(예정) 선(기)명	목적국/ 목적항	환적 (예정)항
			개수	단위					

「관세법」 제141조와 「관세법 시행령」 제164조 및 「환적화물 처리절차에 관한 특례고시」 제6조에 따라 환적신고합니다.

20 년 월 일

신고인 (서명 또는 인)

○ ○ **세 관 장** 귀하

4) 환적화물 보세운송절차

환적화물을 보세운송하려는 자는 입항 선박 또는 항공기의 House B/L 단위로 세관장에게 보세운송신고를 하여야 한다. 다만, 다음 각 호의 어느 하나에 해당하는 경우에는 그러하지 아니하다.

① 선박을 통해 입항지에 반입된 화물을 공항으로 운송한 후 외국으로 반출하려는 환적화물(보세운송목적지가 공항항역 내 1개 이상인 경우를 포함한다)은 모선단위 1건으로 일괄하여 신고할 수 있다.

② 다음 각 목의 어느 하나에 해당하는 화물은 Master B/L 단위로 신고할 수 있다.

가. 단일화주의 FCL화물

나. 컨테이너에서 적출하지 아니하고 동일한 목적지로 보세운송하는 LCL화물

환적화물의 보세운송목적지는 물품을 적재하려는 공항 및 항만의 하선장소로 한정한다. 다만, 컨테이너 적출입작업 및 보수작업이 필요한 경우 등 세관장이 필요하다고 인정하는 경우에는 그러하지 아니하다.

보세운송물품이 컨테이너화물(LCL화물을 포함한다)인 경우에는 최초 도착지 보세구역 운영인(보세사를 포함한다. 이하 같다)의 확인을 받아 컨테이너를 개장하여야 한다.

세관장은 관할 내 보세구역 중 환적 물동량, 감시단속상 문제점 등을 종합적으로 검토하여 환적화물 보세운송 '특례보세구역'을 지정할 수 있다. 이들 특례보세구역 간 운송물품에 대하여는 보세구역 운영인의 반출입신고로 보세운송신고(승인)를 갈음하게 할 수 있는데, 현재 부산항 내 부두터미널은 대부분 특례보세구역으로 지정되어 있다. 예컨대, 부산 신항 1부두(PNIT)에서 2부두(PNC)로 환적화물을 이고할 경우 보세운송절차를 생략하는 대신 1부두는 반출신고, 2부두는 반입신고를 하면 된다.

예전에는 환적화물 유치를 지원하기 위하여 보세구역에서 반출하여 운송수단에 선(기)적할 경우 보세운송절차를 생략하고, 하역한 부두에서 환적되는 자부두T/S

의 경우 반출입신고를 생략하도록 하였으나, 9·11테러 이후 국제 간 화물보안 강화 차원에서 환적화물도 보세운송을 하도록 하였으며, 자부두T/S의 경우에도 화물반입 및 반출신고를 하도록 강화되었다.

화주 및 화물에 대한 권리를 가진 선사 또는 화물운송주선업자(이하 '화주 등'이라 한다)가 환적화물을 직접 운송하려는 경우에는 세관장에게 제세 등에 해당하는 담보를 제공하여야 하며, 운송하는 업체가 간이보세운송업체로 지정된 경우에는 담보제공을 생략할 수 있다. 이것은 간이보세운송업자로 지정될 때 이미 세관장에게 소정의 포괄담보금을 제공하기 때문이다.

5) 일관운송 환적화물 보세운송절차

'일관운송 환적화물'이란 두 종류 이상의 운송수단이 연계하여 운송하는 환적화물을 의미하며 구체적인 사례는 다음과 같다. 일관운송 환적화물은 적하목록에 보세운송인과 목적지를 기재하여 제출하는 것으로 반출입신고 및 보세운송신고(승인)를 갈음할 수 있다.

① 선박으로 반입한 화물을 공항으로 운송하여 반출하는 물품
② 항공기로 반입한 화물을 항만으로 운송하여 반출하는 물품
③ 선박 또는 항공기로 반입한 화물을 차량 또는 철도로 반출하는 물품
④ 차량 또는 철도로 반입한 화물을 항만 또는 공항으로 운송하여 선박 또는 항공기로 반출하는 물품
⑤ 항공기로 반입한 화물을 다른 공항으로 운송하여 반출하는 물품

일관운송 환적화물 보세운송하려는 화주 등은 최초 입항지 세관장에게 House B/L 단위로 운송업체(화주 등이 직접 운송하는 경우에는 해당 화주 등을 말한다)와 반출 예정지 보세구역을 적하목록에 기재하여 신고하여야 한다.

일관운송 환적화물을 운송하려는 경우 운송인은 적하목록 사본을 소지하고 보세구역 운영인 등에게 제시한 후 화물을 인계인수하여야 하며, 보세구역 운영인은 화물의 이상 여부를 확인한 후 세관장에게 반출입신고를 하여야 한다.

세관장은 제3항의 규정에도 불구하고 「일시수출입하는 차량통관에 관한 고시」 제10조에 따라 복합일관운송화물을 적재한 차량의 수입신고가 수리된 때에는 하선장소에 반입하지 아니하고 보세운송하게 할 수 있으며, 같은 고시 제16조에 따라 복합일관운송화물을 적재한 차량의 재수출신고가 수리된 때에는 복합일관운송화물을 선적지 보세구역에 반입하지 아니하고 출항하는 선박에 직접 적재하게 할 수 있다.

일관운송 환적화물의 운송기한은 하선신고일부터 7일로 한다.

일관운송 환적화물의 일관운송 신청인이 신청한 물품을 제5항에서 정한 기한 내에 운송하지 않는 경우에는 입항지 세관장에게 일관운송 환적화물 운송신고를 취하하여야 한다. 이 경우 하선 신고인이 해당 물품의 하선장소를 최초 입항지(입경지) 보세구역으로 변경하는 것으로 취하를 갈음할 수 있다.

6) 환적화물 보수작업절차

반입된 환적화물로서 다음 각 호의 어느 하나에 해당하는 사유가 발생한 경우에는 보수작업신청이 가능하다. 그러나 보수작업으로 인하여 「관세법」 별표 관세율표(HSK 10단위)의 변화를 가져오는 것은 보수작업범위를 초과함에 따라 수출(반송)과정에서 부패·변질의 우려가 있는 경우 등 세관장이 타당하다고 인정하는 경우를 제외하고는 보수작업으로 인정되지 아니한다.

① 보세구역에 장치된 물품이 운송 중에 파손 또는 변질되어 긴급하게 보수하여야 할 필요가 있는 경우

② 보세구역에 장치된 물품의 효율적인 운송 등을 위하여 개장, 분할구분, 합병, 원산지표시나 그 밖에 이와 유사한 작업을 하려는 경우

③ 종합보세구역에 장치된 석유제품의 품질보정작업(첨가제, 식별제 또는 착색제를 혼합하거나 그 석유제품과 동일한 유종의 석유제품을 혼합하는 방법으로 품질기준에 맞도록 보정하는 작업을 말한다)을 하려는 경우

종전 석유류 제품의 혼합 등 단순한 공정이 보수작업으로 인정되지 않아 관련

국제환적화물의 국내 유치에 애로가 있었는데 2013년 6월 10일 환적특례고시 개정 시 석유제품의 품질보정작업도 환적화물 보수작업의 범주에 포함되었다.

환적화물 보수작업을 하려는 자(보수작업 신청인)는 「환적특례고시」 별지 제2호 서식(액체 환적화물 제2-1호 서식)의 보수작업승인(신청)서를 세관장에게 제출하고 그 승인을 받아야 한다.

보수작업 신청인이 보수작업을 완료한 때에는 「환적특례고시」 별지 제3호 서식(액체 환적화물 제3-1호 서식)의 보수작업 완료보고서를 세관장에게 제출하고 그 확인을 받아야 한다.

7) 환적화물 비가공증명서 발급 등

환적화물을 외국으로 반출하기 위하여 출항지에서 적재하려는 선사 또는 항공사는 입항할 때 제출한 화물정보와 비교하여 컨테이너봉인번호 상이 등 이상이 있는 경우 '적재결과 이상보고서'를 선박 출항 전까지 세관장에게 제출하여야 한다. 다만, 선사와 계약을 체결하여 검수(검정)업자가 물품을 검수 또는 검정한 경우에는 검수(검정)업자가 세관장에게 이를 제출할 수 있다.

'환적화물 비가공증명서'란 주로 자유무역협정(FTA) 세율을 적용받기 위하여 발급 받는 서류이다. 즉, FTA 적용대상물품이 협정당사국이 아닌 제3국을 경유하였을 경우 해당 물품이 세관의 통제하에 보세구역에 일시장치되고, 하역·재선적 또는 그 밖의 정상상태를 유지하기 위하여 요구되는 작업 외의 추가적인 작업 없이 최종 목적지(국가)로 향하는 물품임을 증명하는 서류이며, 동북아 최대의 환적항인 부산항의 경쟁력 강화를 위하여 2007년에 도입한 제도로서 종전에는 '환적물품 원상태반출증명서'라고 불리었다.

환적화물을 원상태로 반출하였음을 증명받으려는 자는 보세구역 운영인 또는 자유무역지역 입주허가를 받은 자가 발행한 일시장치 확인서와 「환적특례고시」 별지 제5호 서식의 '비가공증명(신청)서'를 세관장에게 제출하여야 한다.

환적물품 비가공증명신청을 받은 세관장은 「관세법 시행규칙」 제76조에 따른 직접운송규칙을 준용하여 심사하여야 하며, 사실의 확인·조사 등이 필요한 때에는 관계 서류의 제출을 요구하거나 물품을 검사할 수 있다.

관세법 시행규칙

제76조(직접운송원칙) 법 제229조에 따라 원산지를 결정할 때 해당 물품이 원산지가 아닌 국가를 경유하지 아니하고 직접 우리나라에 운송·반입된 물품인 경우에만 그 원산지로 인정한다. 다만, 다음 각 호의 어느 하나에 해당하는 물품인 경우에는 우리나라에 직접 반입한 것으로 본다.

1. 다음 각 목의 요건을 모두 충족하는 물품일 것
   가. 지리적 또는 운송상의 이유로 단순 경유한 것
   나. 원산지가 아닌 국가에서 관세당국의 통제하에 보세구역에 장치된 것
   다. 원산지가 아닌 국가에서 하역, 재선적 또는 그 밖에 정상상태를 유지하기 위하여 요구되는 작업 외의 추가적인 작업을 하지 아니한 것
2. 박람회·전시회 및 그 밖에 이에 준하는 행사에 전시하기 위하여 원산지가 아닌 국가로 수출되어 해당 국가 관세당국의 통제하에 전시목적에 사용된 후 우리나라로 수출된 물품일 것

■ 환적특례고시 별지 제5호(A) 서식

<table>
<tr><td colspan="5">비가공증명신청서</td><td>처리기간
즉시</td></tr>
<tr><td colspan="6">1. 신청자(선박대리점 또는 포워더)</td></tr>
<tr><td colspan="2">상 호</td><td colspan="4"></td></tr>
<tr><td colspan="2">사업자등록번호</td><td colspan="2"></td><td>대표자</td><td></td></tr>
<tr><td colspan="2">주 소</td><td colspan="4"></td></tr>
<tr><td colspan="6">2. 입(출)항 및 하역 명세</td></tr>
<tr><td rowspan="3">물품 내역</td><td>물품명</td><td></td><td>세번(6단위)</td><td colspan="2"></td></tr>
<tr><td>모델/규격</td><td></td><td>원산지</td><td colspan="2"></td></tr>
<tr><td>수량</td><td></td><td>중량</td><td colspan="2"></td></tr>
<tr><td rowspan="2">입항 내역</td><td>입항일자/장소</td><td></td><td>하선(하기)일자</td><td colspan="2"></td></tr>
<tr><td>입항선박(항공기)/항차</td><td></td><td>입항B/L(AWB) No.</td><td colspan="2"></td></tr>
<tr><td rowspan="3">출항 내역</td><td>출항일자/장소</td><td></td><td>적재일자</td><td colspan="2"></td></tr>
<tr><td>출항선박(항공기)/항차</td><td></td><td>출항B/L(AWB) No.</td><td colspan="2"></td></tr>
<tr><td>목적지</td><td></td><td>컨테이너 No.</td><td colspan="2"></td></tr>
<tr><td colspan="6">3. 신청내역</td></tr>
<tr><td colspan="6">1. 상기 물품은 대한민국을 경유하면서 대한민국 세관의 통제하에 보세구역에 일시장치된 것으로서, 하역·재선적 또는 그 밖의 정상상태를 유지하기 위하여 요구되는 작업 외의 추가적인 작업 없이 최종 목적지(국가)로 향하는 물품이며, 동 신청서의 모든 정보는 진실되고 정확한 것임을 확인합니다.
2. 「환적화물 처리절차에 관한 특례고시」 제12조 제1항에 따라 비가공 증명을 신청합니다.

20 년 월 일

위 신청인 (서명 또는 인)</td></tr>
<tr><td colspan="6">「환적화물 처리절차에 관한 특례고시」 제12조 제1항에 따라 이를 증명함

20 년 월 일

○ ○ 세 관 장 직인</td></tr>
<tr><td colspan="5">첨부서류 : 1. 환적신고서(해당 물품에 한함) 1부
2. 입출항 선하증권(B/L) 또는 항공화물운송장(AWB) 사본 1부
3. 일시장치 확인서 1부</td><td>수수료
400원</td></tr>
</table>

■ Annexed Form No. 5(B)

Certificate of Non-Manipulation(Original/Duplicate)

Issue No. ________

1. Applicant(shipping agent or forwarder)			
Company Name			
Business License		Representative	
Address			

2. Arrival/departure and unloading details				
Item Details	Description		HS Code(6)	
	Model/Size		Country of Origin	
	Quantity		Weight	
Inbound Details	Date/Port of Arrival		Date of Unloading	
	Vessel(Flight)/Frequency		B/L(AWB) No.	
Outbound Details	Date/Port of Departure		Date of Loading	
	Vessel(Flight)/Frequency		B/L(AWB) No.	
	Destination		Container No.	

3. Application

1. I confirm that the cargo above is temporarily installed in our bonded area under the control of KCS(Korea Customs Service) preparing for their final destination(country) without any additional works excluding unloading, reloading and other demanded operations to sustain the stationary state, and all information stated in this application is true and accurate.
2. I apply for the certificate of non-manipulation under the provision of Paragraph 1 of Article 12 of 「The Special Directive on the Processing Procedure of Transshipment Cargo」.

20 . . .

Applicant (signature)

○○ Customs, Republic of Korea, certifies non-manipulation of the cargo above under the provision of Paragraph 1 of Article 12 of 「The Special Directive on the Processing Procedure of Transshipment Cargo」.

20 . . .

Director of ○○ Customs **(seal)**

(8) 외국무역선(기) 선(기)용품 공급

부두터미널 또는 공항터미널로 조성된 자유무역지역에 입항한 외국무역선 또는 외국무역기에 선(기)용품이나 선(기)내 판매용품(이하 '용품'이라 한다)을 공급하는 경우에는 「자유무역지역고시」 제11조에 따라 「선(기)용품 및 선(기)내 판매용품의 하역 등에 관한 고시」(이하 「선용품하역고시」라 한다) 중 적재절차를 준용한다. 용품의 적재는 외국용품, 내국용품, 환급대상용품 등 종류별로 적재신청서류가 다르다.

1) 외국용품의 적재

공급자 또는 판매자가 외국용품의 적재허가를 받고자 하는 때에는 당해 외국무역선(기)가 정박한 지역의 관할 세관장에게 '외국용품 적재허가서'(「선용품하역고시」 별지 제2호 서식)에 의한 신청서를 전자문서로 제출하여야 한다. 이 경우 당해 물품의 B/L, 송품장, 기타 과세가격결정자료 및 타 법령에 의한 구비요건 확인서류를 갖추어 보관하여야 하며, 세관공무원의 제출요구가 있을 때에는 즉시 이에 응하여야 한다.

선박회사(대리점 포함) 또는 항공사는 자기회사에 소속되어 있는 외국무역선(기)에 한하여 용품을 직접 적재 등을 하거나 보세운송할 수 있다. 다만, 필요한 경우 「선(기)용품 및 용역공급업 등의 등록에 관한 고시」에 따라 물품공급업으로 등록된 업체 중에서 대행업자를 지정하여 그 절차를 이행하게 할 수 있다.

2) 내국용품의 적재

공급자 또는 판매자가 내국용품의 적재허가를 받고자 하는 때에는 당해 외국무역선(기)가 정박한 지역의 관할 세관장에게 '내국용품 적재허가서'(「선용품하역고시」 별지 제7호 서식)에 따른 신청서를 제출하여야 한다. 다만, 주세 및 담배소비세가 면세되는 내국물품의 적재 등 허가신청은 전자문서로 하여야 한다.

3) 환급대상용품의 적재 등

공급자 또는 판매자가 「환급특례법」에 의한 관세환급을 받고자 하는 용품의 적재 등을 하고자 하는 경우에는 「환급특례법」을 따른다. 따라서 「환급사무처리고시」에 따라 '환급대상수출물품 반입확인서'를 발급받아야 한다.

4) 수출용 신조선박에 적재하는 선용품의 관리

내항선(기)에는 용품을 공급할 수 없으므로 수출용 신조선박의 경우 건조완료 후 수출신고수리(외국무역선자격 획득)한 이후에 용품을 적재하는 것이 원칙이다. 그러나 당해 신조선박의 건조·검사·점검·시운전 등의 목적, 또는 선박 건조 후 원활한 출항을 위하여 부득이하게 수출신고수리 전에 외국선용품을 공급할 필요가 있다.

보세공장 관할 세관장은 외국무역선으로 운항예정인 신조선박의 건조·검사·점검·시운전 등의 목적을 위하여 부득이하다고 인정되는 경우 당해 선박을 건조하는 보세공장을 장치장소로 하여 선용품관리시스템에 등록·관리할 수 있는데, 이 경우 「보세공장 운영에 관한 고시」 제12조 제3항 제4호(보세공장에서 건조·수리되는 선박에 대하여는 환급대상물품은 반입대상물품에서 제외한다는 규정)의 규정에도 불구하고 선용품을 보세공장에서 건조 중인 선박에 적재하여 장치할 수 있으며, 이 경우 세관장의 승인은 보세운송 승인의 방법에 의하며, 보세운송 신고인은 당해 선박의 출항예정시기, 선박 내 적재위치 및 적재사유서를 세관장에게 제출하여 승인을 받아야 한다.

공급자는 보세운송 승인받은 선용품이 도착지 보세공장에 도착한 때에는 보세공장 운영인의 확인을 받아 당해 선박에 적재한 후 당해 선박의 출항예정시기, 선박 내 적재위치 및 적재사유서를 첨부하여 도착지 관할 세관장에게 도착보고를 하여야 한다. 다만, 보세운송 출발지와 도착지의 관할 세관장이 동일한 경우에는 서류의 제출을 생략한다.

공급자는 당해 선박의 수출신고수리가 된 때에는 위의 방법으로 적재한 선용품에 대하여 출항 전까지 선용품하역고시에 따른 적재허가신청 및 적재완료보고를 하여야 한다.

세관장은 신조 선박에 적재된 선용품에 대하여 공급자가 적재 관련 사항을 이행하지 아니하여 선용품관리시스템상 재고의 부족이 발생한 때에는 공급자로부터 당해 선용품에 대한 관세를 즉시 징수한다.

세관장은 필요한 경우 용품 보세운송 도착보고를 받은 때와 적재완료보고를 받은 때에 당해 선용품의 적재 등 이행사실을 확인할 수 있다.

5) 용품의 보세운송

공급자 또는 판매자가 용품을 보세운송하고자 하는 때에는 용품보세운송신고서(「선용품하역고시」 별지 제5호 서식)를 전자문서로 발송지 세관장에게 제출하여야 한다.

공급자 또는 판매자는 제1항에 따라 보세운송신고한 물품을 도착지세관의 보세구역으로 운송하여야 하며, 이때 자사의 소유차량을 이용하여 운송할 수 있다. 다만, 긴급히 적재해야 할 필요가 있는 용품에 대하여는 당해 선박이나 항공기가 도착되어 있는 항만이나 공항으로 직접 보세운송할 수 있으며, 적재허가신청을 받은 도착지 세관장은 용품의 도착 여부 및 수량의 적정 여부 등을 엄격히 확인 후 적재허가하고, 적재확인을 철저히 하여 부정유출이 없도록 하여야 한다.

공급자 또는 판매자는 용품이 도착지에 도착한 후 적재허가를 신청하여야 하며, 보세운송 중 재해나 그 밖의 부득이한 사유로 멸실된 경우에는 즉시 멸실신고서를 도착지 세관장에게 제출하여야 한다.

보세운송기간은 신고수리(승인)일로부터 선용품 및 선내판매용품은 15일 이내, 기용품 및 기내판매용품은 7일 이내로 하며, 세관장은 그 사유가 타당하다고 인정될 때에 한하여 당초 보세운송기간의 범위 내에서 1회에 한하여 연장승인할 수 있다. 보세운송 신고인이 보세운송기간을 연장하거나 목적지를 변경하고자 하는 때에는 보세운송기간이 경과하기 전에 「선용품하역고시」 별지 제10호 서식에 의한 정정(취하)신청서를 발송지 세관장 또는 목적지 세관장에게 제출하여 승인을 받아야 한다.

선용품보세운송기간

구분	보세운송기간	연장기간(최대)	연장횟수	비고
선용품	15일	15일	1회	
기용품	7일	7일	1회	

보세운송 신고인은 물품이 도착한 때에는 보세구역 운영인의 입회하에 인수자에게 인계하여야 하며, 인수자는 물품을 인수하는 즉시 「선용품하역고시」 별지 제6호 서식에 따라 도착지 세관장에게 도착보고를 하여야 한다. 다만, 선박 또는 항공기로 직접 보세운송하는 경우에는 보세운송 신고인이 도착지 세관에 적재허가신청하면 도착보고한 것으로 갈음한다.

보세구역 운영인 및 인수업체는 도착된 물품이 신고내역과 상이한 경우 지체 없이 도착지 세관장에게 보고하여야 한다.

도착지 세관장은 선용품 보세운송 도착물품에 이상이 있음을 확인한 때에는 발송지 세관장에게 이상내역을 즉시 통보하고, 그 실태를 조사하여 통고처분 또는 고발의뢰 등 그에 따른 적절한 조치를 하여야 한다.

도착지 세관장은 선(기)용품관리시스템에 의하여 보세운송물품의 미착 현황을 조회하여 도착 여부를 확인하여야 하며, 물품이 보세운송기간 내 도착하지 아니하였을 경우 발송지 세관장에게 미착사실을 통보하고 그 사유를 규명하여야 한다.

용품의 보세운송과 관련하여 이 고시에서 특별히 정하지 않은 사항은 「보세운송에 관한 고시」를 따른다.

3 내국물품 반출입절차

3.1 내국물품 반입절차

(1) 업무절차 도해

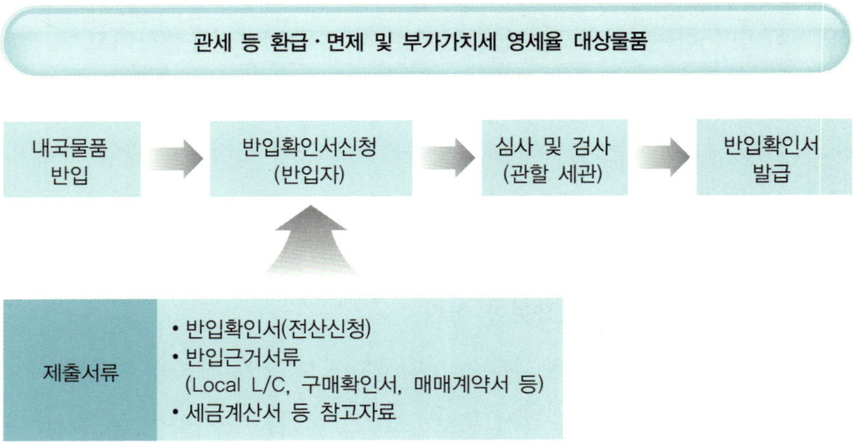

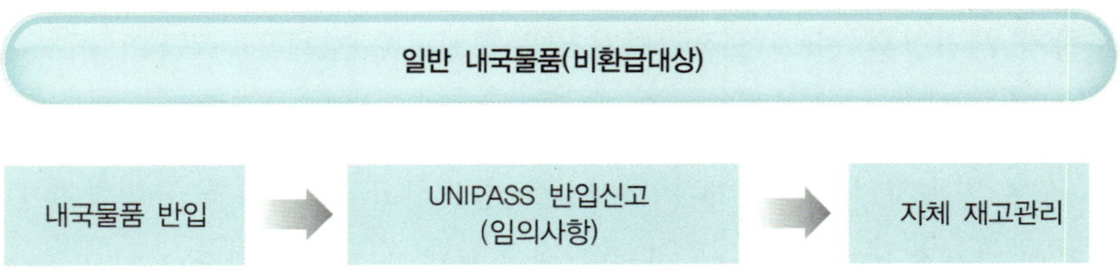

내국물품의 정의(자유무역지역법 제2조 제11호 및 관세법 제2조 제5호)

1. 우리나라에 있는 물품으로서 외국물품이 아닌 것
2. 우리나라 선박에 의하여 공해에서 채집하거나 포획한 수산물
3. 입항전수입신고가 수리된 물품
4. 수입신고수리전 반출승인을 받아 반출된 물품
5. 수입신고전 즉시반출신고를 하고 반출된 물품

(2) 내국물품 반입 일반원칙

특허보세창고에는 다른 물품의 장치에 방해받지 않는 범위 내에서 내국물품을 장치할 수 있으며 사전에 세관장에게 내국물품 반입신고를 하여야 한다. 반면, 자유무역지역은 기본적으로 내국물품 반입 시 반입신고 의무가 없다. 즉, 입주기업체가 반입되는 내국물품(외부에서 수입신고수리되어 자유무역지역에 반입되는 물품을 포함한다)에 대해 자체 재고관리시스템을 가동할 경우 반입신고 불이행에 따른 제재가 없다.

이는 자유무역지역의 화물이동과 국산 원재료 사용을 촉진하고, 효율적인 화물관리를 위하여 내국물품은 반입은 자유롭게 하는 대신 역내 가공품이 반출될 때 집중적으로 관리한다는 것이 기본원칙이다. 그러나 입주기업체가 자기필요에 따라 '내국물품 반입신고(확인)서'를 세관장에게 신청하는 경우가 있는데, 이것을 발급서류의 용도별로 구분하면 다음과 같다. 내국물품 반출입신고는 UNIPASS상에서 전산으로 신고하면 된다.

용도	물품 종류	사용 서식
① 관세환급	1. 기계・기구・설비 및 장비와 그 부분품 2. 원재료・윤활유・사무용 컴퓨터 및 건축자재 3. 그 밖에 사업목적의 달성에 필요하다고 인정하여 관세청장이 정하는 물품 (법 제29조 제1항 제2호 각 목)	환급대상수출물품 반입확인서 (「수출용 원재료에 대한 관세 등 환급사무처리에 관한 고시」 별지 제1호 서식)
② 부가가치세 영세율	1. 입주기업체가 관세 등 면제(환급) 또는 부가가치세 영세율을 적용받고자 하는 상기의 물품(기계・기구・설비 등) 2. 비거주자가 부가가치세 영세율을 적용받으려는 경우	자유무역지역 내국물품 반입신고서 (「자유무역지역고시」 별지 제3의2호 서식)
③ 반입근거 자료활용	반입신고를 하지 아니하고 반입한 내국물품에 대해 (사후에) 세관장에게 반입확인신청하는 모든 내국물품 ※ 자유무역지역에서 내국물품은 반입과 달리 반출의 경우 세관장의 엄격한 관리를 받는데, 내국물품 반출 시 반입근거자료로 활용하기 위하여 발급받는 서류	내국물품 반입확인(신청)서 (「자유무역지역고시」 별지 제4호 서식)

④ 내국물품 원재료 사용신청	내국물품 원재료 ※ 산업단지형 FTZ에서 제조한 물품을 수입통관할 경우 관세를 납부해야 하는데, 이때 사용된 내국원재료에 대한 과세표준 공제를 위하여 발급받는 서류	내국물품의 원재료 사용(승인)신청서 (「자유무역지역고시」 별지 제16호 서식)

(3) 자유무역지역과 특허보세창고의 내국물품 반입규정 비교

「관세법」 제183조에서 “보세창고에는 외국물품이나 통관을 하려는 물품을 장치한다”고 규정함으로써 특허보세창고는 원칙적으로 외국물품과 수출통관을 목적으로 한 내국물품만을 장치할 수 있다. 그러나 화물유치가 쉽지 않은 보세창고의 경우 부득이 영업부진을 타개하기 위하여 사전에 세관장에게 신고를 한 경우 “보세화물장치에 방해가 되지 않는 범위” 내에서 순수 내국물품의 장치를 허용하고 있다. 반면, 자유무역지역에서는 보세창고와 같은 내국물품 반입 전제조건이 없고 내국물품 반입신고의무도 없는 등 전반적으로 낮은 수준의 화물관리절차를 적용하고 있는데 그 내용을 요약하면 다음 표와 같다.

구분	특허보세창고	자유무역지역
반입 전제조건	외국물품장치에 방해받지 않는 범위 내에서 장치가능	반입전제규정은 없으나, 내국물품만을 전용으로 보관하는 것은 국제물류 유치를 목적으로 하는 자유무역지역 설립 취지에 위배
반입신고 의무	• 1년 이상 계속하여 내국물품만을 장치할 경우 세관장 승인사항 • 동일한 보세창고에서 수입신고수리된 물품을 6월 이상 계속하여 장치할 경우에도 세관장 승인사항	• 없음(임의신고) • 환급(면제, 영세율)대상 내국물품의 경우 세관장에게 반입확인을 받아야 함.
화물 장치기간	반입일 또는 수입신고수리일로부터 1년 ※ 장치기간이 지난 내국물품은 10일 내에 운영인의 책임으로 반출해야 함. 다만, 물류신속화 보세구역(주로 부두터미널)에서 수입통관되어 내국물품화된 물품은 수리일로부터 15일 내에 반출해야 하며, 위반 시 50만 원 이하의 과태료가 부과됨.	원칙적으로 없음. ※ 반입 내국물품에 대한 강제 반출의무가 없다. 다만, 물류신속화 자유무역지역(주로 부두터미널FTZ)에서 수입통관된 내국물품은 수리일로부터 15일 내에 반출해야 하며, 위반 시 50만 원 이하의 과태료가 부과됨.

(4) 관세면제(환급)대상이 되는 내국물품

전술한 바와 같이 자유무역지역에서 내국물품은 반입신고의 의무가 없으므로 설령 내국물품을 신고 없이 반입했다 하더라도 신고불이행에 따른 처벌과 제재가 없다. 그러나 자유무역지역에 내국물품을 반입하여 관세환급 등을 적용받으려는 자는 세관장에게 신고하고 확인을 받도록 하는 등 임의적 강제조항을 두어 효과적으로 내국물품을 관리하고 있다.

이에 따라 입주기업체가 자유무역지역 안에서 사용·소비하는 내국물품 중 관세 등의 면제 또는 환급, 부가가치세 영세율을 받고자 하는 물품으로서 다음 각 목의 1에 해당하는 물품은 세관장에게 반입신고하여야 한다.

① 기계·기구·설비 및 장비와 그 부분품

② 원재료·윤활유·사무용 컴퓨터 및 건축자재

③ 그 밖에 사업목적의 달성에 필요하다고 인정하여 관세청장이 정하는 물품

그러나 예정지역 또는 관리권자에 의한 통제시설 운영 공고되지 않아 「관세법」이 적용되는 자유무역지역의 경우에는 입주기업체가 건물 및 공장을 건축하기 위하여 외국에서 반입하는 건물 또는 공장의 건축에 직접 사용되는 건설자재와 건물 또는 공장의 설치·운영에 직접 사용되는 기계, 기자재, 시설품, 기구 및 장비 등 대통령령이 정하는 외국시설재(施設材)에 대하여는 관세 등을 면제하는 데 반해 내국시설재 등은 관세환급대상이 되지 않으며, 통제시설 운영개시 공고가 된 경우에는 입주기업체가 반입한 시설재 등에 대한 관세환급신청은 가능하겠지만 건설당시에 시설재의 대부분이 반입될 것이므로 공장(시설)의 추가 증설이 아닌 한 관세환급의 여지는 많지 않다.

또 제조·조립·가공 등 작업공정에 소요되는 원재료(물리적·화학적으로 결합되는 물품)와 가공공정에 투입되어 소모되는 물품 및 간접원재료 중 윤활유에 대하여는 관세환급이 가능한데, 이때 발급받는 서류가 「수출용원재료에 대한 관세 등 환급사무처리에 관한 고시」(이하 「환급사무처리고시」라 한다) 별지 제1호 서식

인 ‘환급대상수출물품 반입확인서’이다.

내국물품 반입 시 관세부과는 하지 않으므로 그 반대의 개념인 관세면제 또한 발생할 수 없으며, ‘환급대상수출물품 반입확인서’로도 부가가치세 영세율 적용이 가능하게 되므로, 결국 「자유무역지역고시」 ‘별지 제3의2호의 내국물품 반입신고서’는 비환급대상 원재료를 반입하여 부가가치세 영세율을 적용받기 위한 경우나 「부가가치세법」 제52조에 해당하는 비거주자가 부가가치세 영세율 적용을 목적으로 한 발급 외에는 발생하지 않는다. 관세환급대상 내국물품의 구체적인 반입절차는 ‘관세 등 면제·환급’ 부분에서 자세히 설명한다.

■ 자유무역지역고시 별지 제3의2호 서식

<table>
<tr><td>신고번호</td><td colspan="8" rowspan="2">자유무역지역 내국물품 반입신고서</td><td>처리기일</td></tr>
<tr><td></td><td>즉시</td></tr>
<tr><td rowspan="3">신고인</td><td>① 업체명</td><td colspan="3"></td><td colspan="2">② 사업자등록번호</td><td colspan="3"></td></tr>
<tr><td>③ 주소</td><td colspan="3"></td><td colspan="2">④ 업체관리부호</td><td colspan="3"></td></tr>
<tr><td>⑤ 성명</td><td colspan="3"></td><td colspan="2">⑥ 전화번호</td><td colspan="3"></td></tr>
<tr><td rowspan="2">공급자</td><td>⑦ 업체명</td><td colspan="3"></td><td colspan="2">⑧ 사업자등록번호</td><td colspan="3"></td></tr>
<tr><td>⑨ 성명</td><td colspan="3"></td><td colspan="2">⑩ 전화번호</td><td colspan="3"></td></tr>
<tr><td colspan="2">⑪ 반입일시</td><td colspan="3"></td><td colspan="2">⑫ 반입장소부호</td><td colspan="3"></td></tr>
<tr><td colspan="2">⑬ 반입사유</td><td colspan="8"></td></tr>
<tr><td colspan="10">반입물품내역</td></tr>
<tr><td rowspan="2">⑭
일련
번호</td><td rowspan="2">⑮
품명·규격</td><td rowspan="2">⑯
세번부호</td><td colspan="2">⑰ 포장명세</td><td rowspan="2">⑱ 수량(중량)
/단위</td><td rowspan="2">⑲ 단가</td><td rowspan="2">⑳ 금액</td><td rowspan="2" colspan="2">㉑ 비고</td></tr>
<tr><td>개수</td><td>단위</td></tr>
<tr><td></td><td></td><td></td><td></td><td></td><td></td><td></td><td></td><td colspan="2"></td></tr>
<tr><td colspan="5">「자유무역지역의 지정 및 운영에 관한 법률」 제29조 및 「자유무역지역의 반출입물품의 관리에 관한 고시」 제8조에 따라 위와 같이 내국물품을 자유무역지역에 반입하고자 신고합니다.

20 년 월 일

위 신고자 (서명 또는 인)

○ ○ 세 관 장 귀하</td><td colspan="5">「자유무역지역의 지정 및 운영에 관한 법률」 제29조 및 「자유무역지역의 반출입물품의 관리에 관한 고시」 제8조에 따라 위와 같이 자유무역지역 내국물품 반입신고를 수리합니다.

20 년 월 일

○ ○ 세 관 장 귀하 [직인]</td></tr>
<tr><td colspan="9" rowspan="2">첨부서류 :</td><td>수수료</td></tr>
<tr><td>없음</td></tr>
</table>

■ 자유무역지역고시 별지 제4호 서식

신청번호	내국물품 반입확인(신청)서	처리기일
		즉시

신청인	① 업체명		② 업체관리부호	
	③ 주소		④ 전화번호	
	⑤ 성명		⑥ 사업자등록번호	

반입물품내역

⑦ No.	⑧ 품명	⑨ 규격	⑩ 수량/중량	⑪ 단위	⑫ 금액	⑬ 비고

⑭ 반입장소		⑮ 반입일자	
⑯ 반입사유		⑰ 반출예정일	

「자유무역지역의 지정 및 운영에 관한 법률」 제29조 및 「자유무역지역의 반출입물품의 관리에 관한 고시」 제9조에 따라 위와 같이 내국물품의 반입확인을 신청합니다.

20 년 월 일

위 신청인 (서명 또는 인)

○○ **세 관 장** 귀하

「자유무역지역의 지정 및 운영에 관한 법률」 제29조 및 「자유무역지역의 반출입물품의 관리에 관한 고시」 제9조에 따라 위와 같이 내국물품의 반입을 확인합니다.

20 년 월 일

○○ **세 관 장** 귀하 직인

첨부서류 :	수수료
	없음

3.2 내국물품 반출절차

(1) 업무절차 도해

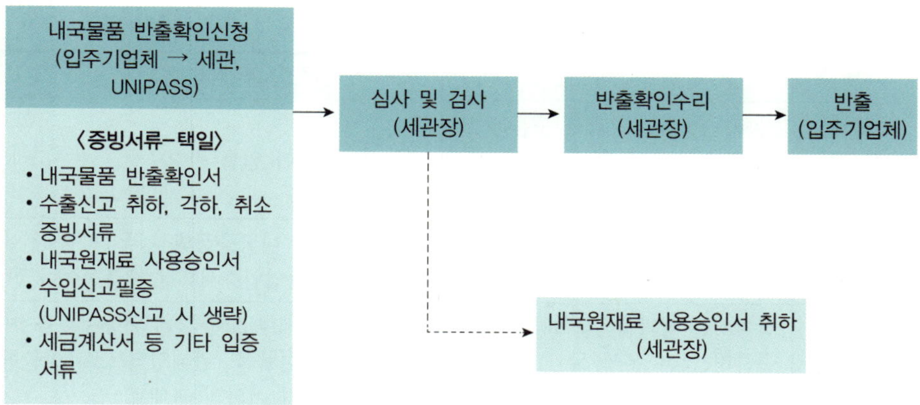

(2) 내국물품 반출 일반원칙

자유무역지역에 내국물품을 반입할 경우 반입신고의무가 없는 등 간소한 절차를 적용하는 것과는 반대로 내국물품 반출의 경우에는 사전에 세관장에게 반출신고해야 하는 등 비교적 엄격하게 관리하고 있다.

자유무역지역이 지리적으로는 국내에 위치하나 관세영역과 구분하여 세제 및 제도상의 차별적인 혜택을 부여함으로써 외국인투자 및 국제물류 유치를 유도하고 있다. 실제로 자유무역지역제도의 전신인 수출자유지역 설립 초기인 1970년대에는 우리나라의 풍부한 노동력과 상대적으로 값싼 임금수준으로 제조형 입주기업체에 의한 제조활동이 일반화되었다. 이 과정에서 내국물품이 원재료로 반입되어 제조공정에 투입되는 경우가 많고 이들 물품은 주로 관세환급대상인 경우가 많아 세관의 엄격한 관리가 불가피하다고 하겠다.

그러나 관세환급 또는 부가가치세 영세율대상이 아닌 순수 내국물품의 경우에는 관리의 실익이 크지 않은 면이 있고, 마트물품의 물류창고와 같이 매일 수천, 수만

개의 내국물품이 반출입될 경우 그에 따른 관리비용이 과다하게 발생되는 부작용이 있다.

(3) 특허보세창고와 자유무역지역의 내국물품 반출규정 비교

구분	특허보세창고	자유무역지역
장치기간 경과물품 반출의무	장치기간(1년) 경과한 물품은 10일 내에 운영인 책임하에 반출하여야 함.	화물장치기간이 없음(원칙).
반출확인 의무	반출신고의무 없으며, 자체 재고관리시스템에서 관리하면 됨.	반출확인대상 내국물품의 경우 반출 전에 세관장에게 반입입증서류를 제출하여야 함.
반출확인의 무처벌사항	장치기간 경과물품을 10일 내 반출하지 않은 운영자는 100만 원 이하의 과태료	입증서류 미제출 또는 허위입증서류를 제출하여 내국물품을 관세영역으로 반출한 자는 200만 원 이하의 과태료

(4) 내국물품 반출신고절차

외국물품 등[1])이 아닌 내국물품을 자유무역지역에서 관세영역으로 반출하려는 자는 '내국물품 반입증명서류'(내국물품 확인서, 세금계산서 등)를 세관장에게 제출하여야 한다. 구체적으로 내국물품 반입증명서류는 다음과 같은 것이 있다.

① 반입 시 내국물품 확인받은 물품 : 내국물품 반입확인서
② 수출신고 취하(각하·취소)된 물품 : 취하승인서 등 증빙서류
③ 내국물품 원재료 사용승인받은 물품 : 내국물품 원재료 사용승인서
④ 기타 내국물품 : 세금계산서 등 내국물품으로 반입된 사실을 입증할 수 있는 서류

그러나 내국물품 반출입이 빈번하게 발생하는 업체(예 집배송 또는 유통업체 물

1) 자유무역지역에 반입한 외국물품, 환급대상수출물품 반입확인서 발급물품, 부가가치세 영세율을 적용받기 위하여 세관장에게 반입신고한 내국물품을 의미한다.

류창고 ; 실제로 2008~2013년도 부산 신항 배후단지의 D사의 경우 국내 H유통회사의 물품을 취급함으로써 내국물품 반출입 건수가 월 5~10만 건에 이름)에 대하여도 건건이 내국물품 반입사실 입증서류를 제출하는 것은 엄청난 부담이 되며, 제출 실익도 크지 않다.

이처럼 집배송 및 물류유통을 전문으로 하는 입주기업체가 관세청장이 정하는 '내국물품 반출목록신고서'(「자유무역지역고시」 별지 제17호 서식)를 전자문서로 세관장에게 제출하는 경우에는 '내국물품 반입증명서류'의 제출을 생략할 수 있다. 다만, 이때도 세관장이 내국물품 반입증명서류의 제출을 요구하는 경우에는 이에 따라야 한다.

또한 내국물품을 반출하고자 하는 자가 내국물품 반출목록신고서를 전자문서로 제출하기 곤란한 경우에는 서류로 제출할 수 있으며, 세관공무원은 반출하는 내국물품에 대하여 검사 또는 확인을 할 수 있다.

입주기업체가 세관장에게 반입증명서류 대신 내국물품 반출목록신고서를 제출한 경우에는 목록 제출일로부터 2년 동안 내국물품 반입증명서류를 보관하여야 한다. 내국물품 반출입신고는 관세청 UNIPASS에서 전산으로 간편하게 반출입신고할 수 있다.

■ 자유무역지역고시 별지 제17호 서식

<table>
<tr><td>신청번호</td><td colspan="6" rowspan="2">내국물품 반출목록신고서</td><td>처리기일</td></tr>
<tr><td></td><td>즉시</td></tr>
<tr><td rowspan="3">신청인</td><td>① 업체명</td><td colspan="2"></td><td colspan="2">② 업체관리부호</td><td colspan="2"></td></tr>
<tr><td>③ 주소</td><td colspan="2"></td><td colspan="2">④ 전화번호</td><td colspan="2"></td></tr>
<tr><td>⑤ 성명</td><td colspan="2"></td><td colspan="2">⑥ 사업자등록번호</td><td colspan="2"></td></tr>
<tr><td colspan="8">반출물품내역</td></tr>
<tr><td>⑦ No.</td><td>⑧ 품명</td><td>⑨ 규격</td><td>⑩ 수량/중량</td><td>⑪ 단위</td><td>⑫ 금액</td><td colspan="2">⑬ 비고</td></tr>
<tr><td></td><td></td><td></td><td></td><td></td><td></td><td colspan="2"></td></tr>
<tr><td colspan="2">⑭ 반출장소</td><td colspan="2"></td><td colspan="2">⑮ 반출예정일</td><td colspan="2"></td></tr>
<tr><td colspan="2">⑯ 반출사유</td><td colspan="6"></td></tr>
<tr><td colspan="4">「자유무역지역의 지정 및 운영에 관한 법률」 제31조의 제2항 규정 및 「자유무역지역 반출입물품에 관한 고시」 제13조에 의하여 위와 같이 내국물품의 반출목록을 신고합니다.

20 년 월 일

위 신청인 (서명 또는 인)

○○ 세 관 장 귀하</td><td colspan="4">「자유무역지역의 지정 및 운영에 관한 법률」 제31조의 제2항 규정 및 「자유무역지역 반출입물품에 관한 고시」 제13조에 의하여 위와 같이 내국물품의 반출목록을 확인합니다.

20 년 월 일

○○ 세 관 장 귀하 [직인]</td></tr>
<tr><td colspan="7" rowspan="2">첨부서류 :</td><td>수수료</td></tr>
<tr><td>없음</td></tr>
</table>

(5) 반출확인의 생략 등

자유무역지역에서 반출되는 내국물품 중 다음 물품은 반출확인을 생략한다. 즉, 다음 물품은 반출신고를 하지 않더라도 과태료 등의 처분이 면제된다.

① 출입차량

② 출입자의 휴대품

③ 기계·기구·설비·장비·원재료 등(법 제29조 제2항 제2호 각 목)에 해당하지 아니하는 물품으로서 자유무역지역 안에서 사용 또는 소비하기 위하여 반입된 사무용 소모품, 음식료품, 담배, 유류(전기·가스 포함) 및 후생복리용 소모품으로서 관세영역으로부터 반입되었음이 확인되는 물품

④ 세관장이 타당하다고 인정하는 직업상 필요한 용구로서 출입자가 휴대하여 반입하는 물품

⑤ 출입자가 상시 휴대하여 사용하는 개인용 물품으로서 기호품, 신변장식용품, 취미용품 기타 세관장이 타당하다고 인정하는 물품

「자유무역지역법」 제52조에 정하는 바에 따라 관리권자가 발급하는 자유무역지역 출입증을 소지하거나 통행증을 부착한 차량이나 출입자의 휴대품 및 상기 생략 대상물품에 대하여는 세관장이 필요하다고 인정하는 경우 내국물품확인을 생략할 수 있다.

반입신고를 하지 아니하였거나 반입신고한 내국물품의 전부 또는 일부를 품질불량 등의 사유로 대체하고자 하는 자는 동종·동질인 대체품을 자유무역지역으로 반입신고 없이 반입한 후 세관장으로부터 내국물품확인서를 발급받아 대체대상물품을 관세영역으로 반출할 수 있다.

3.3 내국물품 반출입 UNIPASS 화면

1) 전자신고 > 화물 > 자유무역지역(서식 검색)

① 반입(1) : 자유무역지역 내국물품 반입확인(신청)서

② 반입정정(2) : 자유무역지역 내국물품 반입확인서 정정신청서

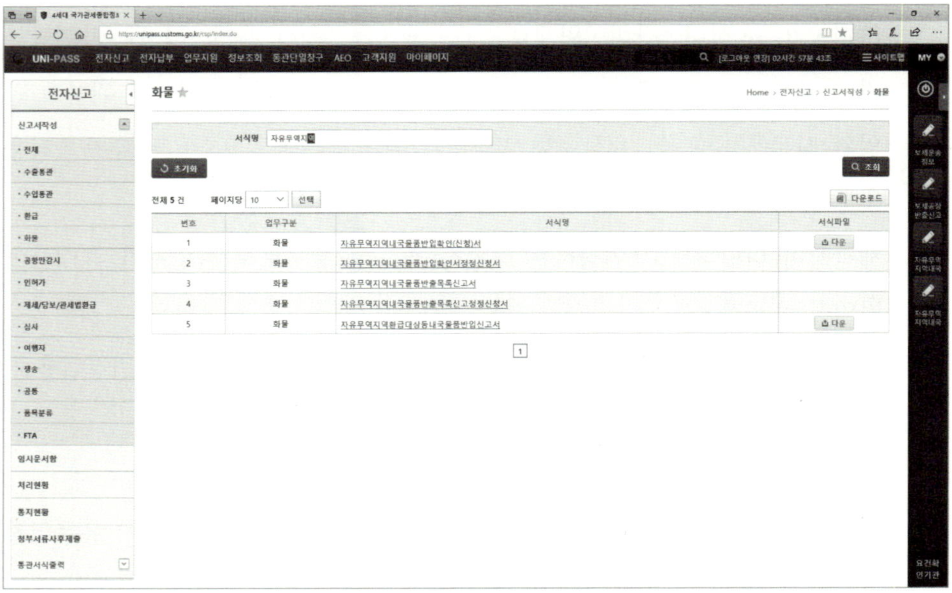

③ 반출(3) : 자유무역지역 내국물품 반출목록신고서

④ 반출정정(4) : 자유무역지역 내국물품 반출목록신고 정정신청서

⑤ 환급대상 내국물품 반입(5) : 자유무역지역 환급대상 등 내국물품 반입신고서

2) 입력 시 유의사항

① 신청가능한 업체 유형은 자유무역지역 입주기업체이다.

② 입력박스의 * 표시 항목 : 필수 입력항목

③ PC저장 버튼을 클릭하여 신청서내역을 사용자 로컬PC에 XML파일로 임시 저장할 수 있다.

④ 문서함저장 버튼을 클릭하여 신청서내역을 관세청 서버에 XML파일로 임시 저장할 수 있다.

⑤ PC저장내역 버튼을 클릭하여 사용자 로컬 PC에 저장된 신청내역 XML파일을 로딩하여 화면에 불러올 수 있다.

⑥ 문서함내역 버튼을 클릭하여 관세청 서버에 임시 저장된 신청내역 XML파일을 로딩하여 화면에 불러올 수 있다.

⑦ 기존 민원내역 버튼을 클릭하여 로그인한 아이디로 신청한 내역들을 화면에 불러올 수 있다.

4 반입물품 사용소비신고

4.1 업무절차 도해

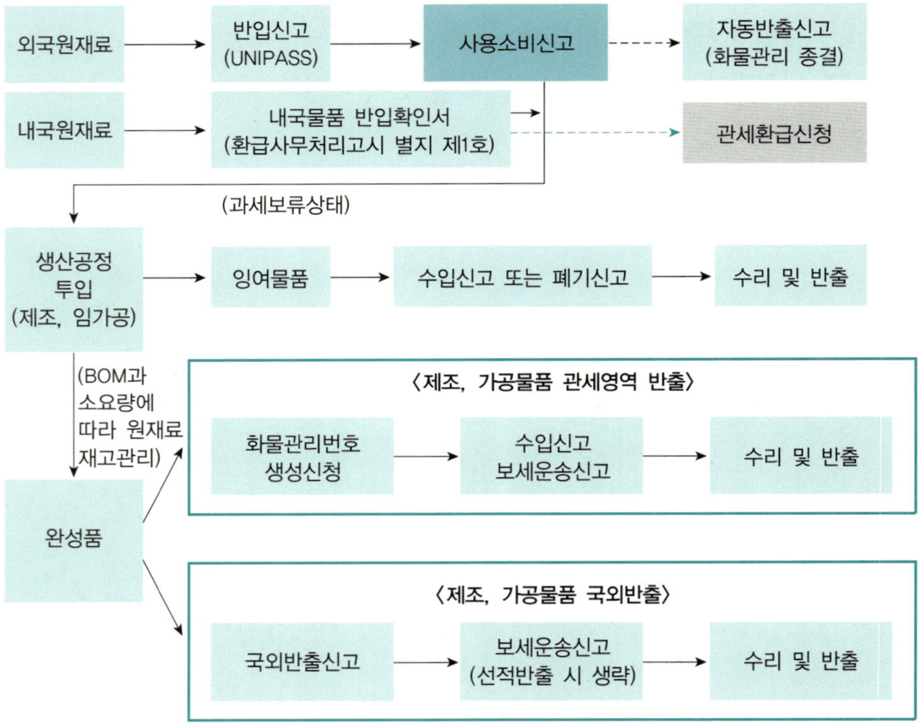

4.2 사용소비신고의 개요

(1) 사용소비신고의 의의

자유무역지역 사용소비신고란 입주기업체가 외국물품을 고유한 목적 또는 용도에 사용 또는 소비하기 위하여 「관세법 시행령」 제246조 제2항에 따른 수입신고서 서식으로 반입신고하는 것을 말한다.

외국원재료를 반입하여 과세보류상태에서 제조·가공·조립·보수 등 사업행위를 할 수 있도록 세관장에게 신청하는 절차를 의미하며, 사용소비신고가 수리되면 관세청 화물관리시스템에서 반입화물이 자동반출로 처리(재고=0)됨과 동시에 화물관리가 종결된다.

현행 관세청 UNIPASS 화물관리시스템에서는 반입화물의 포장개수와 총중량을 기준으로 재고관리가 되고 있다.

신고하는 포장 개수는 내포장이 아닌 외포장 개수인데 현재 적용되는 포장 종류 부호는 BA(Barrel, 통) 등 34종이 있다. 반입물품의 포장이 일정하지 않지만 개수를 헤아릴 수 있는 물품이면 'GT'로 기재하면 되고 포장 개수가 없는 Bulk화물의 경우는 부호를 '0VT'로, HANGER CONTAINER처럼 포장되지 않고 수량 단위로 운송되는 물품은 수량으로 기재하면 된다. 이처럼 물품에 대한 포장상태는 천차만별인데 실제로 입주기업체에서 제조 또는 임가공 공정에 투입하여 사용·소비할 경우 포장 개수와 총중량은 특별한 의미가 없다.

결국 입주기업체에서의 물품 재고관리는 소요량계산서에 의한 개별 원재료 단위(개 또는 kg)로 관리하게 되므로 사용소비신고 이후 개별 원재료의 Piece(낱개)별 재고관리가 필수적이라 하겠다.

사용소비신고한 물품이 신고수리와 동시에 UNIPASS 화물관리시스템에서 화물관리가 종결된다고 하여 보세화물의 지위가 사라지는 것은 아니므로 물품재고관리가 계속적으로 이루어져야 한다. 즉, 자유무역지역 입주기업체에 대해 사용소비신고 절차를 적용하는 대전제가 전산관리에 기초한 '자체 재고관리시스템'이고, 이것이 완비되지 아니한 입주기업체에 대해서는 사용소비신고 자체가 허용되지 않는다.

다시 말해 자유무역지역 입주기업체는 사용소비신고수리된 원재료를 과세보류상태에서 소요량계산서 및 BOM(Bill of Material, 부품구성표)에 따라 자체로 재고관리를 하여야 하며, 완성품을 국외로 반출(수출)할 경우에는 국외반출신고를, 관세영역(국내)에 반입할 경우에는 일반적인 보세화물의 수입과 같이 세관장에게 수입신고를 하고 관세 등 제세를 납부해야 함은 물론 특별법에 따른 검사·추천 등 수입요건을 충족하여야 한다.

또 사용소비신고수리된 원재료와 내국원재료의 혼용으로 생산된 물품을 관세영역으로 반출(수입)할 경우 사용된 내국원재료는 외국으로부터 우리나라에 도착된 외국물품으로 보아 관세 등을 부과하며, 사전에 세관장에게 '내국물품 원재료 사용승인'을 받은 경우에는 당해 내국물품의 수량 또는 가격을 제조·가공·조립·보수한 물품의 과세표준에서 이를 공제한다.

한편, 2018년 11월 14일자 「자유무역지역고시」 개정에 따라 일자리 및 부가가치 창출을 위한 자유무역지역 내 '전자상거래 국제물류센터[2)]'제도가 처음 도입되었다. 이에 따라 소량 다품종 물품이 빈번하게 반출입되는 전자상거래 물류센터의 효율적인 재고관리를 위해 개별 품목단위 반출입신고제도가 신설되었고, 전자상거래 국제물류센터의 국외반출신고 및 물품반출에 대한 절차가 새로 마련되었다. 또한 복합물류업체의 신속한 작업 지원을 위해 '도착 전 사용소비신고'제도가 함께 도입됨에 따라 B/L 반입신고와 사용소비신고를 분리·운영하는 근거를 마련하였다.

(2) 유사 제도와의 비교

1) 사용신고와 사용소비신고

사용신고란 보세공장에서 제품생산에 소요되는 원재료에 대하여 과세보류상태에서 제조공정에 사용할 수 있도록 한 절차로서 자유무역지역 사용소비신고와 매우 유사한 제도이다.

실제로 사용신고가 「관세법」에 근거한 제도라는 점과 보세공장에서 적용되는 절차란 점을 제외하고는 거의 같으며 내국원재료를 사용할 경우 과세표준에서 공제되는 점도 동일하다. 다만, 제품생산을 위주로 하는 보세공장과는 달리 국제물류의 원활한 이동을 주요 기능으로 하는 자유무역지역의 특성상 엄밀히 말해 제조활동으로 볼 수 없는 포장선별 및 분할, 재포장, 수선·수리 등 보수작업은 물론 단순히

---

2) **전자상거래 국제물류센터** : 세관장으로부터 입주기업체 관리부호를 부여받아 국경 간 전자상거래 물류를 유치하여 해외 고객주문에 맞춰 품목별 분류·보관·재포장 및 국제배송기능을 수행하는 물류센터를 말한다.

물품을 반입하여 B/L을 반복적으로 분할·합병하는 경우에도 사용소비신고의 대상으로 인정하는 등 그 작업 인정범위는 사용신고보다 훨씬 확장된다.

뿐만 아니라 신고물품의 범위 면에서도 큰 차이를 보이고 있다. 보세공장 사용신고의 경우 제조물품에 물리·화학적으로 결합되는 원재료와 해당 공정에 투입되어 소모되는 물품(직접소모품) 및 수리·조립·검사·포장작업에 직접적으로 투입되는 물품(포장재 등)에 한정되며, 기계·기구 등의 작동·유지를 위한 연료유, 윤활유와 제품의 생산·수리·조립·검사·포장 등의 공정에 간접적으로 투입되어 소모되는 물품(간접소모품)은 제외된다. 반면, 사용소비신고의 경우 사용신고대상물품에서 제외되는 기계·기구·설비·장비와 그 부분품은 물론 윤활유·사무용 컴퓨터 및 건축자재까지 포함하는 등 사용신고와 비교가 안 될 정도로 확대 적용하고 있다.

2) 보수작업과 사용소비신고

보수작업이란 보세구역에 장치된 물품에 대해 그 현상을 유지하기 위한 작업 또는 그 성질을 변하지 아니하게 하는 범위에서 포장을 바꾸거나 구분·분할·합병을 하거나 그 밖의 비슷한 작업을 의미한다.

「관세법」상 보세구역에서의 보수작업은 세관장의 승인을 받아야 할 사항이나, 자유무역지역에서는 세관장의 승인 없이 입주기업체가 자율적으로 보수작업을 할 수 있다. 이는 자유무역지역에서는 가급적 국가기관의 간섭을 배제시킴으로써 국제물류의 원활한 이동을 도모하기 위한 목적으로, 이 경우에도 화물관리 측면의 반출입신고와 화물재고관리의 의무는 계속 부담하게 된다.

이처럼 입주기업체에 부담을 덜어주기 위한 일련의 절차생략이 경우에 따라서는 입주기업체에 더 큰 불편을 초래하는 수가 있다. 예컨대, 포장상태와 수량이 각기 다르게 반입된 외국물품이 분류 및 재포장작업을 거쳐 국외반출할 경우 반입·반출 시의 포장단위가 상이하여 화물의 재고관리가 매우 복잡하게 된다.

이 같은 불편을 없애기 위해 자유무역지역에서는 보수작업의 범위에 있거나 단순하게 B/L의 합병과 분할만이 있는 경우에도 사용소비신고대상으로 포함시켜 국제물류활동을 지원하고 있다.

3) 수입신고와 사용소비신고

현행 UNIPASS상에는 자유무역지역 사용소비신고서를 접수하여 처리하는 시스템이 별도로 구축되어 있지 않고 수입통관시스템에서 함께 처리되고 있다는 것으로 볼 때 같은 신고절차로 봐도 무방하다.

그러나 양자는 엄연히 다른 개념으로서, '수입신고'는 외국에서 도착된 화물을 내국물품화하기 위하여 「관세법」과 기타 특별법에서 정한 수입요건을 이행하고 관세와 내국세를 납부(부과)하고자 수입자(납세의무자)가 세관장에게 신고하는 일련의 절차를 의미한다. 이에 반해 '사용소비신고'는 자유무역지역 입주기업체가 과세보류상태에서 제조·가공·조립·보수 등 사업행위를 할 수 있도록 반입원재료에 대한 사용을 세관장에게 신청하는 절차를 의미한다.

따라서 수입신고물품과 달리 사용소비신고물품은 최종 소비자에게 바로 공급되어 사용되는 물품이 아니라, 자유무역지역 입주기업체에서 최종 제품을 만드는 원재료로 사용되는 관계로 관세 등 제세가 보류되는 것을 제외하고도 「관세법」 또는 각종 개별법상 의무가 생략 또는 간소화되는 경우가 많다.

즉, 사용소비신고물품은 일반수입신고물품과 달리 「관세법」 및 대외무역법상 원산지표시의무가 면제되며, 마약·총기·부패한 식품 등 해당 통합공고에서 따로 정하는 수입제한 품목에 해당하는 물품이 아닌 한 수입추천이나 확인(신고)의무가 생략된다.

다만, 사용소비신고수리된 원재료를 사용하여 제조·가공 등의 공정을 거쳐 생산된 물품을 관세영역으로 반출(국내수입)하고자 할 경우에는, 그때 세관장에게 수입신고를 하고 원산지표시의무는 물론 통합공고상 각종의 수입요건을 이행하여야 하며, 동 물품에 대한 가격신고를 하고 관세 등 제세를 납부하여야 한다.

(3) 사용소비신고 대상기업

사용소비신고절차를 이용할 수 있는 업체는 관리권자와 입주계약을 한 자유무역지역 입주기업체에 한한다. 따라서 입주기업체가 아닌 자(입주기업체 외의 자)는 사용소비신고절차를 이용할 수 없으며, 이러한 업체가 반입한 원재료는 수입신고를 하고 관세 등을 납부한 후에 사용 또는 소비하여야 한다.

① 수출제조업

② 일반제조업 또는 지식서비스산업 업종으로서 외국인투자기업

③ 지식서비스산업 업종의 국내기업

※ 위 ①~③업체의 구체적인 기준은 이 책 제2장 '1.7 입주자격' 참조

④ 수출입거래를 주목적으로 하는 도매업종의 사업을 하려는 자로서 수출입거래 비중 등이 대통령령으로 정하는 기준을 충족하는 자

수출입거래비중 등 기준(「자유무역지역법 시행령」 제7조 제4항)

입주계약 신청일(입주기업체의 경우에는 영업일 현재)부터 과거 3년의 기간 중 총 매출액 대비 수출입거래비중이 다음 어느 하나에 해당하고, 이 기준 이상인 기간이 연속하여 1년 이상인 자

1. 중소, 중견기업 아닌 기업(대기업) → 100분의 50
2. 「중소기업기본법」 제2조에 따른 중소기업 → 100분의 30
3. 「중견기업 성장촉진 및 경쟁력 강화에 관한 특별법」 제2조 제1호에 따른 중견기업 → 100분의 40

⑤ 물품의 하역·운송·보관·전시업 또는 그 밖에 대통령령으로 정하는 사업을 하려는 자

기타 대통령령으로 정하는 사업(「자유무역지역법 시행령」 제7조 제5항)

1. 국제운송주선 · 국제선박거래, 포장 · 보수 · 가공 또는 조립하는 사업 등 복합물류 관련 사업
2. 선박 또는 항공기(선박 또는 항공기의 운영에 필요한 장비를 포함한다)의 수리 · 정비 및 조립업 등 국제물류 관련 사업
3. 연료, 식수, 선식(船食) 및 기내식(機內食) 등 선박 또는 항공기 용품의 공급업
4. 물류시설 관련 개발업 및 임대업

※ 위 ④~⑤에 해당하는 업체는 자체 재고관리시스템에 의한 수량단위 화물관리가 가능하다고 세관장이 인정한 입주기업체

(4) 사용소비신고 대상물품

자유무역지역 사용소비신고대상물품은 상기 입주기업체가 반입하는 아래 물품에 한한다. 따라서 이들 물품을 제외한 기타 물품은 세관장에게 수입신고하고 해당물품에 대한 관세 등 제세의 납부는 물론 일반수입물품과 동일하게 각종 특별법상의 신고 · 확인 · 추천 등 수입요건을 이행하여야 한다.

① 기계 · 기구 · 설비 및 장비와 그 부분품
② 원재료 · 윤활유 · 사무용 컴퓨터 및 건축자재
③ 그 밖에 사업목적의 달성에 필요하다고 인정하여 관세청장이 정하는 물품

또 전술한 바와 같이 사용소비신고대상물품은 사용신고대상물품에 비하면 그 범위가 비교가 되지 않을 정도로 확대 · 적용되고 있는데, 구체적으로 어떤 차이가 있는지 다음 표와 비교해 보기 바란다.

보세공장원재료의 범위

「관세법 시행령」 제199조(보세공장원재료의 범위 등)

① 「관세법」 제185조에 따라 보세공장에서 보세작업을 하기 위하여 반입되는 원료 또는 재료(이하 "보세공장원재료"라 한다)는 다음 각 호의 어느 하나에 해당하는 것을 말한다. 다만, 기계·기구 등의 작동 및 유지를 위한 연료, 윤활유 등 제품의 생산·수리·조립·검사·포장 및 이와 유사한 작업에 간접적으로 투입되어 소모되는 물품은 제외한다.

1. 당해 보세공장에서 생산하는 제품에 물리적 또는 화학적으로 결합되는 물품
2. 해당 보세공장에서 생산하는 제품을 제조·가공하거나 이와 비슷한 공정에 투입되어 소모되는 물품
3. 해당 보세공장에서 수리·조립·검사·포장 및 이와 유사한 작업에 직접적으로 투입되는 물품

② 보세공장원재료는 당해 보세공장에서 생산하는 제품에 소요되는 수량(이하 "원자재소요량"이라 한다)을 객관적으로 계산할 수 있는 물품이어야 한다.

③ 세관장은 물품의 성질, 보세작업의 종류 등을 고려하여 감시상 필요하다고 인정되는 때에는 보세공장의 운영인으로 하여금 보세작업으로 생산된 제품에 소요된 원자재소요량을 계산한 서류를 제출하게 할 수 있다.

④ 제3항의 규정에 따라 제출하는 서류의 작성 및 그에 필요한 사항은 관세청장이 정한다.

「보세공장 운영에 관한 고시」 제12조(반입대상물품)

① 보세공장에서 보세작업을 하기 위하여 반입되는 원료 또는 재료(이하 "보세공장원재료"라 한다)는 영 제199조 제1항 및 제2항에 해당하는 물품으로서 세관장에게 설치·운영 특허받은 품목의 제조·가공 등에 소요되는 것으로 한정한다.

② 수입통관 후 해당 보세공장에서 사용할 기계, 기구, 부분품, 소모품, 견품, 내국작업 원재료 및 해당 보세공장 부설 연구소에서 사용될 시설기자재·원재료 등은 보세공장에 반입할 수 있다. 이 경우 반입된 물품은 반입일부터 30일 이내에 법 제241조 제1항에 따른 수입 또는 반송신고를 하여야 한다.

③ 다음 각 호의 어느 하나에 해당하는 물품은 보세공장제도의 원활한 운영을 위하여 보세공장에 반입할 수 있다.

1. 보세공장에서 제조되어 반출된 제품의 하자보수용 물품

2. 보세공장에서 제조·가공하여 반출한 후 하자발생, 불량, 구매자의 인수거절 등으로 인하여 반송된 물품
3. 해당 보세공장의 생산품목과 동일품목을 보세작업 또는 보수작업을 거쳐 재수출하거나 다른 보세공장에 원재료로 공급할 물품
4. 해당 보세공장에서 건조·수리되는 선박(항공기)에 적재하고자 하는 선(기)용품(환급대상물품은 제외)
5. 해당 보세공장에서 외국으로 원재료 등을 반출하여 제조·가공한 후 국내 보세공장에서 마무리작업, 성능검사, 조립, 재포장, 상표(LABEL)부착의 작업을 하거나 해당 보세공장에 반입 후 양수도 또는 통관절차를 수행하고자 하는 완성품
6. 해당 보세공장에서 생산하는 제품의 연구개발을 위하여 해당 보세공장의 시설을 이용하여 연구·시험용 제품의 제조·가공에 사용하는 원재료
7. 보세공장 반입물품 또는 보세공장에서 제조·가공한 물품과 세트를 구성하거나 함께 거래되는 물품
8. 보세공장 반입물품 또는 보세공장에서 제조·가공한 물품에 전용되는 포장·운반용품
9. 해당 보세공장의 특허받은 품목의 제조·가공에 소요되는 물품과 동일한 물품으로 위탁가공계약에 의해 보세작업을 위하여 반입되는 타인소유물품

④ 세관장은 운영인이 제3항 각 호의 물품을 반입신고하는 때에는 자료를 제출받아 심사하거나 검사할 수 있다.

4.3 사용소비신고절차 해설

(1) 외국물품의 사용소비신고

외국물품을 사용 또는 소비할 목적으로 반입하고자 하는 자는 수입통관시스템에 정한 전자문서로 세관장에게 반입신고(이하 '사용소비신고'라 한다)를 하여야 한다(자유무역지역고시 제7조 제2호).

이처럼 자유무역지역고시를 보면, 사용소비신고 물품의 경우 '반입신고=사용소

비신고', 즉 두 절차를 동일한 것으로 규정하고 있어 일견 한 가지 절차만 이행하면 끝나는 것으로 생각할 수 있다. 그러나 아래 UNIPASS 화면에서 보는 바와 같이 '반입신고'를 처리할 '화물Table'과 '사용소비신고'를 처리할 '수입통관Table'이 별도로 있어 전산상 두 절차를 동시에 처리할 수가 없게 된다.

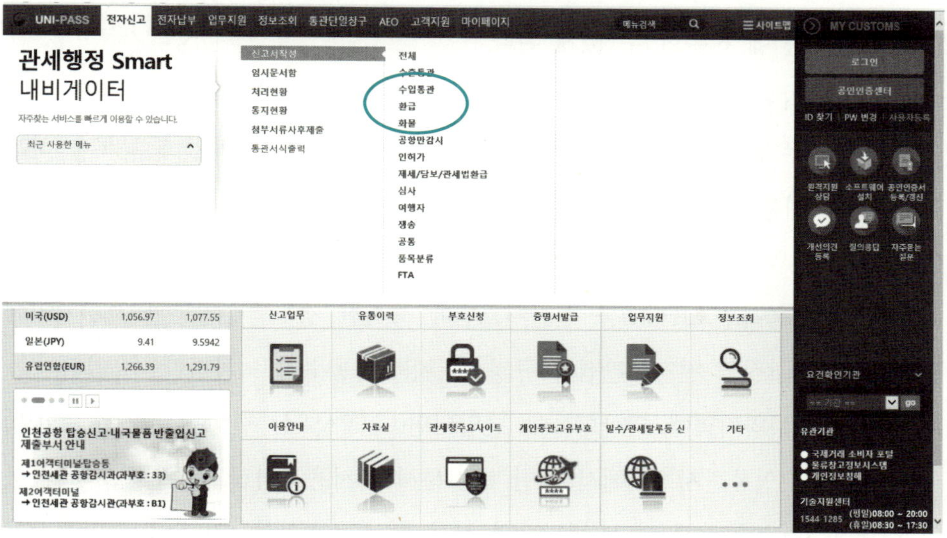

전체 18 건 페이지당 10 선택 새로고침

No	처리단계 / 처리일시	장치장/장치위치 / 장치장명	포장개수 / 중량	반출입(처리)일시 / 반출입(처리)내용	신고번호 / 반출입근거번호
18	반출신고	03078005	2 GT	2018-01-09 16:42:42	0307800518A0000034
	2018-01-09 16:42:42	비아이디씨(주)	144.45 KG	수입신고 수리후 반출	3339118010101F
17	자유무역지역 사용소비신고 수리	03078005	2 GT		3339118010101F
	2018-01-09 16:42:40	비아이디씨(주)	144.45 KG		
16	수입(사용소비) 심사진행		2 GT		3339118010101F
	2018-01-09 16:28:54		144.45 KG		
15	자유무역지역 사용소비신고 접수	03078005	2 GT		3339118010101F
	2018-01-09 16:28:46	비아이디씨(주)	144.45 KG		비아이디씨(주)
14	반입신고	03078005	2 GT	2018-01-08 11:31:01	03078005180000064
	2018-01-08 11:31:43	비아이디씨(주)	144.45 KG	보세운송 반입	03310150067018300053
13	반출신고	03311471	2 GT	2018-01-06 10:10:39	03311471180000363
	2018-01-06 10:11:16	(주)보성 보세창고	144.45 KG	보세운송 반출	03310150067018300053
12	보세운송 신고 수리	03311471	2 GT	(도)03078005비아이디씨(	03310150067018300053
	2018-01-06 09:47:46	(주)보성 보세창고	144.45 KG		(주)로지스퀘어
11	보세운송 신고 접수	03311471	2 GT		03310150067018300053
	2018-01-06 09:13:57	(주)보성 보세창고	144.45 KG		
10	반입신고	03311471/C-E-4(구관	2 GT	2018-01-05 17:14:16	03311471180000213
	2018-01-05 17:44:38	(주)보성 보세창고	144.45 KG	보세운송 반입	03082035087018000045
	[부가사항] (주)보성 보세창고의 장치기간은 최대 6 개월 입니다.				
9	반출신고	03077026	2 GT	2018-01-05 14:28:37	03077026180003873A
	2018-01-05 14:30:51	(주)비엔씨티(CY)	144.45 KG	보세운송 반출	03082035087018000045

1 2

따라서 실무에서는 원재료 등 물품이 자유무역지역에 반입(하선장소반입 또는 보세운송반입)되면 관세청 화물관리시스템에 전자문서로 반입신고를 한 후에 수입통관시스템에서 사용소비신고절차를 이행하게 된다.

복합물류업체인 자유무역지역 입주기업체가 '도착 전 사용소비신고'절차를 이용할 경우 해당 원재료의 통관 소요시간이 단축되어 신속하게 물류작업(선별, 분류, 재포장작업 등)에 착수할 수 있게 된다.

세관장은 입주기업체가 도착 전 사용신고한 물품 중 검사생략으로 선별된 물품으로서 자유무역지역(입주기업체 장치장소) 도착 전에 심사 및 결재 등록을 하는 경우에는 보세운송 도착보고된 때에 전산에 의하여 신고수리를 할 수 있으며, 수출입 안전관리 우수업체(AEO)로 공인받은 입주기업체가 해당 장치장소에서 사용하는 원재료의 품목번호(HSK)를 전산시스템에 등록한 경우 「수입통관 사무처리에 관한 고시」 제8절의 전자통관심사 규정을 준용, 자동수리로 처리할 수 있다.

한편, 자유무역지역에 외국화물이 반입되면(UNIPASS상 반입신고가 종료되면) 세관장에게 수입통관시스템에서 정한 전자문서로 사용소비신고(수입신고서와 동일한 양식 사용)를 하게 되고, 세관장의 심사 후 사용소비신고가 수리되면 동시에 화물이 자동반출되어 화물관리가 종결된다.

사용소비신고수리 후에는 입주기업체 자체 기준에 따라 전산으로 재고관리를 하여야 하며 향후 세관장의 정기 또는 수시재고조사 시 재고목록, 재품생산내역 및 소요량계산서, BOM 등 관련 자료의 제출을 요구하면 이에 응하여야 한다.

(2) B/L 분할 또는 합병물품에 대한 사용소비신고

앞에서 설명한 사용소비신고대상업체(일명 복합물류업체)로서 자체 재고관리시스템에 의한 수량단위 화물관리가 가능하다고 세관장이 인정한 입주기업체가 반입하여 B/L 분할 또는 합병하는 물품의 경우에는, 엄밀히 말해 제조·가공에 해당되지는 않지만 국제물류의 원활한 이동을 보장하고 이런 국제화물들을 자유무역지역으로 유치하기 위해 사용소비신고의 대상으로 인정하고 있다.

현행 관세청 화물관리시스템에서는 외국에서 입항한 화물을 House B/L 단위로 재고관리를 하게 되고, 관리하는 화물의 단위도 내용물에 대한 단위개수 또는 단위중량이 아닌 반입 시의 포장개수와 총중량이어서 진정한 의미의 재고관리라고 하기에는 한계가 있다.

더구나 물품반입 후 B/L 분할 및 합병이 반복적으로 일어나는 경우 그때그때 분할・합병절차를 거치도록 하면 매우 번거로울 뿐만 아니라 경우에 따라서는 제품의 가격 분할 자체가 불가능한 경우도 있다.

이처럼 입주기업체가 반입한 외국물품에 대하여 분할・합병작업만을 수행하는 경우에도 국제물류의 원활한 이동과 업계의 부가가치 창출 지원을 위하여 사용・소비신고의 범위를 확장시킨 것이다.

반복적으로 B/L 분할・합병의 경우를 사용소비신고대상으로 인정하게 된 것은 공항 배후단지의 기내식 화물에서 기인된 것인데, 2008년 당시 조선업 활황에 따라 조선소 내 자재창고의 생산시설 전환의 필요성과 부산진해자유무역지역(부산 신항) 활성화 차원에서 부산세관에서는 자유무역지역으로 반입하여 B/L 분할・합병이 일어나는 조선기자재에 대해서도 사용소비신고 대상물품으로 인정하는 제도개선안을 만들어 2009년부터 시행하게 되었다.

더 나아가 자유무역지역에서 사용소비신고된 조선기자재가 보세공장으로 보세운송될 경우에는 별도의 보세운송절차 없이 화물반출・반입신고만 하면 보세운송에 갈음하도록 하는 '특례보세운송절차'를 적용하였을 뿐만 아니라, 보세공장반입 후에도 '화물반입신고'만 하면 '보세공장 사용신고'를 생략할 수 있도록 함으로써 별도의 사용신고 없이 바로 생산공정에 투입되도록 파격적으로 절차를 간소화하여 조선업을 지원하고 있다.

자유무역지역과 보세공장 간의 특례절차와 관련한 관세청 고시규정을 아래에 게재하였으니 참고하기 바란다.

사용소비신고물품의 물류특례규정

「보세공장 운영에 관한 고시」 제18조(사용신고 및 검사)

① 운영인은 보세공장에 반입된 물품에 대하여 그 사용 전에 다음 각 호의 서류를 첨부하여 세관장(제7조 및 제24조 제5항의 경우 해당 물품이 장치된 보세구역을 관할하는 세관장을 말한다)에게 사용신고를 하여야 한다. 다만, "환급대상물품반입확인서" 발급대상물품은 제13조 제3항 각 호의 어느 하나에 해당하는 방법을, 다른 보세공장으로부터 반입된 물품(보세공장에서 화물관리번호 부여 후 다른 보세구역을 경유하여 반입되는 물품을 포함한다)과 자유무역지역으로부터 반입된 물품은 반입신고를 사용신고에 갈음할 수 있으며, 내국물품은 사용신고를 생략한다.

1. 사용신고서(수입신고서 양식 사용)
2. 수입승인서 또는 이를 갈음하는 서류(필요한 경우에 한정함)
3. 송품장
4. 선하증권(B/L)·항공화물운송장(AWB) 사본
5. 법 제226조에 따른 세관장 확인서류(제2항에 따라 필요한 경우)
6. 그 밖에 세관장이 필요하다고 인정하는 서류(포장명세서, 보수작업신청서, 내·외국물품혼용작업신청서, 위탁가공계약서 등)

「보세공장 운영에 관한 고시」 제30조(보세공장 보세운송의 특례)

① 세관장은 다음 각 호의 어느 하나에 해당하는 물품에 대하여 보세운송신고수리를 전산에서 처리하게 할 수 있다.

1. 동일 법인 보세공장(자유무역지역 입주기업체를 포함한다) 간 반출입물품
2. 원재료 등 상호 반출입이 빈번한 보세공장(자유무역지역 입주기업체를 포함한다) 간 반출입물품
3. 제35조의2에 따른 FTA형 특별보세공장 반출입물품

② 제1항에 따른 물품반출입절차를 이용하려는 운영인은 보세공장 관할지 세관장에게 별지 서식 제22호 보세공장 보세운송특례적용신청(승인)서를 제출하여 세관장의 승인을 받아야 한다.

③ 제2항에 따른 보세공장 보세운송특례적용신청(승인)서를 접수한 세관장은 해당 보세공장 및 자유무역지역을 관할하는 세관장과 협의하여 다음 각 호의 사항을 충족하고 보세화물관리에 지장이 없다고 인정하는 경우에는 이를 일괄하여 승인하고

전산시스템에 반출입 보세공장의 보세구역부호 및 자유무역지역 입주기업체부호를 등록하여야 한다.

1. 제1항 제1호의 물품
   가. 보세공장 및 자유무역지역 입주기업체의 물품관리체계상 반출입물품관리에 지장이 없는 경우
   나. 「관세 등에 대한 담보제공과 정산제도 운영에 관한 고시」에 따라 담보제공 생략대상자(담보제공특례자) 또는 신용담보업체(포괄담보제공자)에 해당하는 경우
   다. 자유무역지역 입주기업체의 경우 제조업종의 사업 또는 복합물류 관련 사업(포장·보수·가공 또는 조립 등의 기능을 수행하는 경우)을 하는 경우
2. 제1항 제2호의 물품
   가. 해당 업체 중 어느 하나라도 수출입 안전관리 우수업체 또는 법규수행능력 우수업체인 경우
   나. 최근 3개월의 해당 업체 간 반출입 횟수가 월평균 20회 이상인 경우. 다만, 해당 보세공장(자유무역지역 입주기업체 포함)이 모두 수출입 안전관리 우수업체인 경우 반출입 횟수와 상관없이 특례를 적용할 수 있다.
   다. 자유무역지역 입주기업체의 경우 제조업종의 사업 또는 복합물류 관련 사업(포장·보수·가공 또는 조립 등의 기능을 수행하는 경우)을 하는 경우
3. 제1항 제3호의 물품
   가. FTA형 특별보세공장으로 특허받은 경우
   나. FTA형 특별보세공장의 상대 보세공장이 수출입 안전관리 우수업체 또는 법규수행능력 우수업체에 해당하는 경우

④ 제3항에 따라 승인받은 운영인은 보세운송물품의 내용과 반출입물품의 내용을 보세사로 하여금 확인하도록 하여야 한다.

■ 보세공장 운영에 관한 고시 별지 제22호 서식

<table>
<tr><td>담당부서</td><td>세관 과</td><td rowspan="4">보세공장 보세운송특례
적용신청(승인)서

신청번호 :</td><td>처리기간</td></tr>
<tr><td>담당과장</td><td></td><td rowspan="3">7일</td></tr>
<tr><td>담당자</td><td></td></tr>
<tr><td>연락처
(전화)</td><td></td></tr>
</table>

<table>
<tr><td rowspan="4">※
신청인</td><td>① 상호</td><td colspan="3"></td></tr>
<tr><td>② 주소</td><td colspan="3"></td></tr>
<tr><td>③ 대표자 성명</td><td></td><td>④ 사업자등록번호</td><td></td></tr>
<tr><td>⑤ 통관고유부호</td><td></td><td>⑥ 생산제품명</td><td></td></tr>
</table>

※ 보세운송특례 적용신청 보세공장 현황

⑦ 관할 세관	⑧ 통관고유부호	⑨ 보세 공장명	⑩ 보세 구역 부호	⑪ 보세사 성명	⑫ 보세사 자격증 번호	⑬ 담보제공 생략대상자 또는 담보제공 특례자	⑭ 신용담보 업체 또는 포괄담보 제공자

<table>
<tr><td>「관세법」 제213조 제2항과 「보세공장 운영에 관한 고시」 제30조 제2항에 따라 보세공장 보세운송특례 적용의 승인을 신청합니다.

20 년 월 일

신청인 (서명 또는 인)
○ ○ 세 관 장 귀하</td><td>위와 같이 승인합니다.

20 년 월 일

○ ○ 세 관 장 귀하 직인</td></tr>
</table>

제출서류	담당 공무원 확인
1. 화물관리체계의 반출입절차 설명서 1부(동일법인에 한함)	1. 법규수행능력 평가 현황 2. 3개월간 반출입 횟수 3. 담보제공 생략대상자 또는 담보제공특례자 해당 여부 4. 신용담보업체 또는 포괄담보제공자 해당 여부(동일법인에 한함)

(3) 신고의 정정 및 취하

자유무역지역에 반입신고(사용소비신고한 경우를 포함한다. 이하 같다)한 물품을 당초 반입목적과 다르게 반입 또는 사용소비하려는 자(동 물품을 해당 자유무역지역 안에서 양수한 자를 포함한다)는 반입목적에 맞도록 정정한 반입신고를 다시 하여야 한다. 이 경우 사용소비신고한 물품을 일시장치할 목적으로 변경하고자 하는 때에는 사용소비신고를 취하하여야 한다.

자유무역지역에 반입된 화물이 반입 당시의 용도가 변경되어 정정하여야 하는 경우에는 해당 물품에 대해 이행한 세관의 신고절차가 '반입신고'인가 '사용소비신고' 인가에 따라 그 처리철차가 다르다.

먼저 관세청 화물관리시스템에 '반입신고'만 이행한 경우에는 화물의 다음 신고철차인 수입신고나 반송신고 또는 보세운송신고를 거치지 않은 상태를 의미하는데, 이러한 화물은 '적하목록 정정' 또는 '반출입 정정'으로 간단하게 화물상태를 정정할 수 있다. 예컨대, 반입 시 화물속성이 수입화물(I)로 된 화물을 환적화물(T)로 변경할 때에는 세관장에게 적하목록 정정신청(화물속성 'I' → 'T'로 정정신청)을 하면 된다. 참고로 이 경우의 적하목록 정정은 선박입항일로부터 60일 내에 신청하여야 하며 이 기간을 경과할 경우에는 과태료 부과대상이 된다.

일시장치한 후 국내반입(수입통관)할 목적으로 반입한 물품을 자유무역지역 내 물류작업의 원재료로 사용하기 위하여 사용소비신고할 경우에는 그 상태에서 세관장에게 사용소비신고절차를 이행하면 별 문제가 없겠지만, 반대로 물류작업의 원재료로 사용하기 위하여 사용소비신고한 물품(수입종류 14 - 외국 자유무역지역원재료)을 일반수입용도(수입종류 - 외화획득용 일반수입 11 또는 내수용 일반수입 21)로 전환할 경우에는 해당 물품에 대한 이전 통관절차인 사용소비신고를 취하하여 화물을 반입신고상태로 되돌린 후 다시 수입신고 또는 보세운송신고절차를 이행해야 한다.

이때 일반수입신고를 하려는 경우에는 과세보류상태로 통관되는 자유무역지역 사용소비신고절차와 달리 관세 등 제세가 부과되고, 각종 특별법상의 수입요건을 구비하여야 한다.

4.4 내국물품 원재료의 혼용작업

(1) 환급대상 내국원재료의 반입

입주기업체가 자유무역지역 안에서 사용 또는 소비하고자 하는 내국물품 중 관세 등의 면제 또는 환급, 부가가치세 영세율(「자유무역지역법」 제45조 제1항 및 제2항)의 적용을 받고자 하는 물품으로서 다음 각 목의 1에 해당하는 물품은 세관장에게 전산으로 반입신고하여야 함은 전술한 바와 같다(임의신고).

① 기계·기구·설비 및 장비와 그 부분품

② 원재료·윤활유·사무용 컴퓨터 및 건축자재

③ 그 밖에 사업목적의 달성에 필요하다고 인정하여 관세청장이 정하는 물품

이 경우 환급대상 내국물품 반입신고의 주체는 입주기업체가 아니라 자유무역지역 안으로 원재료 등을 공급하는 자가 되며, 관세환급 및 부가가치세 영세율의 수혜자도 이들이 된다.

(2) 내국물품의 원재료 사용승인 및 과세표준 공제

비환급대상 내국원재료로서 반입신고를 하지 아니한 내국물품을 대통령령이 정하는 바에 따라 세관장의 승인을 얻어 원재료로 사용하여 제조·가공·조립·보수한 물품을 관세영역으로 반출(국내수입)할 경우 당해 내국물품의 수량 또는 가격을 물품의 과세표준에서 공제한다.

세관장은 내국물품 원재료 사용승인을 하는 경우 원재료로 사용하고자 하는 내국물품의 품명 및 규격이 동일하고 그 소요량이 일정한 경우에는 일정기간 동안의 소요량을 일괄하여 승인할 수 있다.

내국원재료 사용승인 및 과세표준 공제에 대하여는 뒤에서 다시 설명한다.

4.5 사용소비신고서 서식 변경

2008년 당시 동북아물류허브 창고로 부산 신항 자유무역지역에 진출을 희망하던 다국적기업 A사는 사전에 국내 법률자문사로부터 추후 사용소비신고수리물품의 소유권 행사에 문제가 있을 수 있다는 자문을 받고 자유무역지역 입주를 주저하고 있었다.

당시 관세청 수입총괄시스템상 자유무역지역 반입화물에 대한 사용소비신고 처리 화면이 따로 있는 것이 아니라 수입신고 화면과 같이 사용하고 신고서도 동일한 양식으로 출력되고 있었다. 그로 인해 수입신고서 12번란 '납세의무자'가 물품의 실제 소유자인 수입자가 아니라 작업주체인 '입주기업체'로 발행되고 있었다.

입주기업체 외의 자인 A사의 입장에서 볼 때, 사용소비신고의 주체가 자기회사가 아닌 입주기업체 B사가 되는 것은 불가피하겠지만, 당시 사용소비신고서를 외견상으로 수입신고서 서식을 사용하게 되면서 '납세의무자란'에는 물품소유자 A사가 아닌 입주기업체 B사의 상호가 기재됨에 따라 장차 발생할지도 모를 사용소비신고물품에 대한 소유권 분쟁사태를 우려하였다. 관세청에서는 이러한 문제점을 해소하고 자유무역지역 복합물류업체의 국제물류 유치를 지원하기 위하여 2009년 다음과 같이 사용소비신고필증 서식을 개정하였다.

자유무역지역에 반입되는 원재료(수입종류 14) 또는 시설재(수입종류 35)에 대하여 신고자가 수입통관시스템에서 전자문서로 신고할 때에는 수입신고서와 같은 방법으로 신고하게 한 후, 수입종류 14, 35 물품은 신고서 출력 시에 제목(title)과 납세의무자를 각각 '자유무역지역반입(사용소비)신고서'와 '사용소비자'로 자동 변환되도록 시스템을 개선하여 소유권 분쟁의 소지를 없앴다(다음 그림 참조).

물론 사용소비신고의 경우 징수형태(수입신고서 ⑨란) 부호를 '00(과세보류)'로 입력함으로써 과세가격과 관세 등 제세신고는 하지만 조세납부는 면제된다.

UNIPASS 사용소비신고화면

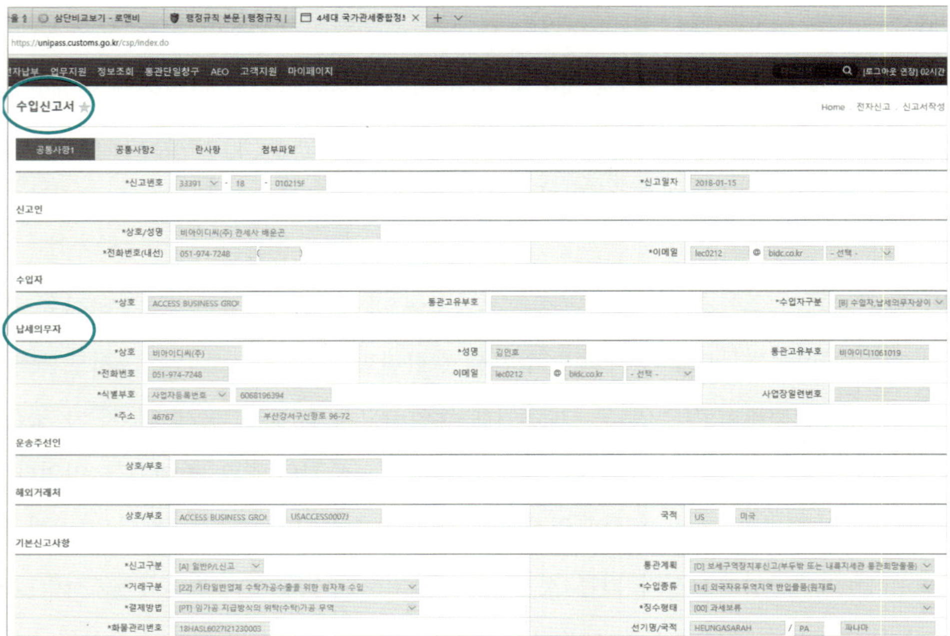

자유무역지역 반입(사용소비)신고서

(갑 지)

※처리기간 : 3일

①신고번호 33391-18- | ②신고일 2018/10/12 | ③세관.과 030-82 | ⑥입항일 2018/10/10 | ⑦전자인보이스제출번호

④B/L(AWB)번호 HDMUMIWB | ⑤화물관리번호 18HDMU534AI- | ⑧반입일 2018/10/12 | ⑨징수형태 00

⑩신고인 비아이디씨(주) 관세사 배운곤

⑪수입자 ACCESS BUSINESS (B)

⑫사용소비자 (비아이디-1-06-1-01-9 / 606-81-96394)
(주소) 부산강서구신항로 96-72
(상호) 비아이디씨(주)
(성명) 김인호

⑬운송주선인

⑭해외거래처 ACCESS BUSINESS (US) /

⑮통관계획 D 보세구역장치후 | ⑲원산지증명서 유무 N | ㉑총중량 18,357.42KG

⑯신고구분 A 일반P/L신고 | ⑳가격신고서 유무 N | ㉒총포장갯수 1,320GT

⑰거래구분 22 수탁가공용(일반 | ㉓국내도착항 KRPUS 부산항 | ㉔운송형태 10-FC

⑱종류 14 자유무역지역인계를 | ㉕적출국 US U.S.A

㉖선기명 HYUNDAI FAITH MH

㉗MASTER B/L 번호 HDMUMIWB: | ㉘운수기관부호

㉙검사(반입)장소 03078005-1800002365(비아이디씨(주))

●품명 · 규격 (란번호/총란수 : 001/001)

㉚품 명 BLEACHING PREPARATIONS AND OTHER SUBSTANCES FOR US | ㉜상 표 NO

㉛거래품명 SA8 SOLUTIONS ALL FABRIC BLEACH

㉝모델 · 규격	㉞성분	㉟수량	㊱단가 (USD)	㊲금액 (USD)
CXV3901B SA8 SOLUTIONS ALL FABRIC BLEAC H		15,840EA		

4.6 사용소비신고물품 비가공증명서

FTA 특혜관세 적용을 받으려면 원칙적으로 해당 물품이 수출국에서 제3국을 거치지 않고 수입국으로 바로 운송(직접운송원칙)되어야 한다. 그러나 운송수단 등 여러 가지 이유로 원산지물품이 수출당사국에서 수입당사국으로 직접 운송되지 않고 제3국을 경유하는 경우 물품 원상태를 유지하거나, 환적 등 운송에 필요한 작업 이외의 다른 작업이 없는 경우 등 일정요건을 충족할 때에는 수출당사국에서 수입당사국으로 직접 운송된 것으로 간주함은 앞서 환적화물처리절차에서 설명한 바 있다.

FTA협정관세 적용대상물품이 자유무역지역을 경유할 경우 단순 환적이라면 「환적화물 처리절차에 관한 특례고시」에 따른 '비가공증명서'를 발급받으면 수입국에서의 협정관세 적용에 문제가 없겠으나, 자유무역지역반입 후 선별・분류・재포장 등 고부가가치작업을 거친 후 국외반출될 경우 '비가공증명서'를 발급하는 규정이 없어 그동안 국제화물 유치에 저해요인이 되어 왔다.

부산세관에서는 2016년 관련 업계로부터 이 같은 애로사항을 청취하고 관세청과 함께 개선작업에 착수하였으며, 여러 가지 검토를 거친 끝에 2018년 2월 「보세화물관리에 관한 고시」에 반영, 자유무역지역 사용소비신고물품이 다음 조건에 해당하는 경우에는 '비가공증명서'를 발급해 주고 있다. 다만, 우리나라와 체결 중인 FTA 협정별로 허용되는 작업범위가 차이가 있으니 증명서신청 전에 이 점을 고려하여야 할 것이다.

1) 발급대상

세관장은 자유무역지역(또는 보세구역)에 일시장치된 보세화물에 대하여 하역, 재선적, 운송을 위하여 필요한 작업 또는 그 밖에 정상상태를 유지하기 위한 작업 등을 제외한 추가적인 가공을 하지 않고 국외로 반출한 경우에는 '비가공증명서'(「보세화물관리에 관한 고시」 별지 제31호 서식)를 발급할 수 있다.

자유무역지역 반입 후 사용소비신고된 물품의 경우에는 다음의 요건을 모두 충족하는 경우에 비가공증명서를 발급할 수 있다.

① 자유무역지역 입주기업체의 재고관리시스템에서 증명신청대상물품을 수량 단위로 관리하고, 사용소비신고서와 화물관리번호, 수출입 B/L(AWB)을 연계하여 물품별로 이력을 추적할 수 있고, 비가공 사실을 세관장에게 입증할 수 있을 것

② 신청인과 일시장치 확인서 발행자가 모두 「수출입 안전관리 우수업체 공인 및 운영에 관한 고시」에 따른 AEO 공인업체이거나 법규수행능력 우수업체일 것

2) 허용되는 작업범위

자유무역지역에 일시장치된 보세화물에 대해서는 보수작업의 범위 내에서 작업이 이루어질 것이므로 '비가공증명서' 발급에 별다른 문제가 없다. 그러나 사용소비신고 후 물류작업을 거쳐 국외반출될 경우에는 당해 작업이 개별 FTA 협정상 운송요건을 위배하는지의 여부를 잘 따져본 후 발급하여야 한다.

현재 대부분의 FTA 협정에서 하역·재선적·상품보존 공정은 허용되는 작업범위이며, 한-칠레FTA 협정은 재포장공정이, 한-호주FTA 협정은 재포장·운송목적 분리는 물론 Labeling작업까지도 허용된다. 또 제3국 BWT거래를 인정하는 FTA는 칠레, 미국, EFTA, 싱가포르, 호주 등이다.

3) 발급절차

세관장에게 비가공증명서를 발급받으려는 자는 국외반출신고(일시장치물품의 경우에는 반송신고)한 후 자유무역지역 입주기업체가 다음 각 호의 사항을 기재한 일시장치 확인서와 「보세화물관리에 관한 고시」 별지 제31호 서식에 의한 비가공증명 신청서를 세관장에게 제출하여야 한다.

① 일시장치장소

② 화물관리번호

③ B/L(AWB)번호

④ 반입일자

⑤ 품명, 반입중량, 수량

⑥ 해당 화물이 하역, 재선적, 운송을 위한 작업과 그 밖에 정상상태를 유지하기 위한 작업 외의 가공을 하지 않았다는 사실 확인

비가공신청을 받은 세관장은「관세법 시행규칙」제76조에 따른 직접운송원칙을 준용하여 심사하여야 하며, 사실의 확인, 조사 등이 필요한 때에는 관계 서류의 제출을 요구하거나 물품을 검사할 수 있다.

■ 보세화물관리에 관한 고시 별지 제31호(A) 서식

비가공증명신청서	처리기간
	즉시

1. 신청자

상호			
사업자등록번호		대표자	
주소			

2. 입(출)항 및 하역 명세

물품내역	물품명		세번(6단위)	
	모델/규격		원산지	
	수량		중량	
입항내역	입항일자/장소		하선(하기)일자	
	입항선박(항공기)/항차		입항 B/L(AWB) No.	
출항내역	출항일자/장소		적재일자	
	출항선박(항공기)/항차		출항 B/L(AWB) No.	
	목적지		컨테이너 No.	

3. 신청내역

1. 상기 물품은 대한민국을 경유하면서 대한민국 세관의 통제하에 보세구역에 일시장치된 것으로서, 하역·재선적 또는 그 밖의 정상상태를 유지하기 위하여 요구되는 작업 외의 추가적인 작업 없이 최종 목적지(국가)로 향하는 물품이며, 동 신청서의 모든 정보는 진실되고 정확한 것임을 확인합니다.
2. 「보세화물관리에 관한 고시」 제31조 제2항에 따라 비가공증명을 신청합니다.

20 년 월 일

위 신청인 (서명 또는 인)

「보세화물관리에 관한 고시」 제31조 제1항에 따라 이를 증명함

20 년 월 일

○ ○ 세 관 장 직인

첨부서류 : 1. 일시장치확인서 1부 2. 입출항 선하증권(B/L) 또는 항공화물운송장(AWB) 사본 1부	수수료 400원

▪ Annexed Form No. 31(B)

Certificate of Non-Manipulation(Original/Duplicate)

Issue No. ________

1. Applicant				
Company Name				
Business License			Representative	
Address				
2. Arrival/departure and unloading · loading details				
Item details	Description		HS Code(6)	
	Model/Size		Country of Origin	
	Quantity		Weight	
Inbound details	Date/Port of Arrival		Date of Unloading	
	Vessel(Flight)/Frequency		B/L(AWB) No.	
Outbound details	Date/Port of Departure		Date of Loading	
	Vessel(Flight)/Frequency		B/L(AWB) No.	
	Destination		Container No.	

3. Application

1. I confirm that the cargo above is temporarily installed in our bonded area under the control of KCS(Korea Customs Service) preparing for their final destination(country) without any additional works excluding unloading, reloading and other demanded operations to sustain the stationary state, and all information stated in this application is true and accurate.
2. I apply for the certificate of non-manipulation under the provision of Paragraph 2 of Article 31 of 「The Directive on the Bonded Cargo Management」.

20 . . .

Applicant (signature)

○○ Customs, Republic of Korea, certifies non-manipulation of the cargo above under the provision of Paragraph 1 of Article 31 of 「The Directive on the Bonded Cargo Management」.

20 . . .

Director of ○○ Customs **(seal)**

5 임가공물품 국외반출신고

5.1 업무절차 도해

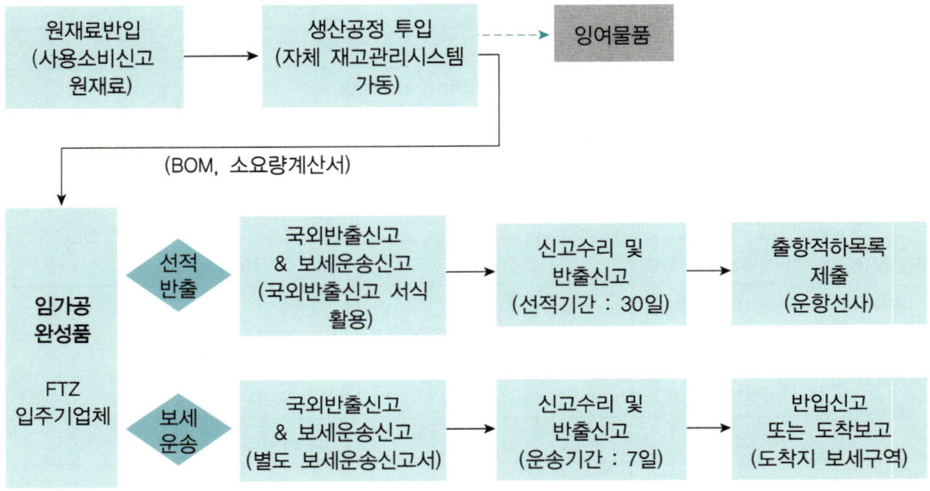

※ 보세운송 도착지 : 관세법 제213조 제1항 각 호(개항, 보세구역, 타소장치장, 세관관서, 통관역, 통관장, 통관우체국, 자유무역지역)

※ 보세운송 도착보고대상 : 보세운송 검사물품, 전자봉인 부착물품

5.2 국외반출신고의 개요

(1) 국외반출의 의의

외국물품 등을 자유무역지역에서 국외로 반출하는 것과 외국무역선 또는 외국무역기로 공급하는 것을 '자유무역지역 국외반출'이라고 한다.

넓은 의미에서의 국외반출은 자유무역지역으로 반입된 모든 외국물품 등을 국외로 반출하는 것이 될 것이나, 진정한 의미의 국외반출은 사용소비신고로 반입된 외국원재료를 투입하여 자유무역지역 내에서 제조 또는 임가공작업을 거쳐 생산된 완성품을 국외로 반출하는 것을 말한다.

국외에서 반입되는 물품 중 우리나라를 경유하여 제3국으로 반출되는 환적화물과 내국물품상태로 반입되어 수출신고수리된 경우는 별도의 국외반출신고를 생략하고 당해 물품을 적재한 외국무역선 또는 외국무역기가 출항한 후 세관장에게 출항적하목록을 제출하면 된다.

자유무역지역에서의 반출신고는 우선적으로 「자유무역지역법」을 적용하고 규정되지 않은 사항은 「관세법」을 준용하는데, 각 반출신고 유형에 따른 구체적인 준용규정은 아래 표와 같다.

유형별 국외반출신고 준용규정

유형	신고명칭	준용규정	비고
① 자유무역지역에서 제조·가공 또는 사용소비신고한 물품	국외반출신고	수출통관 사무처리에 관한 고시	진정한 의미의 국외반출신고
② 다른 자유무역지역(보세구역)에서 제조·가공 또는 사용소비신고한 물품	〃	〃	
③ 단순반송 또는 통관보류되어 국외반출하는 물품	반송신고	반송절차에 관한 고시	
④ 다른 운송수단으로 환적하는 물품	출항적하목록 제출	환적화물 처리절차에 관한 특례고시	
⑤ 외국무역선(기)에 선(기)용품의 공급	선용품적재신고	선(기)용품 및 선(기)내 판매용품의 하역 등에 관한 고시	허가 → 신고

※ 상기 ①~④의 경우 수리된 입주기업체에서 선적되지 않고 다른 보세구역으로 이동하여 선적될 경우 소정의 '보세운송신고'절차가 필요하다.

(2) 국외반출신고절차

외국물품 등을 자유무역지역에서 국외로 반출(외국무역선 또는 외국무역기에 대한 공급을 포함)하고자 하는 자는 세관장에게 신고하여야 한다.

국외반출신고를 하려는 자는 다음 각 호의 사항을 기재한 국외반출신고서를 전자문서로 세관장에게 제출하여야 한다. UNIPASS에서 국외반출신고서는 별도의 테이블이 있는 것이 아니라 수출통관시스템에서 함께 처리하고 있다.

① 물품의 품명・규격・수량・가격 및 품목분류번호

② 포장의 종류・번호 및 개수

③ 목적지・원산지 및 선적지

④ 사업자등록번호 및 통관고유부호

⑤ 외국무역선 또는 무역기(貿易機)에서 사용되는 용품을 공급하는 경우에는 해당 선박 또는 항공기의 종류, 명칭 또는 등록기호, 국적, 선박의 순톤수 또는 항공기의 무게, 항행(航行) 예정일수, 여객 및 승무원의 수 등 해당 선박 또는 항공기의 항행에 필요한 적정용품의 수량을 파악하는 데 근거가 되는 자료

전자상거래 국제물류센터에서 사용소비신고한 물품의 국외반출신고에 대하여는 「수출통관 사무처리에 관한 고시」를 준용하고, 물품반출 시에는 「자유무역지역고시」 별지 제3의1호 서식의 '품목단위 반출신고서'를 전자문서로 제출하도록 함으로써 전자상거래업체의 재고관리를 원활하게 하고 있다.

국외에서 반입되는 물품으로서 이를 적재한 선박・항공기 그 밖의 운송수단에서 다른 선박・항공기 그 밖의 운송수단으로 이전하는 화물(환적물품)과 수출신고수리된 물품으로서 출항적하목록을 제출한 물품은 국외반출신고대상이 아니다.

또 사전에 세관장에게 '내국물품 원재료 사용승인'을 받고 사용소비신고된 원재료와 혼용하여 생산된 물품을 관세영역으로 반출(수입신고)할 때에는 당해 내국물품의 수량 또는 가격을 제조・가공・조립・보수한 물품의 과세표준에서 공제하게 되는데, 이 부분은 뒤에서 다시 설명한다.

6 외국물품 등의 일시반출

6.1 업무절차 도해

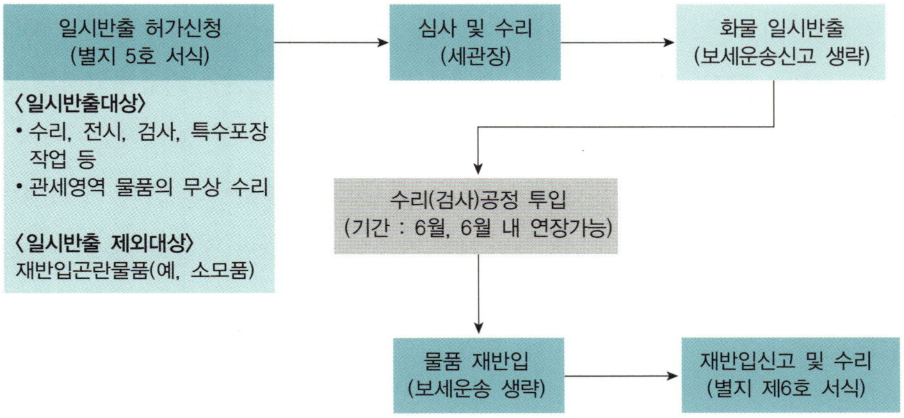

※ 일시반출입물품의 반출입신고는 일시반출허가 및 재반입신고서로 갈음하며, 별도의 보세운송절차를 생략한다.

6.2 업무절차 해설

(1) 일반원칙

자유무역지역 안에 반입된 외국물품 등을 수리, 전시, 시험검사 등의 목적으로 관세영역으로 일시반출하고자 하는 경우에는 세관장의 허가를 받아야 한다.

물품의 일시반출·반입기간은 6월 이내로 한다. 다만, 물품의 전시·홍보 등 부득이한 사유로 기간연장 허가를 얻고자 하는 자는 기간 만료 전에 기간연장신청을 하여야 한다.

일반적으로 일시반출입의 대상이 되는 물품은 자유무역지역에 반입된 외국물품(본체)이 수리·전시·검사의 목적물(객체)이 되는 경우이지만, 검사(측정)장비와 같이 관세영역에서 다른 물품의 검사(수리)에 사용되는 장비(공구)의 경우에도 일시반출입대상인가에 대한 논란이 있었다.

실제로 반도체 검사장비를 국내 자유무역지역에 반입한 후 관세영역에 반복적으로 일시반출입하면서 검사·측정작업이 가능할 경우 관련 국제화물의 유치가 가능하다는 점이 논쟁의 배경이었다.

관세청에서는 이 화물의 유치를 지원하기 위하여 적극적으로 이 문제에 개입하였고, 마침내 2009년 9월 당시 지식경제부의 유권해석을 받아 자유무역지역 일시반출입의 경우 반입물품이 직접 수리·검사 등의 목적물이 될 경우뿐만 아니라, 다른 물품을 수리·검사·측정 등에 사용되는 물품(예 측정공구)도 필요 시 관세영역에 일시반출하였다가 작업 후에 재반입이 가능하도록 관련 지침을 제정(수출입물류과-2425, 2009년 9월 9일)하여 시행해 오다 2011년 7월 13일 「자유무역지역고시」에 반영하였다.

(2) 일시반출입대상

자유무역지역 반입물품 중 다음의 경우에는 세관장의 허가를 받아 일시반출입할 수 있다.

1) 수리, 전시, 검사 또는 불가피한 포장작업 등이 필요한 경우

이는 반입된 물품이 수리·전시·검사·포장작업의 객체가 되는 경우로서, 주로 자유무역지역에 반입된 시설 또는 장비가 사용 중 고장이 발생하여 수리 또는 검사를 받기 위하여 외부로 일시반출하는 경우와 반입물품이 외부 전시장·행사장에 전시용으로 일시반출하는 경우를 의미한다.

2) 관세영역의 물품을 무상으로 수리하는 경우(다만, 소모품 등 일시반출 후 재반입이 곤란한 물품은 제외)

이는 대상물품이 수리·측정작업의 주체가 되는 경우로서, 반도체 측정장비처럼 자유무역지역에 보관 중인 물품이 관세영역이 있는 다른 물품을 무상 수리하거나 측정하기 위하여 일시반출입하는 것을 의미한다. 다만, 유상으로 수리·측정하거나 수리·측정 중에 소비되어 버리는 소모품 등은 일시반출입대상이 아니므로 수입통관 후 반출하여야 한다.

(3) 외국물품 등의 일시반출입 허가절차

자유무역지역 안에 반입된 외국물품 등을 수리, 전시, 검사 또는 불가피한 포장작업 등을 수행하기 위하여 관세영역으로 일시반출하고자 하는 자는 '일시반출입허가신청서'(「자유무역지역고시」 별지 제5호 서식)를 세관장에게 제출하고 허가를 받아야 한다.

신청서를 접수한 세관장은 반출목적 등을 고려하여 6개월의 범위 내에서 적당한 기간을 정하여 일시반출을 허가하여야 하며, 반출물품의 수량과 장소 등을 제한할 수 있다.

일시반출허가를 받은 자는 반출기간이 종료되기 전에 당해 물품을 재반입하고 일시반출허가서 사본을 첨부하여 세관장에게 '일시반출물품 재반입신고서'(고시 별지 제6호 서식)를 제출하여야 한다. 다만, 수출상담이 지속되거나 기타 부득이한 사유로 일시반출기간을 연장하고자 하는 때에는 기간만료 전에 '반출기간 연장신청'(고시 별지 제5호 서식)을 하여야 하며, 세관장은 6개월의 범위 내에서 연장승인할 수 있다.

일시반출허가를 받아 반출하거나 재반입하는 물품의 반출입신고는 일시반출입허가서나 재반입신고서로 갈음하며 따로 보세운송절차를 거칠 필요가 없다.

■ 자유무역지역고시 별지 제5호 서식

<table>
<tr><td>신청번호</td><td rowspan="2" colspan="4">일시반출입 및 기간연장허가(신청)서</td><td>처리기간</td></tr>
<tr><td></td><td>즉시</td></tr>
<tr><td rowspan="3">신청인</td><td>① 업체명</td><td></td><td>② 전화번호</td><td colspan="2"></td></tr>
<tr><td>③ 주소</td><td></td><td>④ 업체관리부호</td><td colspan="2"></td></tr>
<tr><td>⑤ 대표자</td><td></td><td>⑥ 사업자등록번호</td><td colspan="2"></td></tr>
<tr><td colspan="2">⑦ 물품화주</td><td></td><td>⑧ 화물관리번호</td><td colspan="2"></td></tr>
<tr><td colspan="2">⑨ 반출목적</td><td colspan="4"></td></tr>
<tr><td colspan="2">⑩ 반출기간</td><td></td><td>⑪ 반출장소</td><td colspan="2"></td></tr>
<tr><td colspan="2">⑫ 연장기간</td><td></td><td>⑬ 연장사유</td><td colspan="2"></td></tr>
</table>

<table>
<tr><td colspan="4">일시반출허가내역</td></tr>
<tr><td>⑭ 품명</td><td>⑮ 규격</td><td>⑯ 수량</td><td>⑰ 가격</td></tr>
<tr><td></td><td></td><td></td><td></td></tr>
<tr><td colspan="2">「자유무역지역의 지정 및 운영에 관한 법률」 제33조 및 「자유무역지역의 반출입물품의 관리에 관한 고시」 제14조에 따라 자유무역지역 장치물품에 대한 (일시반출 · 기간연장)허가를 신청합니다.

20 년 월 일

위 신청인 (서명 또는 인)

○ ○ 세 관 장 귀하</td><td colspan="2">「자유무역지역의 지정 및 운영에 관한 법률」 제33조 및 「자유무역지역의 반출입물품의 관리에 관한 고시」 제14조에 따라 위 물품에 대한 (일시반출 · 기간연장)을 다음 조건으로 허가합니다.

※ 허가조건 : 일시반출된 물품에 대한 제세 및 제반비용 기타 일체의 책임을 신청인이 부담할 것

20 년 월 일

○ ○ 세 관 장 직인</td></tr>
</table>

첨부서류 :	수수료
	없음

■ 자유무역지역고시 별지 제6호 서식

<table>
<tr><td colspan="2">신고번호</td><td colspan="5" rowspan="2">일시반출물품 재반입신고서</td><td>처리기간</td></tr>
<tr><td colspan="2"></td><td>즉시</td></tr>
<tr><td rowspan="3">신고인</td><td>① 업체명</td><td colspan="2"></td><td>② 전화번호</td><td colspan="3"></td></tr>
<tr><td>③ 주소</td><td colspan="2"></td><td>④ 업체관리부호</td><td colspan="3"></td></tr>
<tr><td>⑤ 대표자</td><td colspan="2"></td><td>⑥ 사업자등록번호</td><td colspan="3"></td></tr>
<tr><td colspan="2">⑦ 반출장소</td><td colspan="2"></td><td>⑧ 반출허가번호</td><td colspan="3"></td></tr>
<tr><td colspan="2">⑨ 재반입장소</td><td colspan="2"></td><td>⑩ 재반입일자</td><td colspan="3"></td></tr>
<tr><td colspan="4">일시반출허가내역</td><td colspan="4">재반입신고내역</td></tr>
<tr><td>⑪ 품명</td><td>⑫ 규격</td><td>⑬ 수량</td><td>⑭ 가격</td><td>⑮ 품명</td><td>⑯ 규격</td><td>⑰ 수량</td><td>⑱ 가격</td></tr>
<tr><td></td><td></td><td></td><td></td><td></td><td></td><td></td><td></td></tr>
<tr><td colspan="8">「자유무역지역의 지정 및 운영에 관한 법률」 제33조 및 「자유무역지역의 반출입물품의 관리에 관한 고시」 제14조에 따라 물품에 대한 재반입신고를 합니다.

20 년 월 일

위 신고자 (서명 또는 인)

○ ○ 세 관 장 귀하</td></tr>
<tr><td colspan="8">첨부서류 :</td></tr>
</table>

7 역외작업신고

7.1 역외작업신고절차

(1) 업무절차 도해

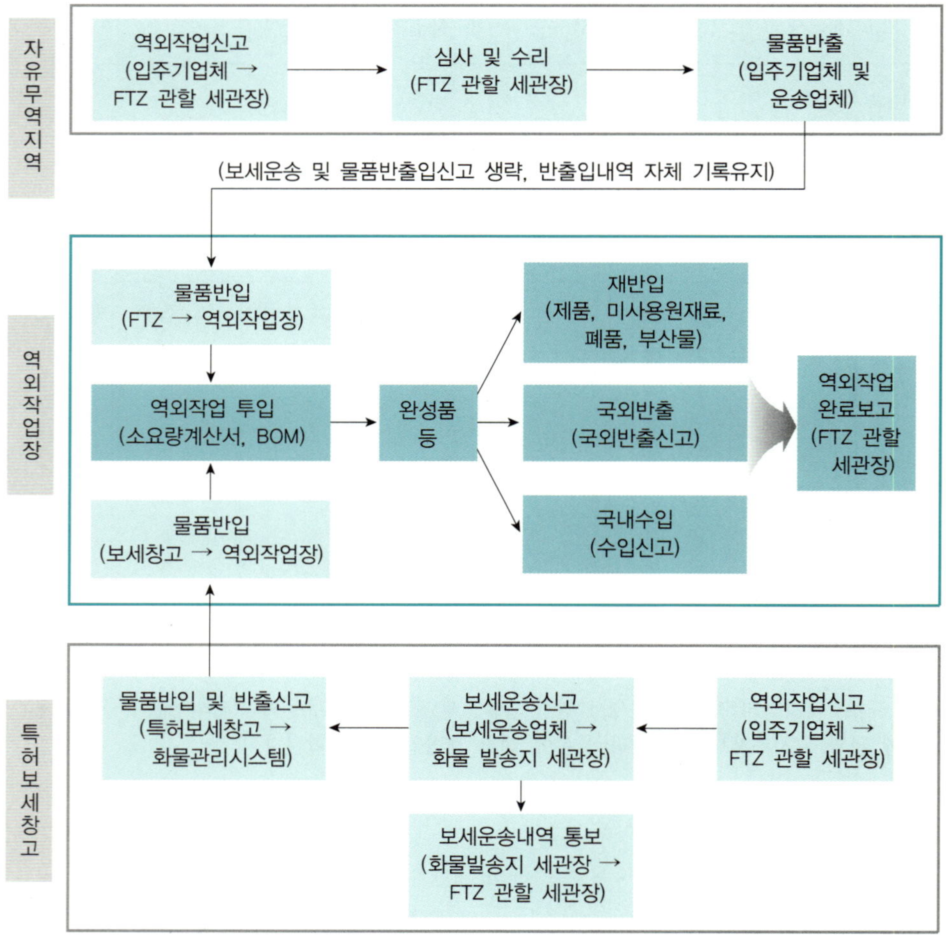

※ 사전에 세관장의 승인을 받을 경우 물품을 역외작업장소로 직반출입이 가능하다.

(2) 업무 개요

산업단지형 자유무역지역에서 많이 발생하는 역외작업이란 입주기업체가 자유무역지역 내의 외국물품 등을 자유무역지역 이외의 지역, 즉 관세영역에서 제조 또는 임가공작업을 수행하는 것을 의미하며 자유무역지역의 제조 또는 임가공 기능을 확대시켜 부가가치 증대를 꾀하는 데 궁극적인 목적이 있다.

자유무역지역 역외작업은 보세공장에서의 장외작업에 해당되는 것으로서, 작업명칭에서 '장외작업'이 '역외작업'으로, 승인형태가 '허가'에서 '신고수리'로, 신고주체가 '운영인'이 아닌 '입주기업체'인 점만 다를 뿐, 그 대상과 절차가 보세공장 장외작업절차와 거의 같다.

자유무역지역 입주기업체는 역외작업의 범위, 반출기간, 대상물품, 반출장소를 정하여 세관장에게 '역외작업신고'(「자유무역지역고시」 별지 제7호 서식)를 하여야 하며, 역외작업장소로 물품반출 시 별도의 보세운송신고와 반출신고를 할 필요가 없다.

역외작업신고는 서류 및 전자문서로 할 수 있으며, 인터넷 통관포털을 이용할 경우 일정기간 포괄신고가 가능하다.

(3) 역외작업의 범위

역외작업은 해당 입주기업체가 전년도 원자재를 가공하여 수출한 금액의 100분의 60 이내로 신청하여야 한다.

이때의 수출은 「관세법」이 아닌 대외무역법상 수출의 정의를 따르고 있는데, 「관세법」에서는 우리나라에 있는 내국물품(재화)을 외국으로 반출하는 것만을 수출로 보는 반면, 대외무역법에서는 「관세법」에서 수출로 인정되지 않는 외국인도 수출과 일정조건에 맞는 용역의 제공도 수출로 인정되고 있다.

역외작업신청을 하는 입주기업체의 전년도 수출실적이 없거나, 수출실적이 대폭 증가되는 등의 사유로 전년도에 수출한 금액을 적용하는 것이 적합하지 아니하다고 인정되는 경우의 역외작업의 범위는 다음에 의한다.

① 당해 연도에 사업을 개시하여 전년도 수출실적이 없는 경우 : 사업을 개시한 날부터 반출신고한 날까지의 기간 중 수출실적이 가장 많은 달의 수출실적금액을 연간으로 환산한 금액의 100분의 60 이내. 다만, 사업개시 이후 최초로 수출주문을 받은 경우에는 당해 수출주문량의 금액을 월평균 수출실적으로 보아 연간으로 환산한 금액의 100분의 60 이내

② 반출신고한 달의 수출주문량의 금액이 전년도 월평균 수출액보다 100분의 150 이상 증가한 경우 : 반출신고한 달의 수출주문량의 금액을 월평균 수출실적으로 보아 연간으로 환산한 금액의 100분의 60 이내

③ 전년도에 천재지변 등 불가피한 사유로 인하여 수출실적이 100분의 50 이하로 감소한 경우 : 당해 사유가 발생한 직전 월부터 과거 1년간 수출한 금액의 100분의 60 이내

'수출'의 의미(「대외무역법 시행령」 제2조 제3호)

제2조(정의)

3. "수출"이란 다음 각 목의 어느 하나에 해당하는 것을 말한다.
   가. 매매, 교환, 임대차, 사용대차(使用貸借), 증여 등을 원인으로 국내에서 외국으로 물품이 이동하는 것[우리나라의 선박으로 외국에서 채취한 광물(鑛物) 또는 포획한 수산물을 외국에 매도(賣渡)하는 것을 포함한다]
   나. 「관세법」 제196조에 따른 보세판매장에서 외국인에게 국내에서 생산(제조·가공·조립·수리·재생 또는 개조하는 것을 말한다. 이하 같다)된 물품을 매도하는 것
   다. 유상(有償)으로 외국에서 외국으로 물품을 인도(引渡)하는 것으로서 산업통상자원부장관이 정하여 고시하는 기준에 해당하는 것
   라. 「외국환거래법」 제3조 제1항 제14호에 따른 거주자(이하 "거주자"라 한다)가 같은 법 제3조 제1항 제15호에 따른 비거주자(이하 "비거주자"라 한다)에게 산업통상자원부장관이 정하여 고시하는 방법으로 제3조에 따른 용역을 제공하는 것
   마. 거주자가 비거주자에게 정보통신망을 통한 전송과 그 밖에 산업통상자원부

장관이 정하여 고시하는 방법으로 제4조에 따른 전자적 형태의 무체물(無體物)을 인도하는 것

(4) 역외작업대상물품, 반출장소 및 기간

역외작업의 대상물품은 원자재 또는 원자재의 제조·가공에 전용되는 시설재(금형 포함)에 한한다.

세관장은 역외작업신고를 수리함에 있어 반출되는 물품이 시설재인 경우에는 당해 시설재가 당해 역외작업에 전용되는 것인지의 여부를 확인하여야 하며, 단순히 범용성이 있다는 이유로 신고수리를 거부할 수는 없다.

역외작업 반출장소는 역외작업수탁업체의 공장 또는 그에 부속된 가공장소로 한다. 따라서 입주기업체와 반드시 같은 관할 세관에 위치할 필요는 없다.

역외작업대상물품의 반출기간은 해당 물품이 원자재 또는 시설재인가에 따라 달리 적용된다.

대상물품이 제조 또는 임가공의 목적물이 되는 원자재의 경우에는 1년 이내의 기간에서 작업기간을 고려하여 세관장이 반출기간을 결정하며, 역외작업 수탁업체에 공급하는 시설재의 경우에는 같은 품목에 대하여 입주기업체와 수탁업체 간에 체결된 계약기간의 범위로 하되, 그 기간은 3년을 초과할 수 없다. 다만, 세관장은 역외작업이 계약기간 내에 끝나지 아니하는 등 부득이한 사유로 반출기간을 연장할 필요가 있다고 인정할 때에는 3년의 범위에서 그 기간을 연장할 있도록 하였다.

(5) 역외작업신청

역외작업신청 시 제출하는 서류는 다음과 같다.

① 역외작업 수탁업체의 사업자등록증 사본

다만, 신청인이 이 건 역외작업 신청업무처리와 관련하여 「전자정부법」 제36

조 및 제38조, 제42조에 따른 행정정보의 공동이용을 통하여 담당공무원이 확인하는 것에 동의하고, 세관공무원이 행정정보공동이용절차에 따라 확인하는 경우에는 제출 생략

② 역외작업 수탁업체의 소재지 약도 및 시설 배치도(당해 연도에 최초로 신고하는 경우에 한한다)

③ 역외작업 계약서 사본(계약금액 · 계약수량 및 계약기간 등을 기재하여야 한다)

④ 역외작업에서 생기는 부산물 및 폐품[3]의 내용(품목 · 수량 등)을 기재한 서류(부산물 및 폐품이 발생하는 경우에 한한다)

⑤ 수출주문서 · 신용장 또는 내국신용장 사본

⑥ 전년도 수출실적을 증빙할 수 있는 서류(당해 연도에 최초로 신고하는 경우에 한하며, 통관기준 수출실적으로 신청하는 경우 제출을 생략하고 세관공무원이 수출실적을 조회 · 확인)

입주기업체가 역외작업신고를 전자문서에 의하여 신고하는 때에는 작업기간 동안 생산하는 물품과 소요 원재료를 포괄하여 신고할 수 있으며, 이 경우 세관장은 상기 서류 등의 제출을 생략하고 자율적으로 보관하게 할 수 있다.

(6) 역외작업기간 연장 및 장소변경신고

작업기간 내 작업을 완료하지 못한 경우에는 당초 작업기간이 만료되기 전에 세관장에게 「역외작업신고 정정(취하)신고서(「자유무역지역고시」 별지 제8호 서식)」를 제출하여야 한다. 다만, 시설재의 반출기간 연장은 「역외작업 시설재 기간연장 신고서(「자유무역지역고시」 별지 제8의2호 서식)」에 의한다.

작업장소 변경, 신고취하 또는 신고내용을 정정하고자 하는 경우에는 기간이 만료되기 전에 「역외작업신고 정정(취하)신고서(「자유무역지역고시」 별지 제8호 서

3) 이때의 부산물과 폐품은 그 자체로 경제적 가치가 있는 물품을 의미한다(예 Steel Scrap).

식)」와 변동내역을 확인할 수 있는 서류를 제출하여야 한다.

(7) 역외작업 완료보고 및 재반입

역외작업이 완료된 경우에는 세관장에게 「역외작업완료보고(자유무역지역고시 별지 제9호 서식)」를 하고 역외작업기간이 만료되기 전에 가공된 물품, 사용하지 않은 원재료 및 폐품(부산물 포함)을 자유무역지역 안으로 다시 반입하여야 한다.

다만, 다음 각 호의 1에 해당하는 물품으로서 미리 세관장에게 신고한 경우에는 그러하지 아니하다.

① 가공된 물품을 역외작업장소에서 직접 수출하거나 국내에 판매하기 위하여 세관장에게 수출신고 또는 반출신고한 물품

② 역외작업공정에서 생긴 폐품(부산물 포함)으로서 미리 세관장에게 처분신고를 한 물품

■ 자유무역지역고시 별지 제7호 서식

<table>
<tr><td>신고번호</td><td colspan="5" rowspan="2">역외작업신고서</td><td>처리기간</td></tr>
<tr><td></td><td>1일</td></tr>
<tr><td rowspan="3">신고인</td><td>① 업체명</td><td colspan="2"></td><td>② 전화번호</td><td colspan="2"></td></tr>
<tr><td>③ 주소</td><td colspan="2"></td><td>④ 업체관리부호</td><td colspan="2"></td></tr>
<tr><td>⑤ 대표자성명</td><td colspan="2"></td><td>⑥ 사업자등록번호</td><td colspan="2"></td></tr>
<tr><td colspan="2">⑦ 장치장소</td><td colspan="2"></td><td>⑧ 작업기간</td><td colspan="2"></td></tr>
<tr><td colspan="2">⑨ 역외작업사유</td><td colspan="5"></td></tr>
<tr><td colspan="2">⑩ 작업 종류
(생산물품)</td><td colspan="5"></td></tr>
<tr><td rowspan="2">역외작업장소</td><td>⑪ 역외작업장 명칭</td><td colspan="3"></td><td>⑫ 사업자등록번호
(작업장등록번호)</td><td></td></tr>
<tr><td>⑬ 소재지</td><td colspan="5"></td></tr>
<tr><td rowspan="2">반출물품</td><td>⑭ 품명</td><td>⑮ 규격</td><td>⑯ 수량(중량)</td><td>⑰ 가격</td><td>⑱ 내·외국</td><td>⑲ 비고</td></tr>
<tr><td></td><td></td><td></td><td></td><td></td><td></td></tr>
</table>

「자유무역지역의 지정 및 운영에 관한 법률」 제34조 및 「자유무역지역의 반출입물품의 관리에 관한 고시」 제15조 제1항에 따라 위와 같이 역외작업을 하고자 신고합니다.

20 년 월 일

신고인 (서명 또는 인)

○ ○ **세 관 장** 귀하

첨부서류:

1. 역외작업 수탁업체의 사업자등록증 사본(신고인이 동의하면 세관공무원이 행정정보공동이용절차에 따라 확인하는 서류. 이 경우 신고인은 제출을 생략한다)
2. 역외작업 수탁업체의 소재지 약도 및 시설 배치도(당해 연도에 최초로 신고하는 경우에 한한다)
3. 역외작업계약서 사본(계약금액·계약수량 및 계약기간 등을 기재하여야 한다)
4. 역외가공공정에서 생기는 부산물 및 폐품의 내용(품목·수량 등)을 기재한 서류(부산물 및 폐품이 발생하는 경우에 한한다)
5. 삭제(개정 2011년 7월 15일)
6. 수출주문서·신용장 또는 내국신용장 사본
7. 전년도 수출실적을 증빙할 수 있는 서류(당해 연도에 최초로 신고하는 경우에 한하며, 통관기준 수출실적으로 신청하는 경우 제출을 생략하고 세관공무원이 수출실적을 조회·확인한다)

본인은 이 건 업무처리와 관련하여 「전자정부법」 제36조 및 제38조, 제42조에 따른 행정정보의 공동이용을 통하여 담당 공무원이 위의 '담당 공무원 확인사항'을 확인하는 것에 동의합니다.

신청인 (서명 또는 인)

■ 자유무역지역고시 별지 제8호 서식

<table>
<tr><td>신고번호</td><td colspan="3" rowspan="2">역외작업신고 정정(취하)신고서</td><td>처리기간</td></tr>
<tr><td></td><td>1일</td></tr>
<tr><td rowspan="3">신고인</td><td>① 업체명</td><td></td><td>② 업체관리부호</td><td></td></tr>
<tr><td>③ 주소</td><td colspan="3"></td></tr>
<tr><td>④ 성명</td><td></td><td>⑤ 사업자등록번호</td><td></td></tr>
<tr><td rowspan="3">신고내용</td><td>⑥ 작업신고번호</td><td></td><td>⑦ 역외작업장명</td><td></td></tr>
<tr><td>⑧ 신고사항</td><td colspan="3">☐ 신고정정 ☐ 기간연장 ☐ 장소변경 ☐ 신고취하</td></tr>
<tr><td>⑨ 신고사유</td><td colspan="3"></td></tr>
<tr><td colspan="5">※ 정정신고내용</td></tr>
<tr><td>№</td><td>⑩ 신고항목</td><td>⑪ 변경 전</td><td colspan="2">⑫ 변경 후</td></tr>
<tr><td></td><td></td><td></td><td colspan="2"></td></tr>
<tr><td></td><td></td><td></td><td colspan="2"></td></tr>
<tr><td></td><td></td><td></td><td colspan="2"></td></tr>
<tr><td></td><td></td><td></td><td colspan="2"></td></tr>
<tr><td></td><td></td><td></td><td colspan="2"></td></tr>
<tr><td></td><td></td><td></td><td colspan="2"></td></tr>
<tr><td colspan="5">「자유무역지역의 지정 및 운영에 관한 법률」 제34조 및 「자유무역지역의 반출입물품의 관리에 관한 고시」 제15조 제3항에 따라 역외작업신고내용의 정정(취하)을 신고합니다.

20 년 월 일

신고인 (서명 또는 인)

○ ○ 세 관 장 귀하</td></tr>
<tr><td colspan="5">첨부서류 :</td></tr>
</table>

■ 자유무역지역고시 별지 제8의2호 서식

<table>
<tr><td>신고번호</td><td colspan="4" rowspan="2">역외작업 시설재 반출기간 연장신고(수리)서</td><td>처리기간</td></tr>
<tr><td></td><td>즉시</td></tr>
<tr><td rowspan="3">신고인</td><td>① 업체명</td><td colspan="4"></td></tr>
<tr><td>② 주소</td><td colspan="2"></td><td>③ 업체관리부호</td><td></td></tr>
<tr><td>④ 성명</td><td colspan="2"></td><td>⑤ 사업자등록번호</td><td></td></tr>
<tr><td rowspan="4">장외작업내용</td><td>⑥ 역외작업 신고번호</td><td colspan="2"></td><td>⑦ 역외작업신고일</td><td></td></tr>
<tr><td>⑧ 역외작업장명</td><td colspan="4"></td></tr>
<tr><td>⑨ 작업장주소</td><td colspan="4"></td></tr>
<tr><td>⑩ 작업기간</td><td colspan="4"></td></tr>
<tr><td rowspan="5">신고내용</td><td>⑪ 당초 반출기간</td><td colspan="4"></td></tr>
<tr><td>⑫ 연장 반출기간</td><td colspan="4"></td></tr>
<tr><td>⑬ 연장사유</td><td colspan="4"></td></tr>
<tr><td>⑭ 시설재명</td><td>⑮ 규격</td><td>⑯ 수량(중량)</td><td>⑰ 가격</td><td>⑱ 내·외국 구분</td></tr>
<tr><td></td><td></td><td></td><td></td><td></td></tr>
<tr><td colspan="3">「자유무역지역의 지정 및 운영에 관한 법률 시행령」 제24조 제3항 및 「자유무역지역의 반출입물품의 관리에 관한 고시」 제15조 제3항에 따라 역외작업 시설재 반출기간의 연장을 신고합니다.

20 년 월 일

신고인 (서명 또는 인)

○ ○ 세 관 장 귀하</td><td colspan="3">위와 같이 수리합니다.

20 년 월 일

○ ○ 세 관 장 [직인]</td></tr>
<tr><td colspan="5" rowspan="2">첨부서류 : 1. 역외작업 계약서 사본 1부
2. 반출기간 연장사유를 증빙하는 서류 1부</td><td>수수료</td></tr>
<tr><td>없음</td></tr>
</table>

■ 자유무역지역고시 별지 제9호 서식

<table>
<tr><td>일련번호</td><td colspan="4" rowspan="2">**역외작업완료보고서**</td><td>처리기간</td></tr>
<tr><td></td><td>1일</td></tr>
<tr><td rowspan="3">신고인</td><td>① 업체명</td><td colspan="4"></td></tr>
<tr><td>② 주소</td><td colspan="4"></td></tr>
<tr><td>③ 성명</td><td></td><td>④ 사업자등록번호</td><td colspan="2"></td></tr>
<tr><td rowspan="2">작업장</td><td>⑤ 작업장명</td><td></td><td>⑥ 작업기간</td><td colspan="2"></td></tr>
<tr><td>⑦ 작업장주소</td><td colspan="4"></td></tr>
</table>

역외작업장으로 물품반입내역

⑧ 신고번호	⑨ 신고일자	⑩ 품명	⑪ 규격	⑫ 수량	⑬ 비고

역외작업장에서 물품반출내역

⑭ 구분	⑮ 신고번호	⑯ 신고일자	⑰ 품명	⑱ 규격	⑲ 수량	⑳ 비고
국외반출						
수입						
기타						
역내반입						

「자유무역지역의 지정 및 운영에 관한 법률」 제34조 및 「자유무역지역의 반출입물품의 관리에 관한 고시」 제15조 제5항에 따라 역외작업을 완료하였음을 보고합니다.

20 년 월 일

신고인 (서명 또는 인)

○ ○ **세 관 장** 귀하

첨부서류 :

7.2 역외작업장소에서의 직반출 · 입신고

(1) 업무절차 도해

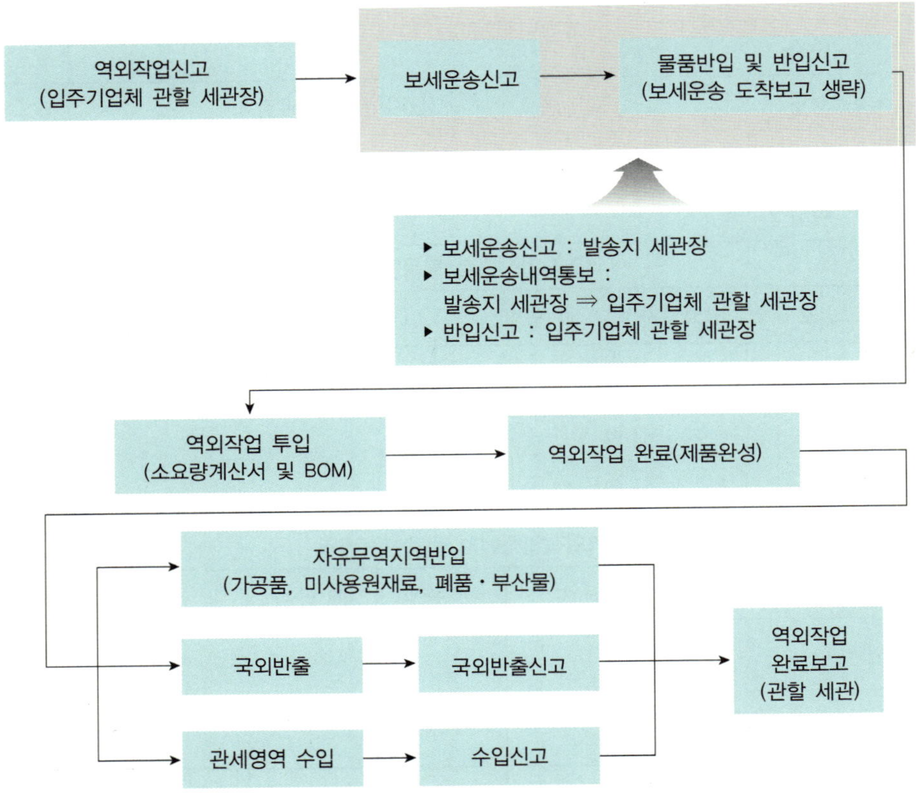

※ 역외작업장소에 대한 관리책임은 입주기업체 관할 세관장에게 있고, 직반입물품의 검사가 필요한 경우 입주기업체 관할 세관장은 역외작업장소 관할 세관장에게 물품검사를 의뢰한다.

(2) 업무 개요

역외작업장소(수탁업체)가 원거리에 떨어져 있는 경우 원자재 및 시설재의 물류비용 절감을 위하여 도입한 제도로서, 입주기업체와 역외작업장을 관할하는 세관이 다른 경우에도 입주기업체에 관할 세관장의 물품반출입 및 재고관리를 받아야 한다.

따라서 보세운송 등의 절차를 거쳐 외국물품(원자재 등)을 역외작업장으로 반입할 경우 입주기업체 관할 세관장에게 반입신고를 하고, 제조·가공품에 대한 국외반출신고 및 수입신고도 입주기업체 관할 세관장에게 신고하여야 한다.

(3) 역외작업장소 직반출·입신고절차

외국물품을 역외작업장소로 직접 반입하고자 하는 자는 역외작업신고서 사본을 첨부하여 발송지 세관장에게 보세운송신고하여야 한다. 이 경우 발송지 세관장은 그 사실을 자유무역지역 관할지 세관장에게 통보하여야 한다.

상기 규정에 의한 보세운송신고물품의 반입신고는 자유무역지역 관할지 세관장에게 하여야 하며, 보세운송 도착보고는 반입신고로 갈음한다.

입주기업체가 관세 등의 면제 또는 환급대상 내국물품(「자유무역지역법」 제45조 제1항 해당 물품)을 역외작업장소로 직접 반입하고자 하는 경우에는 자유무역지역 관할지 세관장에게 역외작업신고서 사본을 첨부하여 반입신고하여야 한다.

입주기업체가 역외작업장소에서 국외반출신고 또는 수입신고하고자 하는 경우에는 입주기업체 관할지 세관장에게 신고하여야 한다.

이 경우 입주기업체 관할 세관장이 판단하여 신고물품에 대한 검사가 필요하다고 인정하는 때에는 역외작업장소 관할지 세관장에게 검사를 의뢰할 수 있다.

역외작업공정에서 발생한 폐품을 처분하고자 하는 경우에는 입주기업체 관할 세관장에게 '폐품처분신고'(「자유무역지역고시」 별지 제10호 서식)를 하여야 한다.

■ 자유무역지역고시 별지 제10호 서식

<table>
<tr><td>신고번호</td><td colspan="6" rowspan="2">역외작업장 폐품처분신고서</td><td>처리기간</td></tr>
<tr><td></td><td>1일</td></tr>
<tr><td rowspan="3">신고인</td><td>① 업체명</td><td colspan="6"></td></tr>
<tr><td>② 주소</td><td colspan="6"></td></tr>
<tr><td>③ 성명</td><td colspan="2"></td><td colspan="2">④ 사업자등록번호</td><td colspan="2"></td></tr>
<tr><td rowspan="2">작업장</td><td>⑤ 작업장명</td><td colspan="2"></td><td colspan="2">⑥ 작업기간</td><td colspan="2"></td></tr>
<tr><td>⑦ 작업장주소</td><td colspan="6"></td></tr>
</table>

<table>
<tr><td colspan="7">폐품발생내역</td></tr>
<tr><td rowspan="2">⑧ 역외작업 신고번호</td><td rowspan="2">⑨ 투입 원재료</td><td rowspan="2">⑩ 폐품발생 작업공정</td><td rowspan="2">⑪ 생산물품</td><td colspan="3">폐품내역</td></tr>
<tr><td>⑫ 폐품 종류</td><td>⑬ 수량 (중량)</td><td>⑭ 비고</td></tr>
<tr><td></td><td></td><td></td><td></td><td></td><td></td><td></td></tr>
</table>

<table>
<tr><td colspan="5">폐품처분(예정)내역</td></tr>
<tr><td>⑮ 폐품 종류</td><td>⑯ 처분방안</td><td>⑰ 폐품처리 (수탁)업체명</td><td>⑱ 처리예정일</td><td>⑲ 비고</td></tr>
<tr><td></td><td></td><td></td><td></td><td></td></tr>
</table>

「자유무역지역의 지정 및 운영에 관한 법률」 제35조 제3항 및 「자유무역지역의 반출입물품의 관리에 관한 고시」 제16조 제6항에 따라 역외작업공정에서 발생한 폐품을 위와 같이 처분하고자 신고합니다.

20 년 월 일

신고인 (서명 또는 인)

○ ○ **세 관 장** 귀하

첨부서류 :

8 자유무역지역 보세운송

8.1 업무절차 도해

자유무역지역 제조 · 가공물품 보세운송

다른 자유무역지역 및 보세구역 등으로 운송	➡ 화물관리번호 생성신청	→ 보세운송신고 (기간 : 7일)	→ 반출신고	
하나의 자유무역지역이 2개 이상 구역으로 구분	➡ 반출신고 (보세운송 생략)	→ 이고운송신고 (기간 : 3일)	→ 반입신고 (도착지)	
국외반출신고 수리물품	➡ 보세운송신고(기간 : 30일) • 국외반출신고와 동시신고 • 3개월 범위 내 연장가능	→ 반출신고		

8.2 자유무역지역 보세운송 개요

자유무역지역 보세운송은 물품이 반입된 후 역내에서 제조 · 가공의 공정을 거친 경우와 거치지 않은 경우에 따라 다른데, 물품이 반입 후 제조 · 가공 없이 원상태로 보세운송되는 경우에는 기본적으로 관세법상 보세운송절차와 같으며, 「보세운송에 관한 고시」를 준용한다.

자유무역지역에 반입된 물품이 사용소비신고수리 후 제조 · 가공되어 보세운송장소(관세법 제213조 제1항 각 호[4])로 반출될 경우 입주기업체는 세관장에게 전산으로 '화물관리번호 생성신청서'를 제출하여 관리번호를 부여받은 후 보세운송신고를 하여야 한다.

---

[4] **보세운송장소** : 1 개항, 2 보세구역, 3 보세구역외 장치허가장소(타소장치장), 4 세관관서, 5 통관역, 6 통관장, 7 통관우체국

참고로 제조·가공물품을 수입신고할 때 일반물품의 경우에는 '화물관리번호' 없이도 신고가 가능하나, 「관세법」 제226조에 따른 '허가·승인 등의 증명 및 확인' 대상으로 외부 요건확인기관에 신고전송이 필요한 경우와 보세운송신고를 할 경우에는 화물관리번호를 입력해야 하므로 사전에 세관장에게 관리번호 생성신청을 하여야 한다.

자유무역지역 제조·가공물품의 보세운송기간은 반송물품과 같은 7일이며, 7일 이내의 범위에서 연장이 가능하다. 보세운송기간을 연장하려면 세관장에게 「보세운송에 관한 고시」 별지 제18호 서식인 '보세운송신고(승인신청)항목 변경승인(신청)서'를 전산으로 제출하여 승인을 받아야 한다.

한편, 하나의 자유무역지역이 2개 이상의 구역으로 구분되어 있는 경우 당해 구역 간에 외국물품 등을 이동하고자 하는 때에는 세관 수출입화물시스템에 의한 반출입신고로 보세운송신고를 갈음할 수 있다. 이 경우 세관 수출입화물시스템에 의한 반출입신고가 곤란한 업체는 입주기업체 간에 체결된 계약서 등을 제출하여 세관공무원의 확인을 받은 후 이동할 수 있다. 동일 자유무역지역 내 입주기업체 간 화물이동은 '이고운송시스템'을 이용하면 되는데, 이에 대해서는 별도의 장에서 명한다.

■ 화물관리번호 생성신청서 서식

화물관리번호 생성신청서

1. 신청일자 :
2. 신 청 인 :
3. 첨부서류 : 사유서, B/L, Invoice, 반송신고필증 등 근거서류

<table>
<tr><td>신청번호</td><td></td></tr>
<tr><td>보세구역명</td><td></td></tr>
<tr><td>적재항</td><td></td></tr>
<tr><td colspan="2">송하인 성명(상호) :
송하인 전화번호 :
송화인 주소 :</td></tr>
<tr><td colspan="2">수하인 성명(상호) :
수하인 전화번호 :
수화인 주소 :
수하인 사업자등록번호 :</td></tr>
<tr><td colspan="2">품명 :
총포장 개수 :
총중량 :</td></tr>
</table>

위와 같이 화물관리번호 생성을 신청하오니 화물관리번호를 생성하여 주시기 바랍니다.

20 . . .

위 신청인 (인)

○ ○ 세 관 장 귀하

8.3 국외반출물품의 보세운송

국외반출신고가 수리된 물품을 선적하기 위하여 보세운송하는 경우에는 수출신고서 서식을 사용하여 국외반출신고와 동시에 보세운송신고할 수 있다.

즉, 보세운송신고 시 일반적인 보세운송과 같은 신고절차를 밟는 것이 아니라 국외반출신고 시 사용하는 수출신고서 서식 제53란(운송인)과 제54란(운송기간)에 내용을 기재하는 것으로 보세운송신고에 갈음한다.

이 경우 보세운송기간은 신고수리일로부터 30일 이내로 하며, 선(기)적은 국외반출신고가 수리된 날로부터 30일 이내에 선(기)적하여야 한다. 다만, 세관장은 재해, 선(기)적 일정변경 등 부득이한 사유로 「자유무역지역고시」 별지 제11호 서식에 의한 기간연장신청이 있는 때에는 3개월의 범위 내에서 그 기간을 연장할 수 있다.

> **국외반출신고서 보세운송란 기재요령**
>
> (53란) 운송(신고)인 : 보세운송 신고인의 상호와 성명을 기재
> 예 한라통상(주) 이순신
>
> (54란) 기간 : 보세운송신고수리일(국외반출신고일)과 종료일자(국외반출신고수리일로부터 30일이 되는 날)를 기재
> 예 2018/03/01부터 2018/03/31

참고로 수출신고물품의 경우 최초 선적기간은 국외반출신고와 같이 신고수리일로부터 30일이나, 선(기)적 연장기간은 신고수리일로부터 1년의 범위 안에서 선적기간연장이 가능함에 따라 최장 11개월 연장이 가능하다. 국외반출신고의 경우에는 그보다 훨씬 짧은 3개월의 연장기간이 적용되는 점이 특이하다.

국외반출물품이 위 기간(30일 또는 연장기간) 내에 선(기)적되지 아니한 경우 자유무역지역 관할 세관장은 국외반출신고가 수리된 물품을 자유무역지역으로 재반입하게 한 후 국외반출신고수리취하 등 필요한 조치를 취하여야 한다. 재반입신청은 「자유무역지역고시」 별지 제19호 서식을 이용하면 된다.

■ 자유무역지역고시 별지 제11호 서식

<table>
<tr><td>신고번호</td><td colspan="4" rowspan="2">보세운송 · 선적기간 연장신청(승인)서</td><td>처리기간</td></tr>
<tr><td></td><td>즉시</td></tr>
<tr><td rowspan="3">신청인</td><td>① 업체명</td><td colspan="2"></td><td>② 전화번호</td><td></td></tr>
<tr><td>③ 주소</td><td colspan="4"></td></tr>
<tr><td>④ 성명</td><td colspan="2"></td><td>⑤ 사업자등록번호</td><td></td></tr>
<tr><td colspan="2">⑥ 신고수리번호</td><td colspan="2"></td><td>⑦ 신고수리일자</td><td></td></tr>
<tr><td colspan="2">⑧ 운송목적지
(선(기)적지)</td><td colspan="4"></td></tr>
<tr><td colspan="2">⑨ 보세운송 ·
선적기간</td><td colspan="4"></td></tr>
<tr><td colspan="2">⑩ 연장신청기간</td><td colspan="4"></td></tr>
<tr><td colspan="2">⑪ 연장사유</td><td colspan="4"></td></tr>
<tr><td colspan="2">⑫ 포장의 종류</td><td>⑬ 품명 및 규격</td><td>⑭ 수량(중량)</td><td>⑮ 금액</td><td>⑯ 비고</td></tr>
<tr><td colspan="2"></td><td></td><td></td><td></td><td></td></tr>
<tr><td colspan="3">「자유무역지역의 지정 및 운영에 관한 법률」 제30조 제2항 및 「자유무역지역의 반출입물품의 관리에 관한 고시」 제18조 제2항에 따라 보세운송 · 선(기)적기간의 연장을 신청합니다.

20 년 월 일

신청인 (서명 또는 인)

○ ○ 세 관 장 귀하</td><td colspan="3">위와 같이 승인합니다.

20 년 월 일

○ ○ 세 관 장 직인</td></tr>
<tr><td colspan="5" rowspan="2">첨부서류 : 1. 수출신고수리필증
2. 장치확인서</td><td>수수료</td></tr>
<tr><td>없음</td></tr>
</table>

■ 자유무역지역고시 별지 제19호 서식

일련번호 :

자유무역지역 국외반출신고수리물품 반입명령서

① 신고인	상호		③ 신고번호	
	주소		④ 신고일자	
	성명		⑤ 연장기간	
② 국외반출자	상호		⑥ 반입명령기간	
	주소		⑦ 반입명령사유	
	성명			
⑧ 반입할 장소				

⑨ 반입할 물품내역

⑩ 포장의 종류	⑪ 품명 및 규격	⑫ 수량(중량)	⑬ 가격(FOB₩)	⑭ 비고

상기 물품은 「자유무역지역의 지정 및 운영에 관한 법률」 제30조에 따라 세관장에 국외반출신고하여 수리가 된 물품이나, 선(기)적 승인기간 내에 선(기)적되지 아니하였으므로, 「자유무역지역 반출입물품의 관리에 관한 고시」 제18조에 따라 원자유무역지역으로 재반입하도록 통지하오니, 지정기간 내에 반입하여 신고 취하절차를 이행하시기 바랍니다.

20 년 월 일

○ ○ **세 관 장** 직인

귀하

첨부서류 : 없음	수수료
	없음

8.4 사용·소비신고한 조선기자재의 특례보세운송

조선기자재는 일반적으로 거대중량 또는 용적과다인 경우가 많고 동일 B/L 내 세부품목의 가격분할이 쉽지 않아 'B/L 분할 → 일반보세운송절차' 이용이 어려울 뿐만 아니라, 보세운송 도착 후에도 실제로 공정에 투입하기 위해서는 '보세공장 사용신고'절차를 거쳐야 하는 등 불편이 많았다.

보세공장과 달리 자유무역지역 반입물품의 경우 실질적으로 제조·가공이 이루어지지 않고 단순히 B/L 분할·합병하는 경우에도 사용·소비신고의 대상이 되므로(「자유무역지역고시」 제7조 제1항 제2호) 선박기자재반입 후 B/L 분할·합병작업을 거쳐 보세공장(조선소)에 반입하는 물품에 대해 사용·소비신고 및 특례보세운송신고절차를 이용하도록 하여 기존의 물류절차가 대폭 감소되었다.

이 경우 수입되는 조선기자재의 실화주는 국내 조선소(보세공장)가 되고, 이 물품의 선별·분류작업 등 사용소비자는 입주기업체가 됨에 따라 사용소비신고 신청자와 B/L상 수하인(Consignee)이 상이하게 되는 문제점이 있었다.

사용소비신고 시 사용되는 수입신고 서식에는 납세의무자를 기재해야 하는데(신고수리된 사용소비신고를 출력하면 사용소비자로 표시), 일반적인 수입신고의 경우에는 B/L상 수하인으로 기재해야겠지만 사용소비자는 입주기업체로 기재되어야 하므로 B/L상 수하인과 다를 수밖에 없다. 이는 물류공항만형 자유무역지역에서는 일반적인 형태가 될 것이므로 2009년 부산세관에서는 보세공장이 자기명의로 자유무역지역에 조선기자재를 반입하는 경우 사용소비신고서상 사용소비자와 물품의 실화주(보세공장)가 상이하더라도, 즉 사용소비자와 B/L상 수하인이 상이한 경우에도 사용소비신고가 가능하도록 업무를 개선하였다.

뿐만 아니라 이렇게 수리된 물품을 국내 보세공장으로 보세운송할 경우에는 일반적인 보세운송절차를 이용하지 않고 '보세공장 보세운송의 특례'(「보세공장운영에 관한 고시」 제30조)절차를 이용하도록 하여 보다 간편하게 보세운송할 수 있게 하였다. 따라서 이 경우에는 붙임과 같이 화물관리번호를 생성할 필요 없이 간단하게 '반출신고 겸 보세운송신고'를 할 수 있다.

9 동일 FTZ 내 입주기업체 간 물품이동(이고운송시스템)

9.1 업무절차 도해

① 보관 중인 물품의 입주기업체 간 이동(화물관리번호 있음)

이고요청		이고신청 및 이고운송		입고 및 반입신고
화주 → 반입업체 (전화, 팩스 등)	→	반입할 업체 → (세관시스템 경유) → 반출창고(반출신고)	→	반입업체 → 세관

② 조립 · 가공한 물품 등의 입주기업체 간 이동(사용 · 소비신고하여 화물관리번호 없음)

이고요청		이고신청 및 이고운송		입고
화주 → 반입창고 (전화, 팩스 등)	→	반입창고 → 반출창고 (직접요청, 전산신고 없음)	→	반입 및 재고관리 (전산신고 없음)

9.2 이고운송시스템의 개요

(1) 의의

하나의 자유무역지역이 2개 이상의 구역으로 구분되어 있는 경우 당해 구역 간 물품이동 시에는 보세운송절차를 생략하고 관세청 수출입화물시스템에 의한 화물 반출입신고로 갈음함은 전술한 바 있다.

일반적으로 동일한 자유무역지역도 건설시기 또는 관리상 편의를 위하여 일정구역으로 나누는 경우가 있는데, 구체적으로는 부산진해자유무역지역이 부두터미널 지역과 북컨테이너부두배후단지 및 웅동배후단지로 구역이 나누어져 있고, 마산자유무역지역의 경우에도 1~3공구로 나누어져 있다.

이 제도를 도입한 취지가 자유무역지역에 반입된 국제화물이 해당 자유무역지역을 반출하지 않고 역내에서 이동할 경우 자유로운 화물이동을 보장함으로써 국제물류 유치를 지원하려는 데 그 목적이 있는 만큼, 동일 자유무역지역 내 서로 다른 구역 간 물품이동뿐만 아니라 자유무역지역 내 동일 구역에 입주한 입주기업체 간 물품이동도 관세청 수출입화물시스템에 의한 화물반출입신고로 보세운송절차를 대신할 수 있다.

그러나 실제로는 화물관리시스템에 반출입신고사항을 전송하려면 '반출입근거번호(수입신고수리번호, 보세운송신고번호 등)'를 입력해야 하므로, 그 근거가 되는 소정의 세관신고절차가 없으면 물품반출입 자체가 불가능하게 되어 있다.

이처럼 입주기업체 간 물품이동 시 이고요청정보 및 운송책임에 대한 공신력 확보 수단이 없어 자율적 화물인도·인수는 현실적으로 불가능하게 되었고, 이에 따라 보세운송업체에 의뢰하여 보세운송신고절차를 진행해야 하는 번거로움을 해소하고자 2008년 입주기업체 간 물품이동 정보교환시스템, 일명 '이고운송시스템'을 개발하여 실질적으로 보세운송절차를 대체하도록 하였다.

(2) 장점

'이고운송시스템'은 보세운송신청절차가 필요가 없을 뿐만 아니라 관세청 전산시스템에서 100% 자동수리되므로 신속한 운송이 가능하며, 보세운송업자를 이용할 필요 없이 입주기업체가 직접 신고하면 되므로 해당 수수료가 절감된다.

야간, 공휴일 등 세관 개청시간 외에 보세운송신청을 하려는 경우에는 사전에 세관에 임시개청신청을 하여야 하고 소정의 임시개청수수료(평일 기본 8,800원, 휴일 기본 16,800원)를 부담하여야 하나, 이것은 임시개청신청 없이도 24시간 상시로 이용이 가능하다.

또 일반보세운송과 달리 담보제공이 면제되고, 보세운송 승인사항과 도착지장소 제한 등에 대한 세관심사가 배제된다. 물론 이것은 운송대상물품의 세관심사가 면제된다는 뜻이지 위험물품처럼 관계 법령에 정해진 화물취급기준을 지키지 않아도 된다는 것은 아니다.

한편, 보세운송물품이 과적(컨테이너 적입화물의 총중량이 25톤을 초과하는 물품)에 해당되는 경우 보세운송수리가 제한되나, 이고운송은 동일 자유무역지역 내 입주기업체 간의 운송이므로 과적부분을 다소 탄력적으로 운영하게 된다. 그 외 미착관리와 운송기간 연장은 보세운송절차와 동일하다.

(3) 사전 준비절차

자유무역지역 입주기업체가 이고운송시스템을 이용하려면 다음 절차에 따라야 하며, 운송기간은 반출신고일로부터 3일이다.

연번	이용절차	비고
1	자유무역지역 내 반출입신고를 위한 부호등록 요청	입주기업체 → 세관
2	입주기업체에게 보세운송업자부호등록	8+일련번호(5)
3	기존 보세운송신고시스템을 이용하여 반출예정신고 • 보세운송신고번호 업체부호란에 '8'로 시작하는 업체부호 필히 사용 • 보세운송 구분 : 자유무역지역 입주기업체 신고 'F' • 운송기간 : 3일 • 신청사유 : 자유무역지역 내 반출입물품 '14' • 운송구간 : 발송지/도착지 모두 동일 자유무역지역 ※ UNIPASS시스템을 이용한 보세운송절차 이용가능	입주기업체 → 세관

(4) 반출입업체부호등록

1) 부호등록 개요

자유무역지역 '이고운송시스템'을 이용하려는 입주기업체는 세관장(통관지원과 보세운송 담당자)에게 '입주기업체부호등록'과는 별개로 자유무역지역 반출입신고를 위한 '업체부호등록'을 신청하여야 한다. 이 부호를 받지 못하면 '이고운송신청'은 할 수 없으나 해당 업체로의 이고운송 도착은 가능하다.

반출입업체부호등록 현황(예시)

업체부호	업체명	업체부호	업체명
800001	대한통운BND(주)	800002	세방부산신항물류(주)
800003	씨스테인웨그 디스트리파크(주)	800004	부산신항CFS(주)
800005	비아이디씨(주)	800006	칼트로지스틱스(주)

2) 부호등록 매뉴얼

① 기존 화주/관세사 관리화면에 자유무역입주기업체 등록, 수정 기능 신설

가. 자유무역지역 내 입주기업체에 대한 보세운송업체부호 부여 기능 추가

나. 신설 보세운송업체부호 6자리 : '8'+일련번호(5)

② 작업구분에서 자유무역지역입주기업체 선택 후 등록버튼 클릭 시 업체부호가 자동으로 생성

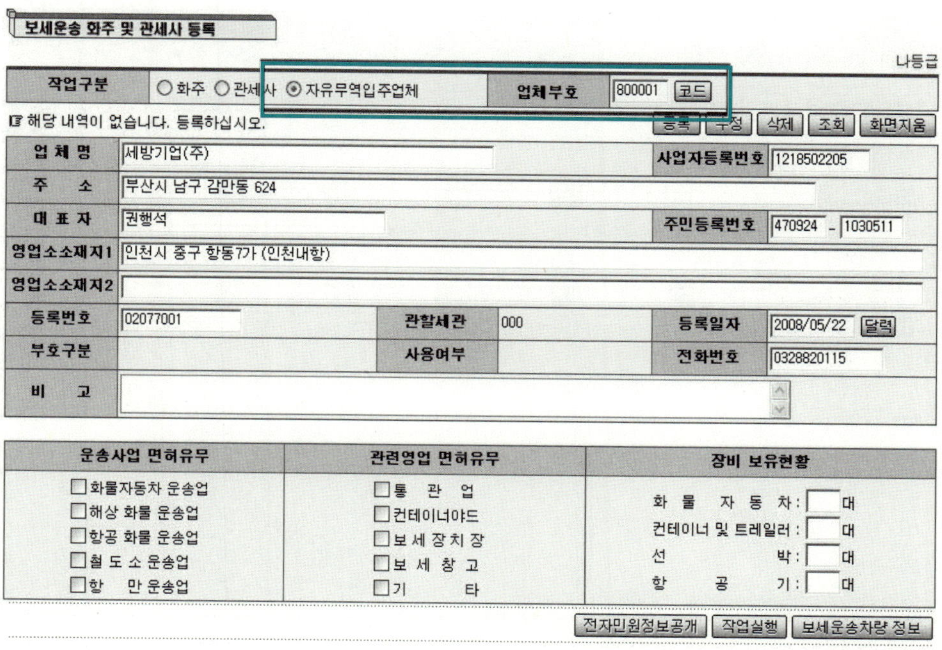

9.3 이고운송절차

수입업체가 자유무역지역 입주기업체(반입·장치 예정 CFS)에 이고 및 보관(전시)을 의뢰하면 입주기업체(장치 예정 CFS)가 현재 물품을 관리(보관)하고 있는 입주기업체에 이고 관련 정보를 이고운송시스템을 경유하여 전송한다.

(1) 사용서식

자유무역지역 내 반출입신고서(「보세운송에 관한 고시」 별지 제9호 '보세운송신고서' 사용)를 이용하여 전산신고한다.

① UNIPASS 접속>전자신고>화물>보세운송신고서 클릭

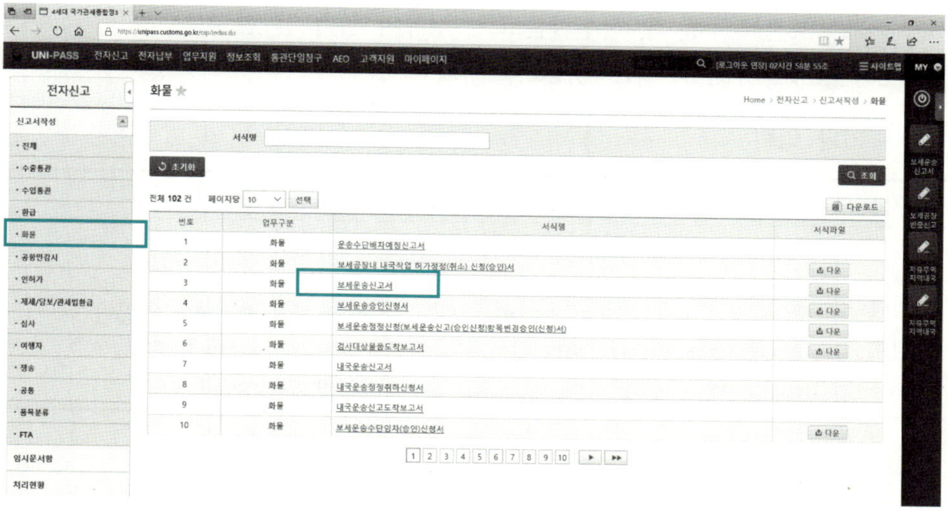

② 보세운송신청서 작성

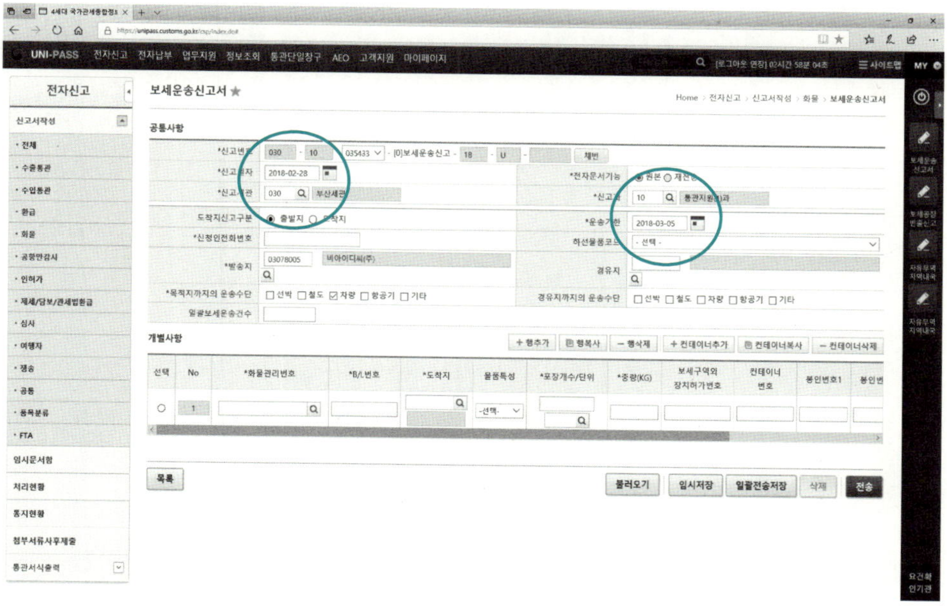

■ 공통사항, 필수입력사항(순서)

- 신고번호는 채번 클릭하면 자동부여됨
- 신고일자 및 운송기한 선택(운송기한, 신고일자 포함 3일)
- 세관 ○○○, 과 10, 발송지(반출할 해당 보세구역코드 선택)

– 도착지신고 구분 및 하선물품코드, 경유지 입력 안 함

– 운송방법 : 선박, 철도, 차량 등 선택

– 기타 입력

구분	화물관리번호 찾기 클릭(권장)	개별 항목 입력
입력 내용	• 화물관리번호 찾기(돋보기) 클릭 • 해당 화물관리번호 또는 B/L No. 입력 조회(반드시 영문 대문자 입력) • 도착지 보세구역코드 입력 • 화물 선택 후 전송	• 화물관리번호 입력 • B/L No. 입력 • 도착지 보세구역코드 입력 • 포장 개수/단위 입력 • 중량 입력 후 전송

10 화물장치기간 및 매각절차

10.1 화물장치기간 및 수리물품 반출의무

(1) 화물장치기간 적용지역

자유무역지역 반입화물에 대한 장치기간은 원칙적으로 정하지 아니한다. 이는 통관, 검사, 일시보관 등 물품장치 기능이 강조되는 보세창고와 달리 국제화물을 유치하고 부가가치작업을 장려하려는 자유무역지역의 기능 강화를 위해 필요한 조치라 할 것이다. 그러나 공・항만터미널에 소재한 자유무역지역에 반입된 화물에 대해 장치기간을 정하지 않아 제때 반출되지 않고 재고화물로 쌓일 경우 화물흐름에 지장을 주게 됨은 물론 국제화물 유치에도 부정적으로 작용하게 된다. 이에 반입물품의 원활한 처리를 위하여 관세청장이 지정한 지역(이하 '물류신속화 자유무역지역'이라 한다)에는 예외적으로 화물장치기간 및 수입신고수리물품 반출의무를 적용받도록 하여 공・항만지역의 물류적체를 예방하고 있다.

원활한 물류처리를 위한 화물장치기간과 수입신고수리물품 반출의무가 적용되는 자유무역지역은 아래 표와 같다. 부산항의 경우 신항의 본격적인 가동으로 부산항 물동량의 신항 이동이 가속화됨에 따라 2011년 「자유무역지역법」 개정 시 부산 신항지역 부두터미널이 모두 물류신속화지역에 포함된 반면 배후 물류단지는 포함되지 않아 종전과 같이 화물장치기간이 적용되지 않게 되었다.

공・항만	적용지역(물류신속화 자유무역지역)
부산항(7)	대한통운부산 컨테이너터미널(신선대부두), 부산 신항만터미널, 부산 신항 국제터미널, 한진해운 신항만터미널, 부산 신항 다목적터미널, 현대부산 신항만터미널, BNCT터미널(이상 신항)
인천항(9)	인천항 내항 제1부두 내지 제8부두, 남항컨테이너부두
인천공항(1)	화물터미널

(2) 물류신속화지역 화물장치기간

자유무역지역 중 공항 또는 항만으로서 관세청장이 지정하는 지역, 일명 '물류신속화 자유무역지역'에 반입되어 수입신고되거나 장치(藏置)된 물품에 대하여는 3개월의 화물장치기간이 적용된다. 이 기간을 경과한 경우에는 장치기간 경과물품, 즉 '체화'로 분류되어 세관의 집중관리를 받게 됨과 동시에 「관세법」에 따른 체화처리 절차에 돌입하게 된다.

참고로 물류신속화 특허보세구역의 경우 반입화물장치기간이 2개월인 데 반해 자유무역지역은 그보다 1월이 긴 3개월이 적용되는 것이 특이하다.

다만, 위 규정에도 불구하고 '국제물류의 촉진을 위하여 관세청장이 정하는 물품'의 장치기간은 3개월이 아닌 '비축에 필요한 기간'이 적용됨에 따라 사실상 화물장치기간이 없는 것과 같은데, 여기에는 런던금속거래소(LME) 취급물품과 보세창고인도조건(BWT) 거래물품이 해당한다.

또한 입주기업체가 자유무역지역에서 사용 또는 소비, 즉 보관이 아닌 임가공 등 본연의 사업목적에 투입하기 위하여 반입되는 다음의 외국물품에 대하여는 화물장치기간이 적용되지 않는다. 아래 물품 중 시설재나 건축자재에 대해 장치기간을 적용하는 것은 이치에 맞지 않고, 만에 하나 공항만터미널 내에서 임가공이 이루어질 경우 화물장치기간을 적용하는 데 따른 피해발생을 예방하기 위한 조치로 보인다.

① 기계, 기구, 설비 및 장비와 그 부분품
② 원재료(입주기업체가 수입신고하려는 원재료는 제외한다), 윤활유, 사무용 컴퓨터 및 건축자재
③ 그 밖에 사업목적을 달성하는 데에 필요하다고 인정하여 관세청장이 정하는 물품(포장·보수·가공 또는 조립 등에 사용하기 위하여 반입하는 물품)

장치기간 경과물품의 처리절차는 「보세화물장치기간 및 체화처리에 관한 고시(이하 '장치기간 및 체화처리고시'라 한다)」를 준용하며, 이 경우 '보세구역의 운영인' 또는 '화물관리인'은 '보관업종을 영위하는 입주기업체'로 한다. 따라서 입주기

업체는 화물장치기간 만료 30일 전까지 화주 등에게 반출통고를 등기우편으로 송부하여야 하며, 화주 등이 분명하지 않거나 그 소재가 분명하지 않아 반출통고를 할 수 없을 때에는 게시공고로 이를 갈음할 수 있다.

또 세관장은 물류신속화 자유무역지역에서 수입신고수리물품의 반출 및 장치기간 경과물품의 매각 등의 절차를 효율적으로 수행하기 위하여 입주기업체 간 물품 반출입내역을 통보받으려는 경우 해당 업체로 하여금 세관 수출입화물시스템을 통하여 통보하도록 할 수 있다.

한편, 보세구역별 화물장치기간을 표로 나타내면 다음과 같다.

보세구역별 화물장치기간

구분	화물장치기간	
	원칙	예외
지정장치장	6월 (6월 연장가능)	부산항, 인천항, 인천공항, 김해공항 항역내 지정장치장 : 2월(2월 연장가능)
보세구역외 장치장 (타소장치장)	허가기간 (연장기간 포함)	검역, 우편, 압수물품 제외
유치품, 예치품, 습득물 (여행자 및 승무원휴대품)	1월 (유치물품 1월 연장가능)	예치물품 : 출국예정일+1월
보세창고	6월 (6월 연장가능)	• 물류신속화 보세창고 2월 • 비축물품, LME화물 등 : 비축에 필요한 기간
보세공장, 보세전시장 보세건설장, 보세판매장	특허기간과 동일	
물류신속화 자유무역지역	3월 (3월 연장가능)	

(3) 수입신고수리물품 반출의무

물류의 원활한 처리를 위하여 관세청장이 지정한 자유무역지역으로 반입된 외국화물이 수입신고수리된 경우 수리일부터 15일 이내에 해당 물품을 관세영역으로 반출하여야 한다.

장치기간이 경과된 보세화물의 경우에는 세관장의 엄격한 관리를 받고 매각절차에 들어가게 되지만 수입신고가 수리된 물품은 국가에서 이미 관세채권의 권리행사를 마친 물품, 즉 내국물품이므로 국가가 간섭할 이유는 없다. 그러나 이러한 내국물품이 제때 반출되지 않을 경우 해당 자유무역지역의 공간을 차지하게 되는 등 운영에 지장을 줄 우려가 있어 부득이 국가가 개입하는 것이다.

수입신고수리물품 반출의무를 위반한 경우 「자유무역지역법」 제37조와 「관세법」 제157조의2 및 제277조 제5항 제4호에 따라 100만 원 이하의 과태료가 부과되며, 구체적인 부과기준은 다음과 같다.

이처럼 수입신고수리물품에 대해 15일 반출의무기간을 적용하는 것은 기본적으로 수입화물의 회전율을 높여 막대한 예산이 투입된 국가 기간시설인 공항만 자유무역지역의 기능 향상이 목적이나, 어떤 경우에는 역내 화물장치율이 현저히 낮아 화물을 수용할 공간이 충분함에도 무리하게 수리물품 반출의무기간을 적용함으로써 자유무역지역시설의 효율성을 오히려 저해할 뿐만 아니라 수입업체에도 부담으로 작용할 수도 있다.

이런 경우에는 반출의무기간 전에 세관장에게 '반출의무기간 연장승인신청'(「보세화물관리에 관한 고시」 별지 제11호 서식)을 하여 연장받으면 된다.

수리물품 반출의무위반 과태료부과규정

• **적용 법조항** : 「관세법」 제157조의2, 제277조 제5항 제4호

• **부과방법** : 구간제 가중부과기준

※ 구간제 가중부과 = 위반횟수(구간별) × 해당 구간금액

(단위 : 만 원)

수리물품 반출의무위반 과태료 부과기준 (관세법 등에 따른 과태료 부과징수에 관한 훈령)	1년간 1~10회	1년간 11~20회	1년간 21회 이상
가. 보세구역 반출기간 만료일부터 10일 이내에 반출한 경우	10	30	50
나. 보세구역 반출기간 만료일부터 10일을 초과하여 반출한 경우	25	50	100

• 위반횟수 계산기준

① 위반행위가 마지막으로 발생한 날부터 소급하여 1년 단위로 구분하여 위반횟수 구간의 부과금액을 적용한다.

② 어러 개의 동일한 질서위반행위가 일시에 적발된 경우에는 같은 위반차수로 본다.

③ 법인의 질서위반행위에 대한 과태료부과는 법인을 기준으로 위반차수를 확인하여 적용한다.

■ 보세화물관리에 관한 고시 별지 제11호 서식

<table>
<tr><td colspan="4">반출기간 연장승인(신청)서
※ 표시는 신청자가 기입</td><td>처리기간
1일</td></tr>
<tr><td colspan="2" rowspan="3">※신청자 :

(화주, 반입자, 수입신고인)</td><td colspan="2">기간 연장승인번호</td><td></td></tr>
<tr><td colspan="2">※수입신고수리일자</td><td></td></tr>
<tr><td colspan="2">※수입신고번호</td><td></td></tr>
<tr><td colspan="2">※연장사유</td><td colspan="3">※연장기간 : 20 . . .부터
20 . . .까지
(일간)
※장치장소:
※화물관리번호:</td></tr>
<tr><td colspan="5">※장치물품내역</td></tr>
<tr><td>품명</td><td>규격</td><td>수량</td><td>가격</td><td>세액</td></tr>
<tr><td></td><td></td><td></td><td></td><td></td></tr>
<tr><td></td><td></td><td></td><td></td><td></td></tr>
<tr><td></td><td></td><td></td><td></td><td></td></tr>
<tr><td></td><td></td><td></td><td></td><td></td></tr>
<tr><td></td><td></td><td></td><td></td><td></td></tr>
<tr><td colspan="2">「관세법」 제157조의2와 제177조 및 「보세화물관리에 관한 고시」 제10조의4 제6항과 제16조에 따라 위와 같이 반출기간 연장을 신청합니다.

20 년 월 일

위 신청인 (서명 또는 인)

○ ○ 세 관 장 귀하</td><td colspan="3" rowspan="2">위 신청사항을 「관세법」 제157조의2와 제177조 및 「보세화물관리에 관한 고시」 제10조의4 제6항과 제16조에 따라 반출기간 연장을 승인합니다.

20 년 월 일

○ ○ 세 관 장 직인

귀하</td></tr>
<tr><td>수수료</td><td>없음</td></tr>
</table>

10.2 화물의 매각요청

(1) 의의

자유무역지역 중 원활한 물류를 위하여 관세청장이 지정한 지역, 일명 물류신속화 지역에는 화물장치기간(3개월)이 적용되어 체화처리가 가능하지만, 그렇지 않은 일반자유무역지역은 화물장치기간이 적용되지 않아 악성체화를 양산하는 등 부작용을 낳기도 한다. 즉, 자유무역지역에 물품을 반입한 자가 부도가 발생하거나 계약과 상이한 물품의 반입으로 인해 수입화주가 수취를 거절할 경우에는 장기간 악성체화로 남게 되고, 이를 처리하기 위해 민법상 경매절차를 밟도록 함에 따라 추가적인 시간과 비용낭비를 초래하는가 하면 어떤 물품은 법원경매로도 처리되지 않는 등 많은 문제점이 발생되었다.

이 같은 문제점을 해소함과 동시에 궁극적으로 자유무역지역의 원활한 화물흐름을 제고하기 위하여 2011년 「자유무역지역법」 개정 시 예외적으로 사고화물에 대한 화물장치기간을 도입하게 되었다.

(2) 매각요청 대상물품

입주기업체는 물류신속화 자유무역지역 외의 지역에 반입한 날부터 6개월이 지난 외국물품이 다음 각 호의 어느 하나에 해당하는 경우에는 관세청장이 정하여 고시하는 바에 따라 세관장에게 그 외국물품의 매각을 요청할 수 있다.

① 화주(貨主)가 분명하지 아니한 경우

② 화주가 부도 또는 파산한 경우

③ 화주의 주소·거소 등 그 소재를 알 수 없는 경우

④ 화주가 수취를 거절하는 경우

관세청장이 지정한 물류신속화 자유무역지역 및 「관세법」상 특허보세구역에서 발생한 체화는 입주기업체 또는 보세구역 운영인의 체화처리요청과 무관하게 강제적으로 체화처리를 진행하게 되나 이 경우에는 반드시 입주기업체에서 세관장에게 매각요청을 해야만 체화처리에 돌입할 수 있다.

(3) 매각절차

입주기업체는 위 규정에 따라 세관장에게 매각을 요청하는 경우 화주, 반입자 또는 그 위임을 받은 자에게 외국물품의 반출통고를 해야 하며, 반출통고 후 30일이 경과한 후에 매각을 요청할 수 있다. 이 경우 입주기업체는 다음 각 호에 해당하는 증빙서류를 제출하여야 하며, 세관장은 입주기업체가 증빙서류를 제출하지 않거나 매각요청사유에 해당하지 않는 경우에는 매각요청을 승인하지 않을 수 있다.

① 반입신고서

② 반출통고서

③ 기타 매각요청사유를 입증하기 위한 증빙자료

입주기업체는 사고화물이 발생한 경우 먼저 관할 세관장에게 구두 보고한 후 장치기간 경과대상물품 반출통고(「장치기간 및 체화처리고시」 별지 제3-1호 서식)를 하고 세관장에게 '장기보관화물 매각승인요청서'를 제출하여 승인을 받아야 한다. 반출통고서는 등기우편으로 송부하여야 하며, 화주 등이 분명하지 않거나 그 소재가 분명하지 않아 반출통고를 할 수 없을 때에는 게시공고로 갈음할 수 있음은 전술한 바와 같다.

반출통고를 한 입주기업체는 반출통고 목록(화주내역과 화물관리번호를 포함한다)을 세관화물정보시스템을 통하여 전자신고 등으로 관할세관장에게 전송하여야 한다. 이때 화주내역은 한글로 입력하여야 하며, 한글로 입력할 수 없는 불가피한 사유가 있는 경우에는 영문 등으로 입력할 수 있다.

기타 매각절차와 매각 후 잔금교부, 매각되지 않은 물품에 대한 국고귀속 및 폐기절차 등은 「장치기간 및 체화처리고시」를 준용한다.

■ 자유무역지역고시 별지 제18호 서식

장기보관화물 매각승인(요청)서	처리기일
	7일

신청인				
신청인	① 업체명		② 업체관리부호	
	③ 주소		④ 전화번호	
	⑤ 성명		⑥ 사업자등록번호	

매각요청내역

⑦ No.	⑧ 화물관리번호	⑨ B/L번호	⑩ 화주명	⑪ 품명	⑫ 규격	⑬ 반입수량
	⑭ 반입중량	⑮ 단위	⑯ 반입일자	⑰ 통고일자	⑱ 요청사유	

「자유무역지역 지정 및 운영에 관한 법률」 제37조 및 「자유무역지역 반출입물품의 관리에 관한 고시」 제19조에 따라 위와 같이 매각을 요청합니다. 20 년 월 일 신청인 (서명 또는 인) ○ ○ **세 관 장** 귀하	「자유무역지역 지정 및 운영에 관한 법률」 제37조 및 「자유무역지역 반출입물품의 관리에 관한 고시」 제19조에 따라 위와 같이 매각요청을 승인합니다. 20 년 월 일 ○ ○ **세 관 장** 직인

첨부서류:	수수료
1. 반입신고서 2. 반출통고서 3. 기타 매각요청사유를 입증하기 위한 증빙자료	없음

11 반입물품 재고관리 및 재고조사

11.1 업무절차 도해

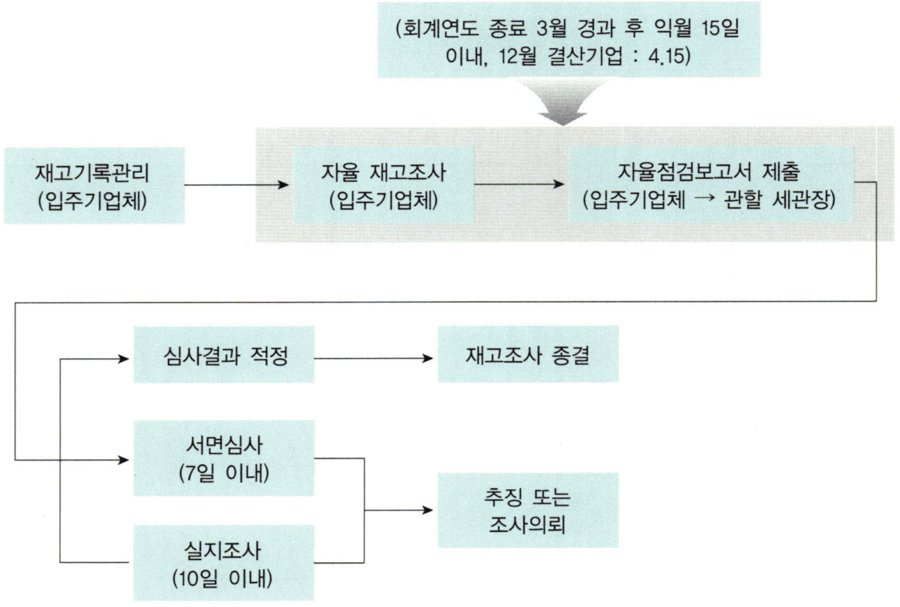

11.2 재고관리의 개요

(1) 재고관리체계

재고관리와 관련하여 '물품관리체계'란 입주기업체에서 물품의 반출입사항 등 물품관리에 관한 사항을 장부 또는 자료보존매체에 따라 기록하고 동 기록을 유지해서 최종적으로 결산보고서 재무제표 및 관련 부속서류와 연계되어 보세화물의 재고 등을 파악관리하는 일련의 체계를 말하며, '업무처리체제'란 해당 업체에서 물품의 반입·반출 및 재고관리와 관련한 부서 간의 업무의 분담, 분담업무에 대한 권한과 책임의 정도, 업무의 적정성 확인을 위한 일상적 조치사항·확인주기 및 발견된 오류의 신속한 정정 등 물품관리업무의 적정성을 확보하기 위한 업체 내부의 경영조직 및 업무수행방식을 말한다.

세관장은 입주기업체의 입주가 확인되면 「자유무역지역법」 제39조(입주기업체의 재고관리상황의 조사 등)에 따라 해당 업체의 재고관리에 필요한 물품관리체계 및 업무처리체제를 확인할 수 있다.

세관장은 물품관리체계 및 업무처리체제를 확인한 후 그 결과에 따라 업체의 물품검사 및 재고조사를 할 때 차등 있게 관리할 수 있다.

(2) 재고관리 대상물품

입주기업체는 다음 각 호의 물품에 대하여 관세청장이 정하여 고시하는 바에 따라 그 품명, 규격, 수량, 가격, 보수작업의 내용 등 재고관리에 필요한 사항을 기록·관리하여야 한다.

① 자유무역지역 안으로 반입한 물품

② 자유무역지역에서 사용·소비하거나 생산한 물품

③ 자유무역지역으로부터 반출한 물품

④ 외국물품 등을 폐기할 경우 폐기 후에 남는 경제적 가치를 가진 물품

보다 구체적으로 입주기업체가 재고기록을 유지해야 할 물품은 당해 자유무역지역에서 반입·반출·사용소비한 물품과 폐기 후 경제적 가치가 있는 잔존물로서 다음 것으로 한정한다.

① 외국물품

② 입주기업체가 자유무역지역에서 사용 또는 소비목적으로 반입신고한 내국물품 중 관세 등의 면제 또는 환급(「자유무역지역법」 제45조 제1항) 및 부가가치세 영세율(「자유무역지역법」 제45조 제2항) 적용을 받으려는 다음의 물품

가. 기계, 기구, 설비 및 장비와 그 부분품

나. 원재료, 윤활유, 사무용 컴퓨터 및 건축자재

다. 그 밖에 사업목적을 달성하는 데에 필요하다고 인정하여 관세청장이 정하는 물품(복합물류 관련 사업을 수행하는 입주기업체가 포장·보수·가공 또는 조립 등에 사용하기 위하여 반입하는 물품)

※ 「환급사무처리에 관한 고시」 별지 제1호 서식 및 「자유무역지역법」 제3의2호 서식(내국물품 반입확인서)으로 반입한 내국물품

③ 「부가가치세법」상 비거주자(「부가가치세법」 제52조 제1항 제1호)가 국외반출을 목적으로 자유무역지역에 보관하기 위하여 반입신고한 내국물품 중 부가가치세 영세율(「자유무역지역법」 제45조 제2항)의 적용을 받으려는 물품으로서 다음 각 목의 요건을 모두 갖춘 물품

가. 국내사업자와 직접 계약에 따라 공급받을 것

나. 대금은 외국환은행을 통하여 원화로 지급할 것

다. 비거주자 등이 지정하는 입주기업체에게 인도할 것

※ 「자유무역지역법」 제3의2호 서식(내국물품 반입확인서)으로 반입한 내국물품

④ 제조·가공물품의 수입통관 시 과세표준 공제를 받기 위하여 '내국물품의 원재료 사용승인'을 받은 내국물품

※ 「자유무역지역법」 제16호 서식(내국물품의 원재료 사용(승인)신청서)으로 반입한 내국물품

한편, 위 조항에 불구하고 다음 물품은 재고관리를 생략한다.

① 해당 물품의 가격이 징수금액의 최저한(₩10,000)에 해당하는 경우

② 다음 각 호의 어느 하나에 해당하는 물품(「자유무역지역법 시행령」 제20조 제1항)

가. 출입차량

나. 출입자의 휴대품

다. 그 밖에 자유무역지역 안에서 사용·소비하는 소비재·소모품으로서 관세청장이 정하여 고시하는 물품

> **관세청장고시 물품**
>
> ① 법 제29조 제1항 제2호 각 목(기계, 기구, 설비 등)의 어느 하나에 해당하지 아니하는 물품으로서 자유무역지역에서 사용 또는 소비하기 위하여 반입된 사무용 소모품, 음식료품, 담배, 유류(전기·가스를 포함한다) 및 후생복리용 소모품 등으로 관세영역으로부터 반입되었음이 확인된 물품
>
> ② 세관장이 타당하다고 인정하는 직업에 필요한 용구로서 출입자가 휴대하여 반입하는 물품
>
> ③ 출입자가 상시 휴대하여 사용하는 개인용 물품으로서 기호품, 신변장식용품, 취미용품 그 밖에 세관장이 타당하다고 인정하는 물품

③ 내용연수가 지나 경제적 가치를 상실한 물품으로서 관세영역으로 반입할 때 가격이 징수금액의 최저한(₩10,000)에 해당하는 경우

(3) 재고관리 업무절차

입주기업체는 재고관리 대상물품의 재고내역 기록 시 다음 각 호의 사항을 장부 또는 자료보존매체(마이크로필름, 광디스크, 기타 전산매체)를 통하여 기록 유지할 수 있다.

① 반입내역 : 내·외국물품의 구분, 반입일자, 반입근거(반입신고번호·화물관리번호·환급대상물품반입확인신청번호·공급자 등)

② 반출내역 : 내·외국물품의 구분, 반출일자, 반출근거(수출신고번호·수입신고번호·보세운송신고번호·반출신고번호·화물관리번호 등), 품명, 규격, 수량 또는 중량, 단가, 가격 등

③ 제조공정별 원재료 등 사용 또는 소비내역 : 내·외국물품의 구분, 품명, 규격, 수량 또는 중량, 반입일자, 사용 또는 소비일자, 재고 수량 또는 중량 등

④ 제품 및 잉여물품내역 : 생산(발생)일자, 품명, 규격, 수량 또는 중량

⑤ 역외작업물품내역 : 신고번호, 신고일자, 반출입일자 및 반출입내역(직반출입내

역 포함), 품명, 규격, 수량 또는 중량, 가격, 역외작업장소, 역외작업완료일자 등

⑥ 부가가치 물류활동작업내역 : 반입물품의 보관 이외에 보수작업 등의 부가가치 물류활동을 하는 경우에는 화물관리번호별 관련 작업내역 및 작업일자 등

⑦ 폐기 및 잔존물내역

⑧ 보수작업내역

다음 입주기업체의 경우는 3~5번 사항 생략가능

① 수출입거래를 주목적으로 하는 도매업종의 사업을 하려는 자로서 수출입거래비중이 총매출액의 50%(중견기업 40%, 중소기업 30%) 이상인 기간이 1년 이상인 업체(「자유무역지역법」 제10조 제1항 제4호)

② 물품의 하역, 운송, 전시 또는 그 밖에 대통령으로 정하는 사업(복합물류업 관련 사업, 선박 또는 항공기 수리・정비・조립사업, 선용품 및 기용품공급업, 물류시설 개발업 및 임대업)을 하는 업체(제조・가공・수리・보수・조립 등의 기능을 수행하는 입주기업체는 제외한다)(「자유무역지역법」 제10조 제1항 제5호)

입주기업체는 가공・보수를 하지 아니하고 반입된 상태로 수입신고나 보세운송신고에 의하여 관세영역으로 반출되는 물품에 대하여는 세관 수출입화물시스템에 동 내용을 신고함으로써 재고기록을 갈음할 수 있다.

입주기업체가 자료보존매체에 의하여 화물관리를 전산화하여 반출입하는 물품을 관리하는 경우에는 세관장이 전산입력사항을 확인・조회할 수 있어야 하며, 자유무역지역에서 입주기업체 간에 물품을 이동하려는 경우 입주기업체는 자율적으로 또는 세관 수출입화물시스템을 이용하여 재고관리대상물품의 반출입사항을 기록・유지하여야 한다. 이렇게 기록한 재고관리 자료는 5년간 보존하여야 한다.

「보세판매장 운영에 관한 고시」에 따라 관세청장이 지정한 보세판매장 통합물류창고에 반입하는 물품 중 보세판매장재고관리시스템에 의하여 관리되는 물품의 재고관리 등 기록은 동 고시에서 정하는 바에 따른다.

11.3 재고관리상황 조사

(1) 재고관리상황 조사 개요

세장은 입주기업체의 재고기록 등 재고관리의 이행 여부를 확인하기 위하여 입주기업체에 대하여 재고관리상황을 조사할 수 있다.

입주기업체에 대한 재고조사는 서면심사 또는 실지조사의 방법으로 회계연도 종료 3월 이후 연 1회 실시를 원칙으로 한다. 다만, 전술한 물품관리체계 및 업무처리체제를 확인한 결과 세관장이 효율적인 물품관리를 위하여 필요하다고 판단하는 경우 그러하지 아니하다.

(2) 재고관리상황 자율점검표

입주기업체는 회계연도 종료 3개월이 경과한 후 15일 이내에 입주기업체의 반출입물품의 관리에 대한 적정 여부를 자체 점검하고 다음 각 호의 사항을 포함하는 자율점검표를 세관장에게 제출하거나, 공인회계사가 「자유무역지역고시」에서 정하는 바에 따라 재고조사를 실시하고 작성한 보고서를 관할 세관장에게 제출하여야 한다.

① 원재료, 재공품, 제품 및 잉여물품 등의 재고관리방법
② 제품별 원재료 실소요량 계산서(전산기록매체 또는 서면)
③ 반입물품의 기초재고, 반입·반출량, 기말재고 현황(수입신고제외대상인 기계·기구·설비 및 장비와 그 부분품 등을 구분하여 작성)
④ 재고관리 현황을 확인할 수 있는 관련 서류명 및 관리부서
⑤ 그 밖에 물품관리와 관련한 참고사항 및 의견

※ 자율점검표 제출기한 : 회계연도 종료 3월이 경과한 후 15일 이내
예 12월 결산기업의 경우 : 4.15 이내

다만, 「자유무역지역법」 제10조 제1항 제4호[수출입거래 주목적의 도매업종으로서 수출입거래비중이 총매출액의 50%(중견 40%, 중소 30%) 이상 기간이 1년 이상인 업체] 및 제5호[물품의 하역, 운송, 전시 또는 그 밖에 대통령으로 정하는 사업(복합물류업 관련 사업, 선박 또는 항공기 수리・정비・조립사업, 선용품 및 기용품공급업, 물류시설 개발업 및 임대업 — 제조・가공・수리・보수・조립 등의 기능을 수행하는 업체는 제외한다)]에 해당하는 업종인 경우에는 위 1호 및 2호에 해당하는 사항을 생략할 수 있다.

세관장은 제출받은 자율점검표 등의 심사결과 물품의 관리가 적정하다고 판단되는 입주기업체에 대하여 자율점검표 제출로 재고조사를 갈음할 수 있으며, 그 외의 입주기업체에 대하여 재고조사의 방법을 정하여야 한다.

(3) 재고관리상황 조사방법

세관장은 제출받은 자율점검표 등의 심사결과 재고조사의 필요가 있어 조사대상으로 정하여진 입주기업체에 대하여 재고조사 개시일부터 10일 이전에 다음 각 호의 사항을 기재한 통지서를 입주기업체에게 송부하여야 하며, 재고조사 개시일부터 서면심사인 경우는 7일 이내, 실지조사인 경우는 10일 이내에 완료하여야 한다. 다만, 부득이하게 재고조사기간을 연장하려는 경우에는 7일 이내의 범위에서 연장할 수 있으며, 이미 재고조사가 완료된 '재고조사대상기간'에 대해서는 부정유출혐의 등의 경우를 제외하고는 반복 조사할 수 없다.

① 물품의 반출입사항, 잉여물품의 처리사항 등 물품관리에 필요한 사항이 포함된 제출서류명(결산서 및 부속서류 등)
② 서류제출기한
③ 재고조사대상기간
④ 재고조사기간
⑤ 그 밖에 재고조사에 필요한 안내 및 협조사항 등

세관장은 부정유출혐의를 긴급하게 조사할 필요가 있다고 인정하는 경우에는 '사전통지'를 생략할 수 있으며, 사전통지를 하지 아니한 경우에는 세관장은 재고조사를 할 때 통지를 하지 아니한 사유를 알려야 한다.

한편, 세관장은 위에서 정하여진 재고조사의 방법에도 불구하고 물품반출입사항 등 관련 자료를 심사한 결과 재고조사의 방법이 타당하지 아니하다고 인정되는 경우에는 이를 변경할 수 있다. 다만, 다음 각 호의 어느 하나에 해당하는 경우에는 실지조사하여야 하며, 실지조사의 경우에는 다음의 증표를 휴대하고 이를 관계인에게 제시하여야 한다.

① 자율점검표 및 관련 자료[물품의 반출입사항, 잉여물품의 처리사항 등 물품관리에 필요한 사항이 포함된 제출서류명(결산서 및 부속서류 등)]를 제출기한까지 제출하지 않은 경우
② 외국물품 등의 부정유출 우려가 있는 경우
③ 실소요량관리가 다른 입주기업체와 비교하여 불합리한 경우
④ 제출된 자료가 서면조사에 필요한 사항이 기재되지 않아 서면심사가 이루어지기 어려운 경우
⑤ 입주기업체의 입주계약이 해지된 경우(세관장이 실지조사를 생략할 수 있다고 인정한 경우는 제외)

세관장은 입주기업체의 업종, 반출입물품의 성격, 작업의 종류 등을 감안하여 합리적인 방법으로 재고조사를 실시할 수 있으며, 입주기업체가 장부기장이나 물품관리를 소홀히 하여 재고조사를 실시할 수 없거나 실지조사결과 재고수량의 부족 등 관련 법령 위반사실을 발견한 때에는 자체조사 후 통고처분 등 필요한 조치를 하여야 한다. 다만, 위반사항이 「세관공무원의 범칙조사에 관한 시행세칙」 제13조의2 제1항 각 호의 어느 하나에 해당하는 경우 즉시 조사전담부서로 고발의뢰를 하여야 한다.

(4) 재고관리조사 사후조치 등

세관장은 입주기업체에 대한 재고관리상황 조사를 한 결과 외국물품 등의 재고가 부족한 경우에는 다음 각 호의 어느 하나에 해당하는 날을 「관세법」 제16조 및 제17조에 따른 과세물건의 확정 및 법령 적용의 시기로 보아 입주기업체로부터 그에 해당하는 관세 등을 지체 없이 징수하여야 한다.

① 외국물품이 반입된 상태에서 분실된 경우 : 해당 물품을 반입한 날

② 외국물품 등을 제조 또는 가공 등을 한 경우 : 제조 또는 가공 등을 한 날

한편, 관리권자는 자유무역지역의 효율적인 관리·운영을 위하여 필요한 경우에는 관세청장에게 입주기업체 물품의 반입·반출실적에 대한 자료의 제공을 요청할 수 있다. 이 경우 관리권자는 관세청장에게 물품의 반입·반출실적에 대한 자료의 제공을 요청하는 경우 제공대상자료의 사용목적 및 목록을 명시하여 서면 또는 전자문서로 요청하여야 한다.

12 물품의 폐기, 멸실·분실

12.1 폐기절차 도해

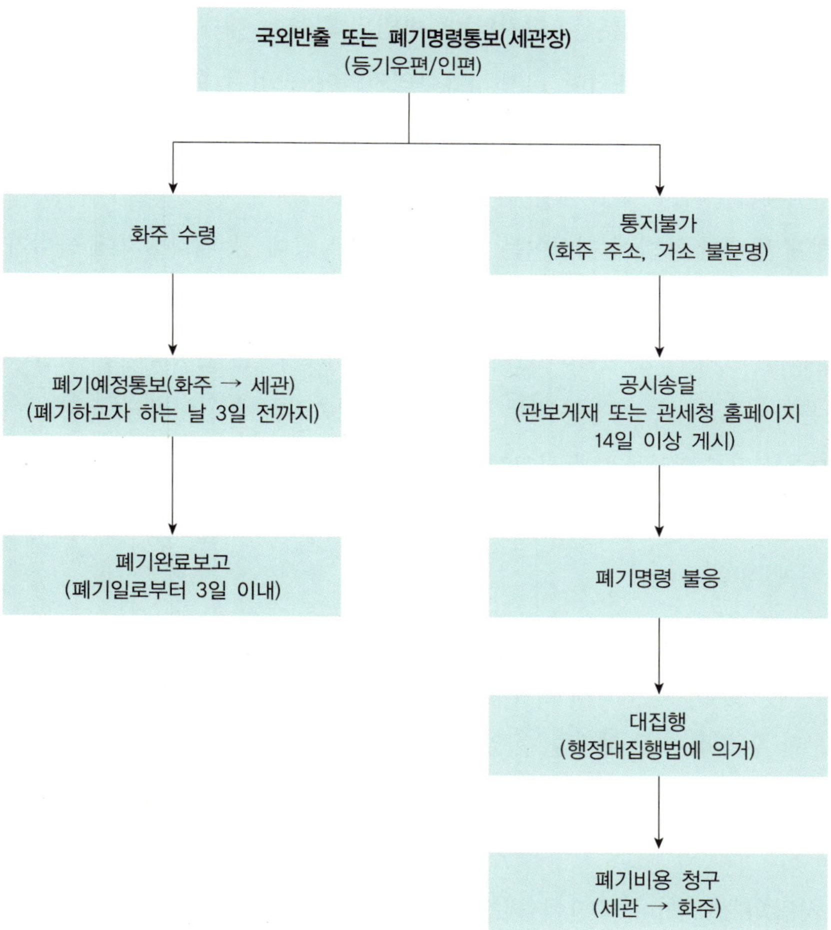

긴급한 경우

세관장 직접 폐기 ⇒ 폐기내역통보(세관 → 화주) ⇒ 폐기비용 징수

12.2 폐기대상물품

자유무역지역 반입물품에 대하여는 원칙적으로 화물장치기간이 적용되지 않으므로 장치기간 경과물품(체화)이 발생하지 않는다.

그러나 앞에서 설명한 바와 같이 자유무역지역 중 공항 또는 항만으로서 관세청장이 지정하는 지역(물류신속화지역)에 반입된 화물에 대해서는 예외적으로 화물장치기간(3개월)이 적용되며, 일반자유무역지역에 반입된 화물도 반입일로부터 6개월이 경과되면 화주불명, 화주 부도·파산, 소재불명, 수취거절 등 사고 발생 시 입주기업체가 세관장에게 체화처리를 요청할 수 있다.

이렇게 발생한 체화에 대하여는 세관장 주도로 공매 등 매각절차에 들어가게 되고, 매각되지 않을 경우 다시 1개월의 기한을 주고 화주, 반입자 또는 그 위임을 받은 자(이하 '화주 등'이라고 한다)에게 수입·수출 또는 반송통관할 것을 통고하는 이른바 '국고귀속 예정통고'를 한 후 국고귀속절차에 들어가게 된다.

이때 국고귀속대상물품이 국고귀속의 실익이 없을 정도로 가치가 적을 경우에는 관할 세관의 '국고귀속 및 폐기 심사위원회' 심의를 거쳐 바로 화주 등에게 폐기명령을 하게 된다.

장치기간 경과물품의 폐기와는 별개로 자유무역지역에 있는 물품 중 다음 각 호의 어느 하나에 해당하는 물품에 대하여는 화주 등에게 국외반출 또는 폐기를 명하거나 미리 통보한 후 직접 이를 폐기할 수 있다. 다만, 화주 등에게 통보할 시간적 여유가 없는 특별한 사정이 있을 때에는 그 물품을 폐기한 후 지체 없이 화주 등에게 통보하여야 한다.

① 사람의 생명이나 재산에 해를 끼칠 우려가 있는 물품

② 부패 또는 변질된 물품

③ 유효기간이 지난 물품

가. 실용시효가 경과되었거나 상품가치를 상실한 물품

나. 의약품 등으로서 유효기간이 만료되었거나 성분이 불분명한 경우

④ 위조상품, 모조품, 그 밖에 지식재산권 침해물품

⑤ 품명미상의 물품으로서 반입 후 1년이 지난 물품

⑥ 검사·검역기준 등에 부적합하여 검사·검역기관에서 폐기대상으로 결정된 물품

12.3 물품폐기절차

(1) 국외반출 또는 폐기명령통보

세관장은 자유무역지역 반입물품이 폐기대상물품에 해당될 경우 화주 등에게 '국외반출 또는 폐기처분명령(「자유무역반출입고시」 별지 제14호 서식)'을 할 수 있다.

국외반출 및 폐기명령은 등기우편이나 인편으로 송달하여야 하며, 인편으로 송달할 때에는 수령증을 받아야 한다. 이 경우 화주 등의 주소 또는 거소를 알 수 없거나 그 밖의 부득이한 사유로 인하여 통보를 할 수 없는 때에는 공고로써 통보에 갈음할 수 있는데, 물품의 폐기를 공고하는 경우에는 관보에 게재하거나 세관 게시판에 14일 이상 게시하고, 그 내용을 인터넷 홈페이지에 게시하는 등 효과적인 방법으로 공고하여야 한다.

한편, 상기 폐기대상물품에 해당되지 않는 경우에도 화물이 자유무역지역에 반입된 후 장기간 반출되지 않고 단시일 내 반출될 가능성이 없는 물품, 이른바 악성체화가 발생한 특별한 사유가 있을 경우 입주기업체 책임으로 세관장에게 물품폐기신청(「자유무역지역고시」 별지 제13호 '폐기신고서' 제출)할 수 있으며, 신청을 받은 세관장은 그 사유가 타당하다고 인정될 경우 자유무역지역의 원활한 운영을 위하여 해당 폐기신청건을 승인할 수 있다.

실제로 부산 신항의 경우 외국에서 반입된 중고 공장설비가 더 이상 원래의 용도로 사용될 가능성이 없이 장기간 적체화물로 있던 것을 원형변경(해체·절단작업으로 스크랩처리) 후 고철로 수입통관시킨 사례와 D조선소에서 수주하여 건조

중인 선박 발주가 국제 조선경기 부진으로 취소됨에 따라 사전에 반입한 원자재의 용도전환이 안 되어 폐기처리된 사례가 있다.

자유무역지역 물품폐기에 대하여는 「자유무역지역법」을 우선 적용하고 규정이 없는 부분은 「관세법」과 「보세화물장치기간 및 체화관리에 관한 고시」를 준용하는데, 폐기 후 잔존물에 대한 과세절차가 대표적 사례이다(뒤에 소개하는 잔존물과세 질의 회신 참조).

■ 자유무역지역고시 별지 제14호 서식

자유무역지역 물품의 국외반출 및 폐기처분명령(통고서)

주소 세관장
우편번호

주소 귀하
우편번호

○○세관 통관지원과 -
제목 : 자유무역지역 물품반송 및 폐기처분명령(통고)

1. 우리 세관 관할 자유무역지역에 반입된 다음 물품에 대하여 아래와 같은 사유로 「자유무역지역의 지정 및 운영에 관한 법률」 제40조에 따라 년 월 일까지 국외반출하거나 폐기처분할 것을 명령(통고)하니 국외반출하거나 세관공무원 입회하에 폐기처분하여 주시기 바랍니다.

2. 만약 지정된 기일 내에 국외반출 또는 폐기처분을 하지 아니할 때에는 행정대집행법의 규정에 의하여 우리 세관에서 이를 집행하거나 제3자로 하여금 이를 집행하게 하고 동 처분과 관련하여 비용이 발생하였을 경우에는 비용일체를 귀하로부터 징수하게 됨을 알려 드립니다.

아 래

1. 사람의 생명이나 재산을 해할 우려가 있는 물품 ( )
2. 부패 또는 변질된 물품 ( )
3. 유효기간이 경과된 물품 ( )
4. 위조상품, 모조품 기타 지적재산권 침해물품 ( )
5. 품명미상의 물품으로서 반입 후 1년이 경과한 물품 ( )
6. 검사・검역기준 등에 부적합하여 검사・검역기관에서 폐기대상물품으로 결정된 물품 ( )

물품의 표시

내외국 구분	입항일	선(기)명	반입일	B/L No.	품명	규격	수량/중량	장치장소

○ ○ 세 관 장

■ 자유무역지역고시 별지 제13호 서식

<table>
<tr><td colspan="6" rowspan="2">폐기신고서</td><td>처리기일</td></tr>
<tr><td>7일</td></tr>
<tr><td rowspan="3">신고자</td><td>① 업체명</td><td colspan="2"></td><td colspan="2">② 업체관리부호</td><td></td></tr>
<tr><td>③ 주소</td><td colspan="5"></td></tr>
<tr><td>④ 대표자성명</td><td colspan="5"></td></tr>
<tr><td colspan="7">폐기물품내역</td></tr>
<tr><td colspan="2">⑤ 화물관리번호</td><td>⑥ 품명</td><td>⑦ 규격</td><td>⑧ 수량/중량</td><td>⑨ 가격</td><td>⑩ 화주명 (상호/성명)</td></tr>
<tr><td colspan="2"></td><td></td><td></td><td></td><td></td><td></td></tr>
<tr><td colspan="2">⑪ 폐기사유</td><td colspan="5"></td></tr>
<tr><td colspan="2">⑫ 폐기예정일시</td><td colspan="5"></td></tr>
<tr><td colspan="2">⑬ 폐기작업장소</td><td colspan="5"></td></tr>
<tr><td rowspan="3">폐기업체</td><td>⑭ 상호</td><td colspan="5"></td></tr>
<tr><td>⑮ 주소</td><td colspan="5"></td></tr>
<tr><td>⑯ 대표자성명</td><td colspan="2"></td><td>⑰ 사업자등록번호</td><td colspan="2"></td></tr>
<tr><td colspan="7">「자유무역지역의 지정 및 운영에 관한 법률」 제38조 제3항 및 「자유무역지역의 반출입물품의 관리에 관한 고시」 제24조 제3항에 따라 위와 같이 폐기하고자 신고합니다.

20 년 월 일

신고인 (서명 또는 인)

○ ○ 세 관 장 귀하</td></tr>
<tr><td colspan="7">첨부서류 : 위임장 1부(화주와 신고자가 다른 경우)</td></tr>
</table>

(2) 폐기예정통보 및 결과보고

물품의 폐기명령을 받은 화주 등이 그 물품을 폐기하려면 미리 그 품명·규격·수량 및 가격, 화주의 성명, 폐기 일시 및 방법을 정하여 폐기하려는 날의 3일 전까지 세관장에게 폐기예정통보를 하고, 그 물품을 폐기하였을 때에는 폐기한 날부터 3일 이내에 그 결과를 세관장에게 통보하여야 한다. 폐기예정통보는 앞에서 설명한 '폐기신고서'를 제출하면 되며, 폐기 후에는 세관장에게 '폐기결과보고서'(「자유무역지역고시」 별지 15호 서식)를 제출하여 확인을 받아야 한다.

폐기 또는 국외반출명령을 받은 화주 등은 동 물품을 자기비용으로 폐기 또는 국외반출하여야 하며, 부패·변질 등 긴급한 사유로 세관장이 폐기한 경우에도 그 비용은 화주 등이 부담한다.

세관장은 폐기대상물품이 부정유출 우려가 있어 감시단속이 필요하다고 인정하는 때에는 세관공무원으로 하여금 이를 감독하게 할 수 있으며, 폐기 후 경제적 가치를 가진 잔존물(예 고철스크랩)이 국내수입될 경우에는 수입신고하도록 하고 관세 등 제세를 부과한다.

(3) 대집행

세관장은 폐기명령을 받은 화주 등이 기간이 경과하여도 폐기명령을 이행하지 아니할 때에는 「행정대집행법」의 규정에 의해 제3자에게 폐기하게 하여야 한다.

다만, 폐기대상물품의 종류, 수량, 폐기비용, 자연·생활환경 및 국민보건에 해가 되는지의 여부 등을 고려하여 세관 자체적으로 폐기가 가능하다고 인정되는 물품은 세관장이 직접 폐기할 수 있다.

「행정대집행법」에 의하여 폐기대집행을 한 세관장은 화주 등에게 대집행에 따른 비용의 납부를 명하여야 하며(납기 15일), 비용납부명령서를 받은 자가 납기 내에 납부하지 아니하는 때에는 「국세징수법」에 의거 징수하며, 그 비용을 징수하였을 때에는 국고수입으로 한다.

■ 자유무역지역고시 별지 제15호 서식

<table>
<tr><td colspan="5">자유무역지역물품 폐기결과보고서</td><td>처리기일
즉시</td></tr>
<tr><td rowspan="2">화주</td><td>① 업체명</td><td colspan="4"></td></tr>
<tr><td>② 주소</td><td colspan="4"></td></tr>
<tr><td colspan="2">③ 폐기방법</td><td></td><td>④ 폐기장소</td><td colspan="2"></td></tr>
<tr><td rowspan="2">폐기업체</td><td>⑤ 상호/성명</td><td colspan="4"></td></tr>
<tr><td>⑥ 주소</td><td colspan="4"></td></tr>
<tr><td colspan="6">폐기물품내역</td></tr>
<tr><td>⑦ 내외국구분</td><td>⑧ 포장종류·기호·번호</td><td>⑨ 품명·규격</td><td>⑩ 수량/중량</td><td>⑪ 가격</td><td>⑫ 폐기일시</td></tr>
<tr><td></td><td></td><td></td><td></td><td></td><td></td></tr>
<tr><td colspan="6">폐기 후 잔존물품내역(잔존물품이 있는 경우)</td></tr>
<tr><td>⑬ 품명</td><td>⑭ 규격</td><td>⑮ 수량/중량</td><td>⑯ 가격</td><td colspan="2">⑰ 비고</td></tr>
<tr><td></td><td></td><td></td><td></td><td colspan="2"></td></tr>
<tr><td colspan="6">「자유무역지역의 지정 및 운영에 관한 법률」 제40조 및 「자유무역지역의 반출입물품의 관리에 관한 고시」 제28조 제2항에 따라 위와 같이 폐기하였기에 보고합니다.
20 년 월 일
신고인 (서명 또는 인)
○ ○ 세 관 장 귀하</td></tr>
</table>

12.4 자유무역지역 폐기절차 유권해석 사례

〈자유무역지역 반입물품 폐기 및 잔존물처리에 대한 질의 회신〉

[관세청 수출입물류과-1580(2012.5.24)]

1. 자유무역지역 관련 법령에서 자유무역지역 반입물품의 폐기 시 잔존물 처리 방법 및 과세 여부 등에 관하여 구체적으로 명시되어 있지 않으나,
2. 「자유무역지역의 지정 및 운영에 관한 법률」 제38조 제1항 제4호에 따라 폐기 후 경제적 가치를 가진 잔존물에 대하여 과세조치하고, 동법 제43조에 따라 폐기방법에 대하여는 「관세법」상 폐기방법(재활용방법에 의한 폐기)이 가능함을 알려드리니, 자유무역지역 화물관리업무에 참고하시기 바랍니다.
3. 광양세관 통관지원과-2613(2012.5.10)호 질의에 대한 회신은 본 공문으로 갈음합니다.

붙임 : 자유무역지역 반입물품 폐기 관련 질의사항 검토서 1부. 끝.

(붙임) 자유무역지역 반입물품 폐기 시 잔존물과세 등 질의사항 검토

Ⅰ. 검토배경 및 내용

- 광양세관이 자유무역지역 입주기업체로부터 외국물품에 대한 폐기업무 진행 시 폐기방법과 절차 및 폐기 후 잔존물 처리방법 등 관세법 적용 가능 여부 질의(2012.5.10)
- 자유무역지역법령에 폐기방법 및 절차가 구체적으로 명시되지 않아 보세화물 관리의 합리적 적용기준 검토 필요
  - 화주 : (주)○○코퍼레이션
  - 품명 및 중량 : 미발아콩(soy bean 1,146kg), 고추가루 및 양파 등 36,698kg

Ⅱ. 법률적 검토

- 자유무역지역법상 외국물품 등의 폐기는 ① 입주기업체로부터 폐기신고를 받아 폐기하거나, ② 세관장의 폐기명령 또는 세관장 직접폐기(대집행)의 방법으로 폐기할 수 있음.
- 자유무역지역법상 폐기와 유사한 물품처리방법으로 잉여물품의 자원재활용을 위한 재생작업을 규정하고 있으며, 역외작업절차를 준용하여 반출하도록 함(고시 제3-9조 제9항).
  - 역외작업공정에서 발생한 폐품을 처분하고자 하는 경우에는 폐품처분신고를 하도록 하고 있음(고시 제3-10조 제6항).

Ⅲ. 쟁점사항

- 자유무역지역 반입물품의 폐기와 관련하여

【쟁점 1】 자유무역지역법상 명시되지 않은 폐기방법(사료화 등)에 대하여 관세법 적용가능 여부

【쟁점 2】 자유무역지역법상 폐기 후 잔존물 처리방법이 명시되지 않아 관세법 적용(잔존물 과세)이 가능한지에 대한 논란

Ⅳ. 쟁점검토

【쟁점 1】 폐기방법 관세법 적용가능 여부

〈갑론〉 자유무역지역법상 명시되지 않은 폐기방법(사료화 등)은 관세법상 폐기방법 적용

- 자유무역지역법상 입주기업체의 폐기신고에 의한 폐기의 경우, 폐기방법 등을 기재한 신고서를 세관장에게 제출하도록 하고 있고,
  - 세관장 폐기명령에 의한 폐기의 경우에도, 폐기명령을 받은 화주가 폐기 전에 미리 폐기방법 등을 통보하도록 하고 있음.
- 관세법상 폐기에 대한 규정은 「관세법」 제160조 제1항 및 제4항과 「보세화물

관리고시」(제21조 내지 제24조), 「보세화물장치기간 및 체화관리고시」(제29조 내지 제40조)에 따름.

- 체화 및 폐기명령대상물품은 세관장의 승인을 얻어 폐기방법 중 재활용의 방법으로 폐기가능

• 재활용방법에 의한 폐기(원상변형작업, 사료화작업, 퇴비화작업 등)는 자유무역지역에서 관세영역으로 반출하여 이뤄지므로

- 폐기대상물품의 관세영역으로 반출과 관련하여 자유무역지역법에서 따로 정한 것이 없으므로 동법 제43조에 근거하여 관세법을 적용하는 것이 타당

※ 재활용의 방법에 의한 폐기는 관련 규정에서 제한하고 있음.

재활용방법	관련 규정
원상변형작업	자원의 절약과 재활용촉진에 관한 법률에 따라 재활용가능물품
사료화작업	사료관리법 등에 따른 검사 합격 등
퇴비화작업	비료관리법에 따라 농촌진흥청장이 고시한 물품

• 다만, 자유무역지역법상 폐기와 유사한 물품처리방법으로 잉여물품의 자원재활용을 위한 재생작업을 규정하고 있으므로, 잉여물품의 재활용방법에 따른 폐품처리는 동 고시를 따라야 함.

〈을론〉 자유무역지역법상 폐기방법이 명시되지 않으므로, 사료화 등의 폐기를 위해서는 별도의 지침 필요

• 자유무역지역법상 폐기규정은 법 제38조 및 제40조 의거 규정하고 있으나, 관세법과 달리 폐기방법(사료화 등 재활용의 방법에 의한 폐기)에 대한 규정이 없으며,

• 자유무역지역법 제43조는 자유무역지역에서 관세영역으로 반출하는 것 중, 자유무역지역법에 규정하지 아니하는 반출절차 등에 대하여 제한적으로 관세법을 적용하도록 한 규정이므로

- 재활용방법에 의한 폐기를 위해서는 관계기관 및 관세청의 별도 지침이 필요

☞ 업무국 의견 : 갑론이 타당

【쟁점 2】 폐기 후 잔존물 처리방법이 부재하므로 관세법적용이 가능한지 여부

〈갑론〉「자유무역지역법」 제38조 제1항 제4호는 폐기 후 잔존물에 대한 과세를 위해 개정(신설, 2011년 4월 14일)된 것으로서, 잔존물에 대한 과세근거이고 동 물품에 대하여 과세하여야 함(과세대상).

- 입주기업체의 폐기신고에 의한 폐기의 경우, 별도의 폐기보고절차는 없으나 「자유무역지역법」 제38조 제1항 제4호에 따라 폐기 및 잔존물내역에 대한 장부기록을 유지·관리토록 하고 있으며,
  - 또한 세관장 폐기명령에 의한 폐기의 경우에도 폐기 후 잔존물품 여부 등에 대하여 폐기결과를 보고토록 하고 있고, 장부기록도 유지·관리하여야 함(5년간 보존).
- 이처럼 「자유무역지역법」 제38조 제1항 제4호는 폐기 후 잔존물에 대한 과세대상근거이므로 폐기 후 잔존물을 관세영역으로 반출하려는 경우 동법 제29조 제4항 제2호에 따라 수입신고를 하고 관세 등을 납부하여야 함.

〈을론〉 자유무역지역법상 폐기 후 잔존물에 대한 처리방법이 없고, 동법 제43조에 의거 관세법을 적용하여 잔존물에 대해 과세할 수 없음.

- 자유무역지역법상 폐기 후 잔존물품이 있는 경우 품명, 규격, 수량/중량, 가격 등에 대한 내역을 보고하게 하고 있는 점에 대하여,
  - 이를 과세근거로 활용하도록 하는 취지로 볼 수는 있으나, 명시적인 과세근거가 아니므로 잔존물에 대해 과세할 수 없음.
- 「자유무역지역법」 제43조는 자유무역지역에서 관세영역으로 반출하는 건 중, 자유무역지역법에 규정하지 아니하는 반출절차 등에 대하여 제한적으로 관세법을 적용하도록 한 규정이므로

- 폐기 후 잔존물에 대하여 과세하도록 한 「관세법」 제160조 제3항을 적용할 수 없음.

☞ 업무국 의견 : 갑론이 타당

12.5 멸실 · 분실물품의 처리

입주기업체가 자유무역지역에서 외국물품 등을 멸실·분실한 경우에는 세관장에게 신고하여야 한다.

외국물품 등

① 외국물품
② 자유무역지역 안으로 반입신고를 한 법 제29조 제1항 제2호 및 제3호의 물품
③ 「환급특례법」 제4조 제3호에 따라 관세영역에서 자유무역지역 안으로 공급한 물품

외국물품 등의 멸실 또는 분실신고를 하려는 자는 해당 외국물품 등의 품명, 규격, 수량, 가격, 화주(貨主)의 성명, 멸실·분실의 사유 및 일시, 장치장소 등을 적은 '멸실 또는 분실신고서'(「자유무역지역고시」 별지 제12호 서식)를 세관장에게 제출하여야 한다.

멸실(분실)신고를 받은 세관장은 보관상 부주의 등 입주기업체에 그 귀책사유가 있을 경우 화물관리 측면에서의 제재와 별도로 해당 물품에 대한 관세 등을 즉시 징수하여야 한다. 다만, 분실신고한 물품이 자유무역지역에 있는 것이 확인되거나 재해 또는 그 밖에 부득이한 사유로 물품이 멸실된 경우에는 그러하지 아니하다. 분실신고하여 관세 등을 부과하고 납부한 후에 물품이 자유무역지역에 있는 것이 확인되는 경우에는 이미 납부한 관세 등을 환급하여야 한다.

■ 자유무역지역고시 별지 제12호 서식

<table>
<tr><td colspan="5" rowspan="2">분실(멸실)신고서</td><td>처리기일</td></tr>
<tr><td>7일</td></tr>
<tr><td rowspan="3">신고자</td><td>① 업체명</td><td></td><td>② 전화번호</td><td colspan="2"></td></tr>
<tr><td>③ 주소</td><td></td><td>④ 사업자등록번호</td><td colspan="2"></td></tr>
<tr><td>⑤ 대표자 성명</td><td></td><td>⑥ 업체관리부호</td><td colspan="2"></td></tr>
<tr><td colspan="6">분실(멸실)물품내역</td></tr>
<tr><td>⑦ 품명</td><td>⑧ 규격</td><td>⑨ 수량/중량</td><td>⑩ 가격</td><td colspan="2">⑪ 화주명(상호/성명)</td></tr>
<tr><td></td><td></td><td></td><td></td><td colspan="2"></td></tr>
<tr><td colspan="2">⑫ 분실(멸실)의 사유</td><td colspan="4"></td></tr>
<tr><td colspan="2">⑬ 분실(멸실) 일시</td><td></td><td>⑭ 장치장소</td><td colspan="2"></td></tr>
<tr><td colspan="6">「자유무역지역의 지정 및 운영에 관한 법률」 제38조 제3항 및 「자유무역지역의 반출입물품의 관리에 관한 고시」 제24조 제1항에 따라 위와 같이 분실(멸실)사항을 신고합니다.

20 년 월 일

신고인 (서명 또는 인)

○ ○ 세 관 장 귀하</td></tr>
<tr><td colspan="6">첨부서류 : 분실(멸실)사실을 증명하는 서류 1부</td></tr>
</table>

13 관세 등 면제·환급

13.1 '관세 등'의 의미

「환급특례법」과 「자유무역지역법」에서 규정하는 '관세 등'의 의미는 다음과 같이 같다.

① 「환급특례법」 : 관세, 임시수입부가세, 개별소비세, 주세, 교통·에너지·환경세, 농어촌특별세, 교육세

② 「자유무역지역법」 : 관세, 부가가치세, 임시수입부가세, 개별소비세, 주세, 교통·에너지·환경세, 농어촌특별세, 교육세

즉, 「환급특례법」에서는 부가가치세가 제외되는 반면 「자유무역지역법」에서는 부가가치세까지 포함하여 환급신청이 가능한 점에서 차이가 있다. 참고로 수출물품에 대해 적용되는 「환급특례법」에서 부가가치세는 세관에서 환급받지 않고 국세청에 별도로 환급신청을 하여야 한다. 통상 수출업체는 매월 또는 분기별로 부가가치세 영세율을 적용받아 부가가치세를 환급(또는 매입세액공제)받게 된다.

13.2 자유무역지역에서의 관세 등의 환급 등

(1) 자유무역지역에서의 관세 등 면제 또는 환급요건

입주기업체가 「자유무역지역법」 제29조 제1항 제2호에 따라 '반입신고'를 한 내국물품에 대하여는 「주세법」 제31조 제1항 제1호, 「개별소비세법」 제15조 제1항 제1호 또는 「교통·에너지·환경세법」 제13조 제1항 제1호에 따라 수출하거나 「환급특례법」 제4조 제1호 또는 제3호에 따라 수출 또는 공급하는 것으로 보아 관세 등을 면제하거나 환급한다.

이를 요약하면 자유무역지역에서의 관세 등 면제 또는 환급요건은 다음과 같다.

① 세관장의 '업체관리부호'를 부여받은(보세구역 설영특허에 해당) 자유무역지역 입주기업체에 공급한 물품일 것

☞ 따라서 관세 등 면제(환급) 및 부가가치세 영세율을 신청할 수 있는 자는 입주기업체가 아니라 입주기업체에 물품을 공급한 자이다.

② 입주기업체가 자유무역지역 안에서 사용소비하고자 하는 내국물품일 것

☞ 외국물품은 과세보류상태로 사용소비신고의 원재료로 사용되므로 납부세액도 없고 관세 등 환급도 발생되지 않는다.

③ 다음 각 목의 1에 해당하는 물품일 것(「자유무역지역법」 제29조 제1항 제2호)

가. 기계·기구 설비 및 장비와 그 부분품

나. 원재료·윤활유·사무용 컴퓨터 및 건축자재

원재료·사무용 컴퓨터·건축자재의 범위

■ **원재료의 범위**

1. 법 제10조 제1호의 사업(제조업 수출비중 50% 업체)에 해당하는 경우 「관세법」에 따른 보세공장원재료의 범위를 준용하여 적용한다.
   1) 당해 보세공장에서 생산하는 제품에 물리적 또는 화학적으로 결합되는 물품(직접원재료)
   2) 해당 보세공장에서 생산하는 제품을 제조·가공하거나 이와 비슷한 공정에 투입되어 소모되는 물품(직접소모품)
   3) 해당 보세공장에서 수리·조립·검사·포장 및 이와 유사한 작업에 직접적으로 투입되는 물품(수리·검사·포장재)

   ※ 상기 보세공장 원재료는 세관장에게 설치·운영 특허받은 품목의 제조·가공 등에 소요되는 것으로 한정한다.
2. 법 제10조 제1항 제4호 및 제5호의 사업(복합물류업)에 해당하는 경우 보관, 전시 등을 위하여 반입한 물품의 보수에 사용되는 물품에 한정한다.

■ **사무용 컴퓨터** : 입주기업체가 사무를 위하여 사용하는 컴퓨터로서 입·출력장치를 포함한다.

■ **건축자재** : 입주기업체가 제조·가공, 하역, 운송, 보관, 전시 등 사업을 영위하기 위한 공장, 창고, 사무실 그 밖의 시설물의 건축에 필요한 원자재를 의미한다.

다. 그 밖에 사업목적의 달성에 필요하다고 인정하여 관세청장이 정하는 물품

관세청장이 정한 물품

복합물류 관련 사업을 수행하는 입주기업체가 포장·보수·가공 또는 조립 등에 사용하기 위하여 반입하는 물품

이처럼 「환급특례법」의 경우 간접원재료인 윤활유와 사무용 컴퓨터, 건축자재는 관세환급대상 원재료가 아니나 「자유무역지역법」에서는 이러한 물품도 환급대상이 되는 점이 특이하다.

관세감면 또는 환급과 관련하여 실무에서 자주 문의를 받는 것이 지게차, 리치스태커 등 하역장비가 관세감면(환급)대상인가 하는 점이다. 실제 자유무역지역 입주기업체에서의 하역장비는 필수장비로서 이것이 없으면 사업 자체를 영위할 수 없을 것이다. 결론부터 말하면 일반적으로 외부 도로 통행이 가능한 이동식 하역장비는 관세감면(환급)대상이 아니나, 자유무역지역 내 고정식 하역장비 또는 이동식이라 하더라도 장비등록을 하지 않고 역내에서만 사용하도록 특정된 하역장비(예 부두터미널 내 야드트랙터)는 관세감면(환급)대상이 된다.

(2) 관세환급대상 내국물품 반입절차

전술한 바와 같이 자유무역지역에 반입한 내국물품 중 제조·조립·가공 등 작업공정에 소요되는 원재료(물리적 또는 화학적으로 결합되는 물품)와 가공공정에 투입되어 소모되는 물품(직접소모품) 및 수리·검사·포장재 그리고 간접소모품 중 윤활유에 대하여는 관세환급이 가능하다.

이 경우 발급받는 서류는 「환급사무처리고시」 별지 제1호 서식인 '환급대상수출물품 반입확인서'이며, 자유무역지역에 물품을 공급한 자가 공급 즉시 관할 세관장에게 발급신청한다.

자유무역지역 물품공급은 일반적으로 유상거래가 될 것이나 무상으로 공급한 물품이 수출용 원재료로 사용될 목적으로 공급된 경우 또는 동일업체가 수입통관한 물품을 자사 소유 자유무역지역에 공급한 경우에도 '환급대상수출물품 반입확인서' 발급대상이 되는가의 의문이 있을 수 있다.

환급대상수출물품을 자유무역지역에 무상공급할 경우 반입확인서 발급 여부에 대한 유권해석이 내려진 사례는 없지만, 보세공장은 이러한 경우 반입확인서 발급대상이라는 관세청 유권해석[관세청 세원심사과-2332호(신문고 2015.7.14), 세원심사과-2699호(2015.8.20) 참조]으로 미루어 자유무역지역에 무상으로 공급되는 경우에도 해당 물품이 수출용 원재료로 사용된다면 반입확인서 발급이 가능하리라 생각된다.

환급사무처리고시

제61조(반입확인 신청 및 제출서류)

① 「환급특례법」 제4조 제3호 및 규칙 제2조 제3항에 따라 보세구역 등과 자유무역지역에 환급대상수출물품을 반입하고 반입확인서를 발급받으려는 자는 물품을 해당 보세구역 등과 자유무역지역에 반입하는 즉시 별표 8의 "환급대상수출물품 반입(적재)확인(신청)서 작성요령"에 따라 전자문서로 작성한 신청자료를 관세청 전자통관시스템 내 공항만감시시스템(이하 "공항만시스템"이라 한다)에 전송하여야 하며, 접수통보를 받은 날부터 3일 이내에 별지 제1호 서식의 환급대상수출물품 반입(적재)확인(신청)서에 다음 각 호의 어느 하나에 해당하는 서류를 첨부하여 반입장소를 관할하는 세관장에게 발급신청을 하여야 한다. 다만, 제62조에 따른 접수통지를 받을 때 처리기준이 즉시심사인 경우에는 서류제출을 하지 아니할 수 있다.

1. 내국신용장
2. 구매확인서
3. 수출신용장 또는 수출계약서(물품대금은 외화로 받고 물품은 외국인이 지정한 국내업체에 인도하는 경우로서 신용장 또는 수출계약서와 물품을 인도받은 자가

기재된 것. 다만, 수출계약서의 경우에는 거래명세표 등에 의하여 물품인도 사실이 확인되고 인도물품이 수출 등에 제공할 것으로 인정되는 경우로 한정한다)

4. 세관장이 법 제4조 제3호 및 규칙 제2조 제3항 각 호에서 정한 목적으로 거래된 것임을 인정할 수 있는 서류로서 매매계약서 또는 이와 유사한 소유권 이전을 목적으로 하는 계약서
5. 동일업체가 보세구역 등(자유무역지역을 포함한다)과 관세영역에 각각 소재하여 관세영역 내 업체에서 보세구역 등(자유무역지역을 포함한다) 내 업체로 물품을 반입한 경우에는 반입사유 및 반입사실을 증명할 수 있는 서류

② (내용 생략)

③ 제1항에도 불구하고 다음 각 호의 어느 하나에 해당하는 경우에는 별지 제1호 서식의 환급대상수출물품 반입(적재)확인서 발급을 사후에 신청할 수 있다.

1. 보세공장 반입물품 : 보세공장원재료실소요량계산서, 원자재반입대장, 보세사 또는 운영인의 반입내역의 기록 등에 의하여 반입확인서 발급신청물품이 보세공장에 반입되고 수출용으로 사용되었음을 확인할 수 있는 경우
2. 자유무역지역 반입물품 : 「자유무역지역 반출입물품의 관리에 관한 고시」 제8조에 따라 자유무역지역 입주기업체가 반입신고를 하고 「자유무역지역의 지정 및 운영에 관한 법률」 제29조 제1항 제2호에 따라 입주기업체가 자유무역지역에서 사용 또는 소비하고 있거나 같은 법 제30조에 따른 국외로 반출하는 물품에 사용되었음을 확인할 수 있는 경우

④ (내용 생략)

⑤ 제1항에 따른 별지 제1호 서식의 환급대상수출물품 반입(적재)확인(신청)서가 서류제출심사인 경우로서 보완요구가 필요한 경우에는 제13조를 준용한다. 이 경우 "환급신청인"은 "반입확인서를 발급받으려는 자"로 본다.

■ 환급사무처리고시 별지 제1호 서식

환급대상수출물품 반입(적재)확인(신청)서

※ 처리기간 : 즉시

① ※접수번호 : 999-99-YY-999999-9 ② ※접수일자 : YYYY/MM/DD ③ ※적재허가일자 : YYYY/MM/DD
④ 신청서 구분 : 99 (01 : 보세공장 ~ 09 : 원양어선) ⑤ 제출번호 : 99999-YY-999999 ⑥ 세관-과 : 999-99

⑦ 신청(적재)일자 : YYYY/MM/DD

⑧ 공급(신청)자 : 주소 상호
대표자 OOO 사업자등록번호 9999999999
통관고유부호 OOOO-9-99-9-99-9 공급대행자(사업자등록번호) 9999999999
⑨ 제조자 : 주소 상호 OOOO
대표자 XXXXXXXXXXXX 사업자등록번호 9999999999
통관고유부호 XXXXXXXX-9-99-9-99-9
⑩ 양수자/선기명 : 주소/본선명 XXXXXXXXXXXXXXXXXXXXXXXXXXXXXXXXXXXXXX 상호 OOOO
대표자 XXXXXXXXXXXX 사업자등록번호 9999999999

⑪ 반입장소/작업선(작업선선박번호) or 운송차량번호 : XXXXXXXXXX
⑫ 선박호출 ⑬ 입항보고 MRN : XXXXXXXXXXX
⑭ 구분부호 : 9 (1.원상태 2.제조·가공) ⑮ 환급신청인 : 9 (1.공급자 2.제조자)
⑯ 총포장개수 : 99,999,999 ⑰ 총란수 : 99 ⑱ 총중량(KG) : 999,999,999
⑲ 공급금액합계 : (FOB₩) 999,999,999,999,999

⑳ 란번호 / ㉑ 품명 및 규격 / ㉒ (물품식별번호)
㉓ 품목번호 ㉔ 수량/단위 ㉕순중량(kg) ㉖ 공급금액(FOB₩)
㉗ 포장개수 ㉘ 포장종류 ㉙ 근거서류 종류/번호 ㉚ 구매주문서번호
㉛ 반입일자 : ㉜ 원상태근거번호(수입신고번호 or 분할증명서번호)

1란 XXXXXXXXXXXXXXXXXXXXXXXXXXXXXXXXXXXX XXXXXXXXXXXXXXXXXXXXXXXXXXXXXXXXXXXX XXXXXXXXXXXXXXXXXX(XXXXXXXXXXXXXXXXX)
9999.99-9999 9,999,999.999/XX 999,999.999 9,999,999,999
999,999 XXX XX/XXXXXXXXXXXXXXX XXXXXXXXXXXXXXX
YYYYMMDD XXXXXXXXXXXXXXXXXXXX(01:수입신고번호 or 02:분증번호)

2란 XXXXXXXXXXXXXXXXXXXXXXXXXXXXXXXXXXXX XXXXXXXXXXXXXXXXXXXXXXXXXXXXXXXXXXXX XXXXXXXXXXXXXXXXXX(XXXXXXXXXXXXXXXXX)
9999.99-9999 9,999,999.999/XX 999,999.999 9,999,999,999
999,999 XXX XX/XXXXXXXXXXXXXXX XXXXXXXXXXXXXXX
YYYYMMDD XXXXXXXXXXXXXXXXXXXX(01:수입신고번호 or 02:분증번호)

3란 XXXXXXXXXXXXXXXXXXXXXXXXXXXXXXXXXXXX XXXXXXXXXXXXXXXXXXXXXXXXXXXXXXXXXXXX XXXXXXXXXXXXXXXXXX(XXXXXXXXXXXXXXXXX)
9999.99-9999 9,999,999.999/XX 999,999.999 9,999,999,999
999,999 XXX XX/XXXXXXXXXXXXXXX XXXXXXXXXXXXXXX
YYYYMMDD XXXXXXXXXXXXXXXXXXXX(01:수입신고번호 or 02:분증번호)

4란 XXXXXXXXXXXXXXXXXXXXXXXXXXXXXXXXXXXX XXXXXXXXXXXXXXXXXXXXXXXXXXXXXXXXXXXX XXXXXXXXXXXXXXXXXX(XXXXXXXXXXXXXXXXX)
9999.99-9999 9,999,999.999/XX 999,999.999 9,999,999,999
999,999 XXX XX/XXXXXXXXXXXXXXX XXXXXXXXXXXXXXX
YYYYMMDD XXXXXXXXXXXXXXXXXXXX(01:수입신고번호 or 02:분증번호)

5란 XXXXXXXXXXXXXXXXXXXXXXXXXXXXXXXXXXXX XXXXXXXXXXXXXXXXXXXXXXXXXXXXXXXXXXXX XXXXXXXXXXXXXXXXXX(XXXXXXXXXXXXXXXXX)
9999.99-9999 9,999,999.999/XX 999,999.999 9,999,999,999
999,999 XXX XX/XXXXXXXXXXXXXXX XXXXXXXXXXXXXXX
YYYYMMDD XXXXXXXXXXXXXXXXXXXX(01:수입신고번호 or 02:분증번호)

㊳ 적재승선자 성명	생년월일	주소
XXXXXXXXXXXX	YYYY/MM/DD	XXXXXXXXXXXXXXXXXXXXXXXXXXXXXXXXXXXXXX
XXXXXXXXXXXX	YYYY/MM/DD	XXXXXXXXXXXXXXXXXXXXXXXXXXXXXXXXXXXXXX
XXXXXXXXXXXX	YYYY/MM/DD	XXXXXXXXXXXXXXXXXXXXXXXXXXXXXXXXXXXXXX
XXXXXXXXXXXX	YYYY/MM/DD	XXXXXXXXXXXXXXXXXXXXXXXXXXXXXXXXXXXXXX
XXXXXXXXXXXX	YYYY/MM/DD	XXXXXXXXXXXXXXXXXXXXXXXXXXXXXXXXXXXXXX

㉝ 세관기재란 ㉞ ※심사자 : XXXXXXXXXXX
XXXXXXXXXXXXXXXXXXXXXXXXXXXXXXXXXXXXXXXXXXXXXXXXXX ㉟ ※확인일자 : YYYY/MM/DD
XXXXXXXXXXXXXXXXXXXXXXXXXXXXXXXXXXXXXXXXXXXXXXXXXX
㊱ 물품 검사(확인)자 : XXXXXXXXXXX 999999 ㊲ 확인인 :

(3) 공급물품(용역)에 대한 부가가치세 영세율 적용절차

부가가치세 영세율제도란 일정한 재화 또는 용역의 공급에 대하여 '0%'의 부가가치세를 부과하는 제도를 말하며, 부가가치세 면세제도와 달리 공급자는 중간재에 대한 매입세액 공제를 받을 수 있어 면세제도보다 유리한 제도이다.

소비세인 부가가치세는 우리나라 내에서 소비되는 재화 또는 용역에 대해서만 부과되는 것이 원칙(소비지국 과세원칙)이므로 영세율제도는 기본적으로 우리나라 내에서 소비되지 아니하는 수출재화 등에 대하여 기 과세된 부가가치세를 환급하기 위한 조정세율제도의 의미를 내포하고 있으며, 국내거래라 하더라도 수출 등과 관련이 있는 것에 대하여는 영세율을 적용함으로써 외화획득을 장려하는 기능을 가지고 있다.

앞서 언급한 대로 부가가치세는 수출용 원재료에 대해 적용하는 「환급특례법」상 환급대상이 아니므로 세관에 환급신청하는 것이 아니라 물품공급자의 주소지 관할 세무서장에게 환급신청하여야 하며, 구체적으로 부가가치세 예정(확정)신고 또는 조기환급신고 시 세관장에게서 발급받은 '내국물품 반입확인서' 등을 제출하면 된다.

한 가지 유의할 점은 대물, 즉 수출용 원재료에만 적용되는 관세환급과 달리 부가가치세 영세율의 경우에는 자유무역지역 내 입주기업체 간에 공급하거나 제공하는 외국물품 등은 물론 용역에 대하여도 적용이 가능하다(「자유무역지역법」 제45조 제3항).

13.3 예정지역에서의 관세 등의 면제

(1) 예정지역에서의 관세 등 면제요건

중앙행정기관의 장 또는 시·도지사의 요청에 따라 산업통상자원부장관이 지정한 자유무역지역 예정지역 또는 통제시설이 설치되지 않고 「관세법」을 적용받는 자유무역지역에서 제10조 제1항 제1호부터 제5호(수출목적제조업, 지식서비스업, 수출입거래 도매업종, 물류업종 포함, 지원업종 제외)까지의 규정에 해당하는 입주기업체가 건물 및 공장을 건축하기 위하여 외국에서 반입하는 대통령령으로 정하는 시설재(施設材)에 대하여는 관세 등을 면제한다.

자유무역지역 예정지역에서의 관세 등 면제요건을 요약하면 다음과 같다.

① 자유무역지역 예정지역일 것(예정지역)

② 관리권자로부터 입주허가를 받은 업체일 것(입주기업체)
이때의 입주기업체는 자유무역지역의 기본시설이 완공되기 전(건설 중)이므로 관할세관장의 자유무역지역 '업체관리부호'를 부여받기 전이다.

③ 입주기업체가 건물 또는 공장을 건축하기 위하여 외국에서 반입하는 대통령령이 정하는 시설재일 것(시설재)

(2) 예정지역 관세면제 시설재의 범위(영 제31조)

예정지역에서 관세면제가 되는 시설재는 다음과 같다.

① 건물 또는 공장의 건축에 직접 사용되는 건설자재

② 건물 또는 공장의 설치・운영에 직접 사용되는 기계・기자재・시설품・기구 및 장비

이때 주의할 점은 예정지역은 통제시설이 설치되기 전이므로 「자유무역지역법」 적용이 배제됨과 동시에 「관세법」을 적용받게 되므로 내국물품인 건설자재와 시설재는 관세환급과 부가가치세 영세율을 적용받을 수 없다.

(3) 예정지역 반입 시설재의 관세 등 면제신청절차

예정지역 입주기업체가 사용할 시설재가 외국에서 반입되면 관세 및 내국세(부가가치세)의 감면신청과 함께 수입신고서 18란(수입종류)에 '35'(자유무역지역 반

입물품 시설재)로 기재하여 수입신고하면 된다.

일반적으로 「관세법」에 의한 감면은 관세만 해당되고 부가가치세 등 내국세는 과세하게 되나 자유무역지역 예정지역에 반입되는 시설재는 관세는 물론 부가가치세 등 내국세까지도 전액 면제된다.

반입되는 외국 시설재가 부두 안벽크레인과 야드크레인 등과 같이 크기 또는 무게의 과다로 보세구역에 장치 후 다시 운송하는 것이 불합리하다고 인정하는 경우에는 사전에 관할세관장에게 보세구역외 장치허가를 받고 예정지역으로 직반입한 후 수입신고절차를 진행하면 된다.

일반적으로 수입되는 물품에 대해 보세구역외 장치를 허가할 경우 관세 등 제세액에 상당하는 담보를 제공해야 하나, 자유무역지역 예정지역에 반입되는 시설재는 관세 등이 면제되므로 담보금액도 당연히 발생하지 않게 된다(「보세화물관리에 관한 고시」 제7조⑥항).

예정지역 시설재의 관세면제와 관련하여 한 가지 유의할 점은 입주기업체가 건물 또는 공장을 직접 건축하지 않고 외부 전문 건설업체에 위탁하여 건축할 때 해당 건설업자가 수입하는 건축자재 등 시설재의 경우 관세 등 면제가 가능한가 하는 점인데, 「자유무역지역법」 제23조에 따라 공장 등을 건축하는 자는 입주기업체가 사용할 공장 등을 건축하는 계약을 체결한 경우에 그 계약의 이행에 필요한 범위에서 그 공장 등을 입주기업체에 인도할 때까지는 입주기업체로 보도록 되어 있으므로 이 경우에도 관세면제가 가능하게 된다.

(4) 예정지역 반입 시설재의 사후관리절차

관세 등을 면제받은 예정지역 반입 시설재에 대하여는 일반적인 관세감면물품과 같이 일정기간 사후관리를 하게 되며, 구체적인 사후관리절차는 「관세법」 제102조 내지 제103조의 규정을 적용한다.

① 예정지역 반입시설재에 대한 관세 등을 감면받은 물품은 수입신고수리일부터 3년의 범위 내에서 대통령령이 정하는 기준에 따라 관세청장이 정하는 기간

내에는 그 감면받은 용도 외의 다른 용도로 사용하거나 양도(임대를 포함한다. 이하 같다)할 수 없다. 다만, 미리 세관장의 승인을 얻은 물품의 경우에는 그러하지 아니하다.

② 다음 각 호의 1에 해당하는 경우에는 그 용도 외의 다른 용도로 사용한 자 또는 그 양도인(임대인을 포함한다. 이하 같다)으로부터 감면된 관세를 즉시 징수하며, 양도인으로부터 당해 관세를 징수할 수 없는 때에는 양수인(임차인을 포함한다. 이하 같다)으로부터 감면된 관세를 징수한다. 다만, 재해 기타 부득이한 사유로 멸실되었거나 미리 세관장의 승인을 얻어 폐기한 때에는 그러하지 아니하다.

가. 관세 등을 면제받은 물품을 위에 규정된 기간(3년) 내에 감면받은 용도 외의 다른 용도로 사용한 때

나. 관세 등을 감면받은 물품을 위에 규정된 기간(3년) 내에 감면받은 용도 외 다른 용도로 사용하고자 하는 자에게 양도한 때

③ 관세감면물품의 감면승계, 감면물품 양도, 사후관리기간 승계

가. 법령·조약·협정 등에 의하여 관세를 감면받은 물품을 감면받은 용도 외의 다른 용도에 사용하거나 감면받은 용도 외의 다른 용도에 사용하고자 하는 자에게 양도하는 때(당해 물품을 다른 용도에 사용하는 자나 당해 물품을 다른 용도에 사용하기 위하여 양수하는 자가 그 물품을 다른 용도에 사용하기 위하여 수입하는 경우 그 물품에 대하여 법령·조약·협정 등에 의하여 관세를 감면받을 수 있는 때에 한한다)에는 대통령령이 정하는 바에 의하여 징수하여야 하는 관세를 감면할 수 있다. 다만, 이 법 외의 법령·조약·협정 등에 의하여 그 감면된 관세를 징수하는 때에는 그러하지 아니하다.

나. 관세를 감면받은 물품은 「대·중소기업 상생협력 촉진에 관한 법률」 제2조 제4호의 규정에 따른 수·위탁거래의 관계에 있는 기업에 양도할 수 있으며, 이 경우 제98조 제2항(재수출감면서) 및 제102조 제2항(관세감면물품의 사후관리)의 규정에 의하여 징수할 관세를 감면할 수 있다. 다만, 이 법

외의 법령 · 조약 · 협정 등에 의하여 그 감면된 관세를 징수하는 때에는 그러하지 아니하다.

다. 상기 가, 나의 규정에 의하여 관세의 감면을 받은 경우 그 사후관리기간은 당초의 수입신고수리일부터 계산한다.

13.4 기타 조세 및 기술개발지원

(1) 법인세 등 조세감면

외국인투자기업인 입주기업체에 대하여는 「조세특례제한법」에서 정하는 바에 따라 법인세, 소득세, 취득세, 등록면허세, 재산세, 종합토지세 등의 조세를 감면할 수 있다. 이는 외국인투자자에게 조세부담을 완화해 자유무역지역의 진입장벽을 낮추고 투자를 촉진시키는 효과가 있다.

(2) 교통유발부담금의 면제

입주기업체의 공장 등에 대하여는 「도시교통정비 촉진법」 제36조에 따른 '교통유발부담금(交通誘發負擔金)'(이하 '부담금'이라 한다)을 면제한다.

이것은 교통혼잡을 완화하기 위하여 원인자 부담의 원칙에 따라 혼잡을 유발하는 시설물에 부과하는 경제적 부담을 말한다. 시장은 도시교통정비지역에서 교통혼잡의 원인이 되는 시설물로서 해당 시설물의 각 층 바닥면적을 합한 면적이 1천m^2 이상인 경우 시설물의 소유자로부터 매년 이 부담금을 부과 · 징수할 수 있으나, 자유무역지역 입주기업체는 바닥면적에 무관하게 부담금이 면제된다.

(3) 기술개발활동 지원

국가나 지방자치단체는 자유무역지역에 있는 입주기업체의 기술개발활동 및 인력양성을 촉진하기 위하여 필요한 자금을 지원할 수 있으며, 입주기업체의 사업을 지원하기 위하여 입주기업체에 임대하는 공장 등의 유지·보수와 의료시설·교육시설·주택 등 각종 기반시설의 확충에 노력하여야 하며, 그에 필요한 자금을 지원할 수 있다. 국가나 지방자치단체는 다음 각 호의 어느 하나에 해당하는 입주기업체에 자금을 지원할 수 있다.

① 「조세특례제한법 시행령」 제116조의2 제1항 제2호에 따른 고도의 기술을 수반하는 사업을 하는 자
② 「산업발전법」 제5조에 따른 첨단기술을 사용하여 사업을 하거나 첨단제품을 생산하는 자
③ 그 밖에 관리권자가 해당 지역의 산업적 특성을 고려하여 법 제28조의2 제2항에 따라 공고하는 입주관리요령에 포함되는 업무에 해당하는 사업을 하는 자

기술개발활동 지원사업의 세부적인 시행절차 및 운용 등에 관하여는 산업통상자원부장관이 정하여 고시한다.

14 내국원재료 사용승인 및 과세표준 공제

14.1 업무처리절차 도해

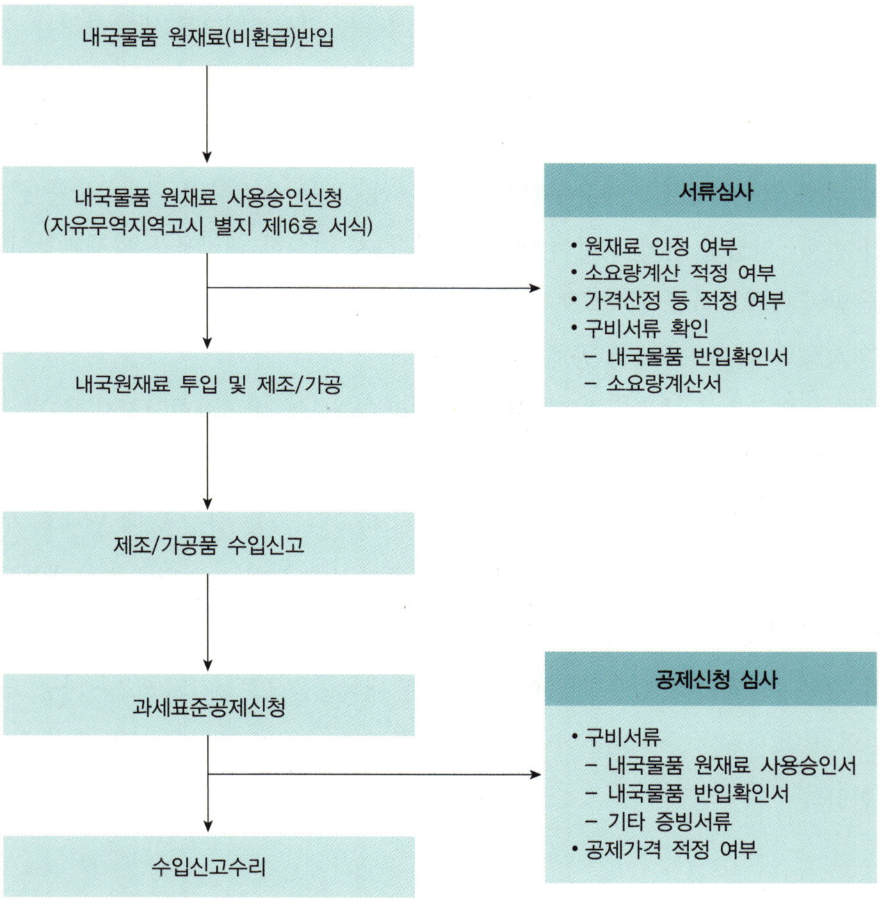

14.2 업무처리절차

(1) 개요

자유무역지역에서 외국물품 등의 전부 또는 일부를 원재료로 하여 제조 또는 가공·조립·보수 등의 작업을 거친 후 그 완성품을 관세영역으로 반출하려는 경우 그 반출되는 물품은 외국으로부터 우리나라에 도착된 외국물품으로 보아 관세 등을 부과한다.

이 경우 입주기업체가 자유무역지역에서 사용 또는 소비하려는 내국물품 중 관세의 면제·환급을 받기 위하여 반입신고를 하지 아니한 내국물품을 세관장의 승인을 받아 제조·가공 원재료로 사용하였을 때에는 그 내국물품의 수량 또는 가격을 완성품의 과세표준에서 공제한다.

이는 비환급대상 내국원재료로서 '환급대상수출물품 반입확인신청서'를 발급받지 아니한 내국물품을 세관장의 승인을 얻어 원재료로 사용하여 제조·가공·조립·보수한 물품을 관세영역으로 반출(국내수입)하고자 하는 경우 당해 원재료 부분에 대하여는 이중과세 방지 차원에서 과세표준에서 공제하는 것으로서 보세공장에서의 '제품과세[5]'와 유사한 개념이다.

이 경우 '원재료'라 함은 다음에 규정하는 내국물품으로서 그 제조·가공 또는 보수의 성질·공정 등에 비추어 품명, 규격별 수량 및 소요량이 확인될 수 있는 것에 한한다.

---

5) **제품과세** : 보세공장에서 외국물품과 내국물품이 혼용되어 생긴 물품은 외국에서 우리나라에 도착한 물품으로 본다. 즉, 혼용된 내국물품도 과세대상이 된다.
그러나 사전에 세관장의 승인을 받아 외국물품과 내국물품이 혼용하는 경우 그로써 생긴 제품 중 외국물품의 수량 또는 가격에 상응하는 것을 외국으로부터 우리나라에 도착한 물품으로 보고 과세하는 제도를 의미한다.

※ 관세액 = 제품가격 $\times \dfrac{\text{외국원재료 가격}}{\text{외국원재료 가격} \times \text{국산원재료 가격}} \times$ 세율

(2) 사용승인 및 과세표준 공제대상 원재료범위

제조 및 임가공업종 자유무역지역에서 내국물품의 원재료 사용승인 및 과세표준 공제를 신청할 수 있는 물품의 범위는 다음과 같다.

① 수출을 주목적으로 하는 제조업종(「자유무역지역법」 제10조 제1호)에 해당하는 경우 「관세법」에 따른 보세공장원재료의 범위를 준용하여 적용한다.

가. 당해 자유무역지역 입주기업체에서 생산하는 제품에 물리적 또는 화학적으로 결합되는 물품

나. 당해 자유무역지역 입주기업체에서 생산하는 제품을 제조·가공하는 공정에 투입되어 소모되는 물품. 다만, 기계·기구 등의 작동 및 유지를 위한 물품 등 제품의 생산에 간접적으로 투입되어 소모되는 물품을 제외한다.

다. 당해 자유무역지역 입주기업체에서 생산하는 제품의 포장용품

② 수출입거래를 주목적으로 하는 도매업종 및 물품의 하역·보관·전시 등 물류업종(「자유무역지역법」 제10조 제1항 제4호 및 제5호)에 해당하는 경우 보관, 전시 등을 위하여 반입한 물품의 보수에 사용되는 물품에 한정한다.

(3) 내국원재료 과세표준 공제절차

1) 내국원재료 사용승인 과세표준 공제신청서

내국원재료 사용승인 및 과세표준 공제를 신청할 입주기업체는 사전에 세관장에게 다음 각 호의 사항을 기재한 '내국물품의 원재료 사용승인신청서'(「자유무역지역고시」 별지 16호 서식)를 제출하여야 한다.

① 원재료로 사용하고자 하는 내국물품의 품명·규격·수량·중량 및 가격

② 원재료를 사용하여 제조·가공·조립 또는 보수하고자 하는 물품의 품명·규격·수량·중량 및 가격

③ 작업기간 및 소요량

원재료로 사용하고자 하는 내국물품의 품명 및 규격이 동일하고 그 소요량이 일정한 경우에는 일정기간 동안 소요량을 일괄하여 승인처리할 수 있다.

2) 생산제품의 수입통관

원재료로 사용된 내국물품의 수량 또는 가격을 관세의 과세표준에서 공제받고자 하는 자는 수입신고서에 다음 각 호의 서류를 첨부하여 세관장에게 제출하여야 한다.

① 내국물품의 원재료 사용에 관한 승인서

② 내국물품확인서

③ 그 밖에 원재료로 사용된 물품의 수량 등을 증명할 수 있는 서류

공제가격 적정 여부 확인에 있어서 공제금액 및 수량을 산정할 경우 당해 물품을 반입한 날 또는 내국물품 반입확인서 발급을 기준으로 계산하여 공제한다.

관세 등의 과세표준에서 공제할 내국물품의 수량 및 가격은 해당 물품에 대한 세금계산서 또는 매매계약서 등으로 확인이 가능하여야 하며, 세관장은 공제할 내국물품의 수량 및 가격을 결정하는 데 필요하다고 인정하는 경우 공제신청을 하는 물품의 실소요량계산서를 제출하게 할 수 있다.

참고로 자유무역지역에서 제조가공한 물품을 수입신고할 경우 신고서 기재방법은 '수입종류(18란)' → '자유무역지역 제조가공물품통관(15)'으로, '결제금액 인도조건(54란)' → 'FOB'로, '운임(57란) 및 보험료(58란)' → 각 '0원'으로 기재하여 신고하면 된다.

■ 자유무역지역고시 별지 제16호 서식

신청번호	내국물품의 원재료 사용승인(신청)서	처리기일
		1일

신청자	① 업체명		② 업체관리부호	
	③ 주소			
	④ 대표자성명		⑤ 사업자등록번호	

원재료로 사용하고자 하는 내국물품내역

⑥ 품명	⑦ 규격	⑧ 수량/중량	⑨ 가격	⑩ 단위소요량

제조 · 가공 · 조립 · 보수하여 수입통관할 물품내역

⑪ 품명	⑫ 규격	⑬ 수량/중량	⑭ 가격	⑮ 수입(예정)자

⑯ 작업기간		⑰ 작업장소	

신청	승인
「자유무역지역의 지정 및 운영에 관한 법률」 제44조의 규정에 의하여 위와 같이 내국물품의 원재료 사용승인을 신청합니다. 200 . . . 위 신청자 ㊞ ○ ○ **세 관 장** 귀하	「자유무역지역의 지정 및 운영에 관한 법률」 제44조의 규정에 의하여 위와 같이 내국물품의 원재료 사용을 승인합니다. 200 . . . ○ ○ **세 관 장** ㊞

첨부	수수료
첨부 : 1. 매매계약서 또는 세금계산서 1부 2. 소요량계산서(세관장이 필요하여 요구하는 경우에 한함) 1부	없음

15 잉여물품의 관리

15.1 잉여물품의 개요

'잉여물품'이란 자유무역지역 내에서 제조·가공작업으로 인하여 발생하는 부산물과 불량품, 제품생산 중단 등의 사유로 사용하지 아니하는 원재료와 제품(제조물품의 전용 또는 포장재·운반용품을 포함한다) 등을 의미한다(「자유무역지역고시」 제2조 제4호).

기본적으로 잉여물품은 그 자체로 경제적 가치를 보유하는가의 여부에 따라 처리방법이 달라지는데, 경제적 가치가 있는 잉여물품(예 Steel Scrap)일 경우, 국내수입하려면 '수입신고(가격신고 첨부)'를 하고 관세 및 부가가치세를 납부하여야 하며, 국외로 반출(수출)하려면 '국외반출신고'를 해야 한다. 그러나 경제적 가치가 없는 잉여물품(예 폐포장재)이면 '폐기신고'를 하고 폐기절차를 밟아야 한다.

15.2 잉여물품의 처리절차

입주기업체는 제조과정에서 발생한 잉여물품의 자원재활용을 위한 재생작업 등을 위하여 자유무역지역 이외의 장소로 반출하고자 할 때에는 역외작업에 관한 절차를 준용하여 처리하는데, 잉여물품을 수출할 경우에는 국외반출신고를, 관세영역으로 반출할 경우에는 수입신고 또는 보세운송신고를 하여야 한다.

신고대상 잉여물품이 역외작업장소에서 발생한 것이라면 자유무역지역 관할 세관장에게 수입신고 및 보세운송신고를 하여야 하며, 이 과정에서 물품검사가 필요하다면 자유무역지역 관할 세관장은 역외작업장 관할 세관장에게 물품검사를 의뢰할 수 있다.

또 세관장은 자유무역지역 입주기업체에 대한 재고조사를 개시할 경우 재고조사 개시일로부터 10일 이전에 물품의 반출입사항 등과 함께 잉여물품의 발생 및 처리상황 자료도 받아 같이 조사하게 되는데, 해당 입주기업체는 잉여물품에 대한 재고 내역 기록 시 장부 또는 자료보존매체(마이크로필름, 광디스크, 기타 전산매체)를 통해서도 기록·유지할 수 있다.

☞ 기재내용 : 생산(발생)일자, 품명, 규격, 수량 또는 중량 등을 기록·유지한다.

15.3 관세환급대상 잉여물품

「환급특례법」상 환급대상 원재료는 수출물품에 결합된 원재료와 정상손모량, 직접소모품 및 포장용품에 한정되며, 비정상적인 손모량, 즉 불량품 생산에 소요된 원재료는 환급대상이 아니다.

반면 자유무역지역상 환급대상 내국물품은 「환급특례법」상 환급대상인 원재료(직접소모품 및 포장용품 포함)는 물론 시설재, 건축자재 및 일부 간접자재(윤활유, 사무용 컴퓨터)도 포함됨으로써 그 범위가 더 넓다.

그러나 자유무역지역 입주기업체가 '환급대상수출물품 반입확인서'(「환급사무처리고시」 별지 제1호 서식)로 공급된 상기의 환급대상 내국원재료를 사용·소비(제조·가공작업)하는 과정에서 정상적으로 발생되는 잉여물품에 소요된 물품은 환급대상이나 취급부주의 등 비정상적으로 발생된 잉여물품은 환급대상이 아니다.

따라서 반입 후 사용·소비과정에서 정상적인 손모율에 따라 발생된 부산물(스크랩 등)은 부산물가치에 따라 수입신고를 하게 되며, 비정상적인 원인으로 정상소요량을 초과하여 사용된 내국원재료(잉여물품)를 관세영역으로 반출하는 경우에는 부산물가치에 따라 과세하는 것이 아니라 당해 내국원재료의 공급 시 환급받은 금액을 추징하게 된다.

16 벌칙

16.1 벌칙규정의 관세법 준용

「자유무역지역법」 제56조, 제57조, 제59조, 제60조 제3호~제6호 및 제61조에서 제68조까지 규정한 벌칙에 위반되는 행위를 한 자는 「관세법」 제283조 제1항에 따른 '관세범'으로 보아 같은 법 제12장(제283~319조)을 적용한다.

'관세범'이란 「관세법」 또는 「관세법」의 명령을 위반하는 행위로서 「관세법」에 따라 형사처벌되거나 통고처분되는 것을 의미한다.

일반 형사범은 검사와 검사의 지휘를 받는 사법경찰관리의 수사를 거쳐 공소를 제기하고 법원의 재판을 통하여 처벌받게 되는 반면, 관세범은 고도의 전문성과 지능성, 국제성 등 고유의 특성을 반영하여 관련 지식과 능력을 가진 세관공무원이 조사하고 범죄의 확증을 얻었을 때 그 정상(情狀)에 따라서 검사 고발 또는 통고처분하는 절차를 따르게 된다.

'관세범'으로 조사 · 처분되는 「자유무역지역법」 위반행위

위반 법조항	위반행위내용	비고
제56조	• 절대적 반입 · 반출금지품의 반입 · 반출	
제57조	• 수입신고(제세납부) 없이 외국물품을 사용소비하거나 자유무역지역으로 반입 • 역외작업장 임가공물품을 관세영역으로 무단반출 • 수입신고(제세납부) 없이 외국물품 등을 관세영역으로 반출(밀수입) • '비거주자 등'이 국외반출목적으로 반입한 내국물품 등을 관세영역으로 무단반출	
제59조	허가 · 승인 등 조건구비 없이(부정구비) 국외반출	
제60조 (제3~6호)	• 국외반출신고 없이(거짓신고) 물품의 국외반출(밀수출) • 재고기록을 기록 · 관리하지 않거나 거짓으로 기록 · 관리 • 재고기록 미보존 • 조사 거부 · 방해 · 기피 또는 자료제출 거부	제1~2호 토지(공장) 무단 양도행위는 관세범 아님.

조항	내용	비고
제61조	• 부정한 방법으로 제29조의②항에 따른 내국물품 반입확인서의 발급 • 허가 없이 외국물품 일시반출 또는 일시반출 허용기간 내에 미반입 • 신고 없이 역외작업 또는 역외작업공정에서 발생한 폐품을 신고 없이 처분 • 신고(승인) 없이 보세운송 • 멸실·분실 신고 누락 또는 폐기신고 없이 물품폐기 • 국민보건 또는 환경보전 지장 초래물품 등 제한물품을 승인(추천) 없이 반입 또는 반출 • 자유무역지역에서의 세관 물품검사 또는 확인을 거부·방해 또는 기피	
제62조	• 교사범, 방조한 자는 정범에 준해 처벌 • 예비범, 미수범은 본죄에 준해 처벌	
제63조	밀수 전용 운반기구의 몰수	
제64조	범죄에 사용된 물품의 몰수 등	
제65조	밀수품의 취득죄 등	
제66조	징역과 벌금의 병과	
제67조	몰수·추징	
제68조	• 양벌규정 • 벌금경합에 대한 제한가중규정(형법 제38조 제1항 제2호)의 배제	양벌규정은 재산형 처벌

여기서 「자유무역지역법」 위반내용에 대한 '조사 및 처분'을 「관세법」으로 위임하지 않은 위반행위, 즉 「자유무역지역법」 제58조(입주계약 관련 위반) 및 제60조 제1~2호(토지 및 공장 등의 무단양도)를 위반한 행위에 대한 조사·처분은 어떻게 할 것인가의 의문이 생길 것이다.

이런 위반행위를 세관에서 인지한 경우 비록 「관세법」 준용규정에는 누락되어 있다 하더라도 원활한 업무처리를 위하여 세관 조사전담부서에서 일차 조사를 한 후 검찰에 고발하는 절차를 취하고 있으며, 실제로 입주기업체의 공장시설의 무단양도 행위를 적발, 세관 조사 후 검찰에 고발된 사례가 있다.

16.2 자유무역지역법 위반행위 처벌규정

조항	위반내용	처벌내용	비고
제56조	제41조 제1항을 위반하여 물품을 반입 또는 반출한 자(절대적 수출입금지물품) (법 제41조 제1항) 절대적 반출입금지물품(관세법 제234조) 1. 헌법질서를 문란하게 하거나 공공의 안녕질서 또는 풍속을 해치는 서적·간행물·도화, 영화·음반·비디오물·조각물 또는 그 밖에 이에 준하는 물품 2. 정부의 기밀을 누설하거나 첩보활동에 사용되는 물품 3. 화폐·채권이나 그 밖의 유가증권의 위조품·변조품 또는 모조품	7년 이하의 징역 또는 7천만 원 이하의 벌금	
제57조 제1항	1. 제29조 제3항을 위반하여 수입신고 및 관세 등의 납부를 하지 아니하고 외국물품을 사용·소비하거나 자유무역지역 안으로 반입한 자 2. 제35조 제1항을 위반하여 역외작업에 의하여 가공 또는 보수된 물품을 통관절차 없이 관세영역으로 반출한 자	5년 이하의 징역 또는 관세액의 10배와 물품의 원가 중 높은 금액에 상당하는 금액 이하의 벌금	
제57조 제2항	1. 제29조 제4항에 따른 수입신고 및 관세 등의 납부를 하지 아니하고 외국물품 등을 자유무역지역에서 관세영역으로 반출한 자 2. 제29조 제5항의 의무를 위반하여 제29조 제1항 제3호의 내국물품을 자유무역지역에서 관세영역으로 반출한 자 (법 제29조 제1항) 3. 「부가가치세법」상 "비거주자 등"이 국외반출을 목적으로 자유무역지역에 보관하려는 내국물품 중 제45조 제2항(부가가치세 영세율)의 적용을 받으려는 물품으로서 다음 각 목의 요건을 모두 갖춘 물품 가. 국내사업자와 직접 계약에 따라 공급받을 것 나. 대금은 외국환은행을 통하여 원화로 지급할 것 다. 비거주자 등이 지정하는 입주기업체에게 인도할 것	「관세법」 제269조·제270조 및 「특정범죄가중처벌 등에 관한 법률」 제6조에 따라 처벌	밀수입죄 및 관세 포탈죄
제58조	1. 제11조 제1항에 따른 입주허가 또는 변경허가를 받지 아니하거나 부정한 방법으로 입주허가 또는 변경허가를 받아 자유무역지역 안에서 사업을 영위한 자 2. 제15조 제1항 또는 제2항에 따라 입주허가가 취소된 후 동조 제3항의 업무(기존 계약이행 및 잔무처리) 외에 그 사업을 한 자	3년 이하의 징역 또는 3천만 원 이하의 벌금	「관세법」 조사처분 규정 준용 제외

제59조	제30조에 따른 국외반출신고를 한 자 중 법령에 따라 국외반출에 필요한 허가·승인·추천·증명 그 밖의 조건을 구비하지 아니하거나 부정한 방법으로 이를 구비하여 국외반출한 자	1년 이하의 징역 또는 2천만 원 이하의 벌금	
제60조	1. 제15조 제5항 또는 제6항을 위반하여 토지 또는 공장 등을 양도한 자 2. 제25조 제1항부터 제3항까지의 규정을 위반하여 토지 또는 공장 등을 양도한 자 3. 제30조 제1항 또는 제35조 제2항을 위반하여 국외반출신고를 하지 아니하거나 거짓으로 국외반출신고를 하고 자유무역지역 밖으로 반출한 자 4. 제38조 제1항 또는 제2항을 위반하여 재고기록을 기록·관리하지 아니하거나 거짓으로 재고를 기록·관리한 자 5. 제38조 제4항에 따른 재고기록을 보존하지 아니한 자 6. 제39조 제3항을 위반하여 정당한 사유 없이 조사를 거부·방해 또는 기피하거나 자료 제출을 거부한 자	2천만 원 이하의 벌금	1~2호 「관세법」 조사처분 규정 준용 제외
제61조	1. 거짓이나 그 밖의 부정한 방법으로 제29조 제2항에 따른 내국물품확인서를 발급받은 자 2. 제33조를 위반하여 허가를 받지 아니하고 외국물품 등을 일시반출하거나 반출 허용기간이 지난 후에도 이를 반입하지 아니한 자 3. 제34조 제1항 또는 제35조 제3항을 위반하여 신고를 하지 아니하고 역외작업을 하거나 역외작업의 공정에서 발생한 폐품을 처분한 자 4. 제36조 제2항에 따라 준용되는 「관세법」 제213조 제2항 또는 제219조 제2항을 위반하여 (보세운송) 신고하지 아니하거나 (조난물품운송) 승인을 받지 아니하고 보세운송을 한 자 5. 제38조 제3항을 위반하여 멸실 또는 분실의 신고를 하지 아니하거나 폐기신고 없이 외국물품 등을 폐기한 자 6. 제41조 제2항에 따라 제한된 물품을 반입 또는 반출한 자 (법 제41조 제2항) 반입·반출 제한물품 1) 국민보건 또는 환경보전에 지장을 초래하는 물품 2) 그 밖에 대통령령으로 정하는 물품	1천만 원 이하의 벌금	

	– 사업장폐기물 등 폐기물 – 총기 등 불법무기류 – 마약류 – 「상표법」에 따른 상표권 또는 「저작권법」에 따른 저작권을 침해하는 물품 – 제1호부터 제4호까지의 규정에 따른 물품과 유사한 물품으로서 관세청장이 정하여 고시하는 물품 7. 제42조에 따른 (FTZ에서 반출입물품 및 운수수단에 대한 세관장의) **검사 또는 확인을 거부·방해 또는 기피한 자**		
제62조	1. 그 정황을 알고 제56조·제57조 및 제59조의 규정에 의한 행위를 **교사하거나 방조한 자** 2. 제56조·제57조 및 제59조의 죄를 범할 목적으로 **예비한 자와 그 미수범**	• 교사범, 방조범 : 정범에 준해 처벌 • 예비범, 미수범 : 본죄에 준해 처벌	
제63조	제56조의 죄에 전용되는 선박·자동차 그 밖의 운반기구는 소유자가 범죄에 사용되는 정을 알았던 경우로서 다음 각 호의 1에 해당하는 경우 1. 범죄물품을 적재하거나 적재하고자 한 경우 또는 적재하였던 사실이 있는 경우 2. 검거를 기피할 목적으로 권한 있는 공무원의 정지명령을 받고 정지하지 아니하거나 적재된 범죄물품을 해상에서 투기·파괴 또는 훼손한 경우 3. 범죄물품을 해상에서 인수 또는 취득하려 한 경우 4. 범죄물품을 운반한 경우	몰수	밀수전용 운반기구
제64조	1. 제56조의 죄에 사용하기 위해 특수한 가공을 한 물품 2. 제56조의 죄에 해당하는 물품이 다른 물품 중에 포함되어 있는 경우 그 물품이 범인의 소유인 때에는 그 다른 물품도 몰수할 수 있다.	몰수	범죄 사용물품
제65조	1. 제56조·제57조 및 제59조에 해당하는 물품을 취득·양여·운반·보관 또는 알선하거나 감정한 자 2. 제1항의 죄를 범할 목적으로 예비한 자와 그 미수범	• 3년 이하의 징역 또는 물품원가 이하에 상당하는 벌금 • 예비범 및 미수범은 본죄에 준해 처벌	밀수품 취득죄
제66조	제56조·제57조 및 제59조의 죄를 범한 자는 정상(情狀)에 따라 징역과 벌금 병과	징역과 벌금 병과	

第67조	1. 제56조의 경우 그 물품을 몰수 2. 제57의 경우 그 물품을 몰수 3. 본죄의 규정에 의하여 몰수할 물품의 전부 또는 일부를 몰수할 수 없는 때에는 그 몰수할 수 없는 물품의 범칙 당시의 국내 도매가격에 상당하는 금액을 범인으로부터 추징 4. 제68조 제1항의 법인 또는 개인은 제1항부터 제3항까지의 규정을 적용할 때에는 범인으로 본다. 따라서 법인의 대표자(법인 또는 개인)의 대리인(사용인, 종업원)의 잘못으로 인해 양벌처분을 받을 경우 법인의 대표자 등도 범인으로 간주된다.	몰수·추징	
第68조	1. 법인의 대표자나 법인 또는 개인의 대리인, 사용인, 그 밖의 종업원이 그 법인 또는 개인의 업무에 관하여 제56조부터 제62조까지의 어느 하나에 해당하는 위반행위를 하면 그 행위자를 벌하는 외에 그 법인 또는 개인에게도 해당 조문의 벌금형을 과(科)한다. 다만, 법인 또는 개인이 그 위반행위를 방지하기 위하여 해당 업무에 관하여 상당한 주의와 감독을 게을리하지 아니한 경우에는 그러하지 아니하다. 2. 이 법에서 규정한 벌칙에 위반되는 행위를 한 자에 대하여는 「관세법」 제278조를 준용한다. 따라서 경합범에 대한 벌금형은 합산한다. (관세법 제278조) 이 법에 따른 벌칙에 위반되는 행위를 한 자에게는 「형법」 제38조 제1항 제2호 중 벌금경합에 관한 제한가중규정을 적용하지 아니한다.	양벌규정 및 벌금경합에 관한 제한가중규정 배제	

16.3 자유무역지역 질서벌(과태료)

(1) 의의

자유무역지역 질서벌은 「자유무역지역법」에 정한 의무위반에 대한 제재이기는 하나 형법상 형벌이 아닌 과태료로 과하는 것을 말한다.

직접적으로 자유무역지역 행정목적을 침해하는 것이 아니라 일정한 보고, 신고, 등록 등의 의무를 태만히 함으로써 간접적으로 행정목적 달성에 장애를 미치는 위험성이 있는 행위, 즉 자유무역지역 행정질서를 문란케 한 행위에 대한 제재로서 과하는 것이다.

이러한 질서벌에는 관세범에 대하여 적용되는 형법총칙이 적용되지 않으며 원칙적으로 범죄행위에 대한 고의·과실의 유무를 따지지 않는다. 그러나 「질서위반행위규제법」에 의하여 고의, 과실, 착오 등을 위반행위의 정황에 따라서 어느 정도 고려되고 있다.

또 과태료부과에 대해 다툼이 있는 경우에는 「형사소송법」의 규정을 따르지 않고 「질서위반규제법」이 정하는 바에 따르게 된다. 과태료 또한 법위반에 대한 처벌수단의 일종이므로 법률의 규정에 의한 절차를 따르지 아니하고는 과할 수 없다(「헌법」 제12조 제1항).

행정질서벌인 과태료는 처할 자의 주소지를 관할하는 지방법원이 「질서위반행위규제법」에 따라 과하는 것이 원칙이나, 자유무역지역 질서벌의 경우에는 「자유무역지역법」 제70조 제4항의 규정에 따라 관할 세관장(토지·공장 등 시설의 운영과 관련된 과태료는 관리권자)이 부과, 징수하도록 하고 불복이 있을 경우에는 법원에 통보하여 「질서위반규제법」에 따라 재판을 받도록 규정하고 있다.

세관장이 입주기업체에 과태료를 부과하고자 하는 경우에는 15일간 처분대상자에게 구술 또는 서면에 의한 의견진술의 기회를 주게 되며, 지정된 기일까지 의견진술이 없는 경우에는 의견이 없는 것으로 간주한다.

질서벌의 존재가 행정질서 확립에 있는 것이므로 과태료 체납사실이 없으면서 평소 준법정신이 우수한 '수출입안전관리 우수업체(AEO : Authorized Economic Operator)'로 인증받은 업체, 중소기업체, 과태료 자진납부자 등에 대하여는 일정부분 과태료를 감면해 주고 있다.

(2) 과태료 부과기준

1) 위반행위의 횟수가 적용되지 않는 과태료

위반행위	근거 법조문	과태료금액	부과 및 징수권자
① 법 제14조 제4항을 위반하여 사업개시의 신고를 하지 않거나 거짓신고를 하고 사업을 시작한 경우	제70조 제2항 제1호	200만 원	관리권자
② 법 제15조 제4항을 위반하여 잔여 외국물품 등을 자유무역지역 밖으로 반출하지 않거나 다른 입주기업체에 양도하지 않은 경우	제70조 제2항 제2호	200만 원	세관장
③ 법 제15조 제5항·제6항 또는 제26조를 위반하여 토지 또는 공장 등을 양도하지 않은 경우	제70조 제1항	500만 원	관리권자
④ 법 제25조 제4항에 따른 공장 등의 양도·임대 또는 사용에 대하여 신고를 하지 않은 경우	제70조 제3항 제1호	100만 원	〃
⑤ 법 제29조 제1항을 위반하여 같은 항 제1호의 외국물품에 대하여 거짓으로 반입신고를 하고 자유무역지역 안으로 반입한 경우	제70조 제2항 제4호	200만 원	세관장
⑥ 법 제29조 제1항을 위반하여 같은 항 제2호의 내국물품에 대하여 반입신고를 거짓으로 하여 자유무역지역 안으로 반입한 경우	제70조 제2항 제5호	200만 원	〃
⑦ 법 제29조 제1항을 위반하여 같은 항 제3호의 내국물품에 대하여 반입신고를 하지 않거나 반입신고를 거짓으로 하여 자유무역지역 안으로 반입한 경우	제70조 제2항 제6호	200만 원	〃
⑧ 법 제31조 제1항을 위반하여 내국물품 반입증명서류를 제출하지 않거나 거짓 내국물품 반입증명서류를 제출하여 내국물품을 관세영역으로 반출한 경우	제70조 제2항 제8호	200만 원	〃
⑨ 법 제31조 제2항 단서를 위반하여 내국물품 반입증명서류를 제출하지 않거나 거짓 내국물품 반입증명서류를 제출한 경우	제70조 제2항 제9호	200만 원	〃
⑩ 법 제31조 제3항을 위반하여 해당 기간 동안 내국물품 반입증명서류를 보관하지 않은 경우	제70조 제2항 제10호	200만 원	〃

2) 위반행위의 횟수가 적용되는 과태료

① 일반기준

위반행위의 횟수에 따른 과태료의 부과기준은 최근 1년간 같은 위반행위로 과태료를 부과받은 경우에 적용한다.

이 경우 위반횟수는 위반행위에 대하여 과태료를 부과처분한 날과 다시 같은 위반행위를 적발한 날을 각각 기준으로 하여 계산하며, 아래 개별기준 1, 4, 6, 8의 위반행위는 같은 위반행위로 보아 위반횟수를 산정한다. 이 과태료는 물품관리와 관련된 질서벌이므로 관할 세관장이 부과·징수한다.

② 개별기준

위반행위	근거 법조문	과태료금액		
		1차 위반	2차 위반	3차 이상 위반
1. 법 제29조 제1항을 위반하여 같은 항 제1호의 외국물품에 대하여 반입신고를 하지 않고 자유무역지역 안으로 반입한 경우	第70조 제2항 제4호			
가. 외국물품을 반입한 날부터 1일 이내에 반입신고를 한 경우		10만 원	20만 원	40만 원
나. 외국물품을 반입한 날부터 3일 이내에 반입신고를 한 경우		20만 원	40만 원	80만 원
다. 외국물품을 반입한 날부터 5일 이내에 반입신고를 한 경우		30만 원	60만 원	120만 원
라. 외국물품을 반입한 날부터 5일을 초과하여 반입신고를 한 경우		50만 원	100만 원	200만 원
2. 법 제30조 제2항에 따라 준용되는 「관세법」 제245조 제3항 또는 제249조를 위반하여 관계 자료를 제출하지 않거나 신고사항을 보완하지 않은 경우	제70조 제3항 제2호	25만 원	50만 원	100만 원
3. 법 제30조 제2항에 따라 준용되는 「관세법」 제251조 제1항을 위반하여 물품을 적재한 경우(수출물품 선적의무기간위반)	제70조 제2항 제7호	10만 원	30만 원	50만 원

4. 법 제36조 제2항에 따라 준용되는 「관세법」 제214조를 위반하여 보세운송을 한 경우(**보세운송 신고인의무 위반**)	제70조 제2항 제11호	50만 원	100만 원	200만 원
5. 법 제36조 제2항에 따라 준용되는 「관세법」 제215조를 위반하여 보세운송을 한 경우(**보세운송 도착보고의무 위반**)	제70조 제2항 제11호			
가. 운송목적지 도착일부터 1일 이내에 보고를 한 경우		10만 원	20만 원	40만 원
나. 운송목적지 도착일부터 3일 이내에 보고를 한 경우		20만 원	40만 원	80만 원
다. 운송목적지 도착일부터 5일 이내에 보고를 한 경우		30만 원	60만 원	120만 원
라. 운송목적지 도착일부터 5일을 초과하여 보고를 한 경우		50만 원	100만 원	200만 원
6. 법 제36조 제2항에 따라 준용되는 「관세법」 제216조 제1항을 위반하여 보세운송을 한 경우(**보세운송통로 위반**)	제70조 제2항 제11호	50만 원	100만 원	200만 원
7. 법 제36조 제2항에 따라 준용되는 「관세법」 제216조 제2항을 위반하여 보세운송을 한 경우(**보세운송기간 경과**)	제70조 제2항 제11호			
가. 보세운송기간 만료일부터 1일 이내에 보세운송을 종료한 경우		10만 원	20만 원	40만 원
나. 보세운송기간 만료일부터 3일 이내에 보세운송을 종료한 경우		20만 원	40만 원	80만 원
다. 보세운송기간 만료일부터 5일 이내에 보세운송을 종료한 경우		30만 원	60만 원	120만 원
라. 보세운송기간 만료일부터 5일을 초과하여 보세운송을 종료한 경우		50만 원	100만 원	200만 원
8. 법 제37조 제1항에 따라 준용되는 「관세법」 제157조의2를 위반하여 물품을 자유무역지역 밖으로 반출하지 않은 경우 (**수입신고수리물품 15일 반출의무 위반**)	제70조 제3항 제3호			
가. 반출기간 만료일부터 1일 이내에 반출한 경우		10만 원과 반출물품 원가의 50퍼센트에 해당하는 금액 중 적은 금액	10만 원과 반출물품 원가의 50퍼센트에 해당하는 금액 중 적은 금액의 1.5배	10만 원과 반출물품 원가의 50퍼센트에 해당하는 금액 중 적은 금액의 2배

나. 반출기간 만료일부터 5일 이내에 반출하는 경우		20만 원과 반출물품 원가의 50퍼센트에 해당하는 금액 중 적은 금액	20만 원과 반출물품 원가의 50퍼센트에 해당하는 금액 중 적은 금액의 1.5배	20만 원과 반출물품 원가의 50퍼센트에 해당하는 금액 중 적은 금액의 2배
다. 반출기간 만료일부터 10일 이내에 반출한 경우		30만 원과 반출물품 원가의 50퍼센트에 해당하는 금액 중 적은 금액	30만 원과 반출물품 원가의 50퍼센트에 해당하는 금액 중 적은 금액의 1.5배	30만 원과 반출물품 원가의 50퍼센트에 해당하는 금액 중 적은 금액의 2배
라. 반출기간 만료일부터 30일 이내에 반출한 경우		40만 원과 반출물품 원가의 50퍼센트에 해당하는 금액 중 적은 금액	40만 원과 반출물품 원가의 50퍼센트에 해당하는 금액 중 적은 금액의 1.5배	40만 원과 반출물품 원가의 50퍼센트에 해당하는 금액 중 적은 금액의 2배
마. 반출기간 만료일부터 30일을 초과하여 반출한 경우		50만 원과 반출물품 원가의 50퍼센트에 해당하는 금액 중 적은 금액	50만 원과 반출물품 원가의 50퍼센트에 해당하는 금액 중 적은 금액의 1.5배	50만 원과 반출물품 원가의 50퍼센트에 해당하는 금액 중 적은 금액의 2배
9. 정당한 사유 없이 법 제40조 제1항에 따른 세관장의 국외 반출명령 또는 폐기명령을 이행하지 않은 경우	제70조 제3항 제4호	25만 원	50만 원	100만 원

※ '위반행위 합산규정'은 반복적으로 발생되는 위반사항을 하나로 묶어 관리하겠다는 의도인데, 4, 6은 자주 발생되는 위반행위가 아니므로 제외하는 대신 5, 7이 포함되어야 할 것으로 생각된다(향후 개정 필요가 있는 법조항).

(3) 과태료 부과 · 징수절차

1) 의의

세관장은 「자유무역지역법 시행령」 제41조에 따른 과태료 부과 · 징수에 관하여는 「관세법 등에 따른 과태료 부과징수에 관한 훈령」(이하 「과태료부과징수훈령」이라 한다)을 준용한다. 다만, 원목, 양곡, 사료 등 벌크화물과 기타 세관장이 반출기간연장을 승인한 물품에 대하여 「자유무역지역법」 제70조 제3항 제3호(수입신고수리물품의 15일 내 반출의무 위반에 따른 과태료)를 적용하지 아니한다.

2) 수개의 동일한 질서위반행위의 처리

세관장은 수개의 동일한 질서위반행위에 대한 과태료는 각각 부과한다. 다만, 감사, 관세조사 또는 부과 담당부서의 일제점검 등에 의하여 수개의 동일한 질서위반행위가 일시에 적발된 경우 관세행정 질서유지에 지장이 없다고 세관장이 판단하는 때에는 다음 계산식을 적용하여 계산한 금액을 위반행위가 마지막으로 발생한 날부터 소급하여 1년 단위로 구분하여 부과할 수 있다. 이 경우 과태료부과 담당부서는 사전에 세관장의 승인을 받아야 하며, 반복적으로 발생되는 다수의 질서위반행위가 누적되지 않도록 정기 · 수시 점검 등을 실시하여야 한다.

- 부과액 = 법정상한액 + (법정상한액 × 19)(위반건수 − 법정상한액 도달건수*)
  ÷ {위반건수 + (법정상한액 × 19 ÷ 차수별 해당 금액)}

* 법정상한액 도달건수(소수점 첫째자리에서 반올림) = 법정상한액 ÷ 차수별 해당 금액

3) 과태료의 감경

세관장은 과태료부과 사전통지 및 의견 제출결과 과태료부과대상이면서 다음 각 호에 해당하는 경우 과태료를 감경할 수 있다. 다만, 과태료를 체납하고 있는 당사자에 대해서는 그러하지 아니한다.

① 수출입 안전관리 우수업체(AEO : Authorized Economic Operator)로 공인받

은 경우에는 다음 각 목의 감경기준을 적용하여 감경

가. A등급 : 100분의 20

나. AA등급 : 100분의 30

다. AAA등급 : 100분의 50

② 「중소기업법」 제2조에 따른 중소기업에 해당되는 경우에는 부과되는 과태료의 100분의 20 범위

③ 「질서위반행위규제법」 제10조 제2항(심신장애자로 판단·행위능력 미약자) 및 같은 법 시행령 제2조의2 제1항 각 호(기초생활수급자 등)에 해당되는 경우에는 부과되는 과태료의 100분의 50 범위

질서위반행위규제법상 과태료 감경규정

법 제10조(심신장애) ② 심신장애로 인하여 제1항에 따른 능력이 미약한 자의 질서위반행위는 과태료를 감경한다.

동법 시행령 제2조의2(과태료 감경) ① 행정청은 법 제16조에 따른 사전통지 및 의견 제출결과 당사자가 다음 각 호의 어느 하나에 해당하는 경우에는 해당 과태료 금액의 100분의 50의 범위에서 과태료를 감경할 수 있다. 다만, 과태료를 체납하고 있는 당사자에 대해서는 그러하지 아니하다.

1. 「국민기초생활 보장법」 제2조에 따른 수급자
2. 「한부모가족 지원법」 제5조 및 제5조의2 제2항·제3항에 따른 보호대상자
3. 「장애인복지법」 제2조에 따른 제1급부터 제3급까지의 장애인
4. 「국가유공자 등 예우 및 지원에 관한 법률」 제6조의4에 따른 1급부터 3급까지의 상이등급 판정을 받은 사람
5. 미성년자

과태료 감경 시 그 사유가 2개 이상 해당되는 경우 감경률의 합은 100분의 50을 초과할 수 없다. 다만, 과태료 부과대상자가 의견진술기간 이내에 과태료를 자진하여 납부하는 경우에는 과태료부과기준금액에 감경률을 적용하여 부과할 과태료금액의 100분의 20의 범위에서 추가 감경할 수 있다.

4) 과태료부과절차

세관장은 「자유무역지역법」 제70조(과태료)에 해당하는 위반행위가 발생하였다는 합리적 의심이 있는 때에는 위반자 · 위반사실 · 증거 등을 조사 · 확인하고 과태료의 부과 여부를 결정하여야 하며, 조사방법 및 절차에 관하여 「질서위반행위규제법」 제22조(질서위반행위의 조사방법)를 준용한다.

세관장이 과태료를 부과하려는 때에는 별지 제2호 서식의 '의견진술안내문'을 미리 과태료 처분대상자에게 통지하고, 15일의 기간을 정하여 의견을 제출할 기회를 주어야 한다. 이 경우 지정된 기일까지 의견 제출이 없는 경우에는 의견이 없는 것으로 본다. 의견진술을 할 때 구술로 의견진술을 하는 경우에는 의견진술서에 진술한 의견내용을 정리하여 본인으로 하여금 확인하게 한 후 서명 또는 날인하게 한다. 이상의 절차를 마친 세관장은 별지 제5호 서식의 '과태료부과통지'(자유무역지역법 위반) 별지 제6호 서식의 '과태료부과에 대한 이의제기서'를 과태료 처분대상자에게 송부하여야 한다.

또 수개의 질서위반행위를 한 건으로 일괄하여 과태료를 부과하는 때에는 부과명세를 부과통지서에 첨부하여야 한다.

과태료부과통지서와 납부고지서 및 이의제기서는 과태료 처분대상자에게 직접 교부하는 경우를 제외하고는 인편 또는 등기우편으로 발송하여야 하며, 납부기한은 납부고지서를 받은 날부터 30일로 한다.

과태료부과대상자가 납부기한까지 과태료를 납부하지 아니한 때에는 「질서위반행위규제법」 제24조에 따라 체납된 과태료에 대하여 100분의 3의 가산금을 추가로 징수하며, 납부기한이 경과한 날부터 매 1개월이 경과할 때마다 체납된 과태료의 1천분의 12에 상당하는 가산금(이하 '중가산금'이라 한다)을 이미 부과된 가산금에 가산하여 징수한다. 이 경우 중가산금을 가산하여 징수하는 기간은 60개월을 초과하지 못한다(따라서 최고 75%까지 가산금부과).

세관장은 이상의 과태료 부과 · 징수규정에도 불구하고 과태료 처분대상자에게 '의견진술안내문'을 통지하는 때에는 과태료를 자진납부할 것으로 보고 20% 감경된 '과태료납부고지서'를 작성하여 송부하되, 납부대상자가 「과태료부과징수훈령」

제8조 제1항에 따른 감경대상자(AEO업체 등)임을 사전에 확인한 경우에는 해당 감경률을 적용한 과태료부과 예정금액에 자진납부 추가 감경률(20%)을 적용한 '과태료납부고지서'를 송부할 수 있다. 이 경우 납부기한은 의견제출기한으로 하며, 과태료부과대상자가 감경된 과태료를 납부한 경우에는 해당 질서위반행위에 대한 과태료부과 및 징수절차는 끝나게 된다.

5) 이의제기

과태료부과처분에 불복이 있는 자는 「질서위반행위규제법」 제20조에 따라 과태료부과통지서 및 과태료납부고지서를 받은 날부터 60일 이내에 이의제기를 할 수 있다.

세관장은 '과태료부과에 대한 이의제기'를 받은 날부터 14일 이내에 별지 제7호 서식의 과태료 처분에 대한 이의제기 통보(자유무역지역법 위반)를 작성하여 과태료 처분대상자의 주소지를 관할하는 지방법원에 통보하여야 한다. 다만, 다음 각 호의 어느 하나에 해당하는 경우에는 그러하지 아니한다.

① 당사자가 이의제기를 철회한 경우

② 당사자의 이의제기에 이유가 있어 과태료를 부과할 필요가 없는 것으로 인정되는 경우

CHAPTER 5

자유무역지역 Business Model

1. 제조·가공 후 국외반출
2. 제조·가공 후 국내수입
3. 수입신고수리 및 재포장 국내배송
4. 중고품 분해·수선 후 국외반출
5. B/L 분할 및 사용소비신고 후 보세공장반출
6. 자동차부품 Milk-Run 물류 수출
7. 국제 인터넷쇼핑몰 물류센터

1 제조·가공 후 국외반출

1.1 업무절차 도해

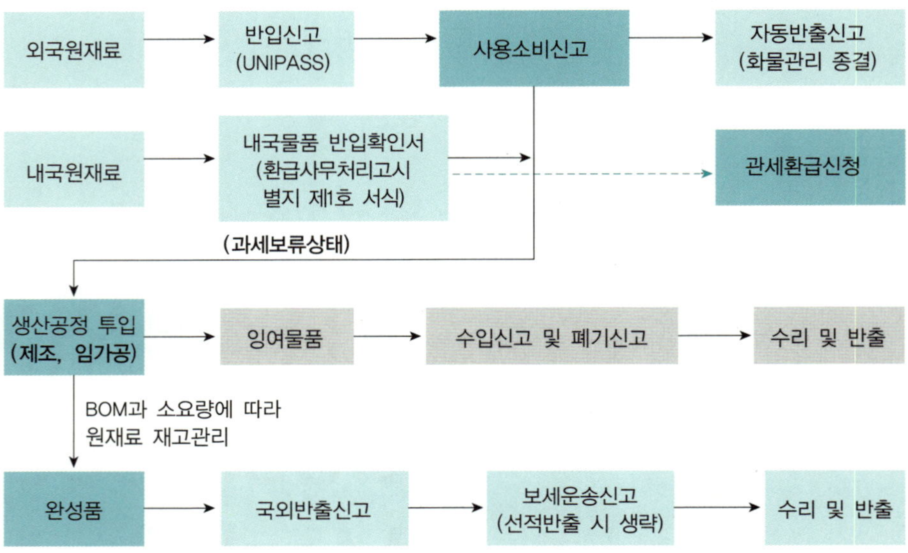

1.2 비즈니스 개요

① 외국에서 원재료를 반입하여 제조·조립 등의 작업을 거치거나 선별·분류·용기변경·포장·상표부착(labeling)·검품·수선 등 보수작업과정을 거쳐 완성된 가공품을 국외로 반출하는 형태로 자유무역지역의 주 기능이다.

② 반입된 외국원재료는 세관의 '사용소비신고'절차를 거쳐 과세보류상태로 제조공정에 투입되고, 완성품은 자유무역지역에서 외국으로 국외반출되므로 원재료의 조세부담도 없고 복잡한 관세환급절차도 발생하지 않는다.

③ 작업과정에서 내국원재료와 혼용이 이루어질 수도 있는데, 이때 투입된 내국원재료는 관세환급 및 부가가치세 영세율 적용대상이 된다.

1.3 세관절차

① 외국물품 : 반입신고 및 사용소비신고(법 제29조 제1항 및 고시 제7조)

② 내국물품 : 내국물품 반입확인서(법 제29조 제1항 및 고시 제8조)

환급대상 내국물품 : 환급대상수출물품 반입확인서(고시 제9조 및 「환급사무처리고시」 별지 제1호 서식)

③ 완성품 : 국외반출신고(법 제30조 및 고시 제11조), 보세구역 반출 시 '화물관리번호' 생성 후 보세운송신고(법 제36조 및 고시 제17조)

④ FTA 협정세율 적용물품 : 비가공증명서(「보세화물관리에 관한 고시」 제31조)

⑤ 반입원재료 재고관리(법 제38~39조, 영 제26~27조, 고시 제4장)

⑥ 잉여물품 : 수입신고 또는 폐기신고(법 제40조, 영 제28조, 고시 제24~28조)

1.4 유의사항

① 자유무역지역에서 단순반송하거나 통관보류되어 국외반출하고자 하는 물품은 「반송절차에 관한 고시」를 준용하나, 사용소비신고 후 제조·가공·수리·보수·조립 등(이하 '제조·가공'이라 한다) 공정을 거쳐 완성품을 외국으로 수출(국외반출)할 경우 「수출통관사무처리에 관한 고시」를 준용한다.

② 한 가지 유의할 점은 원산지를 허위로 표시하거나 지식재산권을 침해하는 행위는 보수작업으로 인정되지 않으며, 여기에 투입된 내국원재료는 반입확인서 발급대상에서도 제외된다.

③ 제조·가공 공정에 일부 내국원재료를 사용한 경우, 내국원재료 공급자는 「환급사무처리고시」 제5장의 규정에 따라 '환급대상수출물품 반입(적재)확인서'(별지 제1호 서식)를 발급받으면 관세환급이 가능하다.

환급방법 중 '간이정액환급'은 물품에 부여되는 품목번호(HS 10단위)와 공급금액(FOB ₩)에 따라 정액(₩10,000당 00원 또는 000원)을 환급해 주는 제도로서, 공급자는 공급한 내국원재료를 제조하는 데 꼭 수입원자재를 쓰지 않더라도 관세환급이 될 수 있으니 챙겨보아야 한다.

④ 한편 일반 내국물품을 반입할 경우 세관장에게 반입신고할 의무는 없으나, 이렇게 반입된 내국물품이 자유무역지역 내에서 다른 임가공절차 없이 원상태로 재반출하는 경우에는 관할 세관장에게 반드시 반출신고를 하여야 한다.

⑤ 국외반출신고수리물품은 보세운송신고대상이나 선적반출할 경우에는 국외반출신고서에 운송인과 운송기간을 기재하는 것으로 보세운송에 갈음하며, 운송기간은 신고수리일로부터 30일이다.

⑥ 국외반출신고가 수리된 물품은 수리일로부터 30일 이내에 선(기)적하여야 하며, 재해 등 부득이한 사유로 선(기)적하지 못한 경우에는 3개월의 범위 내에서 그 기간을 연장할 수 있다. 이 기간 내에도 선(기)적하지 못한 경우에는 자유무역지역으로 재반입한 후 국외반출신고를 취하하여야 한다.

⑦ 국외반출물품을 선적반출하지 않고 다른 자유무역지역 또는 보세구역으로 보세운송할 경우 운송기간은 반송화물과 같은 7일이며, 이 기간 내에 보세운송이 되지 않을 경우에는 사전에 기간연장신청하여야 한다.

1.5 활용사례

1) 검토배경

① 미국에 본사를 두고 있는 다국적기업 A사는 선진 통관·물류체계를 갖추고 있는 부산항에 아시아지역을 커버하는 '아시아물류허브센터' 개설을 추진

② A사의 신항 진입 장벽으로 사용소비신고절차에 일부 문제가 있다는 점을 파악한 부산세관은 관세청과 협의하여 관련 부분을 개선*

* 반입물품의 소유권분쟁 발생을 우려한 신고양식 개정 등(사용소비신고 서술 부분 참조)

2) 물류절차

① 미국, 중국, 동남아 등지에서 제조한 판매용 물품(건강보조식품, 생활필수품, 공기청정기 등)을 A사의 부산진해자유무역지역(신항) 내 '아시아물류허브센터'로 집중하여 관리

가. 반입물품에 대한 검수를 종료하면 관할 세관장에게 '사용소비신고'

나. 사용소비신고수리와 동시에 UNIPASS 화물관리시스템 자동반출 정리 및 입주기업체 자체 재고관리로 이관*

* 포장단위 및 총중량기준 재고관리 → 단위 원재료기준 재고관리로 전환

② 자유무역지역 안에서 과세보류상태로 선별·분류·재포장·라벨링 등 부가가치작업 후 70% 국외반출, 30% 국내수입

가. 국외반출 : 국외반출신고 시 대부분 선적반출됨에 따라 별도의 보세운송신고 없이 국외반출신고서(53, 54란)에서 운송내역신고(30일 내 선적)

나. 관세영역 반출(국내수입) : 수입신고(수입요건 충족) 및 제세납부

③ 잉여물품(불량품 등) 발생 시 세관장에게 폐기신고 후 폐기

④ 자체 재고관리시스템으로 단위 원재료별로 재고관리(세관 재고조사)

3) 물류유치효과

① 국제물동량 순증 0000TEU/연

② 물류부가가치 창출액 000억 원/연, 상시 일자리창출 000명

부가가치물류작업 후 국외반출

작업내용	• 사용소비신고수리된 물품을 수출국기준에 부합되도록 Labeling공정 • 입고화물을 물류센터 내에서 조합(Assembly)하여 새로운 상품군 제조 및 화주 Promotion 지원

Sealing/Labeling

Assembly/Postponement

Homecare Labeling

2 제조·가공 후 국내수입

2.1 업무절차 도해

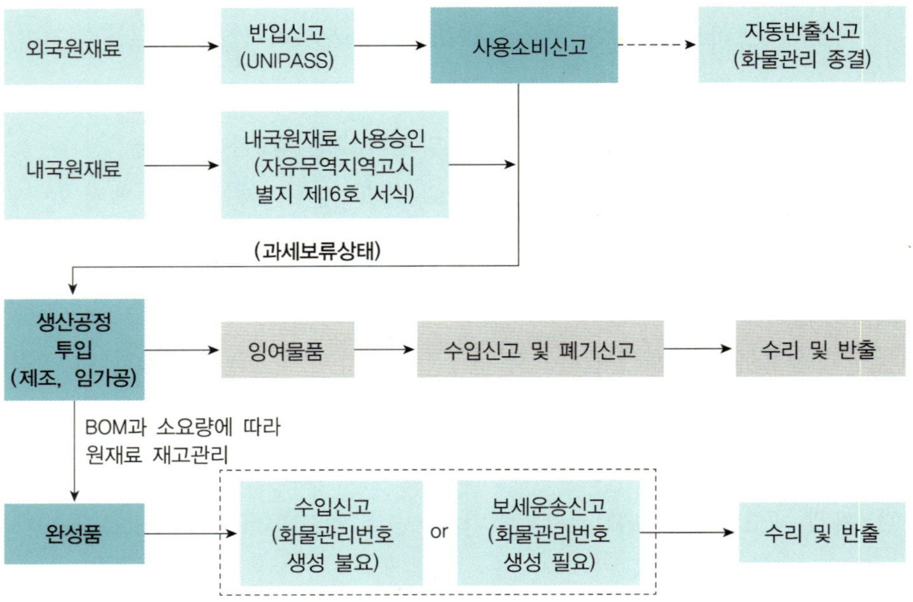

※ 관세영역반출 시 보세운송신고대상이면 화물관리번호 생성이 필요하다.

2.2 비즈니스 개요

① 외국에서 원재료를 반입하여 제조·가공작업 후 '관세영역으로 반출'(국내수입)하는 형태로서 내수용 보세공장과 유사하다.

② 역내에서 물품을 제조하여 국외로 반출(수출)하는 것이 자유무역지역의 설립 취지인 점을 감안하면 이 형태는 산업단지형 자유무역지역보다 선별·분류·재포장 등의 공정이 주로 이루어지는 공항만형 자유무역지역에서 주로 발생한다.

③ 외국물품과 내국원재료의 혼용작업이 이루어진 경우 완성품에 포함된 내국원

재료는 외국물품으로 간주되고 수입통관(세금납부)절차를 거쳐 내국물품화되며, 사전에 세관장에게 '내국물품 원재료 사용승인'(고시 별지 제16호 서식)을 받은 경우 완성품의 과세표준에서 공제된다.

2.3 세관절차

① 외국물품 : 반입신고 및 사용소비신고(법 제29조 제1항, 고시 제7조)
② 내국물품 원재료 : 내국물품 원재료 사용승인신청 및 과세표준 공제신청(법 제44조, 영 제30조, 고시 제32조)
③ 완성품 : 수입신고(법 제29조 제4항, 고시 제10조, 관세법 제241조) 및 보세구역반출 시 화물관리번호 생성 후 보세운송신고(법 제36조)
④ 반입원재료 재고관리(법 제38~39조, 영 제26~27조, 고시 제4장)
⑤ 잉여물품 : 수입신고 또는 폐기신고(법 제40조, 영 제28조, 고시 제24~28조)

2.4 유의사항

① 이 형태는 다국적기업 해외물류센터로 지정된 입주기업체가 외국물품을 반입하여 사용소비신고수리한 후 선별·분류·재포장 등의 작업을 거쳐 국내 소비자에게 판매(배송)할 때 많이 활용된다.
② 외국에서 농산물을 반입하여 자유무역지역에서 가공(예 대두를 수입하여 두부로 가공)한 후 국내로 수입통관하는 것에 대해 문의해 온 경우가 가끔씩 있는데, 이는 국내 부가가치창출에 따른 순기능이 관세와 TRQ[1] 회피에 따른 역기능(농가 피해 등)보다 크지 않는 것으로 보아 허용되지 않고 있다.

---

1) TRQ(Tariff Rate Quotas) : '저율관세 의무수입량'으로서 정부에서 허용한 일정한 물량에 대하여 저율관세가 부과되는 것을 의미한다. 시장개방으로 인해 농·림·축산업종 등 국내 취약산업 보호를 위하여 도입된 일종의 이중관세제도로 시장접근물량 이내 수입분에 대하여는 저율관세를, 초과하면 고율관세를 부과한다.

③ 완성품의 수입통관 시 화물관리번호 생성은 필요 없으나(수입종류 'E') 「대외무역법」 제12조 통합공고의 요건확인대상인 경우에는 해당 요건확인기관에 수입신고하려면 화물관리번호가 필수기재사항이 되므로 먼저 화물관리번호 생성을 하여야 한다.

④ 완성품을 수입통관하지 않고 타보세구역이나 자유무역지역에 보세운송하려는 경우에는 사전에 세관장에게 화물관리번호 생성신청한 후 보세운송신고하여야 한다. 이 경우 보세운송기간은 반송화물 보세운송기간과 같은 7일이다.

⑤ 농기계 또는 중장비조립과 같이 반제품상태의 외국물품을 자유무역지역에 반입한 후 나머지 부품을 국내에서 조달하여 완제품으로 조립하는 경우에는 '내국물품의 원재료 사용승인'과 '과세표준 공제' 등 다소 번거로운 절차를 추가로 부담해야 된다.

즉, 외국물품에 대해 보수작업의 결과로 투입된 내국물품은 외국에서 도착된 물품으로 간주되어 과세가격에 포함하지만, 사전에 관할 세관장에게 '내국물품의 원재료 사용승인'(「자유무역지역고시」 별지 제16호 서식)을 받은 경우에는 당해 내국물품의 수량 또는 가격을 제조·가공한 물품(완성품)의 과세가격에서 공제하게 된다.

⑥ 입주기업체는 반입원재료에 대하여 사용소비신고 후 BOM(부품리스트)과 소요량계산서에 따라 원재료 재고관리 및 관할 세관장의 재고조사를 부담할 의무를 지게 된다.

3 수입신고수리 및 재포장 국내배송

3.1 업무절차 도해

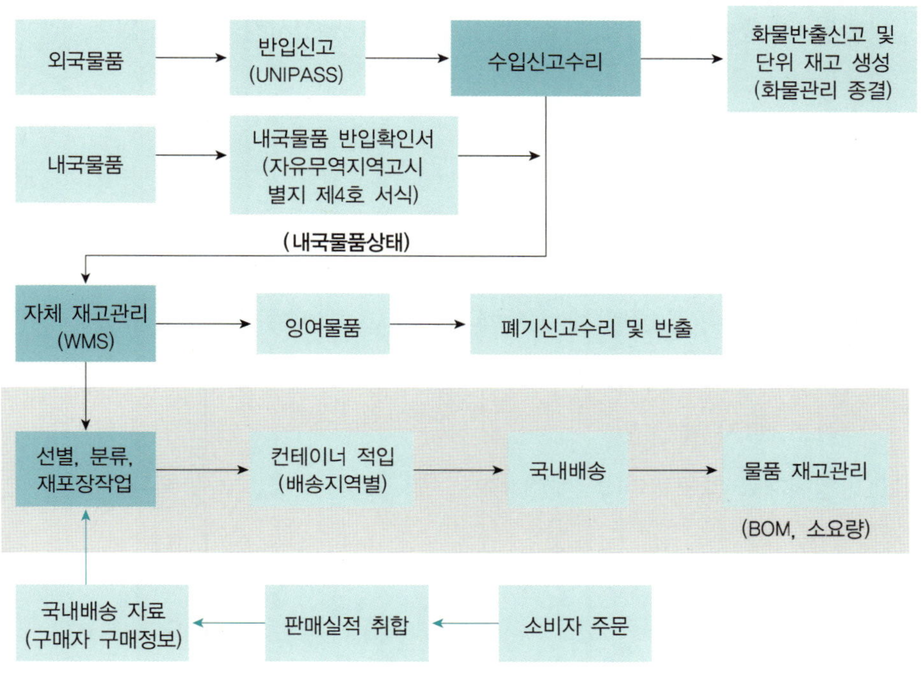

3.2 비즈니스 개요

① 반입된 외국원재료를 자유무역지역 안에서 수입통관한 후 재분류 및 재포장 작업을 거쳐 국내로 집배송하는 물류형태로서, 사전에 '내국물품 반입신고'를 하고 반입된 내국원재료와 합동으로 포장하여 국내배송되기도 한다.

② '사례 2'가 사용소비신고(과세보류) 후 재포장작업을 하는 것과 달리 이것은 반입물품에 대해 수입통관(세금납부)을 하고 재포장작업을 하는 것이 다르다.

③ 이때 보관물품은 국가가 조세채권을 행사한 내국물품상태이므로 재고관리 실익이 크지 않지만, 특허보세구역과 달리 자유무역지역에 반입된 내국물품은 '반출신고의무'가 있어 불필요하게 행정력 낭비를 초래하기도 한다.

④ 실제로 부산 신항 개장 초기 배후물류단지에 입주한 'D물류센터'의 경우 외부에서 수입통관된 국내 유명 마트 물품을 집중 보관하면서 일일 수천 건의 반입·반출이 발생함에 따라 많은 부작용을 발생시킨 사례가 있다.

3.3 세관절차

① 외국물품 : UNIPASS 화물관리시스템에서 반입신고(법 제29조 제1항, 고시 제7조) 및 수입신고(법 제29조 제4항, 고시 제10조)

② 내국물품 : 내국물품 반출 후 UNIPASS 화물관리시스템에서 화물반출신고(법 제31조, 고시 제13조)

③ 반입원재료 재고관리(법 제38~39조, 영 제26~27조, 고시 제4장)

3.4 유의사항

① 이 형태는 통상 완제품상태의 외국물품(예 세제 등 생활용품)을 반입하여 수입통관한 후 분류·재포장작업을 거쳐 국내로 배송하는 형태로서 자유무역지역을 집배송장소로 활용하는 경우 일반적으로 발생되는 물류절차이다.

② 이때 해당 자유무역지역 입주기업체가 제3자 물류업체이자 수입화주의 물류센터 역할을 수행하게 될 경우, 외국물품이 수입신고수리되면 일반적으로 전량 출고되지 않고 판매실적에 따라 개별 수량으로 출고되기 때문에 화물의 재고관리가 복잡하게 된다.

즉, 관세청 화물관리시스템에서는 포장 개수와 총중량을 기준으로 화물의 재고가 관리되나, 실제로는 신고수리되면 포장을 제거한 뒤 물품 단위수량으로 재고관리가 이루어지는 것이 일반적이다. 따라서 실무에서는 사용소비신고물품과 동일한 절차를 적용, 반입물품이 수입신고수리되면 관세청 화물관리시스템에 반출신고를 함과 동시에 자체 재고관리시스템에 단위수량으로 화물반입을 잡아 전산으로 재고관리를 하고 있다.

③ 또한 당해 자유무역지역 이외의 지역(특허보세구역)에서 수입통관된 물품이 자유무역지역으로 반입될 경우 재고관리는 더욱 복잡하게 된다. 예컨대, 마트 판매용 생활물품처럼 소량·다품종 물품의 경우 '내국물품 반입신고'의무는 없지만 '반출신고' 시 반입증거자료 구비를 위하여 반입신고를 함에 따라 내국물품의 반출입건수는 기하급수적으로 늘어났다. 실제로 부산진해자유무역지역에서 이런 물량을 취급한 D사의 경우 '내국물품 반출입건수'는 월 수만 건에 이르기도 하였다.

재포장 국내배송

작업내용	• 국내택배배송을 위해 고객의 Order를 신속·정확하게 작업하기 위한 Digital Picking System • 제품 부피와 무게를 계산하여 자동으로 최적의 배송Box 구성 & 중량 검증을 통한 오류 최소화

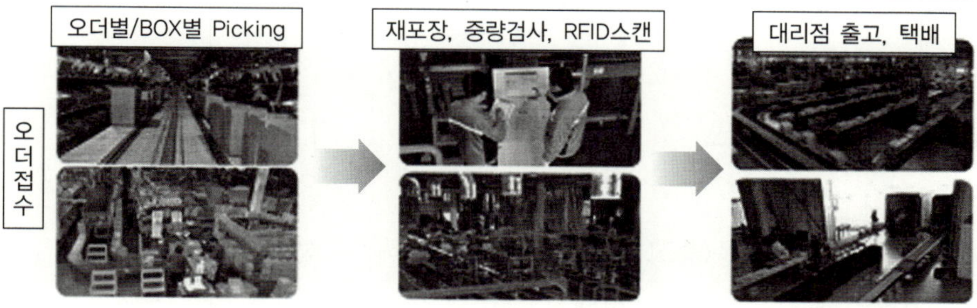

4 중고품 분해 · 수선 후 국외반출

4.1 업무절차 도해

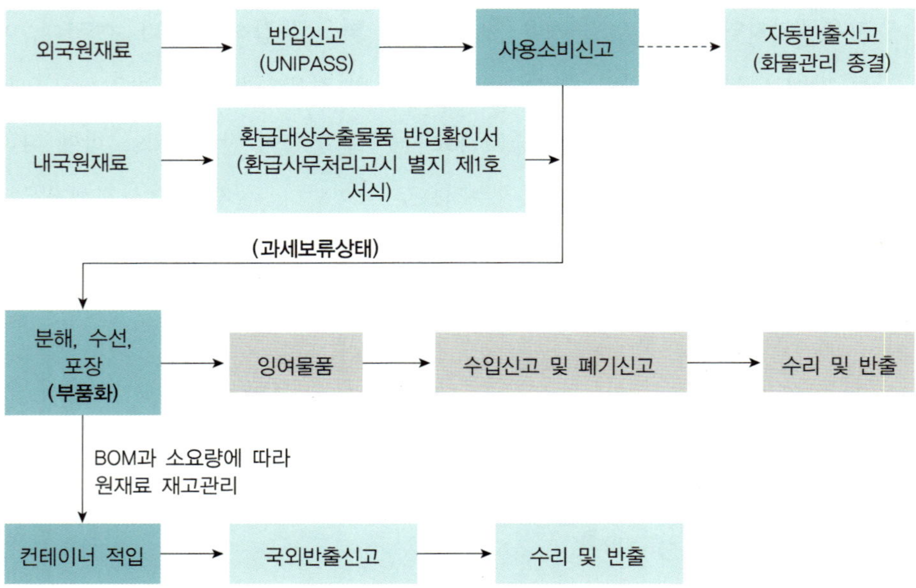

4.2 비즈니스 개요

① 외국에서 완성품(중고품)을 반입하여 분해, 수선, 포장(적입)공정을 거쳐 부품상태로 자유무역지역에서 국외로 반출하는 경우(DKD수출[2])로서, 부품반입 후 완성품으로 조립하는 KD(Knockdown)사업과는 반대되는 유형이다.

② 작업과정에서 시운전 및 고장부위에 수선공정이 추가될 수 있으며, 필요 시 내국원재료를 반입하여 합동 포장될 수 있다.

2) DKD수출(Disassembly Knockdown수출) : 완성품을 반입하여 분해 후 컨테이너에 적입하여 수출하는 물류형태로서 분해정도에 따라 CKD, SKD, DKD로 나눌 수 있다.

③ 완성품의 분해작업은 그 정도에 따라 '보수작업'의 범위를 벗어날 수도 있으므로 이 비즈니스를 관세영역에서 수행하려면 과세통관 후 작업을 하고, 수출 후 관세환급신청이 불가피하다.

④ 따라서 이 물류는 외국원재료를 과세보류상태에서 작업이 가능한 자유무역지역에서 수행하는 것이 가장 효과적이다.

4.3 세관절차

① 외국물품 : 반입신고 및 사용소비신고(법 제29조 제1항, 고시 제7조)

② 내국물품 : 내국물품 반입확인서(법 제29조 제1항 및 고시 제8조)
환급대상 내국물품 : 환급대상수출물품 반입확인서(고시 제9조 및 「환급사무처리고시」 별지 제1호 서식)

③ 작업결과물 : 국외반출신고(법 제30조 및 고시 제11조)

④ 잉여물품 : 폐부품에 대한 폐기신고(법 제40조, 영 제28조, 고시 제24조)

4.4 유의사항

① 자유무역지역에서의 제조·가공은 일반적으로 '원재료 → 조립 → 제품'의 형태로 되는 데 반해 DKD물류는 이와 반대로 제조가 아닌 해체공정으로 보는 것이 정확하겠으나, 달리 표현하면 국외반출신고 시점에서의 물품상태가 완성품이라 할 수 있으므로 사용소비신고대상이 될 수 있다.

② 이 형태는 해상운임비중이 큰 과다용적물품의 운임절감, 중고품 수출국 또는 완성품 수입국의 조세정책 대응 및 그 밖의 사유(예 중고품 발생국에서 DKD 작업 시 고임금으로 인한 작업비 과다 발생) 등의 원인으로 발생한다.

③ 중고품의 DKD물류에서 세관절차와 관련하여 주의할 점은 중고품의 검사에 따른 수선(국산원재료 교체)과 작업 후 발생하는 부산물의 처리문제이다.

※ (예시) 중고자동차를 분해한 후 차에 달려 있는 배터리를 시험하고 성능이 불량할 경우 국산 신품배터리로 교체, 장착한 경우

가. 수선공정에 사용된 내국원재료의 공급자는 「환급사무처리고시」 제5장의 규정에 따라 '환급대상수출물품 반입(적재)확인서'(별지 제1호 서식)를 발급받아 수출용 원재료에 대한 관세환급신청에 사용할 수 있다.

나. 자유무역지역 반입물품의 작업공정에서 발생되는 부산물을 총칭하여 '잉여물품'이라고 하는데, 이러한 잉여물품은 자체로 경제적 가치를 보유하는가의 여부에 따라 그 처리방법이 달라진다.

다. 경제적 가치를 가진 부산물이라면 수입신고(세금납부)한 후 국내로 반출해야 하며, 경제적 가치가 적은 폐기물[3]일 경우 「자유무역지역법」 제40조 및 동 고시 제24조에 따라 세관장에게 폐기신고 후 폐기하여야 한다. 폐기 후 경제적 가치가 있는 잔존물에 대하여는 관세를 납부하여야 한다.

4.5 이용사례

① (사례 1) 장기 미판매된 국산 수출자동차 재반입 및 DKD작업 후 러시아 수출

가. 배경 : 2007년 핀란드로 수출된 국산자동차(쌍용카이런 2,060대)가 글로벌 경제위기로 핀란드 보세구역에 장치된 상태로 장기간(2년) 미판매

나. 작업내용 : 부산진해자유무역지역으로 반입 및 사용소비신고수리 후 '검사-분해-시험-수선(불량부품 교체)-부품상태로 컨테이너 적입' 등 DKD작업을 수행한 후 러시아로 국외반출

다. 작업기간 : 2009년 12월~2010년 5월(약 6개월)

라. 1차분 DKD수출효과로 포항항에서 국산 신품완성차를 DKD작업하여 러시아로 계속 수출

3) 폐기물 : 중고자동차를 분해할 경우 필연적으로 발생하게 되는 폐기물이 폐유류, 폐부동액, 폐걸레 등인데, 이것을 폐기하려면 「폐기물관리법」에 따라 전문 폐기물처리업체에 의뢰하여 폐기하는 절차를 거치게 된다.

② (사례 2) 미국에서 중고자동차를 매집하여 자유무역지역으로 반입, DKD작업 후 동남아 수출

가. 배경 : K사가 미국에서 고급 중고자동차(도요타 렉서스 등) 매집 및 부산진해자유무역지역(신항)으로 반입하여 DKD작업 후 동남아로 국외반출(2018년 8월~)

나. 작업내용 : 완성차반입 후 '검사–분해(20~30등분)–부품상태로 컨테이너적입–통관(국외반출신고)'하여 선적(수출)

다. 작업규모 : 약 0만 대/연간

라. 경제효과 : 물류부가가치 000억/연, 상시고용 00명

DKD작업 광경

5 B/L 분할 및 사용소비신고 후 보세공장반출

5.1 업무절차 도해

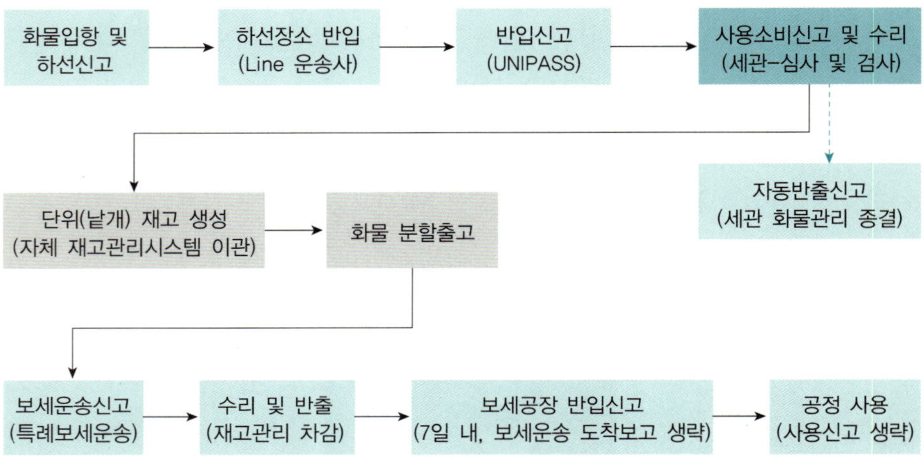

5.2 비즈니스 개요

① 보세공장 원재료 보관장소의 생산시설 전환과 원재료 재고관리비용 절감목적으로 추진된 물류로서, 자유무역지역 사용소비신고절차와 보세공장 특례보세운송절차를 접목한 선진물류형태이다.

② 외국에서 보세공장 원재료를 자유무역지역으로 반입하여 사용소비신고수리되면 화물관리시스템상 관리번호가 사라지는(자동반출로 정리) 동시에 자체재고관리시스템에서 관리된다.

③ 이후 보세공장에서 필요한 만큼의 원재료를 특례보세운송절차로 운송한 후 '보세공장 사용신고'절차 없이 공정에 투입된다.

④ 특허보세구역에서 일련의 절차를 진행할 경우 'B/L 분할신청(승인) → 보세운송신고(수리) → 보세운송 → 보세공장 반입신고 → 보세공장 사용신고 → 생

산공정 사용'의 절차를 거쳐야 하고, B/L 단위물품 중 일부를 보세운송하더라도 가격분할이 어려울 경우 보세공장 도착 후 사용신고가 어려운 경우도 있다.

5.3 세관절차

① 하선·반입신고(보세화물입출항하선하기및적재에 관한 고시 제2장)
② 외국물품 : 사용소비신고(법 제29조 제1항, 고시 제7조)
③ 분할출고물품 : 특례보세운송신고(보세공장운영에 관한 고시 제30조)
④ 반입원재료 재고관리(법 제38~39조, 영 제26~27조, 고시 제4장)

5.4 유의사항

① 자유무역지역은 실질적인 제조·가공이 없이 단순하게 B/L 분할·합병작업만 이루어지는 경우에도 물류활동 촉진 및 국제물류 유치를 지원하기 위하여 사용소비신고를 허용하고 있다(「자유무역지역법」 제29조 제1항).
② 선박기자재는 거대중량 또는 용적과다물품이 많고 반입물품에 대한 중량과 거래가격이 LOT별 또는 전체 물품별로 결정한 경우 동일 B/L 내 세부품목 간 중량·금액 분할이 어려워 B/L 분할 및 일반 보세운송절차를 이용하기가 곤란하고, 보세운송 후 보세공장 사용신고가 어려운 경우가 많다. 이런 경우 '사용소비신고 → 보세공장 보세운송 → 분할반출(자체 재고관리)'절차를 이용하면 매우 편리하게 된다.
③ 보세공장 입장에서도 공장 내 별도의 원자재 창고가 필요 없게 되어 블록공장으로 전용이 가능하고 원자재 도착 후 사용신고를 할 필요 없이 곧바로 공정에 투입이 가능하게 되므로 물류절차가 대폭 감소되는 이점이 있다.
④ 그러나 이 경우 B/L상의 수하인(또는 통지처)과 상이하게 되는 문제점에도 불

구하고 사용소비신고자와 보세공장 보세운송신고자, 즉 신고주체는 자유무역지역 입주기업체가 된다.

사실 B/L상 물품소유권 부분은 2009년도 물류 추진과정에서 난관으로 작용하였으나, 자유무역지역 내 물류작업의 경우 입주기업체가 소유권 불이전상태에서 작업이 이루어지는 것이 일반적이므로 당시 부산세관에서는 B/L상 수하인과 보세운송 도착지 보세공장의 소유주가 같은 경우에는 자유무역지역에서 사용소비신고가 가능하도록 업무를 개선하였다.

⑤ 다만, 사용소비신고수리로 세관 화물 재고관리는 종결되지만 화물 재고관리 자체가 끝난 것은 아니므로 입주기업체는 자체 재고관리시스템을 이용하여 당해 원재료에 대한 재고관리를 하여야 하며 관할 세관장으로부터 정기 또는 수시재고조사 수감의무를 부담해야 한다.

6 자동차부품 Milk-Run[4] 물류 수출

6.1 업무절차 도해

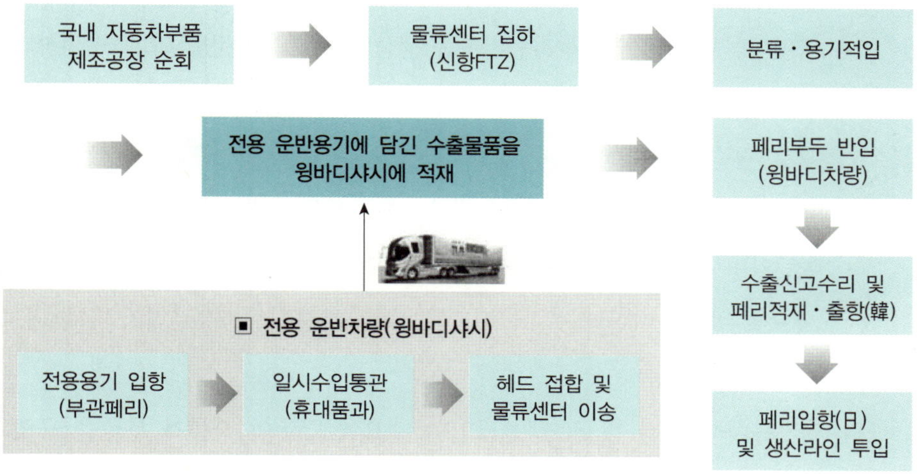

6.2 비즈니스 개요

1) 추진배경

① 동북아 중심항인 부산항의 지리적 이점과 부품산업이 활발한 지역 특성 및 선진형 물류절차를 활용한 국제 고부가가치물류 유치를 지원한다.

② 우리나라 자동차부품산업의 품질·가격경쟁력 비교우위를 활용하는 물류프로세스 구축으로 관련 산업 발전 및 일자리를 창출한다.

③ 일본 N자동차(주) 입장에서 완성차조립용 부품조달을 자국 협력사에서 한국 협력사로 전환할 경우 시간과 비용 면에서 유리하다.

※ 물류 당사국인 한국과 일본이 동시에 유리한 형태

4) 밀크런(Milk Run) : 우유회사가 목장을 순서대로 돌면서 우유를 수집했던 데서 유래한 물류시스템을 말한다.

2) 물류 개요

① 개요 : 일본(N자동차) 완성차 제조용 한국 자동차부품을 밀크런방식으로 수집하여 양국 통행이 가능한 특수화물차(피견인차량)에 적재한 후 RORO선박인 한·일정기여객선(부관페리)을 이용하여 차량째 공장까지 운송하는 형태이다.

② 구체적인 물류절차는 다음과 같다.

가. 국내 C물류회사가 국내 자동차부품 생산업체를 밀크런방식으로 순회하면서 수출용 자동차부품을 수집하여 부산진해자유무역지역(신항 배후물류단지)으로 집중

나. 일본에서 정기여객선 '부관페리'로 양국 운행이 가능한(양국에 자동차등록, 일명 double number) 자동차부품 전용운반차량 윙바디샤시[5]를 부산항으로 반입하여 국내 등록 헤드를 부착, 부산진해자유무역지역(배후물류단지)으로 이동

다. N자동차사 공장 내 각 생산라인의 수요에 맞추어 자동차 부품을 규격화된 운반용기에 담아 윙바디샤시(피견인차량)에 적입, 수출신고수리 후 한·일정기페리에 윙바디 차량상태로 반출

라. 일본 항구 도착 후 N자동차 생산라인으로 직반입, 수입신고 후 공정에 투입

밀크런 작업 광경

윙바디샤시에 전용 운반용기에 담긴 자동차부품을 차곡차곡 적입하고 있는 장면
(트레일러차량 뒷면에 한국과 일본 차량등록번호가 각각 부착되어 있다. — 더블넘버)

5) 윙바디샤시 : 일체형 피견인차량으로서 옆 날개를 들어 올려 화물적출입작업을 수행한다.

마. 부품 운반용기를 회수하여 전용차량(윙바디샤시)에 적입하여 한국으로 반출

6.3 물류효과

① '컨테이너 적재 → CY입고 → 보관(대기) → 적재 → 반출'의 기존 물류형태와 비교 시 물류단계별 입출고절차가 생략되고, 컨테이너 옆부분을 개폐하여 작업이 이루어지는 윙바디샤시는 공간효율성이 뛰어나고 작업속도도 4~5배 향상된다.

② 日 N사 큐슈공장과 자동차부품 협력업체 간 이동거리는 '일본(큐슈공장) ↔ 일본(부품사)'보다 '일본(큐슈공장) ↔ 한국(부품사)'가 가까우며, 단위당 운임단가도 일본보다 한국이 훨씬 유리하다.

가. 부품공급 30 → 4일로 87% 단축(Daily Service 가능)

나. 일본 자동차부품 조달원가 약 00% 절감 및 재고비용 제로화

부품 조달거리(가장 먼 거리기준)

- **일본 부품협력사** : '홋카이도 ↔ 닛산큐슈' 약 1,100Km
- **한국 부품협력사** : '강원도 ↔ 닛산큐슈' 약 650Km(부산 ↔ 후쿠오카 간 직선거리 약 220Km)

③ 日 N자동차 협력업체의 일본 → 한국 전환으로 국내 자동차부품 신규수출 및 일자리창출, 관계 물류회사 부가가치창출 효과가 있다.

가. 국내 42개 자동차부품 협력업체 일자리창출(7,000명)

나. 연간 수출액(억 원) : 2011년 6 → 2012년 1,065 → 2015년 2,760 → 2016년 6,000

다. 관계 물류회사 운송료 등 물류부가가치 창출액 연 약 000억 원

6.4 관세청 지원사항

① '피견인차량'은 자기주행능력이 없어 자동차가 아니라 운반용구로 볼 경우 수입할 때마다 '재수출면세 조건부 수입통관' 및 '수출 후 재수출이행보고' 등 복잡한 통관절차를 거쳐야 한다.

가. 관세청에서는 자기주행이 어려운 피견인차량도 일반자동차와 동일하게 '일시수출입 차량통관[6]'대상에 포함시킴으로써 간소한 통관절차 적용이 가능하도록 제도개선

※ 2011년 「일시수출입하는 차량통관에 관한 고시」 개정(관세청)

나. 한국산 윙바디샤시 더블넘버[7] 부착 운행에 따른 통관간소화 방안 적용

② 피견인차량의 일시수입 때 담보제공방식 개선(포괄·거치담보 병행) 및 '자동차부품 Milk-Run방식 물류' 지원 지침(안) 제정 및 시행(부산세관) 등으로 Milk-Run 물류를 지원하였다.

---

6) 일시수출입 차량통관 : 일시출입국자가 본인이 사용하기 위하여 반출입하는 차량, 수출입물품을 우리나라와 외국에서 내륙운송하기 위한 차량, 우리나라와 자동차의 상호 운행을 내용으로 한 양해각서를 체결한 국가의 자동차 및 한중복합운송협정 피견인차량, 국가 간 교역 활성화를 위하여 관계 중앙행정기관의 요청에 따라 국토해양부장관이 지정·고시한 피견인차량 등 일시수입차량에 대하여는 간편한 담보를 제공받고 신속하게 면세통관함으로써 시간과 비용의 단축이 가능하다.

7) 더블넘버 : 한국과 일본 양국에서 관련 법에 따라 동시에 등록된 피견인차량으로서 양국에서 별도의 차량등록절차 없이 운행이 가능하다.

7 국제 인터넷쇼핑몰 물류센터

7.1 물류절차 도해

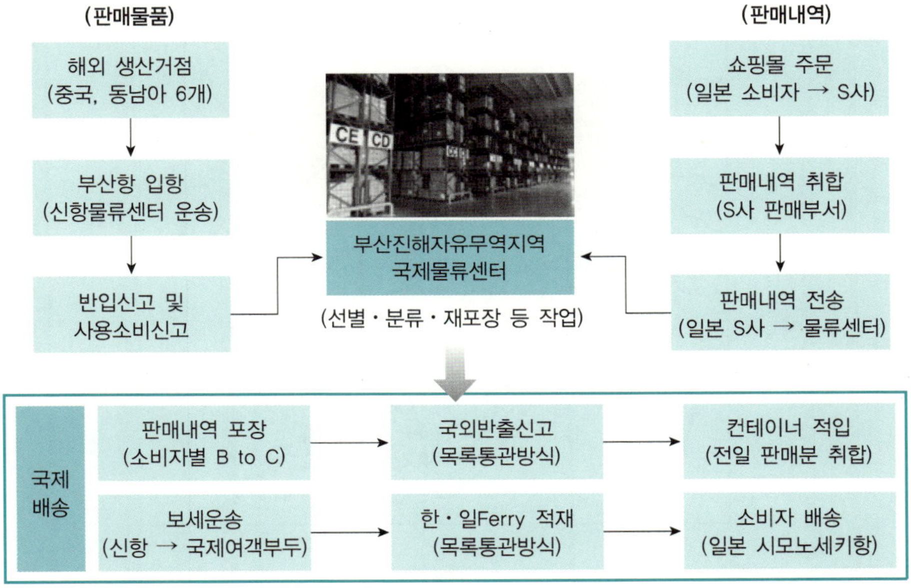

7.2 비즈니스 개요

1) 검토배경

① 선진 통관・물류절차와 부산항의 지리적 이점을 활용한 日 S사의 카탈로그 및 통신판매(인터넷쇼핑몰) 해외물류센터를 국내로 유치한다.

※ S사의 해외 8개 거점 생산물품을 부산 신항 물류센터로 집약하여 집중관리

② '물품반입~선별・분류・재포장~국외반출'과정에서의 수출입물류 최적화 설계 및 통관절차 지원으로 물류 부가가치 및 일자리창출을 추진한다.

2) 단계별 물류유치 계획(안)

① 日 통신판매업체 S사 부산 신항 물류센터 단계별 집약

제1단계 (B to B)	8개 해외거점 생산품을 6개 거점창고에 분산·관리	→	부산 신항 국제물류센터(1개소)로 집약, 집중관리(2013년 상반기)

해외거점별 물류

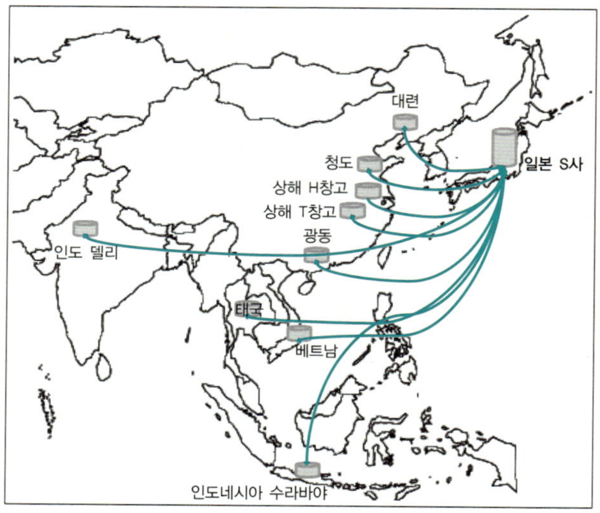

해외물류센터 집중

가. 의류, 가구, 잡화 등(11,000종) S사 통신판매용 물품을 부산 신항 물류센터에 집중(반입신고·사용소비신고) 및 바코드에 의한 과학적 재고관리

나. 부산 신항 물류센터 → 일본 S사 물류창고로 B to B 반출(국외반출신고)

② 日 S사 통신판매물품 부산 신항 물류센터에서 일본 구매자에게 국제배송

제2단계 (B to C) | 카탈로그·쇼핑몰 판매물품 日 창고에서 국내배송 → 카탈로그·쇼핑몰 판매물품 해외물류센터에서 국제배송(2013년 하반기)

가. S사 카탈로그에 의한 통신판매내역을 부산 물류센터로 실시간 전송

나. 부산물류센터는 전송받은 판매목록에 따라 '선별·재포장 등' 임가공작업 후 일본 구매자에게 국제배송(목록통관방식에 의한 국외반출신고)

☞ 구매자별로 낱개 포장된 판매물품을 컨테이너에 적입, 부관페리 편으로 일본 운송 후 시모노세키항에서 일본 소비자에게 배송(Daily Service)

인터넷 쇼핑몰 장치광경

7.3 세관절차 지원(안)

① 보세화물 반출입절차 최적화 설계(안)

가. 해당 보세화물 입항(반입) 시 부산 신항 배후단지 내 물류집배송센터(D 물류센터)를 하선장소로 하여 하선신고

나. 임가공물품은 물류센터에서 선적 반출되도록 일정을 조정하고, 국외반출 신고 서식을 이용하여 보세운송신고(운송기간 30일)(제1단계, B to B)

다. 다수의 소액화주인 전자상거래 판매물품 국외반출 시 통지처(Notify)를 일본 측 물류회사인 'N통운'으로 하여 B/L 발급(제2단계, B to C)

② 반출입물품 통관절차 지원(안)

가. 반입물품 사용소비신고(거래구분 22) 시 수입자 및 사용소비자를 부산진해자유무역지역 입주기업체인 'G사'로 하여 신고

나. 가공물품 국외반출신고(거래구분 22) 시 수출대행자 및 국외반출자를 부산진해자유무역지역 입주기업체인 'G사'로 하여 신고(제1단계)

다. 외국 통신판매업체가 판매한 전자상거래물품의 국외반출 시 간이수출신고절차(목록통관)를 적용하는 방안을 관세청에 건의(제2단계)

7.4 물류효과

① 한국 : 선별(분류)·검사·조립·재포장 등 고부가가치 물류작업에 따라 물류부가가치 연 000억 원 및 상시 일자리창출 000명

② 일본 : 물류비 절감액 약 13~15%, 생산거점(공장) → 일본 물류창고 운송기간 단축(최대 3~24일 → 1~2일)

CHAPTER 6

자유무역지역 질의 및 답변

1. 용어의 정의 및 제도일반
2. 반출입관리
3. 화물관리(역외작업, 일시반출, 폐기, 재고관리 등)
4. 보세운송 및 환적관리
5. 수출입통관(사용소비, 국외반출)
6. 감면 및 관세환급

이 책의 질의응답 내용은 항상 완전성이 보장되는 것이 아닙니다.
따라서 실제 적용에 있어서는 제반 사항을 충분히 검토하시고, 전문가와 반드시 상의하시기 바랍니다.

1 용어의 정의 및 제도일반

Q 1-1 '공장'과 '공장 등'의 정의

「자유무역지역법」에서 '공장'이라 함은 「산업집적활성화 및 공장설립에 관한 법률」 제2조 제1호의 규정에 의한 공장(건축물 또는 공작물, 물품제조공정을 형성하는 기계·장치 등 제조시설과 그 부대시설을 갖추고 대통령령으로 정하는 제조업을 하기 위한 사업장으로서 대통령령으로 정하는 것)을 의미하고, '공장 등'이라 함은 상기의 공장 외에도 토지와 건축물 및 그 밖의 시설물까지 포함한다.

Q 1-2 '관세 등'의 정의

'관세 등'이란 관세, 부가가치세, 임시수입부가세, 주세, 개별소비세, 교통·에너지·환경세, 농어촌특별세 및 교육세를 말한다.

즉, 수출물품의 환급 시 적용되는 「환급특례법」에서는 '관세 등'의 정의에 부가가치세가 제외되나 「자유무역지역법」에서는 부가가치세를 포함한다.

Q 1-3 '외국물품'과 '외국물품 등'의 정의

「자유무역지역법」에서 '외국물품'이란 「관세법」 제2조 제4호에 따른 외국물품을 말한다.

'외국물품 등'이란 ① 외국물품과 입주기업체가 자유무역지역에서 사용 또는 소비하려는 아래의 내국물품 중 ② 관세의 면제(환급) 및 부가가치세 영세율 대상물품, ③ 「환급특례법」 제4조 제3호에 따라 관세영역에서 자유무역지역 안으로 공급한 물품(관세환급대상물품)을 말한다.

가. 기계, 기구, 설비 및 장비와 그 부분품

나. 원재료, 윤활유, 사무용 컴퓨터 및 건축자재

다. 복합물류 관련 사업을 수행하는 입주기업체가 포장·보수·가공 또는 조립 등에 사용하기 위하여 반입하는 물품

Q 1-4 자유무역지역에서 「관세법」 적용범위

자유무역지역에서는 자유무역지역 법률에 규정된 사항을 제외하고 「관세법」이 적용되지 않는다. 따라서 화물장치기간, 보수작업, 보세사 등 관세법상 규정의 적용이 원칙적으로 배제된다.

다만, 자유무역지역에 울타리 등 통제시설이 설치되지 아니한 지역은 「관세법」을 적용하며, 자유무역지역 안의 외국물품을 관세영역으로 반출하는 경우 등 「자유무역지역법」에서 「관세법」을 적용하도록 위임된 사항은 「관세법」을 적용한다.

Q 1-5 울타리 등 통제시설이 미설치된 자유무역지역에 외국물품을 반입할 경우 사용소비신고가 가능한가?

자유무역지역에서 통제시설이 미설치된 경우에는 「관세법」 적용을 받도록 되어 있다.

따라서 이런 장소로 외국물품을 반입하고 하는 경우에는 사전에 '보세구역외장치허가'를 받아야 하며, 보세구역외장치장에 장치한 외국물품은 사용소비신고대상이 아니라 수입통관대상이 된다.

Q 1-6 자유무역지역 입주기업체도 보세사를 채용해야 하는가?

특허보세구역은 운영인이 보세사이거나 보세사 채용을 의무화하고 있으며, 보세사를 채용한 보세구역은 '자율관리보세구역'으로 지정되어 세관직원이 수행하던 화물관리업무를 대폭 보세사에게 위임함으로써 업체자율에 의한 화물관리를 유도하고 있다.

반면, 자유무역지역은 보세사제도가 없고, 보세사를 채용할 의무도 없다. 따라서 자유무역지역 안에서의 화물관리에 대한 책임은 입주기업체에 있으며, 업체가 자율적으로 화물관리를 하도록 하고 있다.

Q 1-7 입주 시 부여해 주는 업체관리부호(=장치장소부호)의 용도는 무엇인가?

'업체관리부호'는 관리권자로부터 입주계약 체결사항을 통보받은 관할 세관장이 '입주기업체 관리대장'에 기록하고 부여하는 부호로서 「관세법」상 '보세구역특허절차'에 해당된다.

이렇게 부여된 '업체관리부호'는 입주 후 화물반출입신고, 보세운송신고 등 각종 민원업무처리 시 반드시 필요한 '장치장소부호'로 사용되는 매우 중요한 번호이며, 관리부호가 부여되지 않으면 세관신고업무를 할 수가 없다.

※ Code의 구성(총 8자리)

1~3자리 : 관할세관(030 : 부산, 050 : 마산 등)

4~5자리 : 업종(41 : 자유무역지역제조업, 78 : 복합물류업 등)

6~8자리 : 일련번호

Q 1-8 관리권자와 입주계약을 체결했는데 관할 세관장에게 별도의 '업체관리부호 신청서'를 제출해야 하는가?

「자유무역지역법」 제16조에 따라 관리권자가 입주계약을 체결한 경우에는 세관장에게 통보하여야 하고, 통보받은 세관장은 '업체관리부호'를 부여하여 세관 수출입화물시스템에 등록하여야 한다.

자유무역지역은 외국물품을 과세 보류상태로 자유롭게 반입하여 제조 및 임가공작업을 거쳐 국외반출 또는 국내수입하는 지역으로서 엄격하면서도 원활한 화물관리가 핵심적인 사항이다.

따라서 밀수차단 및 관세채권 확보를 위해 자체 화물보안시설과 자체 재고관리시스템 등을 사전에 확인해야 할 필요가 있으며, 위험물 등 특수화물을 취급하는 경우 관련 법령상 조건의 충족 여부를 확인할 필요가 있다. 이에 따라 관할 세관장은 원활한 화물관리를 위하여 관리권자에게 입주계약 체결과 관련된 서류의 제출을 요청할 수 있으며, 추가 확인이 필요한 사항이 있을 경우(예 화물전산시스템 완비 여부) 입주기업체에 추가 자료의 제출 및 현장 실사를 실시할 수 있다.

이 경우 입주기업체는 신속한 업체부호등록을 위하여 입주계약 및 사업개시신고 시 관리권자에게 제출한 서류의 사본을 관할 세관장에게 직접 제출할 수도 있다.

Q 1-9 입주계약이 해지된 경우 잔존 외국물품 처리절차는 무엇인가?

입주계약 해지업체는 취소 당시 수출 또는 수입계약 이행업무, 잔존물품 재고조사, 잔여 외국물품 등에 대한 처분 등 회사 정리업무만을 수행할 수 있으며 그 밖에 사업은 즉시 중지하여야 한다.

세관장은 취소업체에 잔존 외국물품 등의 종류, 수량 등을 고려하여 6월의 범위 내에서 자유무역지역 밖으로 반출 또는 다른 입주기업체에 양도할 수 있는 처리기간(의제기간)을 부여하고 있다.

Q 1-10 사무실(5~10평)과 공장부지를 합쳐서 100평 정도를 임차하려고 하는데 가능한지요? 임차비용에 대해서도 대충이라도 괜찮으니 알려 주세요. 제가 한국을 떠나온 지 10년이 다 되어 그쪽 물정을 전혀 모릅니다. (일본 교포의 전화)

자유무역지역 입주기업체는 사업개시신고 후에는 관리권자의 승인을 받아 다른 입주기업체 또는 입주자격이 있는 제3자에게 공장 등의 일부를 임대할 수 있으며, 구체적인 임차비용은 해당 입주기업체와 개별적으로 협의가 필요합니다.

이 경우 임대(전대 포함)규모는 해당 공장 등의 전체 연면적의 100분의 40 이내이어야 하고, 관세면제(환급)받은 외국물품을 사용하여 건축한 공장 등은 완료신고 후 3년 이내에 임대한 경우에는 면제(환급)받은 관세를 즉시 징수하게 됩니다.

또 공장을 임대하더라도 영위할 사업에는 제한이 있을 수 있습니다. 즉, 생산공정상 폐기물을 발생시키는 업종 또는 소요량이 일정하지 않은 농림축산물을 원재료로 하여 제조가공하는 업종의 경우에는 입주가 제한될 수 있습니다.

예 고춧가루제조업체, 콩나물공장, 두부공장, 폐기물처리공장 등

2 반출입관리

Q 2-1 자유무역지역에서 사용소비할 용도로 반입한 외국 원재료인데 반입신고는 어떻게 해야 하는가?

자유무역지역에 반입되는 사용소비신고 용도를 포함한 모든 외국물품은 UNIPASS '수출입화물시스템'에서 '화물반입신고'를 하여야 하며, 그 후에 사용소비신고물품은 UNIPASS '수입통관시스템'에서 '수입신고'를 다시 하여야 한다.

수입신고 시 '종류(수입신고서 18란)'를 '14(자유무역지역 반입원재료)'로 입력할 경우 신고수리 후 신고서는 '자유무역지역 반입(사용소비)신고서'로 자동 변경되어 출력된다.

사용소비신고가 수리된 화물은 '화물관리시스템'에서 자동반출로 처리(재고=0)되나 외국화물의 지위가 변하는 것은 아니므로, 입주기업체는 자체 재고관리시스템에 의하여 단위당 재고관리를 계속해야 한다.

Q 2-2 자유무역지역으로 반입하는 내국물품은 모두 세관에 신고를 하여야 하는가?

자유무역지역으로 반입하는 내국물품 중 관세면제(환급), 부가가치세 영세율 적용 등 세제 혜택을 받고자 하는 물품은 세관에 반입신고를 하여야 하고, 그렇지 않은 내국물품은 반입신고를 누락하더라도 처벌되지 않는다. 아울러 내국물품 반입신고절차는 관세환급대상 여부를 기준으로 다음과 같이 이루어지고 있다.

- 관세환급대상물품(UNIPASS 화물시스템) : 환급대상수출물품 반입확인서(「환급사무처리고시」 1호 서식)
- 기타물품(UNIPASS 화물시스템) : 자유무역지역 내국물품 반입확인(신청)서(임의)

그러나 자유무역지역에 반입된 내국물품을 관세영역으로 반출하고자 하는 자는 세관장에게 반출신고를 하여야 한다.

Q 2-3 외국물품을 반입신고 후 당초 반입목적이 변경된 경우는 어떤 절차를 거쳐야 하는가?

반입신고를 목적에 맞게 다시 하여야 하며 신고절차는 아래와 같다.

- 일반수입(I) → 환적물품(T)으로 변경되는 경우 : 적하목록정정 후 환적용도로 전환
- 사용소비신고 → 보관·전시 등 일시장치로 변경되는 경우 : 사용소비신고를 취하하고 화물관리시스템에 반입신고

Q 2-4 일반수입화물(I)로 자유무역지역에 반입한 물품을 국외반출하기 위해 환적용화물(T)로 변경할 경우 적하목록정정신청에 따른 과태료가 부과되는가?

반입화물의 보관 중 화물구분이 변경(I → T)되는 것은 BWT, LME화물 같이 통상 B/L 양도를 전제로 하고 있으므로 과태료는 발생하지 않는다. 그러나 자유무역지역 반입물품이 B/L 양도 또는 분할·합병의 경우를 제외한 기타의 사유로 당해 물품을 적재한 선박의 입항일로부터 60일이 경과한 후 적하목록정정신청을 할 경우 지연일수에 따라 소정의 과태료가 부과된다.

Q 2-5 내국물품 반입신고서(고시 별지 제3의2호 서식)와 내국물품 반입확인(신청)서(고시 별지 제4호 서식)는 어떤 차이점이 있는가?

내국물품을 자유무역지역으로 반입할 경우 세관장에게 신고할 의무는 없으나, 다음과 같이 반입자의 필요에 의하여 임의로 신고할 수 있다.

- 내국물품 반입신고서(고시 제8조 및 별지 제3의2호 서식) : ① 입주기업체가 자유무역지역에서 사용 또는 소비하려는 내국물품(가. 기계, 기구 설비 및 장비와 그 부분품, 나. 원재료, 윤활유, 사무용 컴퓨터 및 건축자재, 다. 그 밖에 사업목적을 달성하는 데 필요하다고 인정하여

관세청장이 정하는 물품)과 ② 비거주자 등이 국외반출을 목적으로 자유무역지역에 보관하려는 내국물품에 대해 세관장에게 임의로 반입신고하는 것으로서 UNIPASS에 전자문서로 신고하면 되고, 이 중 「자유무역지역법」 제45조 제2항에 따라 '부가가치세 영세율' 적용을 받으려는 자는 세관장의 확인을 받아야 한다.
그러나 자유무역지역에 내국물품을 반입한 자가 관세환급 적용을 받으려면 '환급대상수출물품 반입확인서'(「환급사무처리고시」 별지 제1호 서식)를 발급받아야 한다.

• 내국물품 반입확인(신청)서(고시 제9조 제3항 및 별지 제4호 서식) : 반입신고를 하지 아니하고 자유무역지역 안으로 반입된 내국물품에 대하여 그 물품을 반입한 자가 신청하는 경우와 반입신고한 내국물품의 전부 또는 일부를 품질불량 등의 사유로 동종·동질의 대체품을 반입하고 대체 대상물품을 반출할 경우 당해 내국물품의 반입사실을 확인해 주는 서류로서 세관장의 확인을 받아야 하며, 관세면제(환급)나 부가가치세 영세율 적용에 사용할 수 없다.

Q 2-6 내국물품을 반출할 경우도 세관에 반출신고하여야 하는가?

자유무역지역 밖으로 반출하기 전에 내국물품으로 반입된 사실을 입증할 수 있는 내국물품 반입확인서, 세금계산서, 내국물품원재료 사용승인서 등 증빙서류를 세관에 제출하고 확인을 받아야 한다.
다만, '내국물품 반출목록신고서'(「자유무역지역고시」 별지 제17호 서식)를 전자문서로 제출하는 경우에는 내국물품 반입증명서류 제출을 생략할 수 있다.
또한 출입자 휴대품, 직업용구, 반입신고 없이 반입된 물품으로서 사무용 소모품·음식료품·담배·유류 및 후생복리물품 등은 반출확인을 생략하고 있다.
내국물품 반입·반출신고는 UNIPASS에서 간편하게 신고하도록 시스템이 구축되어 있는데, ['전자신고>화물']에서 '자유무역지역'으로 검색하면 '자유무역지역 내국물품 반입확인(신청)서'가 조회된다.

Q 2-7 부산 신항으로 요트가 환적화물형태로 입항한다. 이 요트를 부두터미널로 하역하지 않고 바로 본선(다른 배)으로 하역하여 출항할 예정이다. 이 경우 어디를 하선장소로 하여 하선신고해야 하는가?

일단 입항적하목록을 제출한 후 해당 부두터미널의 보세구역부호가 아닌 가상보세구역부호(세관부호 000+48000)를 하선장소로 하여 하선신고하고, 요트를 적재한 배가 출항하면 출항 익일 24시까지 출항적하목록을 제출하면 된다.

Q 2-8 부산시 영도에 소재한 남항FTZ에 수출입통관목적으로 외국화물을 반입할 수 있는가?

부산 영도에 소재한 남항FTZ는 외국선(기)용품을 보관, 전시, 판매하기 위하여 설립한 지역이다.

기본적으로 이 지역은 선(기)용품을 취급하기 위하여 특화된 자유무역지역이므로 일반적인 자유무역지역처럼 수출입통관 또는 제조·가공을 위하여 외국화물을 반입할 수 없다.

Q 2-9 자유무역지역에 개인차량을 가지고 출입할 경우 출입절차는 어떻게 되는가?

자유무역지역에 출입하고자 하는 자 및 자동차는 자유무역지역관리원, 지역 항만공사 등 관리권자가 발급하는 차량출입증을 소지하거나 통행증을 부착하여야 한다.

일회성 방문은 해당 자유무역지역 게이트에서 출입증을 발급받으면 되겠지만 빈번하게 출입할 경우에는 상시출입증을 받는 것이 편리하다.

상시 차량출입증 및 통행증 발급절차에 대한 자세한 사항은 해당 자유무역지역 관리권자에게 문의하면 된다.

- 자유무역지역 관리원(산업단지형)
- 지역항만청(주로 항만공사에게 위임)
- 지역공항공사

Q 2-10 **부산진해자유무역지역(신항)에 '전자상거래 국제물류센터'를 유치하려고 한다. 전자상거래 판매대상물품의 반입신고는 어떻게 하는가?**

국제 전자상거래물품은 일반적으로 소량 다품종물품이므로 일반적인 보세화물처럼 반입신고 및 재고관리를 할 경우 B/L 분할에 따른 절차가 매우 복잡하고 번거롭게 된다. 이를 해소하여 관련 업종의 자유무역지역 유치를 지원하기 위해 2018년 11월 14일부로 「자유무역지역고시」를 개정하였는데, 전자상거래 판매대상 외국물품은 일반보세화물에 따른 반입신고서류 외에 추가로 「자유무역지역고시」 별지 제3의1호 서식의 '품목단위 반입신고서'를 세관장에게 제출하고 재고관리하면 된다.

3 화물관리(역외작업, 일시반출, 폐기, 재고관리 등)

Q 3-1 외국물품 시설재를 수리하기 위하여 자유무역지역 밖으로 반출할 수 있는가?

자유무역지역에 반입한 외국물품 등을 수리, 전시, 검사 등의 목적으로 국내로 일시반출하고자 할 경우에는 세관에 일시반출허가를 받아 반출할 수 있으며 반출목적이 완료된 후에는 기간 내 물품을 자유무역지역으로 반입시키고 세관에 재반입신고를 하여야 한다.

반출허가기간은 6월의 범위 내에서 반출목적을 고려하여 정하고 있으며 기간 연장이 필요한 경우 6월의 범위 내에서 연장승인을 할 수 있다.

Q 3-2 검사(측정)장비를 관세영역으로 일시반출하여 사용한 뒤 자유무역지역으로 재반입하려는데 가능한가?

자유무역지역 일시반출물품은 일반적으로 수리의 객체가 되는 경우이나 귀사와 같이 다른 물품을 수리(측정)하기 위한 기계도 일시반출의 대상이 되는가에 대하여 논란이 있었다.

이에 대하여 관세청에서는 2009년 지식경제부의 유권해석을 받아 다른 물품을 수리(측정)하기 위해 관세영역으로 반출하는 경우에도 일시반출 대상이 되도록 개선(2011년 고시 반영)하였다.

다만, 소모품 등 일시반출 후 재반입이 곤란한 물품은 일시반출대상에서 제외된다.

Q 3-3 역외작업장으로 신고한 장소 인근에 역외가공물품을 반출하여 추가 작업을 할 수 있는 방법은 없는가?

역외작업 반출장소는 역외작업 수탁업체의 공장 또는 그에 부속된 가공장소로 하도록 되어 있으므로, 역외작업신고서에 기재된 역외작업장 외의 장소에 물품을 반출하여 추가 작업을 진행하면 행정상 불이익을 받을 수 있다.

따라서 부득이하게 역외작업장 이외의 장소에서 추가 작업이 필요한 경우에는 사전에 세관장에게 신고하여 승인받기 바란다.

Q 3-4 동일한 역외작업장에 동일 원자재를 지속적으로 반출하여 작업할 경우 간편하게 '역외작업신고'하는 절차는 무엇인가?

역외작업 시 원자재는 매 건별로 1년 이내의 반출기간에서 역외작업을 할 수 있다.

만약 동일한 작업장에 계속하여 동일 원자재를 공급하여 동일한 작업을 반복적으로 진행할 경우에는 기간을 1년으로 하여 매년 역외작업신고를 하면 된다. 이 경우 완료보고는 신고한 건별로 하여야 한다.

Q 3-5 역외작업범위인 전년도 원자재를 가공하여 수출한 금액의 100분의 60 계산 방식은 무엇인가?

당해 입주기업체가 전년도에 원자재를 가공하여 수출한 금액에 대한 역외작업 반출물품가격의 합산금액을 말한다.

다만, 전년도 수출실적이 없거나 수출실적이 대폭 증가되는 등의 사유로 전년도 수출금액을 적용하는 것이 적합하지 아니하다고 인정되는 경우에는 아래와 같다.

① 해당 연도에 사업을 시작하여 전년도 수출실적이 없는 경우 : 사업을 시작한 날부터 반출신고한 날까지의 기간 중 수출실적이 가장 많은 달의 수출실적금액을 연간으로 환산한 금액의 100분의 60 이내. 다만, 사업개시 이후 최초로 수출주문을 받은 경우에는 해당 수출주문량의 금액을 월평균 수출실적으로 보아 연간으로 환산한 금액의 100분의 60 이내로 한다.

② 반출신고한 달의 수출주문량의 금액이 전년도 월평균 수출액보다

100분의 150 이상 증가한 경우 : 반출신고한 달의 수출주문량의 금액을 월평균 수출실적으로 보아 연간으로 환산한 금액의 100분의 60 이내

③ 전년도에 천재지변 등 불가피한 사유로 수출실적이 100분의 50 이하로 감소한 경우 : 해당 사유가 발생한 직전 달부터 과거 1년간 수출한 금액의 100분의 60 이내

Q 3-6 입주기업체에서 재고관리를 하여야 하는 물품의 범위는 무엇인가?

현재 입주기업체가 재고기록을 하여야 하는 물품은 크게 4가지로 아래와 같다.

① 외국물품(사용소비신고수리물품 포함)

② 환급대상수출물품 반입확인서를 발급받은 물품

③ 부가가치세 영세율 적용 등 세제 혜택을 받기 위하여 반입신고한 내국물품

④ 내국물품 원재료 사용승인 물품

Q 3-7 세관에 제출하는 재고관리상황에 관한 '자율점검표' 작성은 어떻게 하는가?

입주기업체는 회계연도 종료 3월 경과 후 15일(12월 결산법인인 경우 4.15) 이내 자체적으로 반출입물품관리에 대한 적정 여부를 점검하고 아래 사항이 포함된 '자율검검표'를 작성하여 세관장에게 제출하여야 한다. 단, 도매업종과 하역・운송・보관・전시 등 제조업종이 아닌 입주기업은 ①~②항을 생략할 수 있다.

① 원재료, 재공품, 제품 및 잉여물품 등의 재고관리방법

② 제품별 원재료 실소요량 계산서(전산기록매체 또는 서면)

③ 반입물품의 기초재고, 반입・반출량, 기말재고 현황(수입신고제외대상인 기계・기구・설비 및 장비와 그 부분품 등을 구분하여 작성)

④ 재고관리 현황을 확인할 수 있는 관련 서류명 및 관리부서
⑤ 그 밖에 물품관리와 관련한 참고사항 및 의견

Q 3-8 재고기록에 관한 자료는 언제까지 자체 보관관리하여야 하는가?

입주기업체는 재고기록과 관련된 자료를 5년간 보관하여야 하며 보관하여야 할 자료는 다음과 같다.

① 자유무역지역 안으로 반입한 물품
② 자유무역지역에서 사용·소비하거나 생산한 물품
③ 자유무역지역으로부터 반출한 물품
④ 외국물품 등을 폐기한 후에 남는 경제적 가치를 가진 물품

Q 3-9 세관의 재고조사방식은 무엇인가?

먼저 입주기업체에서 제출한 자율점검표 자료를 심사하여 적정하다고 판단되면 재고조사를 생략하며, 일부 서류 보완으로 충분한 경우에는 직접 방문하지 않고 서면조사로 종결하게 된다.

그러나 아래 사항에 대하여는 세관직원이 직접 업체를 방문하여 실지조사를 실시하며, 조사기간은 10일 이내로 부득이한 경우 7일 이내에서 연장할 수 있다.

① 자율점검표 및 물품관리에 필요한 자료(결산서 등)를 제출기한까지 제출하지 않은 경우
② 외국물품 등의 부정유출 우려가 있는 경우
③ 실소요량관리가 다른 입주기업체와 비교하여 불합리한 경우
④ 제출된 자료가 서면조사에 필요한 사항이 기재되지 않아 서면심사가 이루어지기 어려운 경우
⑤ 입주기업체의 입주계약이 해지된 경우(세관장이 실지조사를 생략할 수 있다고 인정한 경우는 제외)

Q 3-10 외국물품이 분실되거나 멸실되었을 경우 세관에 신고를 하여야 하는가?

외국물품 등이 분실되거나 멸실되었을 경우에는 즉시 세관장에게 신고하여야 하며, 분실·멸실물품의 반입가격으로 계산된 관세 등을 납부하여야 한다.

그러나 분실된 물품이 사후에 자유무역지역 안에 있는 것이 확인되는 경우에는 관세를 환급해 주고 있으며 재해 등 부득이한 사유로 멸실된 경우에는 관세를 면제해 주고 있다.

Q 3-11 자유무역지역에 반입된 물품도 장치기간 경과로 매각될 수 있는가?

자유무역지역은 화물장치기간이 원칙적으로 적용되지 않는다. 다만, 관세청장이 물류의 신속한 흐름을 위하여 지정한 아래 지역으로 반입된 화물(제조업종 사용소비신고물품 제외)은 장치기간 3월이 경과할 경우 체화로 처리되어 세관 공매절차에 따라 매각될 수 있다.

- **부산항** : 신항지역 6개 부두터미널, 대한통운부산컨테이너터미널(신선대부두)
- **인천항** : 남항컨테이너부두, 인천항 내항 제1부두 내지 제8부두
- **인천공항** : 화물터미널지역

Q 3-12 자유무역지역에서 수입신고가 수리된 물품도 일반보세창고와 같이 15일 이내 반출의무규정이 적용되는가?

자유무역지역에서 수리된 물품에 대한 반출의무는 원칙적으로 적용되지 않는다. 다만, 자유무역지역 중 공항 또는 항만(ODCY 포함)으로서 관세청장이 지정하는 지역(물류신속화 보세구역)에 반입되어 수입신고수리된 물품은 수리일로부터 15일 이내에 물품을 반출하여야 하며(부득이한 경우 세관장에게 반출기간 연장신청), 위반 시 경과기간에 따라 10~100만 원 상당의 과태료 처분을 받을 수 있다.

현재, 관세청장이 물류신속화 보세구역으로 지정한 자유무역지역은 'Q 3-11의 답변'에 기재된 지역이다.

Q 3-13 특허보세창고에 보관 중인 체화물품을 자유무역지역으로 이고(보세운송)할 경우 체화처리는 어떻게 되는가?

관세청장이 물류신속화를 위하여 지정한 자유무역지역(주로 공·항만지역 화물터미널)을 제외하고 원칙적으로 반입화물 장치기간이 없으며, 체화도 발생하지 않는다.

따라서 특허보세구역에서 이미 장치기간이 경과되어 체화처리절차가 진행하던 물품이라 하더라도 자유무역지역으로 이고하게 되면 체화상태를 벗어나게 됨과 동시에 진행 중인 체화처리절차는 중단되게 된다.

따라서 세관에서 매각절차가 진행 중인 물품을 자유무역지역으로 보세운송하려면 사전에 세관장에게 '매각중지신청'을 하고 승인을 받은 후 보세운송하면 된다.

반대로 이 물품을 다시 특허보세구역으로 이고할 경우에는 그 날로부터 다시 체화처리절차는 진행되며, 반입기산일은 입항 후 최초 보세구역 반입일이다.

Q 3-14 신항 자유무역지역에 원재료(반제품)상태의 물품을 반입한 후 수입자가 정해지지 않은 상태에서 관세영역으로 임가공을 내 보낸 후 완성품을 다시 자유무역지역에 반입하여 수입자가 정해질 때까지 보관을 계속할 수 있는가?

자유무역지역 입주기업체의 경우 임가공을 위하여 원자재를 관세영역으로 물품을 반출한 후 완성품을 재반입 또는 임가공지역에서 직접 국외반출할 수 있다. 이를 '역외작업'이라고 하며, 전년도 수출액의 60% 이내의 금액범위 내에서 허용하고 있다(이때 역외작업기간은 1년 이내이며, 반드시 동일 세관 관할일 필요는 없음).

다만, 이러한 작업을 할 수 있는 자, 즉 작업의 주체는 입주기업체이어야 하며, 입주기업체에 물품을 반입한 반입자는 자기명의로 역외가공을 할 수 없다.

결론적으로 입주기업체 외의 자, 즉 외국업체가 FTZ 입주기업체에 원자재를 반입한 뒤 물품소유자(외국업체)의 명의로 역외작업을 할 수는 없다. 그러나 다소 번거롭겠지만 「자유무역지역법」절차가 아닌 「관세법」절차, 예컨대, '수입신고수리~임가공~반입~관세환급'절차를 이용할 경우 조세부담 없이 임가공을 할 수 있을 것이며, 임가공업체가 보세공장이나 다른 자유무역지역일 경우 보세운송절차를 이용하면 물품반출입이 가능하다.

Q 3-15 **노후화된 불용 시설재, 폐제품, 폐원·부자재 등에 대한 처리방법은 무엇인가?**

내용년수가 경과되어 못쓰게 된 시설재 또는 잉여물품은 품명, 규격, 수량, 가격 등을 기재한 폐기신고서를 작성하여 세관에 신고한 후 고철화작업, 소각, 매립 등 방법으로 처리하고, 잉여물품 또는 폐기 후 가치가 있는 잔존물이 있을 경우에는 수입통관(잉여물품) 또는 잔존물과세를 하게 된다.

Q 3-16 **부산 신항 배후물류단지 입주기업체에 반입 후 6개월이 경과한 화물이 화주불명상태로 있다. 좋은 처리방안이 없을까?**

자유무역지역은 원칙적으로 화물장치기간이 적용되지 않는 지역이다. 그것은 외국화물에 대해 보관기간 제약을 없애 국제화물 유치와 물류부가가치 증대를 꾀하기 위함이었다.

이처럼 화물장치기간 배제가 국제화물 유치에는 도움이 된 반면 악성체화 발생이 문제점으로 대두되었다. 실제로 악성체화에 대해 「관세법」상 체화처리절차를 적용하지 못함에 따라 부득이 「민법」절차를 적용하는 사례가 빈번하게 발생되는 등 문제점이 속출하자 마침내 물류신속화지역이 아닌 배후단지 입주기업체에 반입된 지 6개월이 경과한 화물에 대해 일정조건 발생 시 세관장에게 매각을 요청할 수 있도록 2011년 7월 「자유무역지역법」 개정 시 이를 반영하였다.

입주기업체가 세관장에게 화물 매각을 요청할 수 있는 조건은 다음과 같다.

① 화주(貨主)가 분명하지 아니한 경우

② 화주가 부도 또는 파산한 경우

③ 화주의 주소·거소 등 그 소재를 알 수 없는 경우

④ 화주가 수취를 거절하는 경우

※ 반입한 날부터 6개월 경과 후 매각요청이 가능

Q 3-17 FTZ 배후단지 입주기업체에 반입 후 6개월이 경과한 화물 중 화주가 연락두절상태에 있어 매각절차를 밟고 싶다. 구체적 절차는 무엇인가?

입주기업체는 세관장에게 매각요청하기 전에 먼저 화주, 반입자 또는 그 위임을 받은 자에게 외국물품의 반출통고를 해야 하며, 반출통고 후 30일이 경과한 후에 매각을 요청할 수 있다.

이 경우 입주기업체는 ① 반입신고서, ② 반출통고서, ③ 기타 매각을 요청하는 증빙서류를 제출하여야 하며, 세관장은 입주기업체가 증빙서류를 제출하지 않거나 매각요청사유에 해당하지 않는 경우에는 매각요청을 승인하지 않을 수 있다.

매각요청을 받은 장기보관화물의 처리절차는 「보세화물장치기간 및 체화처리에 관한 고시」를 준용하게 된다.

4 보세운송 및 환적관리

Q 4-1 자유무역지역에서 외국물품 등을 보세운송할 경우 신고절차는 무엇인가?

자유무역지역에서 다른 자유무역지역 또는 「관세법」에서 정한 지역으로 보세운송이 필요한 경우에는 「보세운송에 관한 고시」를 준용하여 보세운송신고 후 이동할 수 있다.

자유무역지역에서 제조·가공한 물품은 화물관리번호가 없는 상태이므로 UNIPASS에서 화물관리번호를 생성신청한 후 보세운송신고가 가능하다.

다만, 동일한 자유무역지역 내 입주기업체 간 물품이동은 보세운송업자가 신청하는 보세운송절차를 생략하고 대신 간편하게 '이고운송절차'를 이용하면 된다.

이 절차를 이용하려면 사전에 관할 세관장에게 이고운송시스템에 따른 '반출입업체 부호등록'을 하여야 하며, 물품이동 시에는 UNIPASS '보세운송신고 또는 승인신청' 화면에 접속하여 해당 항목을 입력한 후 전산으로 신청하면 된다.

이때 운송기간은 3일이며, 신고자는 반드시 보세운송업자일 필요는 없다.

Q 4-2 자유무역지역으로 보세운송된 물품을 기간 내 반입신고를 하지 않아 세관으로부터 미착통보를 받았다. 어떤 처벌을 받게 되는가?

보세운송물품의 도착보고는 반입신고로 갈음하며, 보세운송기간 내(항공화물 5일, 해상화물 10일, 반송화물 7일)에 하도록 되어 있다.

이 기간 내 보세운송을 하지 아니하거나(미착) 반입신고 의무를 위반한 경우 2백만 원 이하의 과태료 처분을 받을 수 있다.

또한 보세운송신고 또는 승인신청을 받지 하지 아니하고 보세운송한 자는 1천만 원 이하의 벌금에 처해지게 된다.

Q 4-3 자유무역지역에 장치되어 있는 물품을 반송할 경우 이동절차는 무엇인가?

자유무역지역 장치된 보세물품을 반송할 경우(반송물품)에는 보세운송절차가 생략되는 일반수출물품과 달리 반드시 보세운송절차를 거쳐 부두터미널로 이동한 후 선적해야 한다.

한 가지 주의할 점은 자유무역지역에서 일시장치 중 반송되는 물품에 대한 보세운송은, 설령 그 물품이 자유무역지역에서 반출된다 하더라도 「자유무역지역법」을 적용하는 것이 아니라 「관세법」(반송절차에 관한 고시)을 우선적으로 적용받게 되며, 보세운송기간은 해상수입물품에 대한 보세운송기간(10일)보다 짧은 7일을 적용하게 된다.

Q 4-4 자유무역지역 안에서 입주기업체 간 외국물품 등이 이동할 경우에도 세관에 신고를 하여야 하는가?

자유무역지역 안에서 입주기업체 간 물품이동은 이고운송을 활용할 경우 보세운송절차를 생략할 수 있다. 따라서 역내 업체 간에 물품이동이 있을 경우 이고운송시스템을 이용하여 간편하게 신고한 후 자유롭게 이동하면 된다(Q 4-1 답변 참조).

**Q 4-5 외국에서 운송수단(차량)에 적재된 상태로 부산진해자유무역지역에 반입된 물품을 다른 운송수단에 이적하지 않고 외국물품상태에서(수입통관하지 않고) 다른 지역(관세영역)으로 운송이 가능한가?
외국물품상태로 운송하는 것이 어렵다면 수입통관 후 운송은 가능한가?**

일반적으로 보세운송신고는 화주, 보세운송업자, 관세사 등이 할 수 있다. 보세운송업자는 세관장에게 등록(한국관세물류협회장에게 위임)하여야 하며, 등록 시 보유장비 명세서와 보유를 증명할 수 있는 서류도 함께 등록을 하게 된다.

따라서 화주가 직접 자기소유의 차량으로 운송할 경우에는 보세운송이 가능하겠지만, 보세운송업자를 이용할 경우에는 세관에 미리 등록된 차량을 이용하여야 하므로 운송수단(차량)에 적재되어 반입된 물품에 대해 다른 운송수단에 이적 없이 보세운송하는 것은 원칙적으로 곤란하다 할 것이다.

다만, 반입물품에 따라 적재된 상태로 이동하는 것이 불가피한 물품(예컨대, 활어)은 관계 부서에서 임시운행허가증을 발급받은 경우 예외적으로 허용될 수도 있을 것이다.

한편, 운송수단에 적재된 채로 수입신고수리된 물품을 그대로 관세영역으로 반출할 경우에는 세관의 통제를 벗어난 물품이므로 보세운송 등의 절차는 필요 없게 되지만 그와는 별도로 도로교통법규상의 제반절차를 이행(예 과적중량 이내 적재)한 후 운송하여야 한다.

Q 4-6 자유무역지역에서 제조·가공된 물품을 '국외반출신고'한 후 선적하려 할 경우에도 보세운송절차를 이행해야 하는가? 이행해야 할 경우 절차와 기간을 알려 주기 바란다.

국외반출신고가 수리된 물품을 선적하기 위하여 보세운송하는 경우에는 수출신고서 서식을 사용하여 국외반출신고와 동시에 보세운송신고할 수 있다.

이 경우 보세운송기간은 신고수리일로부터 30일 이내로 하며, 선(기)적은 국외반출신고가 수리된 날로부터 30일 이내에 선(기)적하여야 한다(부득이한 사유가 있는 때에는 3월의 범위 내에서 연장가능).

위 기간(30일 또는 연장기간) 내에 선(기)적되지 아니한 경우 자유무역지역 세관장은 국외반출신고가 수리된 물품을 자유무역지역으로 재반입하게 한 후 국외반출신고수리취하 등 필요한 조치를 취하게 된다.

Q 4-7 부산 신항 배후단지에서 감천동편부두(비보세구역)에 접안해 있는 러시아배로 반송물품을 선적하려는데 보세운송을 어떻게 해야 하는가?

반송화물이 자유무역지역에서 선적을 위하여 반출될 경우에도 보세운송신고를 하여야 한다.

다만, 반송화물을 선적할 도착지가 비보세구역(감천항의 2부두・중앙부두・제일제당 부두 이외)인 경우 선적지의 가장 인근에 위치한 보세구역으로 보세운송하신 후 선적하면 된다.

Q 4-8 10여 년 전에 신선대자유무역지역에 반입된 장비와 사무용 컴퓨터를 폐기하려는데 어떤 절차를 밟아야 하는가?

자유무역지역 내 하역장비와 사무용 컴퓨터는 관세와 내국세를 면제한다. 이렇게 반입된 장비 등이 노후로 폐기할 경우에는 관할 세관장에게 폐기승인을 받아 폐기하면 된다. 다만, 폐기 후 경제적 가치가 있는 잔존물에 대하여는(예 철스크랩) 관세 등 제세를 납부해야 한다.

Q 4-9 건설 중인 부산진해자유무역지역(신항) 2~4단계 부두터미널 공사가 마무리되어 개장을 준비하고 있다. 세관에 '업체부호등록신청'도 하여 조만간에 업체부호가 나올 예정이다.
입항 전 수입신고 또는 하선 전 보세운송신고가 가능하도록 하려면 추가로 어떤 조치를 해야 하는가?

종전에는 재래부두로 입항하는 화물에 대해 출항 전 또는 입항 전 수입신고(하선 전 보세운송신고)를 할 경우 가상보세구역부호(46000 또는 47000)를 입력하여 신고하도록 하였다.

그러나 입(출)항 전 수입신고 시 화물반입(검사)장소를 정확하게 확인하지 않음에 따라 수입신고를 한 후에 검사(반입)장소 변경을 위하여 수입신고 취하를 요청하는 사례가 빈번하게 발생하였다.

이를 개선하기 위하여 2012년 2월부터 부두터미널로 반입되는 화물에 대해 입항 전 수입신고(하선 전 보세운송신고 포함)를 할 경우 반입예정 보세구역(터미널)부호를 기재하도록 변경되었다.

귀 터미널의 경우 업체부호등록이 마무리되면 세관에서 관세청(정보관리과)에 공문으로 요청하여 실제로 입(출)항 전 수입신고 및 하선 전 보세운송신고가 가능한 장소로 등록되도록 조치하겠다.
참고로, 개항 재래부두 비보세구역(예 감천항)이거나 불개항으로 입항하여 보세구역외 장치허가받은 물품을 입항 전 수입신고하는 경우에는 종전과 같이 가상보세구역부호(46000)를 사용하면 된다.

Q 4-10 자유무역지역에 반입된 환적화물도 보수작업을 할 수 있는가?

가능하다. 그러나 환적화물에 대한 보수작업은 HS 상품분류의 변화를 가져오지 않으면서 보존작업, 선별, 분류, 용기변경, 포장, 상표부착, 단순조립, 검품, 수선 등의 작업을 하는 것을 말한다. 다만, 원산지를 허위로 표시하거나 지식재산권을 침해하는 행위는 보수작업으로 인정되지 아니한다.
자유무역지역 내에서의 환적화물 보수작업은 세관장에게 신고(보수작업 승인신청 및 완료보고) 없이 가능한 사항이나, 그 경우에는 '비가공증명서' 발급대상에서 제외된다.

5 수출입통관(사용소비, 국외반출)

Q 5-1 신축 중인 신항부두터미널에 대형 하역장비를 통관하려는데 어떻게 해야 하는가?

겐트리크레인 등 하역장비(시설재)는 거대중량으로 인해 보세구역장치가 불가능하고, 신축터미널의 경우 업체관리부호가 부여되기 전이므로 입항 전 신고도 어렵게 된다.

따라서 사전에 세관장에게 '보세구역외 장치허가'를 받고 보세구역외 장치장을 하선장소로 하여 하선신고(코드번호 세관부호 000+99999)한 후 수입신고하면 된다. 이 경우 관세와 내국세는 면제된다.

Q 5-2 자유무역지역에서 외국물품과 내국물품을 혼용하여 제조·가공된 물품은 외국물품과 내국물품 중 어떤 물품으로 취급하여야 하는가?

자유무역지역에서 외국물품에 일부 내국물품을 사용하여 제조·가공한 물품은 전부를 외국으로부터 우리나라에 도착된 외국물품으로 취급하고 있다(보세공장 제품과세와 유사).

따라서 물품의 제조·가공·조립·보수 등의 과정에 일부 내국원재료를 사용하였다 하더라도 이것을 국내로 수입할 경우에는 수입신고를 하고 관세를 납부하여야 한다.

다만, 혼용작업에 소요된 내국원재료에 대하여는 사전에 세관장에게 「자유무역지역고시」 별지 16호 서식에 따라 '내국물품의 원재료 사용승인'을 받은 경우, 당해 내국물품의 수량 또는 가격을 제조·가공·조립·보수한 물품의 과세표준에서 공제함으로써 이중과세를 예방하고 있다.

Q 5-3 자유무역지역에서 제조(생산)된 물품을 국내로 수입할 경우 FTA협정세율 등 특혜관세 적용이 가능한가?

GSTP 특혜관세 및 대부분의 FTA 협정세율이 수출국에서 생산되어 수입된 물품에 대하여 적용하기 때문에 국내 자유무역지역에서 제조(생산)된 물품은 특혜관세 적용이 배제된다.

다만, WTO 세율은 협정상 원산지규정이 없기 때문에 적용이 가능하며, 자유무역지역에서 단순한 물류작업(선별, 분류, 재포장)만을 수행하고 수입되는 경우, 입항 당시의 물품과 동일성이 확인되면 특혜관세 적용이 가능하다.

Q 5-4 자유무역지역에서 내국물품만으로 제조·가공한 물품을 국내업체에 판매하는 경우 수입신고를 하여야 하는가?

자유무역지역에서 외국물품 등의 전부 또는 일부를 사용하여 제조·가공·조립 등의 과정을 거친 후 완성품을 관세지역으로 반출하고자 하는 경우에는 수입신고를 하고 관세를 납부하여야 한다.

그러나 내국물품만으로 제조·가공한 물품을 관세지역으로 반출하는 경우에는 수입통관절차를 거칠 필요는 없으나, 세관장에게 당해 내국물품의 반입근거자료를 첨부하여 반출신고를 하여야 한다.

Q 5-5 자유무역지역에서 사용소비 후 수입하는 중고시설재에 대한 과세가격 결정 방법은 무엇인가?

자유무역지역에서 국내로 수입하는 물품에 대한 과세가격은 자유무역지역을 외국으로 보고 제1방법에서 제6방법에 따라 과세가격을 결정한다. 문의한 중고시설재의 경우에는 다음 각 호에 따라 과세가격을 결정하게 된다.

- 국내 공인감정기관 감정가격
- 국내도매가격 시가역산율로 산출한 가격

• 국내에서 거래되는 신품 또는 중고물품의 수입 당시의 과세가격을 기초로 가치 감소분을 공제한 가격

〈가치감소 산정기준〉

기초설비품 및 기계류는 법인세법 시행규칙상의 업종별 자산의 기준내용연수 및 내용연수범위표상에 기재된 기준내용연수와 감가상각자산의 상각률표 중 정률법에 의한 상각률을 적용

Q 5-6 수입신고물품에 대한 견품을 인취하고 싶다. 필요한 절차는 무엇인가?

현행 「자유무역지역법」에는 견품반출에 대한 규정이 없어 「관세법」에 따라 견품반출절차를 적용한다. 수입물품의 징수권 확보를 위하여 견품인취는 화주 또는 신고인에 한해 최소한의 수량으로 허가하고 있다. 사전에 관할 세관장에게 '견품반출허가서'를 전산(화물관리시스템)으로 신청하면 된다.

Q 5-7 수입신고 전에 수입물품을 확인하려고 하는데 세관에 미리 신고해야 하는가?

자유무역지역에서 수입자 또는 신고인이 원산지표시 여부 확인 등을 위하여 수입신고 전에 물품을 확인하는 것은 세관장의 허가(신고)가 필요하지 않으며, 사전확인결과 원산지표시가 미비된 경우에는 수입신고 전에 입주기업체 책임(기록관리)하에 보수작업을 실시할 수 있다.

간혹 화주가 '신고 전 물품확인' 후 물품을 찾아가지 않는 사례가 있어 부두터미널에서는 선사가 발행한 D/O(화물인도지시서)와 실화주를 입증하는 서류를 요구하는 경우기 있으니 입주기업체와 협의하기 바란다.

Q 5-8 자유무역지역 안에서 원산지 보수작업을 할 경우 세관에 승인신청 및 완료보고를 하여야 하는가?

특허보세구역과 달리 자유무역지역 안에서는 원칙적으로 입주기업체가 자율적으로 보수작업을 할 수 있다.

다만, 자유무역지역 반입물품이 제조·가공작업 없이(일시장치) 수입통관절차를 거쳐 관세영역으로 반출하는 물품이 통관법규 위반(예 원산지 시정작업)으로 보수작업을 하는 경우에는 세관장에게 '보수작업 승인신청'을 하고 보수작업을 마친 후에는 '보수작업 완료보고'를 하도록 하고 있으며, 수입신고수리 전에 세관 화물관리 직원이 보수작업 이행 여부를 확인하고 있다.

Q 5-9 자유무역지역에서 '국외반출신고'와 '수출신고'의 차이점은 무엇인가?

- '국외반출신고'는 외국물품을 국외로 반출하는 것으로서 관세환급에 사용할 수 없으며, 신고방법 및 준용규정은 다음과 같다.

〈UNIPASS '수출통관시스템'〉

- 자유무역지역이나 다른 보세구역에서 제조·가공한 물품 : 「수출통관 사무처리에 관한 고시」 준용
- 단순반송·통관보류물품 : 「반송절차에 관한 고시」 준용
- 환적화물 : 「환적화물처리절차에 관한 특례고시」 준용

〈UNIPASS '공항만감시시스템'〉

- 선용품 및 기용품 적재 : 「선(기)용품 및 선(기)내 판매용품의 하역 등에 관한 고시」 준용

- '수출신고'는 내국물품을 국외로 반출하는 것으로 「수출통관 사무처리에 관한 고시」를 준용하며 관세환급에 사용할 수 있다.

Q 5-10 국외반출신고로 반출된 물품을 기간 내 선적하지 못하였을 경우 조치할 사항은 무엇인가?

반출된 물품을 자유무역지역에 즉시 재반입하고 국외반출신고를 취하하여야 한다.

참고로 국외반출신고가 수리된 물품은 수리된 날로부터 30일 이내에 선적을 하여야 하며, 부득이한 경우 3월의 범위 내에서 그 기간을 연장할 수 있다.

Q 5-11 **대외무역법 제11조에 따라 수출입이 제한된 물품(수출입공고 적용물품)을 자유무역지역 안으로 반입 또는 자유무역지역에서 국외반출할 경우 요건확인 절차는 무엇인가?**

수출입이 제한되는 물품을 자유무역지역에 반입하거나 국외반출하려는 경우 산업통상자원부장관 또는 세관장의 승인을 받아야 한다.

수출입승인을 받고자 하는 자는 '수출입승인신청서'(「자유무역지역법 시행규칙」 별지 제7호 서식)를 산업통상자원부장관 또는 세관장에게 제출해야 하며, 이때의 승인은 「대외무역법」에 의한 승인으로 간주된다.

- 산업단지형(마산FTZ 등) → 산업통상자원부장관
- 공·항만 및 물류단지형(신항 등) → 세관장

Q 5-12 **「대외무역법」 제12조 통합공고에 해당하는 물품을 자유무역지역에 반입할 경우(=사용소비신고 포함) 요건확인을 받아야 하는가?**

자유무역지역 입주기업체에 대하여는 「관세법」·「대외무역법」 등 관계 법률에 대한 특례와 지원을 통하여 자유로운 제조·물류·유통 및 무역 활동을 보장하고 있다.

따라서 「대외무역법」 제12조 통합공고의 수출입요건 확인대상물품에 대하여는 원칙적으로 요건확인 없이 자유롭게 자유무역지역으로 반입하거나 국외로 반출할 수 있다.

다만, 마약·총기·부패한 식품·검역·방산물품 등 통합공고 제8조 '별도규정품목'을 반출입할 때에는 관계 행정기관이 고시하는 수출입요령에 따라 요건확인을 받아야 한다.

Q 5-13 입주기업체 외의 자가 자유무역지역에 외국물품을 반입하여 제조가공 후 재수출하려면 어떻게 해야 하는가?

입주기업체 외의 자가 자유무역지역에 외국물품을 반입할 경우에는 '사용소비신고'대상이 아니며, 「관세법」 제241조의 규정에 따라 '수입신고'를 하고 관세 등을 납부하여야 한다.

또 입주기업체 외의 자가 자유무역지역에서 제조가공한 물품을 수출할 경우에는 관세환급 신청대상이 된다.

Q 5-14 신항 배후단지 B사에 선용품을 보관하고 있다. 이것을 인천공항으로 보세운송하여 중국으로 수출(반송)하려고 한다. 어떤 절차를 밟아야 하는가?

일반보세화물은 '화물관리시스템'에서 재고관리하고 있으며 선용품은 '선용품관리시스템'에서 재고관리를 하고 있다.

양 시스템은 상호 호환이 되지 않는 관계로 일반보세화물로 반입되어 선용품으로 전환될 경우에는 화물관리시스템에서 반출처리됨과 동시에 선용품관리시스템에 재고등록이 되는 것이다.

반대로 선용품이 일반보세화물로 전환되는 경우에는 화물관리번호를 생성하여 화물관리시스템에 재고를 생성시킨 후 보세운송 또는 수출입신고하면 된다.

'화물관리번호 생성신청서'는 이 책에 설명되어 있으니 참고하기 바라며, 신청은 관세청 UNIPASS로 전산신청하고 필요시 관할 세관 자유무역지역 또는 화물담당부서로 서류를 제출하면 된다.

Q 5-15 일본에서도 FTA협정에 따라 특혜관세적용을 받을 수 있는데, 최초 동남아에서 원산지증명서가 발급된 물품이 신항FTZ에 반입된 후 분할하여 일본으로 반출될 경우, 한국에서 분할하여 선적하는 양만큼의 원산지증명이 되지 않아

일본 측에서 특혜관세 적용이 어렵게 된다.
이 경우 한국 세관에서 선적하는 수량만큼 신항FTZ에 보관 중 어떠한 가공도 하지 않았음을 확인해 줄 수 없는가?
이 방법이 안 될 경우 다른 좋은 방법이 없는지 조언을 부탁한다. 우리 회사뿐만 아니라 신항에 진입하려는 외국기업들의 공통적인 고충사항이다.

FTA 특혜는 원칙적으로 해당 물품이 수출국을 출발하여 운송 도중 제3국을 경유하지 않고 수입국으로 직접 운송된 경우에 적용된다(직접운송원칙). 그러나 국제무역에 있어서 운송스케줄 또는 기타 다른 이유로 물품이 비원산지국인 제3국을 거치는 경우는 빈번하게 일어난다.
일반적으로 FTA협정대상물품이 제3국에 있는 동안 세관의 통제하에서 원상태를 유지하거나 환적 등 운송에 필요한 작업 이외의 다른 작업이 없을 경우에는 직접 운송된 것으로 인정하고 있다.
직접운송규정과 관련하여 제3국에서 허용되는 작업의 범위는 각 FTA협정별로 조금씩 내용이 다른데, 하역 · 재선적 · 상품보존공정은 모든 FTA협정에서 인정되며, 분류 · 재포장 · 라벨링작업도 개별 협정에 따라 인정되는 경우가 있다.
귀사의 경우 일본국과 동남아국가 간 FTA협정 내용을 먼저 파악하고, 그 협정에서 허용되는 작업의 범위라면 자유무역지역을 경유한 물품이라도 세관장이 발급한 '비가공증명서'를 제출할 경우 FTA협정을 적용받을 수 있을 것이다.
'비가공증명서'는 보세구역(자유무역지역을 포함한다)에 일시장치된 환적화물이 하역, 재선적, 운송을 위하여 필요한 작업 또는 그 밖에 정상상태를 유지하기 위한 작업 등을 제외한 추가적인 가공을 하지 않고 국외로 반출될 경우에 발급된다.

Q 5-16 자유무역지역 반입물품에 대한 '사용소비신고' 시 신고서식 및 신고방법은 무엇인가?

수입신고서식을 사용하되 ⑨ 징수형태를 '00', ⑰ 거래구분을 '22', '49', ⑱ 종류 자유무역지역 반입(원재료 : '14', 기계·기구·장비 등, 시설재 : '35')으로 신고하여 수리되면 신고서 제목이 '자유무역지역 반입(사용소비)신고서'로 자동변환된다.

이 경우 입주기업체를 납세의무자로 신고하더라도 수리 후 신고필증을 출력하게 되면 '사용소비자'로 자동 변경되어 표시된다.

Q 5-17 자유무역지역 반입물품에 대한 '입항 전 수입신고'를 할 경우 장치장코드는 어떻게 신고하는가?

수입신고의 정확성 향상을 위하여 입항 전 수입신고(출항 전 수입신고, 하선 전 보세운송신고 포함) 시 검사(반입)장소는 실제 보세구역부호를 기재하도록 변경되었다.

참고로, 개항 재래부두의 비보세구역 및 불개항으로 입항하는 경우에는 가상 보세구역부호(세관부호 000+46000)를 사용하면 되고, 보세구역외 허가지역으로 입항할 경우에는 타소장치장소부호(세관부호 000+99999)를 기재하여 입항 전 수입신고를 하면 된다.

Q 5-18 자유무역지역에 원산지 표시대상물품을 반입할 경우 반입신고 시 원산지를 표시하여야 하는가?

현행 「자유무역지역법」은 원산지 표시의무규정이 없다. 즉, 자유무역지역으로의 물품반입(사용소비신고)은 자유무역지역에서 추가가공을 전제로 하는 것이므로 대외무역관리규정 별표에 게기된 원산지 표시대상물품이라도 원산지를 표시할 의무는 없다. 다만, 원산지허위표시는 허용되지 않으며, 제조·가공된 물품을 자유무역지역에서 국내반입할 시는 반드시 원산지표시를 하여야 한다.

6 감면 및 관세환급

Q 6-1 자유무역지역에 공장을 건설하는 입주기업체에 국산시설재를 공급하는 경우 관세환급이 가능한가?

관리권자에 의하여 통제시설 운영시기가 공고된 자유무역지역에 입주계약을 체결한 업체에 국산시설재를 공급한 경우 관세환급이 가능하다.

현재 부산 신항 북컨테이너 배후물류단지와 웅동물류단지는 관리권자로부터 '통제시설 운영시기'가 공고된 지역이므로 이 지역에 입주(예정)한 입주기업체에 공급한 시설재(기계・기구・설비 및 장비와 그 부분품)와 사무용 컴퓨터 및 건축자재는 관세환급이 가능한 상태이다.

또한 공장 등을 건축하는 자는 입주기업체가 사용할 공장 등을 건축하는 계약을 체결한 경우, 그 계약의 이행에 필요한 범위 안에서 당해 공장 등을 입주기업체에게 인도할 때까지 그 자를 입주기업체로 보도록 되어 있으므로, 입주기업체와 건축계약을 체결한 건설업체에 국산시설재를 공급한 경우에도 관세환급이 가능하다.

Q 6-2 외국에서 수입한 물품을 공급하지 않고, 국내에서 조달한 물품을 자유무역지역에 공급한 경우에도 관세환급이 가능한가?

관세환급은 크게 개별환급과 간이정액환급으로 구분된다.

개별환급은 소요량계산서에 의하여 소요된 원재료에 대한 수입신고필증 등 수입근거서류가 있는 경우에 신청하는 방법(수입근거서류 첨부)이며, 간이정액환급은 중소기업에 한해 수입근거서류가 없이도 수출(공급)액에 따라 일정금액을 환급해 주는 방법(수입근거서류 미첨부)이다.

동일한 수출(공급)업체가 위 두 가지 방법을 병행할 수는 없으므로, 귀사가 중소기업이고 개별환급신청업체가 아니고 국산원재료를 공급할 경우라면 간이정액환급을 받을 수도 있으니 일단 전문가에게 상담받기 바란다.

Q 6-3 자유무역지역 물품공급 시 환급신청할 수 있는 자는 누구인가?

자유무역지역에 환급대상 내국물품을 공급하고 관세환급을 받을 수 있는 자는 입주기업체에 물품을 공급한 자이며, 공급한 날부터 2년 이내(환급신청기한)에 세관에 환급신청을 해야 한다.

이론적으로 환급대상수출물품 공급업체는 관세환급을 받을 것을 예상하고 그 금액만큼 싼 가격으로 원재료를 공급하려 할 것이므로 입주기업체에도 간접적인 혜택이 돌아간다 하겠다.

Q 6-4 자유무역지역 안에서 입주기업체 간 거래 시 받을 수 있는 세제혜택은 무엇인가?

자유무역지역 안에서 입주기업체 간 공급하거나 제공하는 외국물품 등과 용역에 대하여는 부가가치세 영세율을 적용하고 있다. 수출물품에 대해서만 환급이 가능한 관세환급과 달리 부가가치세 영세율은 창고보관 및 작업 서비스, 임가공 용역 등에 대하여도 적용이 가능하다.

Q 6-5 자유무역지역에서 생산시설(예 건물·공장 등)을 건축하기 위하여 반입하는 외국기자재 등에 대한 세금혜택은 무엇인가?

자유무역지역 입주기업체는 제조·가공, 하역, 운송, 보관, 전시 등 사업을 영위하기 위하여 공장, 창고, 사무실 등 시설물 건축에 필요한 원자재를 관세부담 없이 사용·소비할 수 있다.

또한 자유무역지역 예정지역 또는 울타리 등 통제시설이 미설치되어 「관세법」이 적용되는 지역에 입주한 업체가 외국에서 반입하는 다음 물품에 대하여는 관세 등의 면제를 적용하고 있다.

- 건물 또는 공장의 건축에 직접 사용되는 건축자재
- 건물 또는 공장의 설치·운영에 직접 사용되는 기계·기자재·시설품

· 기구 및 장비

다만, 반입 시 관세면제를 받은 물품을 3년 내에 타인에게 양도할 경우에는 세관에서 면제받은 세금을 추징당할 수 있다(사후관리).

Q 6-6 자유무역지역에서 내·외국물품 원재료를 혼용하여 생산한 제품을 수입할 경우 내국물품에 포함된 세금을 공제받으려면 어떻게 해야 하는가?

자유무역지역에서 외국물품 등의 전부 또는 일부를 원재료로 하여 생산한 제품, 즉 일부 내국원재료가 혼용된 경우에도 그 물품을 외국으로부터 우리나라에 도착된 외국물품으로 보아 관세 등을 부과하고 있다. 다만 이러한 물품이 국내수입 시 이중과세되는 문제점을 보완하기 위하여 제품생산에 사용된 내국원재료 사용부분을 과세가격에서 공제해 주는 절차를 적용하고 있다.

구체적으로 원재료 사용 전에 세관에서 발급받은 '내국물품의 원재료 사용승인서'(「자유무역지역고시」 별지 제16호 서식)를 수입신고 시 세관장에게 제출하면 된다.

Q 6-7 자유무역지역에 건설 중인 부두터미널이다.

① 암벽크레인, 야드크레인, R/S(리치스테이크), Y/T(야드트레일러) 등 항만장비는 모두가 관세 등의 면제대상인가?

② 관리권자와 입주계약을 체결하면 위와 같은 시설재(장비)는 원래 무관세인가?

③ 감면받고자 하는 부분이 부가가치세만 해당되는 것인가?

① 예시한 물품은 「자유무역지역법 시행령」 제31조 제2호 '건물 또는 공장의 설치·운영에 직접 사용되는 기계·기자재·시설품·기구 및 장비'에 해당되어 관세 등이 면제된다(관세청 수출입물류과-1824호, 2008년 7월 8일 「자유무역지역법」 제46조 적용범위에 대한 유권해석 참조).

② 기본관세율 또는 WTO 양허관세율이 0%인 물품은 별도의 관세감면 신청이 필요 없으나 0%가 아닌 경우에는 반드시 관세감면신청을 해야 한다. 즉, 크레인(암벽 및 야드)은 별도의 감면신청을 하지 않더라도 WTO 양허관세율 0%가 적용되나, 작업트럭이나 트레일러는 기본관세율이 8%이므로 「자유무역지역법」에 따른 '관세감면신청' 또는 'FTA협정관세 적용신청'을 하여야 하며, 이를 누락한 경우 이 정도의 관세가 부과된다.

③ 귀사의 경우 수입하려는 물품이 「자유무역지역법」 제46조에 해당되어 수입신고 시 관세감면신청을 하면 해당 물품에 대한 관세 및 부가가치세를 100% 면제받을 수 있다.

Q 6-8 국내에서 구입하는 원재료 및 시설재에 대하여 부가가치세 영세율 혜택을 받기 위한 방법은 무엇인가?

구매하고자 하는 물품이 관세환급대상인 경우에는 「환급처리사무고시」 별지 제1호 서식에 따라 '환급대상수출물품 반입확인서'로 세관에 신고를 하면 되고, 환급대상물품이 아닌 경우에는 「자유무역지역 물품반출입고시」 별지 제3의2호 서식에 따라 세관장에게 반입신고하면 부가가치세 영세율 적용을 받을 수 있다.

이 절차에 따라 반입한 내국물품은 '외국물품 등'으로 지위가 변경되며, 이 물품을 다시 관세영역으로 반출할 경우 수입신고를 하고 관세를 납부하든가 아니면 반입 시 환급받은 관세를 추징당하게 된다.

Q 6-9 자유무역지역에 환급대상 내국물품을 공급할 경우 관세환급 신청시점은 공급시점인가 아니면 제품완성 후 국외반출한 시점인가?

자유무역지역에 반입한 환급대상 내국물품의 관세환급권 발생시점은 '자유무역지역에 물품을 반입한 시점'이 된다.

내국물품(주로 원재료)을 환급받기 위하여는 물품반입 시점에서 「환급사무처리고시」규정에 따라 전산으로 '환급대상수출물품 반입확인서'(별지 제1호 서식)를 신청하여야 한다.

만약 반입된 내국물품(원재료)이 수출물품 제조에 사용되지 않고 전부 또는 일부가 관세영역으로 재반입될 경우에는 관세환급을 받을 수 없으므로 다음의 두 가지 방법 중 하나를 적용받게 된다.

- 발급된 반입확인서를 환급에 사용한 경우 : 미수출분만큼 추징
- 발급된 반입확인서를 환급에 사용하지 않은 경우 : 기발급된 반입확인서를 회수하고 재반입수량을 차감하고 실제 반입수량만큼 정정발급

Q 6-10 현재 건축공사 진행 중인데 업체관리부호 등록 전에는 세제 혜택을 받을 수 없는가?

귀하께서는 건설 중인 자유무역지역 입주기업체로 반입되는 물품의 세제 혜택에 대한 질문을 하셨으나 질문의 요지가 워낙 짧게 서술되어 구체적인 내용 파악이 어렵다.

그러나 질문내용으로 미루어 아마도 건설 중인 자유무역지역 입주업체로 반입되는 시설재, 건축자재 등에 대한 세제 혜택을 물으신 것 같으며 그에 대한 답변은 다음과 같다.

(1) 외국물품인 경우

- 「자유무역지역법」 제10조 제1항 내지 제3항에 해당하는 입주기업체가 반입할 경우 관세 및 내국세(관세·부가가치세·임시수입부가세·주세·개별소비세·교통·에너지·환경세·농어촌특별세 또는 교육세)를 면제한다.
- 또 입주계약을 체결한 자로부터 도급을 받아 건축하는 경우 건설업체가 반입하는 외국물품도 조세가 면제된다.

(2) 내국물품인 경우

- 내국물품의 경우에는 관리권자가 「자유무역지역법」 제27조에 따라 관세청장과 협의하여 통제시설을 설치하고 운영시기가 공고되었는지

의 여부에 따라 관세환급 및 부가가치세 영세율 적용 여부가 달라진다. 즉, '통제시설 운영시기' 공고가 된 지역으로 반입되는 내국시설재 등은 관세환급(부가가치세 영세율 포함)대상이나, 그렇지 못한 지역으로 반입되는 내국시설재 등은 관세환급 및 부가가치세 영세율을 적용받지 못한다.

- 부산 신항의 경우 통제시설 운영게시 공고가 된 북컨테이너부두 배후단지 및 웅동물류단지지역은 면제(관세환급 및 부가가치세 영세율)되나, 현재 건설 중에 있는 남·서컨테이너부두 배후물류단지지역으로 반입되는 내국물품은 면제되지 않는다.

| 참고자료(연락처) |

■ 자유무역지역 관리권자

구분	관리권자	관리기관	전화번호
마산자유무역지역	산업통상자원부장관	마산자유무역지역관리원	055-294-2661~2
군산자유무역지역		군산자유무역지역관리원	063-464-0702
대불자유무역지역		대불자유무역지역관리원	061-464-0741~7
동해자유무역지역		동해자유무역지역관리원	033-522-6113
율촌자유무역지역		율촌자유무역지역관리원	061-727-9791~5
김제자유무역지역		김제자유무역지역관리원	063-545-4811~2
울산자유무역지역		울산자유무역지역관리원	052-240-6000
인천국제공항 자유무역지역	국토교통부장관	인천국제공항공사 인천국제공항자유무역지역관리소	1577-2600 032-741-2268
부산항(용당) 자유무역지역	해양수산부장관	부산지방해양수산청 부산항만공사	051-609-6114 051-999-3000
부산항(감천) 자유무역지역			
부산항(부산진해) 자유무역지역			
부산항(남항) 자유무역지역			
인천항 자유무역지역		인천지방해양수산청 인천항만공사	032-880-6114 032-890-8000
평택당진항 자유무역지역		평택지방해양수산청 경기평택항만공사	031-683-0313 031-686-0600
광양항 자유무역지역		여수지방해양수산청 여수광양항만공사	061-650-6000~2 061-797-4300
포항항 자유무역지역		포항지방해양수산청 포항신항해양사무소	054-242-1812~5 054-272-5806

■ 자유무역지역 관할세관

구분	관할세관	관리부서	전화번호
마산자유무역지역	마산세관	통관지원과	055-981-7014, 7010
군산자유무역지역	군산세관	통관지원과	063-730-8726, 8721
대불자유무역지역	목포세관	통관지원과	061-460-8517, 8519
동해자유무역지역	동해세관		033-539-2664, 2660
율촌자유무역지역	여수세관	통관지원과	061-660-8634, 8621
김제자유무역지역	전주세관		063-710-8961, 8957
울산자유무역지역	울산세관	통관지원과	052-278-2241, 2240
인천국제공항자유무역지역	인천세관	수출입통관총괄과	032-722-4141, 4122
부산항(용당)자유무역지역	부산세관	통관지원과	051-620-6122, 6142
부산항(감천)자유무역지역		통관지원과	051-620-6122, 6142
부산항(부산진해)자유무역지역		신항통관지원과	051-620-6207, 6203
부산항(남항)자유무역지역		통관지원과	051-620-6122, 6142
인천항자유무역지역	인천세관	인천항통관지원1과	032-452-3225
평택당진항자유무역지역	평택세관	통관지원과	031-8054-7071, 7076
광양항자유무역지역	광양세관	통관지원과	061-797-8421, 8423
포항항자유무역지역	포항세관	통관지원과	054-720-5720, 5727

참고문헌

배운곤 외, 해상물류, 부산세관, 2011.

배운곤 외, HOW TO 자유무역지역, 부산세관, 2010.

배운곤 외, HOW TO 자유무역지역, 부산세관, 2012.

이명구 외, FTA 이해와 활용, 청람, 2016.

박상덕 외, 자유무역지역의 효율적 화물관리방안 수립을 위한 국외출장결과보고, 관세청, 2013.

경제자유구역기획단 홈페이지

관세청블로그 행복한 관문

KOTRA 상하이무역관 홈페이지

찾아보기

| 저자소개 |

배운곤(bwg1111@hanmail.net)
한국방송통신대학 경영학과 졸업
1982년, 관세청 울산세관(수출과) 임용
수입통관, 수출통관, 화물・물류, 자유무역지역, 관세환급 Part 근무(34년 5월)
부산세관 신항수입과장, 부산세관 수입주무・물류주무, 선임감정전문관
보세사시험 출제위원
현, 비아이디씨(주) 통관취급법인 대표 관세사(원산지관리사)
부산항만공사 자문관세사
〈저서〉 HOW TO 자유무역지역(부산세관), 해상물류(부산세관)

배호연(hybae0516@gmail.com)
부산대학교 경영학과 졸업
2011년 SK에너지 입사
2011년 3월~현재, CLX기획・재무팀 기획・회계 Part 근무

자유무역지역 이론과 실무

2018년 12월 10일 1판 1쇄 인쇄
2018년 12월 15일 1판 1쇄 발행

저　　자 | 배운곤・배호연
발 행 인 | 이수영
발 행 처 | 도서출판 청람
서울시 마포구 독막로 288(대흥동, 세양상가 109호)
전　　화 | 02) 3272-2601~2
팩　　스 | 02) 3272-2603
이 메 일 | crbooks@daum.net
홈페이지 | http://www.crbooks.co.kr
등　　록 | 2000년 8월 26일 제6-0509호

ISBN 978-89-5972-663-9 93320　　[정가 25,000원]